联合国教科文组织总部（巴黎）

联合国教科文组织全体大会会场

主持仁川 2015 世界教育论坛大会闭幕式

@UNESCO/Christelle ALIX

作为总干事候选人参加联合国教科文组织执行局面试（2017 年）

参观贝宁的农村中学并与教师交谈（2016 年）

访问埃及，与负责警卫的特警合影（2015 年）

在朝鲜板门店军事分界线（2002 年）

与联合国教科文组织第八任总干事马约尔一起出席国际会议（2008 年）

与联合国教科文组织第九任总干事松浦晃一郎交谈（2010 年）

陪同联合国教科文组织第十任总干事博科娃出访（2015 年）

陪同联合国前秘书长加利出席会议（1997 年）

与时任联合国秘书长潘基文交谈（2011 年）

见到老朋友 2014 年诺贝尔和平奖得主凯拉什 · 萨塔拉蒂（2015 年）

美国总统夫人劳拉 · 布什送给作者的签名照片（2005 年）

拜会古巴部长会议第一副主席迪亚斯－卡内尔（2013 年）

会见斯里兰卡总统拉贾帕克萨（2012 年）

拜会利比里亚总统约翰逊 – 瑟利夫（2016 年）

在爱丽舍宫与法国总统奥朗德交谈（2015 年）

会见贝宁总统塔隆（2016 年）

会见非洲联盟主席让·平（2010 年）

在杭州会见阿里巴巴董事局主席马云（2017 年）

作者使用过的护照，中间的是中国外交护照，左右均为联合国通行证，右边红色的为高级官员使用，享有外交特权

一家人在巴黎寓所（2005 年）

为父亲祝寿，左起为作者唐虔、夫人黄湘、母亲王文佳、父亲唐统一、妹妹唐纹、妹夫李小鹏 (2003 年）

我在国际组织的25年

唐虔 / 著

中信出版集团 | 北京

图书在版编目（CIP）数据

我在国际组织的25年 / 唐虔著 . -- 北京 : 中信出
版社 , 2020.9（2023.7重印）
ISBN 978-7-5217-1997-0

Ⅰ . ①我… Ⅱ . ①唐… Ⅲ . ①唐虔 – 自传 Ⅳ .
① K825.46

中国版本图书馆 CIP 数据核字（2020）第 116606 号

我在国际组织的25年

著　　者：唐　虔
出版发行：中信出版集团股份有限公司
（北京市朝阳区东三环北路27号嘉铭中心　邮编　100020）
承 印 者：宝蕾元仁浩（天津）印刷有限公司

开　　本：787mm × 1092mm　1/16　　印　　张：30.5
彩　　插：12面　　字　　数：450千字
版　　次：2020年9月第1版　　印　　次：2023年7月第2次印刷
书　　号：ISBN 978-7-5217-1997-0
定　　价：88.00元

目录

第二篇 在全球教育的舞台上

序言一

联合国第八任秘书长（2007—2016） 潘基文

2012 年，我在担任联合国秘书长期间，发起了“教育第一”全球倡议行动，旨在发挥教育变革性的力量，为所有人创造更加美好的未来。

时任联合国教科文组织总干事的伊琳娜·博科娃女士担任“教育第一”倡议行动指导委员会的执行秘书长，由唐虔博士领导的联合国教科文组织教育部门为行动提供全面支持。从那时起我便认识了唐博士，我非常感谢教科文组织团队为该倡议行动的成功推进所做出的重要贡献。后来，唐博士在博科娃总干事的指导下，与联合国儿童基金会共同领导了联合国可持续发展目标 4（教育）的全球磋商进程，并在仁川成功举办了“2015 世界教育论坛”。我亲自出席了这个由七家联合国机构共同主办的论坛，这也是全球教育发展的一个重要里程碑。

我非常高兴得知唐博士最近完成了一部关于他在联合国教科文组织 25 年职业生涯的著作，我要祝贺他的这一成果的诞生。分享他长期而丰富的经验，不仅能使读者更好地了解联合国系统的使命和工作，而且还能让他们感受到多边外交的微妙之处，并且从唐博士的视角看到联合国的官员和工作人员为实现这一机构的崇高事业——在全球缔造和平并推动可持续发展——而付出的巨大努力。

我相信唐博士在联合国教科文组织的工作经验和他的著作都敏锐地捕捉到了确立全球教育议程的各个关键里程碑事件，并领会了人们对这些里程碑事件意义的理解，这是对过去 20 多年全球教育发展的见证，读者们一定会觉得内容丰富而享受到阅读的乐趣。

序言二

联合国教科文组织第九任总干事（1999—2009） 松浦晃一郎

我和唐虔博士已经密切地合作了 20 多年，我们的合作可以分为四个不同长度的时间段。

第一个时间段是 1998—1999 年，我参加竞选联合国教科文组织总干事。那时我是日本驻法国大使，应日本政府的要求，我决定竞选 1999 年底出现空缺的教科文组织总干事职位。唐博士当时已经在教科文组织的教育部门工作，因此我向他请教教科文组织的情况，请他为我介绍该组织特别是教育方面的工作。此外，我知道唐博士与中国方面有很好的关系，因此我请他将我的竞选理念转达给中国政府高层。最后我有幸从 11 位候选人中脱颖而出，当选为联合国教科文组织第九任总干事。

我与唐博士合作的第二个时间段持续了 10 年，这也是最重要、最长的一段时间，涵盖了我担任教科文组织总干事期间的各项工作。教科文组织下设五个业务部门，分别是教育、自然科学、社会与人文科学、文化、传播与信息，其中教育部门是最重要和最复杂的部门，需要在世界各地开展活动。因此我认为教育助理总干事一职至关重要，应该由一位一流的专业人员担任，能够在应我的要求赴世界各地执行任务时，从国际认可中获益。

为了支持助理总干事的工作，业务部门的二号职位显然应该由具有极强管理能力的人担任。为此我在 2001 年决定在教育部门设立一个新的行政办公厅，任命唐博士担任主任（D1 级）一职。尽管早在 2000 年他已被委任为中等教育、科学教育与职业教育司的司长，但他仍然是最适合担任办公厅主任职位的人。四年后，2005 年，我擢升他为副助理总干事（D2 级），兼任行政办公厅的主任。我设立这样一个职位是考虑到教育部门的重要性及其活动的复杂性，这是教科文组织五个业务部门中唯一的副助理总干事职位。

在任内的 10 年间，我从外部招聘了三位教育助理总干事，他们都是世界知名的教育专业人士。然而，事实证明没有一个人能够处理他们在总部、地区办事处和分布在全球各地的教育研究所所面临的复杂的专业与管理问题。因此，我在处理涉及教育部门管理方面的问题时完全依赖唐博士，为此我经常请他到我办公室进行面对面的讨论。当然，为了避免任何摩擦，我都会让教育助理总干事知晓我在充分利用唐博士的管理才能来帮助他们处理教育部门的问题。回顾我们合作的第二个时间段，我深信，如果没有唐博士，我作为总干事不可能成功地完成教科文组织在教育方面的所有重要使命。

在我离开教科文组织以后，我与唐博士的第三段合作仍在继续，当时我的继任者伊琳娜·博科娃已经任命他为教科文组织负责教育的助理总干事。看到他被擢升，我由衷地感到高兴。在此后的 8 年间，他证明了自己是一位令人印象非常深刻的助理总干事。毫无疑问，这得益于他在我任职期间担任二把手的经验。那段时间无论何时我去巴黎，我们都会定期在他办公室会面或共进午餐，就当前世界范围内的教育问题以及教科文组织在这些问题上的作用交换意见。就在我离开教科文组织之前，我收到了印度政府的一项提议，要在新德里建立一个新的教科文组织的教育机构，这是亚洲的第一个此类机构。我接受了这个提议并指示唐博士进行详细规划，他做得非常成功。该教育机构被命名为“联合国教科文组织圣雄甘地和平与可持续发展教育研究所”，我被聘请为研究所理事会的理事，因此我与唐博士每年都会在新德里见面。

自从唐博士从联合国教科文组织退休以来，我一直与他保持联系，从而开启了我们合作的第四个篇章。我们偶尔在巴黎或者世界的其他地方会晤。比如，我们已经开始定期在香港见面。陈一丹基金会的总部就设在香港，该基金会设立了一个大型的教育奖。唐博士是该奖项的全球顾问委员会主席，而我是评审委员会的主席，这让我们密切、持续地保持联系与合作。

上述是我与唐虔博士 20 多年来一直合作的简述，我们之间的合作一直持续到今天，我感到非常满足。在此我谨向唐博士表达我的感谢之情，感谢他多年来的忠诚合作与无私帮助。

我非常高兴地看到，唐博士以其在联合国教科文组织 25 年的工作经验写成了这本书。我相信，读者朋友们一定会有兴趣看到，东方传统的和谐、宽容和包容原则，以及在西方世界和国际组织的丰富经验是如何使唐博士成为一位具有远见卓识的全球教育领袖和教科文组织出色的高级管理者的。毫无疑问，这本书能够开阔年青一代的思想，拓宽他们对全球事务的视野。而在当今世界，这是促进和平与可持续发展所必不可少的，这正是联合国教科文组织的宗旨。

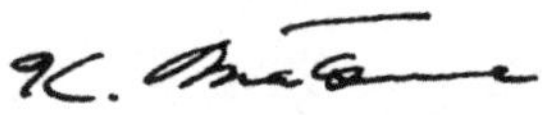

序言三

联合国教科文组织第十任总干事（2009–2017） 伊琳娜·博科娃

有许多专门介绍教育的书，但几乎没有一本书能如此深刻地讲述教育是如何成为联合国和联合国教科文组织的一项优先领域的，也没有一本书曾如此引人入胜地讲述教科文组织的故事及其在通过教育寻求和平与可持续发展方面的作用。这本书展示了唐虔博士在教育事业上的专业素养、广博知识与奉献精神，他在中国的国家教育体系以及教科文组织都曾经有出色的职业经历，在教科文组织做到了教育助理总干事的高位。

这本书把我带回 2009 年，当时我被选为联合国教科文组织总干事。我们的教育部门长期以来缺乏领导力和远见并不是秘密，我们有优秀的专业人才，但缺乏真正的领导，这是教科文组织想要取得成果的严重障碍。我们已经没有时间可浪费了。

通过非常激烈的竞争，我决定任命唐虔博士领导我们的教育部门。他有对这个职位至关重要的最扎实的专业背景、职业操守和经验。这大概是我作为教科文组织总干事所做的最好的决定之一，因为后来的事实证明，他的做事之道是专注和包容的，他了解联合国系统，能够与我们的合作伙伴共事。同样，他也有能力分析大趋势，帮助教科文组织在需要的时候改进工作方式，同时调动工作人员的积极性以完成既定的目标。

虔①必须重建教育部门，接触合作伙伴，争取他们围绕共同的目标而努力；他还要激励他的同事不断产生新的想法和创新的工作方式。

① 博科娃总干事对作者总是亲切地直呼其名。——编者注

他成功了。

在这一过程中的一个挑战是，如何改变当时全民教育过于关注小学教育的有限视野。21 世纪的各种挑战和科学技术的巨大机遇需要一个整体教育观，以建立一个知识型社会。换句话说，我们要超越初等教育，推行 12 年的教育，包括义务中等教育并把教育质量作为目标。这不是一件容易的事。

我还记得我们在 2010 年初的第一次讨论，当时虔带来一份关于教育的未来和我们的新战略的愿景文件。这份文件给我留下了深刻的印象并且激发起我作为总干事支持这个团队、积极地从政治层面参与其中的决心。我与虔和他的团队一起进行了数小时的讨论，我们参加了数十次各类会议，我们接触了世界各国领导人、部长、大使、捐助者、学术界、私营部门、民间社会和联合国系统的合作伙伴，试图说服他们认同我们的想法。

在虔的积极参与下，教科文组织在女童教育、终身扫盲教育、可持续发展教育、跨文化对话教育、预防极端主义教育、技术和职业培训、教师培训和教育信息化等诸多领域发起了许多有意义的活动。我们在世界各地的许多大学设立了不同教育领域的教科文组织教席和中心，并将它们纳入各个协作网络。我们提出了新的开创性概念，如全球公民教育，它强调教育和学习不仅仅是知识的传输，还牵涉同理心和团结、相互尊重和对话、和平与可持续发展等诸多方面的价值观。

多年来，我们在教科文组织遇到了许多挑战：世界政治环境的变化、技术革命以及由此产生的知识型社会的出现及其对发展的影响，包括对教育和技能的影响。所有这些都需要不断改革以适应不断变化的环境，最重要的是，要保持教科文组织在联合国制定 2030 年可持续发展议程的工作中的主导作用。

但是，没有什么比在 2011 年 11 月教科文组织接纳巴勒斯坦为正式成员后，美国暂停缴纳会费而造成我们失去 22% 的正常预算的困难更严重、更具有挑战性了。严重的财务危机把一个严肃的问题摆在我们的面前——如何在减少预算的框架内保持我们的活力和影响力，如何在我们的业务领域内，包括在教育方面，保持我们的领导力？

我们需要财务支持，也需要强有力的政治支持。我们建议当时的联合国秘书长、特别重视教育并多次支持我们的潘基文先生发起一项名为“教育第一”的全球倡议行动。这是一个巨大的成功。这是第一次有一位联合国秘书长支持一项教育倡议，从而把教育放在了全球政治议程中。它也有助于教科文组织阐述未来教育目标的主要支柱，并强调教育不仅是一项人权，而且还是世界上任何一个社会中可持续发展的核心。

因此，当联合国 2030 可持续发展议程的目标 4“确保包容和公平的优质教育，让全民终身享有学习机会”在具有里程碑意义的仁川 2015 世界教育论坛上获得通过和支持的时候——这是联合国教科文组织的巨大的成功——我们都非常自豪。这正是我们想要实现的模式转变——为年轻一代提供知识、价值观和开放心态，以形成更包容的和平社会。这是促进公平、包容和可持续发展的关键。虔在其中扮演了关键角色。

我们之所以成功，是因为我们得到了会员国的信任和支持。而中国无疑站在这一支持的最前列。在此我怀着敬意与感谢之情要特别提到当时的中国国务院副总理刘延东，我与她建立了密切的工作关系，使中国和教科文组织的合作达到了前所未有的高度。我对中国领导人不仅通过经济增长消除贫困，还承诺把社会包容和公平放在政治议程的前沿印象深刻。正是这种以人民为中心的发展的政治承诺，使得 40 多年前开始的中国改革开放消除了数亿人的贫困，并继续推动其对联合国 2030 可持续发展议程的支持。这显示了多边主义的真正价值。

我还要提到中国联合国教科文组织全国委员会和时任秘书长杜越先生，他们伴随我们的许多行动，与中国的地方政府、学术机构和私营部门合作，使我们得到急需的支持。时任中国联合国教科文组织全国委员会主任兼中国教育部副部长郝平先生后来当选为任期两年的教科文组织 2013—2015 年大会主席。

我无法完全列举中国与我们的各项合作和给予教科文组织的巨大支持——从举办教育领域的会议，到建立教育、技术和科学方面的“教科文组织教席”与中心。我们还签署了合作伙伴协议，首次使用中国资金帮助非洲国家在学校采用新技术培训教师。

毫无疑问，双方关系中最重要的事件是 2014 年春天习近平主席对教科文组织总部的历史性访问。他在演讲中说：“当今世界，人类生活在不同文化、种族、肤色、宗教和不同社会制度所组成的世界里，各国人民形成了你中有我、我中有你的命运共同体。”

教科文组织成为习近平主席阐述他的“一带一路”倡议理念的第一个联合国机构，这一理念与古“丝绸之路”有深刻的共鸣。我看到“一带一路”倡议和它聚焦文化交流、教育与科学合作的目的是复兴“丝绸之路”，致力于在沿线各国人民和国家之间建立信任、信心和理解，成为另一个“软实力基础设施”——为年轻一代提供知识、价值观和以开放的心态塑造更具包容性的和平社会。这是形成公平、包容和可持续发展的关键。事实上这与教科文组织的使命非常吻合。

在习近平主席访问教科文组织时，我提名彭丽媛教授为“联合国教科文组织促进女童和妇女教育特使”，她怀着责任和激情接受了提名。我感到特别荣幸的是，她不仅接受了这一提名，而且我们还共同决定进一步设立“联合国教科文组织女童和妇女教育奖”。我愉快地回忆起我与彭丽媛教授在中国不同城市举办的多次颁奖仪式中见面，我可以亲眼看到她对教育和妇女福祉的投入是多么鼓舞人心。

自那以后，我多次在中国访问期间会见过习近平主席。我钦佩他的智慧、他的仁慈和谦虚、他的开放，以及他对中国和一个和平繁荣的世界的憧憬。我对他推进国家间合作共赢，同时为中国创造高质量的发展的雄心印象深刻。

从回忆中回到现实，我要说，我真的很幸运有虔作为我的助理总干事。一方面，如果说我们在这八年中与中国的关系达到了新的高度，那要感谢虔，他在诸多活动中与中国政府的密切合作促进了我们与中国之间的牢固联系和合作。

另一方面，我欠他很多，在困难时期，教科文组织在教育方面依然保持了领导地位，并首次使教育成为世界可持续发展的支柱之一。我应该说，教科文组织欠他很多。他对于教科文组织是联合国“软实力”的体现的认识是深思熟虑的、战略性的并始终不渝的。

虔一直支持我，我总是可以依赖他坚实可靠的专业意见和他的正直操守。虔是多边主义的信奉者，他对推动发展模式的转变，使其通过教育和学习成为以人民为中心的发展做出了极大贡献。我们共同努力了八年，在世界范围共同塑造了教育和知识作为和平、人类尊严和可持续发展支柱的新愿景。正如睿智的中国哲人管仲所说：“一年之计，莫如树谷；十年之计，莫如树木；终身之计，莫如树人。”

Irina Bokova

前 言

2018年3月2日是个星期五，这是我在联合国教科文组织的最后一个工作日。下班时间已过，前来话别的众多同事也已经散去。我一个人站在办公室窗前，望着对面不远处埃菲尔铁塔闪烁的灯光，心中既有“功成身退”的轻松感，也有几分不舍之情。

就在这天下午，在巴黎总部大楼的执行局会议厅，我最后一次以联合主席的身份主持了“教育2030议程全球指导委员会”第四次会议的闭幕式。会议的正式议程结束后，来自教科文组织的会员国、联合国机构和非政府组织的委员们纷纷发言，对我八年来领导这个委员会对推动全球全民教育的发展做出的贡献，对我领导教科文组织教育部门在确立“2030全球教育议程”中发挥的主导作用予以极高的评价，热烈的掌声此时仍然回荡在我的耳边。我想，这应该是我在教科文组织工作25年后最好的谢幕方式了。

我出身于中国一个知识分子家庭，自清代迄今，包括我自己在内，我们这个出自广东中山（今珠海）唐家湾的唐氏家族已经有五代人曾留学西方国家，并且都在学成之后回到中国报效祖国，算是一个融合东西方文明传统和浓厚家国情怀的家族。与我的前辈一样，我成年以后也有机会长期接触与感知西方文明与文化，而且服务国家与社会的责任感与担当的初心从未改变。

我是与共和国同龄的那一代人，这是因时代的变迁而命运坎坷的一代人。我有一个在清华园中度过的幸福童年，自幼受到了中国的传统文化“修身、齐家、治国、平天下”的熏陶。年轻时恰逢“文革”，从北京去山西农村插队，体验到人生的艰难。后来又得益于改革开放，被国家公费派到加拿大留学，从此命运得到改变。学成后先是做外交官，接着在国内的中央部委和地方政府从政，直到 1993 年进入联合国教科文组织总部工作。在那里屡次升迁，最后八年担任了教育部门的最高官员——教育助理总干事（这个级别在联合国机构内相当于联合国助理秘书长）。

在联合国教科文组织这些年，我有机会访问过五大洲 100 多个国家，会见过 150 多个国家的教育部长，与他们探讨世界教育发展之路。教育是人民摆脱贫困和消除战争根源的一个利器，这是这些教育决策者的共识，也是我奉行的理念。我一直坚信，只有在全球实现全民教育这样一个宏伟目标，培养一代又一代有知识、有文化，有社会责任，能够包容不同文化、不同文明的公民，才能够保证世界的和平与可持续发展。

我在教科文组织经历了三位总干事，这也可以说是我在世界教育的舞台上发挥不同作用的三个阶段。来自西班牙的总干事费德里科·马约尔（Federico Mayor）于 1993 年招聘我进教科文组织。从那时起到他 1999 年卸任的六年中，我在教科文组织中崭露头角，开始"参与世界教育"。来自日本的松浦晃一郎（Koïchiro Matsuura）从 1999 年到 2009 年做了十年总干事，在此期间，我作为教育部门的二把手辅佐了多位助理总干事，可以说是我在"助力世界教育"。第三个阶段是从 2009 年到 2017 年来自保加利亚的伊琳娜·博科娃（Irina Bokova）担任总干事这八年，我被任命为教育助理总干事，领导这个联合国专门机构在国际教育舞台上发挥了主导作用，或可称为"引领世界教育"的阶段。

被总干事博科娃授予教科文组织服务
20 年奖章（2014 年）

在这八年中，我带领我的团队，为教科文组织的会员国，特别是发展中国家的教育发展与改革，提供了各种支持和引导，成为它们的可靠伙伴。最值得骄傲的是，我们领导了国际社会确立“2030 可持续发展议程”中的教育目标的磋商，使教科文组织重返主导全球教育发展方向的中心地位，以“教育以育人为本”的人文主义理念推动全球教育前行。

作为一名来自中国的国际组织官员，多年来我一直得到了中国政府的有力支持。我也做了许多增进中国与教科文组织合作、对双方都有益的开创性工作。2014 年 3 月习近平主席对联合国教科文组织总部的历史性访问将双方的合作推进到一个新的高峰。可以说，博科娃总干事当政的这八年是教科文组织与中国合作关系的“黄金八年”，我也有幸为此做出了贡献。

2017 年初，我荣幸地被中国政府提名，参与竞选联合国教科文组织第 11 任总干事职位。尽管最终没有获得成功，但这是这个意识形态色彩极强的联合国机构成立七十余年来，中国政府第一次推荐自己的公民竞争其最高职位，彰显了中国以建立人类命运共同体推动世界和平与可持续发展的雄心，而有机会亲身参与这样一场顶级国际政治博弈也是一个人一生中的难得经历。

我无意把本书写成一部教育专著，教科文组织这几年来在教育方面有目共睹的成就与众多的专业出版物所展示的就是我的全球教育理念。我尝试把这些年来从中层官员一步一步升到权力仅次于总干事的经历，以及在不同岗位上的一些重要工作的决策过程和发生在台前幕后的故事披露出来。这些年我有机会在全球的体系中观察中国的发展，也有机会到许多国家访问考察，我想这些独特视角的观察与体验也是值得与读者分享的。读者也可以从我的这些经历中体会到中国的全球外交所面临的挑战，进而思考应该如何凭借国家的整体实力，在国际舞台上为中国人民和人类命运共同体的利益与世界强国共舞。

全书共分为四篇，前三篇是我在联合国教科文组织的经历。第一篇“一步一个脚印的 25 年”按时间顺序讲述了我从进入教科文组织开始，直到最终执掌教育部门的过程。读者可以从中了解到国际组织的运行机制和我所感悟到的国际组织中的“为官之道”。第二篇“在全球教育的舞台上”择要讲述了在我的领导下，教科文组织对全球教育的发展与合作做出的主要贡献，以及我亲身经历的一些重要事件。第三篇“中国人与国际组织”则讲述了我对于中国人在国际组织中应该发挥什么样的作用的实践与思考。最后一篇“千般沉浮：我的人生经历”讲的是我在进入联合国教科文组织之前的经历。这些经历与历练也可以说是成就我后来的事业不可或缺的基础。

常有年轻人问我，在教科文组织 25 年的职业生涯有什么“秘诀”吗？我要说，做人做事皆融合东方传统文化之隐忍与包容和西方文化之直率与霸气，是我能够在国际组织中生存与成功的法则。

我当年工作中认识的联合国前秘书长潘基文先生欣然为本书作序，让我甚感荣幸。我在联合国教科文组织工作时的两位“老板”，曾经担任总干事的松浦晃一郎先生和伊琳娜·博科娃女士也分别为本书写了序，他们两位多年来对我的关爱与友谊让我心存感激。教育界前辈顾明远先生为拙作写了推荐词，与有荣焉。

感谢清华大学的谢喆平教授对本书撰写工作提出的许多宝贵建议，以及本书的编辑何烨女士为成书所做的大量工作。还要感谢南方科技大学“联合国教科文组织高等教育创新中心”的李铭主任和韩蔚副主任对本书出版给予的大力支持。

夫人黄湘和女儿唐宛枫是书稿的第一读者，她们总会给我客观而直率的意见。更重要的是，没有她们的坚定支持，我在联合国教科文组织的事业取得的任何成功都是不可能的。

希望读者们在阅读本书时能够享受到乐趣。

2019 年 11 月于北京

第一篇

一步一个脚印的25年

本篇记叙了我从进入联合国教科文组织开始，如何通过自己的努力站稳脚跟，然后逐步获得晋升，最终执掌教育部门的历程。这里我回顾了获任教育助理总干事后重新审视战略目标、建立自己的团队，以及推行的一系列着眼长远意义的内部治理与管理的改革措施，读者可以从中窥视国际组织的内部运行机制，以及推行任何改革措施的复杂性。这里还将与读者分享我以25年的亲身经历所感悟到的在国际组织中的“为官之道”。

第 1 章

又到巴黎：成为联合国官员

走进联合国教科文组织的大门

1993 年 4 月 16 日是个星期五，这是我人生道路上的一个节点。这天我从北京乘德国汉莎航空的航班，飞往德国法兰克福。从法兰克福转机，于傍晚时分抵达巴黎戴高乐机场。飞机缓缓降落的过程中，透过左面的舷窗可以看到远处落日余晖下埃菲尔铁塔的身影。通常人们在开始人生的一个新阶段时总会有些激动，但不知道为什么，我的心里除了对新工作有几分好奇外，似乎并没有不平静的感觉。这不是我第一次来到这个享誉世界的“浪漫之都”，1979 年我第一次出国去加拿大留学就曾路过巴黎。

一个多月前，我接到联合国教科文组织（以下简称教科文组织）人事局局长的信，通知我被任命为教育部门 P5 级项目专家，要我尽早前往巴黎赴任。当时我人在西安，担任陕西省政府科学技术委员会的副主任，之后的一个多月中我在西安和北京之间往返办理了各种手续。那时国家机关干部的出国手续是很烦琐的，好在我去教科文组织是国家推荐，由国家教委（1998 年更名为教育部）为我办理出国手续，省去不少麻烦。在北京协和医院体检，又联系教科文组织驻北京的办事处为我买了机票，折腾了一个多月终于成行。

巴黎机场入关时法国警察问了我几句话，我凭着在国内自学的基础法语应付了。出发前国内通知了中国常驻教科文组织的代表团（以下简称常驻代表团），他们派了一辆挂着绿色外交牌照的奔驰轿车到机场来接我。司机张振林来自国家教委的车队，去往市区的路上他一直在给我讲述他在巴黎生活的实践经验。这是一位奇人，他一句法语也不会，但是在巴黎没有他找不到的地方，据说是靠看街牌上的第一个字母。他还能到法国的各部门办驾照、车务，比比画画居然就能把事情办了。常驻代表团在巴黎的第六区卢森堡公园附近的戈赛街有一栋小楼，当时作为接待临时来访人员的招待所，我被带到这里安顿下来。

当晚，我被接到常驻代表团在巴斯德大街23号的驻地，常驻代表秦关林大使招待我吃了一顿饺子。秦大使给我介绍了教科文组织的大概情况，也说到教育部门中一直没有中国籍官员，工作很不方便。当时我拿到的还是教科文组织聘用11个月的临时合同，所以他希望我尽早转为正式合同，成为新中国进入教科文组织中这个最重要的业务部门的第一人。看来我肩上的担子不轻。

第二天是星期六，一大早来到巴黎的大街上，比起上次来巴黎好像没有什么变化。卢森堡公园里绿树参天，阳光灿烂，空气新鲜。年轻人在晨跑，老年人坐在长椅上晒太阳，一幅安宁的图景。路旁的花店摆出五颜六色的鲜花，巴黎不愧“花都”之称。沿街的建筑散发着典雅的历史文化气息，让人身心陶醉。按照手上的巴黎地图，步行20分钟，我来到位于丰特努瓦广场的教科文组织总部大楼。我没有出入证，只能在铁栅栏外观看。

这是一个七层的呈三叉戟形的建筑，办公室分布在三个“翼”上。总部大楼的大门朝西，正对着法国军事学院，大门旁边有“UNESCO”的巨幅标志，四周绿树环荫。军事学院再往西就是著名的埃菲尔铁塔了。当年法国这个东道主真是慷慨，给教科文组织选了这样一个好位置。这栋大楼作为法国政府给教科文组织的礼物，于1958年建成，占地三万平方米，整个建筑矗立在72根混凝土柱桩之上。我不懂行，但是听说此楼以其卓越的建筑价值在国际建筑界享有盛名。大楼南面是宽敞的庭院和绿草茵茵的草坪，上面矗立着一些雕刻艺术品，那是一些会员国送给教科文组织的礼物。后来几年我仔细观赏过这些多数为抽象派风格的作品，有几个还是大师的杰作，例如，瑞士抽象派雕塑大师贾科梅蒂的名为“行走的男人”的一个步履匆匆的青铜人形雕塑。但是也有些我真的看不懂。记得有位欧洲国家的大使曾对我开玩笑地说，会员国把自己不喜欢的作品都送来了。

后来我才知道，其实教科文组织总部大楼里最负盛名的作品是在一层 2 号会议厅外墙上的一幅毕加索在 1958 年为教科文组织绘制的巨幅墙画，名为“伊卡洛斯的坠落”。这幅 90 平方米大的画上有大海、沙滩和抽象的男女人体，中央画了一个头朝下坠落的骨架形象。不过这幅画本身色调偏暗，那面墙的光线也不足，因此很不起眼，常常被人忽视。总部地下一层的走廊墙上还有一幅中国画，是国画家朱屺瞻的《寿松图》，这是中国在 1979 年赠送给教科文组织的。大楼后面的院子里有一个东方风格的花园，是来自日本的礼物。这里可以说是一个东西方文化的交汇点，教科文组织的文化多样性既表现在其工作人员不同的文化背景上，也表现在大楼内外的建筑、花园、雕塑和画作这些不同的文化符号上。

南面与大楼相连的是一座大屋顶的建筑，那是供各国代表团开大会的可容纳千人的会议厅。草坪上沿着栅栏排列着近 200 根旗杆，是为大会期间升起所有会员国国旗预备的。从草坪向西面望去，旗杆后面的天际线是路易十五修建的法国军事学院灰色的穹顶，更远处可以看到埃菲尔铁塔的顶部。历史与文化在这里交汇，这就是我将要工作的地方！

联合国教科文组织一瞥

联合国教育、科学和文化组织（United Nations Educational，Scientific and Cultural Organization）是联合国 15 个专门机构之一，简称联合国教科文组织，英文缩写为 UNESCO。联合国专门机构是联合国体系内的在特定的领域从事国际活动的组织，它们并不是联合国的附属机构，在组织上和活动上都是独立的，只是根据协定与联合国有特殊的法律关系。教科文组织于1945年11月在英国伦敦正式成立，同年12月成为联合国专门机构，总部设在巴黎。其使命宣言是“战争起源于人之思想，故务需于人之思想中筑起保卫和平之屏障”。其宗旨是通过教育、科学和文化促进各国之间的合作，从而维护世界和平与安全。

教科文组织是各国政府间讨论教育、科学和文化（后来又加上了信息与传播）问题的国际组织。它的五大目标职能是：（1）思想的实验室；（2）标准的制定者；（3）国际合作的推动者；（4）信息交流中心；（5）能力建设者。它又是一个意识形态非常强，与政治牵扯甚深的国际组织，尤其是在信息与传播和文化领域。历史上美国和英国都曾经因政治原因而退出过教科文组织，美国在2018年第二次退出。

教科文组织由全体大会、执行局和秘书处三大机构组成。每两年召开一次的全体大会是最高权力机构，讨论通过战略、计划和预算。大会主席由全体大会选举产生，任期两年。由58个会员国代表组成的执行局是大会闭幕期间的管理和监督机构，每半年开会一次。其主席由执行局选举产生，任期也是两年。秘书处负责执行日常工作，由执行局选举并经大会任命的总干事作为首席执行官领导秘书处的工作，任期四年，可连任一次。总干事是教科文组织的“掌门人”。

目前教科文组织有193个会员国，使用联合国系统的六种语言：英语、法语、俄语、汉语、西班牙语和阿拉伯语。其中英语、法语为常用的工作语言。教科文组织的经费与在纽约的联合国没有关系，其“正常预算”来自会员国分摊缴纳的会费，其“预算外资金”则来自会员国，其他国际组织、非政府组织、金融机构、基金会、企业或个人的捐赠。预算与计划每两年编制一次，目前每个双年度的正常预算约为5亿美元。

教科文组织秘书处由总部机关、驻各国的办事处以及研究所组成。总部机关的机构设置在不同总干事的任期内通常会有调整，但大的构架多年来并无大的变动，分为负责实施业务工作的业务部门

（Programme Sectors）与负责综合协调和服务的中央服务机构（Central Services）两个部分。业务部门有五个，涵盖教科文组织的五大业务领域：教育、自然科学、社会与人文科学、文化、信息与传播。被许多中国人熟知的“世界文化与自然遗产名录”，或者说“申遗”，就是教科文组织文化部门的工作。每个业务部门由一位助理总干事领导。各个部门的人员规模与预算经费差别很大，最大的是教育部门。

中央服务机构最重要的是三个局：战略规划局、财务管理局和人力资源管理局（也就是人事局）。其他还有法律顾问、内部审计、大会与执行局秘书处、总部事务管理局等单位。这些机构的负责人是局长级的官员。另外还有一个对外联络部门和一个非洲优先部门（2018 年以后这两个部门被合并），各由一个助理总干事领导。在博科娃担任总干事时期，其治下设 1 个副总干事、8 个助理总干事。这些人加上总部中央服务机构的局长和总干事办公厅的主任，共 20 人，组成总干事麾下的“高级管理团队”。总干事通过这个团队领导教科文组织的 1 200 人的日常运作和实施所有项目与活动。

教科文组织在 50 多个国家设有办事处，分别涵盖一个或多个国家。另外在纽约、日内瓦、布鲁塞尔、亚的斯亚贝巴还设有 4 个联络处，负责联络联合国总部、联合国日内瓦机构总部、欧盟和非盟。教科文组织有 10 个研究所，分散在不同国家，其中多数（7 个）隶属教育部门。这些研究所被称为“第一类机构”，所长和主要人员都是教科文组织的工作人员。

绝大多数会员国在巴黎设有常驻教科文组织代表团，通常由一位大使衔的常驻代表率领。中国是教科文组织的创始国之一，1949 年以后，中国的席位一直被台湾国民党政权占据，直至 1971 年才恢复了中华人民共和国合法席位。

教科文组织的工作人员被称为“国际公职人员”或“国际公务员”（international civil servant），还有称之为“国际职员”的。这些人分为三个等级：（1）一般事务类人员，G 级（General Service），包括从事行政辅助工作和文秘工作的职员、秘书等，分 G1 到 G7 共七个级别；（2）业务类官员，P 级（Professional），分五个级别，P1 和 P2 级属于初级专业官员，P3 和 P4 级为中级专业官员，P5 级为高级专业官员；（3）高级官员，D 级（Director），细分为两级，D1 级（司长）和 D2 级（局长）。再往上就是负责一个部门的助理总干事（ADG 级）了，相当于联合国的助理秘书长。根据教科文组织与法国政府的协议，P5 级以上的官员在法国具有外交身份，享有外交豁免权和出入境免检礼遇。联合国及其专门机构的国际公务员入职时要宣誓，申明将为联合国的利益而规范自己的行为，不接受任何政府或其他机构的指示。

一波三折的竞聘

我到教科文组织任职的过程可谓一波三折。20 世纪 80 年代，我在中国驻加拿大使馆做外交官时，就知道教科文组织是一个负责教育领域工作的联合国机构。那时觉得作为联合国官员，推动全球教育合作与交流一定是非常有意义的集教育和外交为一体的工作，也就有了以后找机会去教科文组织工作的隐约想法。

1989 年底我任满从加拿大回国，到国家教育委员会等待分配工作。人事司本希望我继续做外事工作，说了几个涉外单位让我考虑。其中的一个叫“中国联合国教科文组织全国委员会”（简称全委会），这是国家教育委员会下属的一个司局级单位，统筹协调中国各有关部门参与教科文组织的活动。我拜访了当时全委会的秘书长曹元聚，他告诉我，参与教科文组织的活动对中国教育、科学与文化的发展十分有益，国家对此也很重视。但是我们国家在这个组织内的人员非常少，目前在那里工作的有两类人，一类是从事中文的翻译与打字，有十几个人。另一类是在业务部门的官员，当时只有寥寥几人。其中最重要的也是我们最希望有人加入的教育部门则没有一个中国籍的官员，这很不利于推动我国与教科文组织的合作和在教科文组织中发挥影响力。

曹秘书长认为我的条件十分难得——有博士学位，英语好，还有外交官经历。不过他认为，如果我想进入教科文组织的教育部门，尚缺乏在教育业务领域的业务与管理工作经验。如果能够补上这块短板，那么我就有很强的竞争力。他建议我去教委的一个业务司局工作，取得经验和资历，补上短板。我那时刚刚回国，与这位秘书长并不熟悉。但是他深感中国在教科文组织"朝中无人"的掣肘，眼前忽然冒出我这样一个有潜力的"苗子"，他当然不会"放过"。后来他在我竞争职位的事情上也确实出了大力。不过他也告诉我，教科文组织的官员是从所有会员国中公开招聘的，对专业经验与语言能力的要求非常高，竞争激烈，这也是多年来中国人很难进去的原因，因此要有做长期努力的准备。我觉得曹秘书长的分析十分在理，后来也一直很感激他给了我一个很好的建议。我自己需要做的是积极创造条件，查漏补缺。

我还蛮有运气的，国家教育委员会职业技术教育司的杨金土司长在我回国前曾去加拿大访问，当时我在渥太华接待他而且我们谈得很投契，他还曾动员我回国后去他的司里工作。我找到杨司长，他那里正好有一个综合处处长的位置出缺，主管政策协调和外事。杨司长是个极果断的人，我上午找了他，他下午就去人事司要人了。1990 年春，我正式到职教司任综合处处长。我在那里工作了近三年，前两年是综合处处长，参与了那一时期国家职业技术教育宏观政策的制定与实施，对中国职业教育体系的全局、现状与改革有了很深刻的了解与切身的体会。其实教育管理不是一门"硬科学"，只要有机会参与并且认真学习，就可以成为专家。后来我又兼任职教司的办公室主任，负责协调司内各项工作。这两个岗位使我有机会熟悉部委的运作机制，培养了总揽全局和综合协调的能力。

国际职业教育界各国之间的交流活动一直很活跃，但是此前中国参与不多，原因是那时中国从事职业教育的人懂外语的很少。当时在国家教委能够用英语直接交流的职业教育方面的官员只有我一人，所以那几年我有机会多次代表中国出席国际会议，并且在会上积极发言。通过参与这些活动，我感到，我们国家在国际教育界的声量不大，我们的许多成就与经验不为外人所知。而教科文组织确实是一个很好的交流平台，既可以学习别国经验，也可以介绍我国的成就。通过参与这些活动，我结交了不少各国的职教官员和专家，我在这些活动中的积极表现，为我在国际职教界打出了知名度，也引起了教科文组织官员的注意。

在 1991 年下半年的一次国际会议上，教科文组织亚太地区办事处负责职业教育的一位巴基斯坦籍官员建议我争取加入教科文组织。他在此前的几次国际会议上看到我的表现，认为我很有条件竞争职位。那次活动结束回国后，我就此事写了一份报告给国家教委领导，希望国家支持我参与竞争教科文组织的职位。主管外事的滕藤副主任找我谈了一次话，说我的条件的确很难得，而且他也确实一直在为教科文组织教育部门内没有中国籍的官员而伤脑筋。不过他也说，这种事要看机会。

不久之后，国家教委挑选了被认为具有竞争力的包括我在内的五个人，其中有大学校长、研究所的副所长、研究中心的副主任等，我们的材料被送到巴黎的教科文组织总部，请他们考虑录用。后来我才知道，时任教科文组织总干事马约尔为一起人事案请求中国协助，滕副主任借此机会提出给中国两个教育方面的专业职位。马约尔同意了，但提出了两个条件：一是要有适当空缺；二是中国推举的人选要经过面试，必须符合教科文组织的录用标准。

1991 年底，马约尔总干事派了他的办公厅主任来华，在国家教委面试中方推荐的人选，我们五个人依次与他面谈。这位办公厅主任并没有问很多与教育有关的专业问题，只是闲聊以前的经历，目前从事的工作以及以后有什么打算，感觉很平淡。

1992 年春天，教科文组织的教育助理总干事科林・鲍尔来华访问。曹元聚秘书长安排我与鲍尔见了一面，地点在他下榻的北京建国饭店的咖啡厅。那天下午我见到了鲍尔和陪同他的教科文组织驻中国办事处的主任日本人武井士魂。鲍尔是澳大利亚人，以前是布里斯班大学的教授，他为人随和，说话直爽，寒暄几句之后马上就开始问我对当代职业技术教育的发展趋势有什么看法，中国与其他国家的职教模式相比有什么特点。我马上明白了，这是一次非正式的面试，既是专业知识考核，又是语言能力的测验。好在他问的这些都是我很熟悉的内容，能够应对自如。

鲍尔的问题一个接着一个，让我没有任何喘息的机会。至今印象很深的一个问题是，假设我是教科文组织的一名官员，到一个非洲国家去，能给这个国家发展职业教育提出什么建议。他还问我在不同工作岗位上如何管理自己的团队。他不做任何记录，只是认真倾听。武井主任在旁边一言不发，也只是听我的回答。最后，鲍尔的脸上终于露出了满意的笑容。我看看表，居然谈了一个半小时。

“面试”结束后，谈话变得轻松起来。鲍尔说他属下的教育部门的职业技术教育处处长最近出缺，是一个 P5 级的职位，正在招聘。他们审阅了中方提供的五个候选人的材料，认为我的资历与经验符合这个职位的要求，所以他利用这次访华的机会亲自对我做一次面试。他说他对我的回答很满意，认为我完全可以胜任这个职位。不过他又说，在职业技术教育处工作了许多年的一位意大利籍的 P4 级官员也在竞争这个职位。他试探问，假如意大利人得到了职位，我是否愿意考虑他空出来的 P4 级的项目专家的职位。我回答愿意考虑。

与鲍尔结束谈话后，一直没有发言的武井主任送我离开。他对我说，他的感觉是我会得到这个职位。我回答说，借你的吉言，希望如此。他说作为教科文组织驻中国的代表，他一直希望协助中国政府增加在教科文组织中中国籍官员的数量。临别之际他说：“我会为你和中国政府感到高兴。不过，中国会失去一个出色的人才。”

滕藤副主任在会见鲍尔时明确表达了中国政府对我的政治支持。时任清华大学副校长的张维教授曾经于 1972—1976 年担任教科文组织执行局委员，他与我父亲很熟，我是他在清华园里看着长大的，他为我写了一封推荐信给马约尔总干事。鲍尔在临别时让我等消息，没想到一等就是一年。

1992 年底，我外派西安，任陕西省政府科学技术委员会副主任，成为副局级干部。去西安之前，我去向滕副主任辞行，他说很遗憾，鲍尔走后一直没有反馈，去教科文组织工作的事只好从长计议了。他还说，去地方工作很好，想要在仕途上发展就要能吃苦。

在陕西刚刚工作了四个月，正当我踌躇满志准备放手大干一番的时候，国家教委通知我说收到了教科文组织人事局的一封信，我已被教科文组织总干事任命为 P5 级的职业技术教育项目专家，要求我尽早赴任。我是这次中方推荐的五个人中唯一获得任命的。

后来进了教科文组织才知道了内情。当时这个处长的职位有近百人竞争，我作为最有竞争力的候选人之一被挑了出来，进入只有几个人的“小名单”。鲍尔后来对我讲，他们仔细研究了我的履历，看到我有加拿大的博士学位，做过外交官，又在中国这样一个大国的教育部门负责职业技术教育的政策规划，还参与过世界银行贷款项目的管理。这都是他们认为难得的经历。他还说我的履历很特别，大学本科学的是体育，念研究生改为生理学和生物学，毕业后做外交官，回国后又从事职业技术教育，几次专业和职业变动的跨度都很大。尽管跨度大，但是每跨一步，职务都有提升，说明我的能力全面，适应性强。其他中国推荐的候选人大多是大学毕业后留校，从讲师、教授、系主任、院长到校长一路升上去。他对这种单一职业路径的人不感兴趣。我没想到我的职业生涯或被动或主动的几次改弦易辙竟成了我的强项！

不过，由于会员国施加政治影响，总干事后来还是决定任命那位意大利人为处长，把他留下的职位留给我。鲍尔向马约尔报告了在北京对我面试的情况，说 P4 级对我来说太低，马约尔于是决定把这个职位提升为 P5 级给我。从 P4 级到 P5 级是一大台阶，P5 级是高级专业人员，享有外交身份。从 1989 年回国算起，“折腾”了三年多，在国家的支持下，自己有意识地创造条件，再加上些许运气，我终于向教科文组织迈出了第一步。

1993 年 3 月，教科文组织总干事马约尔来中国访问。滕副主任让还在西安的我临时回北京，见一见我这位未来的“老板”。在招待晚宴之后，滕副主任把我介绍给马约尔。马约尔握住我的手说十分高兴见到我。我感谢了他对我的任命，我想客套一下，说：“总干事先生，你是不是可以告诉我，怎样才能成为一个合格的教科文组织官员？”马约尔放声大笑，说：“既然我任命了你，说明你已经是一个合格的教科文组织官员了。”在场的人也都笑了起来。

“师傅领进门，修行在个人”

早就听说教科文组织的工作时间是早上 9 点到下午 6 点。但是当我在 1993 年 4 月 19 日星期一早上 9 点准时到达总部大楼时却发现，无论是我要去报到的人事局还是我要去工作的教育部门都不见人影，初步领教了这个据说很受东道国风气影响的国际组织的作风。等到快 10 点才找到人事局的人报到，办理各种手续。后来还领到了在法国的外交身份证和一本蓝色的印有联合国标志的护照，正式名称是“联合国通行证”，也就是说我是联合国官员了。

在人事局办完手续后，我到教育部门的职业技术教育处去见处长。我的这位新领导叫蒂波蒂尼，50 多岁，胖胖的，卷发，典型的意大利人模样。处长人很不错，颇有意大利人的豪爽与热情，我们一见面就互有好感。蒂波蒂尼在教科文组织工作多年，听说他年轻时专业能力很强，曾经是一颗希望之星。不过后来他身体不好，年纪渐长，变得有几分暮气。不过他熟知教科文组织的各种规矩、人头很熟，许多人事上的历史纠葛他可以如数家珍。对我来说这些都是极有用的信息。他不拘小节，享受生活，对食物、对酒、对服装、对艺术都有甚高的鉴赏力，还爱给我讲他年轻时候的“风流韵事”。他对总部建筑极熟，知道大楼的哪个角落有一个沙发，上班时间如果累了可以去那里打个盹而不会被别人看到。他热心快肠，我的车停在路旁被撞了，他带我去警察局报案，迫使肇事者赔款。在教科文组织，他是一个很好的领我入门的师傅，我们后来始终相处愉快。

处里还有其他几位官员和三个秘书，其中一个秘书为我工作。一开始处长只是让我看文件，自己去熟悉情况。后来我发现，在国际组织中很大程度上都要靠自己主动去学习，主动找事干，领导给的指点通常不多。这倒是应了我们中国人的一句话，“师父领进门，修行在个人”。

处里还有一位“老同志”，来自保加利亚的即将退休的职业教育专家迪安科夫，他在我到来的初期给了我许多指点和帮助。不久之后一位来自韩国教育部的官员张基元也加入了我们的队伍，他是韩国政府为了培养本国官员而出钱送到教科文组织工作的，为的是获取国际经验。我熟悉职教工作，在专业上给了他不少帮助，也和他建立了友谊。他回到韩国后在教育部做到助理部长，还当了韩国常驻教科文组织的大使衔代表。后来我主持的教科文组织在韩国举办的两次非常重要的大型国际会议，即 1999 年的“第二次国际职业技术教育大会”和 2015 年的“世界教育论坛”，都是在他的协助下使韩国政府决定作为东道国承办会议的。这是后话。

与处长（左）一起出席会议（1993 年）

我到巴黎不久，滕藤副主任来巴黎出席执行局会议。一个周末我陪同他到巴黎郊外的凡尔赛宫的花园散步，他对我说，你是我们国家进入教科文组织教育部门的第一人，我们会支持你，但是以后主要还是靠你自己的努力。他说得很对，背后有国家支持，归根结底还是要靠自己的奋斗。他还说："我想你总该做到助理总干事吧。"助理总干事相当于联合国助理秘书长，对于初出茅庐的我来说是一个远在天边、高不可攀的职位。不过我当时还是回答说，"我会尽力"。

肩负如此厚望，我开始了在联合国教科文组织 25 年的职业生涯。17 年后，我真的当上了助理总干事，我托人转告早已退休的滕藤副主任，我终究没有让他失望。

第2章

啼声初试：终于站稳了脚跟

积极进取，三年后当了处长

在进入教科文组织之前我已经有在中国的国家部委和地方政府的工作经历，也有在西方国家留学、当外交官的经验。但是到教科文组织之后我发现，联合国机构这样的国际组织中的工作氛围与国内的机关有很大不同，许多事情的确要重新学起。

最初两年我主要是自己在主动揽事做，好在处长也不拦我。我以前在国内做处长和副局长，到了教科文组织不是领导了，这种变化要适应，而且我也能适应。那时我主要是做两方面的工作，一项工作是到会员国（既有发达国家也有发展中国家）去组织职业技术教育方面的国际研讨会。我通过这些活动了解了不同国家的职教体制、现行政策和面对的主要挑战，并且借此逐渐熟悉了国际组织做事的规则。另一项工作是协助处长管理教科文组织数年前开始实施的一个国际职业技术教育项目。

与此同时，协助国内引进教育的新理念是我的一项职责。当时中国经济改革的一项内容是鼓励中小企业的发展，对工人的职业技能培训是对中小企业发展的智力支持。我联合澳大利亚的职教机构在国内组织了两个“小企业职业技能培训班”，请澳大利亚的专家讲述他们的做法与经验，很受国内职教界和企业的欢迎。

教科文组织正式人员的工作合同都是以两年为期，期满可以续聘。因为教育部门急于要我到任，所以最初给我的是 11 个月的临时合同，到任 3 个月后我找到助理总干事鲍尔，问什么时候可以转为正式合同。我的两级上司处长和司长都对我的工作甚为满意，鲍尔马上给总干事马约尔写了份备忘录，说我到任后表现出了出色的工作能力，是教育部门需要的人才，建议马上转为正式合同。与此同时，新任中国驻教科文组织代表于富增大使也去见了马约尔，要求他将我的合同转为正式的。总干事不久后做出批示，同意转正。不过总部人事局说这个职位是从 P4 级变为 P5 级，算是个新职位，必须经过正式的招聘程序。这个职位公开招聘后，有上百人申请。经过面试，我毫无悬念地胜出。

1994 年 1 月，临时工作合同转为两年期的正式工作合同，我被任命为 P5 级高级项目专家。我随即通报了中国常驻团，他们说总算一块石头落了地。据他们讲，以前有过在其他业务部门工作的中国人拿到了临时合同，最后却没能转正，让他们空欢喜一场。

处长乐意当甩手掌柜，许多事都交给我，无形中给了我显示领导能力的机会。处里其他同事因为我做事有想法有办法，也很服我，我的权威逐渐形成了。同时我也很注意与处长搞好关系，有事会通报他。后来他的身体愈加不好，提前退休了，我也在助理总干事鲍尔的大力支持下顺理成章地接任了职业技术教育处处长。这时是 1996 年 10 月，从我进入教科文组织算起，用了三年半的时间。

当处长时与部下在一起（1997 年）

职教处处长我做了三年多，业务上主要是领导处内同事做了两件大事。一是实施教科文组织的国际职教项目，同时与德国政府进行了多轮谈判，于 2000 年在德国波恩建立了一个国际职业技术教育中心；

二是组织了 1999 年在韩国首都汉城（2005 年更名为首尔）举行的“第二届国际职业技术教育大会”。这两件事奠定了我在教科文组织教育部门的声望。

初次主持国际谈判

德国人对工匠精神的重视与职业技能的培养是举世闻名的，德国的职业技术教育“双元制”体系在 20 世纪后半叶更是一个有吸引力的模式。德国政府 1992 年支持教科文组织建立了一个为期六年的称为“UNEVOC”的国际职业技术教育项目。几年来在这个项目之下，我们多次组织了国际、地区间和国家层面的职教政策研讨活动，资助了多项培训项目，出版了大量资料。还建立了一个由世界各国 150 多个职教培训与研究机构组成的国际职教网络。德国政府的支持提高了职业教育在教科文组织教育领域工作的地位。

我当了职教处处长后，鲍尔要我考虑在 UNEVOC 结束之后有一个长期的职业技术教育方面的项目，毕竟职业技能的培养是世界各国应对正在来临的经济全球化挑战的关键对策之一。德国政府对这个想法非常感兴趣，1998 年上半年，德国联邦教育科研部的司长米勒·索勒格对我说，德国政府建议在波恩建立一个国际职业技术教育中心，邀请教科文组织和国际劳工组织共同参与。我们认为这是个积极的想法，教科文组织领导层随即授权我与德国政府进行洽谈。

后来据我们了解，德国方面的建议实际上有双重目的，一方面是支持教科文组织发展职业教育，另一方面是满足德国国内的政治需求。当时德国首都已经从波恩搬到柏林，联邦政府为了对波恩进行补偿，允诺在波恩建立一个联合国机构园区。联邦政府出资，把原来的议会办公大厦进行了改建，用来吸引联合国机构进驻。建立国际职教中心也是联邦政府这个努力的一部分。

一开始我们和国际劳工组织对这个建议都很有兴趣。但是后来我们发现，德国方面锁定的目标很高，希望建立一个有 20 人规模的机构，德国提供场地和一定的资金，要求教科文组织和国际劳工组织提供专家职位和项目活动经费。涉及出人出钱，这让我们和劳工组织代表的态度转为谨慎。国际劳工组织说他们已经在意大利都灵有一个职业技能培训中心，无力再支持建立一个新的中心，所以很快退出了谈判。我们的情况也类似，当时教科文组织已经在世界各地建立了六个教育研究所，资金已经很分散。在德国汉堡已经有了一个教科文组织的教育研究所，在波恩再建一个职教中心，未免过于集中了。但是教科文组织高层从政治上考虑要我继续与德方谈，尽量争取让德国方面贡献更多。

1999 年夏天我去波恩，谈判中我从维护教科文组织利益的立场出发，非常坦率地向谈判对手表达了我方的担心，要求对方提供更好的条件。最后德方同意增加经费资助，联邦政府教育科研部将在 5 年内提供 200 万马克，经济合作部在 7 年内提供 600 万马克。我与索勒格司长经常在谈判桌上为双方提供的条件争执不下，但那是“各为其主”，并没有影响我们之间的互相尊重。几轮谈判下来我们成了朋友。

建立这个中心对教科文组织有利有弊：从业务角度讲，会造成我方职教领域工作的人力与财力资源分散，弊大于利；从政治角度看，德国是我们最重要的会员国之一，它支持我们的职教领域工作，通过谈判我们争得了可能的最好条件，利大于弊。我据此向上呈交了一份分析报告，等待高层做出抉择。但当时总干事马约尔的任期只剩下几个月，他将这件事留给了他的继任者。松浦晃一郎 1999 年当选教科文组织总干事后，出于与德国之间关系的政治考虑，在看了我的报告后最终决定在波恩建立这个中心。之后我与德国代表团完成了最后谈判，我方同意向中心提供三个职位和每年 20 万美元的项目经费。2000 年 7 月我陪同松浦总干事到波恩参加了建立国际职教中心协议的签字仪式。松浦总干事与德国联邦政府教育科研部长共同签署了协议。

这是我第一次参与并主持教科文组织与一个会员国的谈判，我认为最好的谈判技巧就是以诚相待，既要考虑我方利益，也要顾及对方利益，准备做出必要的妥协。所幸我的德国谈判对手也是这样的人，我们共同努力完成了谈判。谈判中表现出的对教科文组织的忠诚度也使我得到了领导层的信任。

与波恩国际职教中心同事合影（2017 年）

不过这个中心在最初十年的发展很不顺利，直到 2011 年中心招聘新的主任，在我的力主之下，原科伦坡计划培训学院院长舍马尔·玛江达被任命为主任。此人很能干，为人正派，熟悉职业技术教育。我要求他大胆工作，积极拓宽经费来源，尤其注意搞好与东道国的关系。后来中心工作有了明显改善，玛江达与德国政府建立了很好的合作关系，获得了更多的资助。同时我也加强了总部对中心的支持。到我离开教科文组织时，中心有近 20 人，财务状况也很好。中心的变化又一次说明，只要用对了人，事情就可以向好的方向转化。还是那句话，领导者的责任就是出主意和用干部。

奠定声望的国际职教大会

在教育的一些重要专业领域，教科文组织每十年左右会组织一次全球性的大会，使会员国能够总结与交流经验，根据各国面对的挑战讨论并确立以后十年的发展方向。在职业技术教育领域，教科文组织于 1987 年在德意志民主共和国的东柏林召开了“第一届国际职业技术教育大会”。自那时起，全球职业技术教育有了很大的发展，同时也面临着新的挑战。我在 1996 年下半年担任职业教育处处长，看到会员国普遍希望教科文组织在 21 世纪来临之前提供一个机会，探讨在新形势下，职业技术教育如何培养适用的人力资源，以适应新世纪社会经济发展的需要。总干事马约尔也希望在他任内召开“第二届国际职业技术教育大会”，作为他的政绩。于是我们就提议召开这样一个全球性大会。

问题是哪个国家可以承办这个大会。我找到处里来自韩国教育部的张基元商量由韩国办会的可能性。韩国在朝鲜战争之后从一个废墟中的国家成长为“亚洲四小龙”之一，进入发达国家的行列，发展教育和重视职业教育以提高人民的素质和技能是关键因素之一。它的职业教育很有特色，我几次访问韩国留下了深刻印象。在韩国举行国际职教大会将有助于世界各国的与会者分享韩国的经验，对于韩国也是一种表彰。我们的运气很好，张基元回国后当了教育部长的秘书，在韩国教育部内做了许多工作。韩国政府在 1997 年上半年正式表态愿意承办大会。这样在提交给教科文组织第 29 届大会的计划与预算文件中，我们写明将在 1999 年春季在韩国首都汉城举办“第二届国际职业技术教育大会”。会员国在审议我们的建议时都表示支持。

在为大会的主题“定调子”时，我向我的团队提出三条原则：一是学校职业教育与企业技能培训结合；二是职教 / 培训机构与企业用人方结合；三是要融入终身学习的理念。我们邀请了来自发展中国家和发达国家的 11 位资深职业技术教育专家讨论，他们完全同意这些原则并且贡献了他们的具体想法与建议。我带领我的团队根据专家们的建议编写了一份题为“21 世纪的需求改变：职业技术教育面临的挑战”的大会指导文件向各会员国散发。

办一个全球性大会有许多具体而繁杂的事务，处里的 10 个人就是我的全部力量，我必须总揽全局，合理安排，动员一切可以动员的力量。在外部依靠我们的国际合作伙伴和东道国，在内部依靠教科文组织的相关单位。在处里我明确每个人的分工，每件事都有专人负责，我随时检查进度，同时重要信息共享。在 18 个月的筹备时间里，我们在亚太、非洲、欧洲、阿拉伯国家和拉美地区依靠教科文组织几个地区教育局和研究所，举办了 5 个地区性的预备会议，将讨论结果汇集成一个文件提供给汉城大会参考。我们邀请国际劳工组织等合作伙伴机构就职业技术教育的 6 个重要议题各撰写了一份参考文件，还邀请韩国政府准备了一份介绍该国数十年来发展与改革职业教育经验与教训的文件。

大会主席按惯例是由东道主韩国的教育部长担任，五位副主席来自其他地区（洲）。另一位关键人物是大会的主报告人，此人要在会上根据讨论结果起草一个口头报告，在会议闭幕时宣读。我邀请了澳大利亚的教科文组织全国委员会主席、昆士兰大学教授肯·威舍尔担任此职。事后证明我的选择非常正确，他的辛勤与高质量的工作是会议成功的一个重要因素。我担任大会秘书长，带领我的团队负责全面组织与协调。

韩国政府对这次大会非常重视，教育部长李海瓒亲自挂帅，教育部成人教育司司长金容铉负责协调。李海瓒是韩国一位从政多年、资历很深的政治家，与时任总统金大中关系密切，还和金大中一起坐过牢，深得总统信任。他当了教育部长后锐意改革，人们说他是内阁中“最有权力的部长”。那位金司长也很有来历，与金大中总统是老乡，是留美的博士，在教育部内很有权势。我们一见如故，配合默契。韩方有这两位参与，让我们的组织工作很顺利。

会见韩国教育部长李海瓒（1998 年）

第二届国际职业技术教育大会于 1999 年 4 月 26 日至 30 日在汉城的洲际酒店举行。大会的口号是“终身学习与培训：通向未来的桥梁”。开幕式盛况空前，来自 130 个国家的近 800 名代表包括 39 位教育部长出席了大会。韩国方面还邀请了各国驻韩国的外交使节和韩国教育界的人士出席开幕式，会场上预备的 1 000 个座位全部坐满，倾听韩国总理金钟泌和教科文组织总干事马约尔致辞。这一盛况与 12 年前的第一届国际职教大会的 60 个国家 200 多名代表相比，规模实不可同日而语，从中可以看到当时世界各国对职业技术教育的重视程度。

据韩国朋友讲，自 1997 年的亚洲金融危机以来，这样的国际盛会在汉城还是头一次，很为韩国争颜面，也难怪韩国花了大力气来办会。大会主席韩国教育部长李海瓒主持了开幕式和闭幕式，我作为秘书长坐在他旁边，随时为他讲解程序，协助他完满地履行了大会主席的职责。部长几次对我表示感谢，我因此与他和韩国教育部的官员们建立了友谊与互信，也为后来我在韩国与朝鲜之间斡旋教育合作打下了基础。

在四天半的时间里，大会对我们提出的 6 个议题以全体会和分组会的形式进行了广泛的讨论，我们还专门组织了一次全体会，由韩国的官员和专家介绍职教体系与改革经验。大会安排了半天时间请各国代表参观韩国的几个职教培训机构。在最后一天的全体会上，大会通过了总报告人威舍尔教授做的口头报告和经过修改的大会《致联合国教科文组织总干事的建议》。

第二届国际职教大会主席台：助理总干事鲍尔（左三）、韩国教育部长李海瓒（左四）、总报告人威舍尔（右二）、作者（右一）（1999 年）

作为大会秘书长，我在会上繁忙至极，每天都要到午夜之后才能与我的团队一起离开。尽管我们的计划很周密，双方的团队都很努力，但是还是架不住那些“突发问题”。

在第一天的欢迎晚宴上，服务员说有巴黎来的紧急长途电话找我。那时还没有手机，我用酒店走廊的电话接通，原来是总干事办公室打来的。说某国教育部长当天到达，但是由于韩方工作失误，没有给他注册，所以也就未能出席金大中总统的午宴。该国驻教科文组织代表团到总干事办公室抱怨，认为部长受到“不公正待遇”。接完电话，一转身就看到这位部长带着一名随员和一位韩方官员已经站在我的身后。部长马上开始抱怨，说早就注册了，但是韩方没有找到名字，所以错过了重要活动。旁边的韩方官员却是一脸委屈。我很客气地表示歉意，并且为韩方承担了责任。听说他没有收到第二天马约尔总干事与各国部长进行座谈的邀请，我马上要部下当场打印好一份邀请函，并签了字给他。部长转怒为喜，连声为态度不好道歉，然后拿着邀请函高高兴兴地走了。韩方官员也长舒一口气，对我千谢万谢。后来我们查了，其实这位部长是当天早上才到汉城，看到注册处人挤人，韩方工作人员可能语言也不通，让部长火冒三丈。他认为自己受到歧视，干脆不注册了，打电话到巴黎的代表团去抱怨，代表团就闹到总干事办公室。这位部长来自一个小国，自尊心很强，最后还得我这个大会秘书长出面摆平。

在 1999 年 5 月举行的教科文组织第 156 届执行局会议上，执行局委员们对会议的成功举行和取得的成果给予高度评价。后来国际教育界普遍认为这是在全球职业教育发展史上一次里程碑式的会议。会议召开的时间恰逢新世纪到来之前，国际社会已经预感到经济全球化和新的信息通信技术的出现会给全球的经济发展带来一个新时代。这些变化和由此带来的资本与劳动力的跨国流动对所有国家都是新的挑战，唯有充足与高质量的人力资源才能保障国家在这场竞争中不被边缘化。这就是职业教育为各国政府尤为重视的原因。

大会适时提出了拓宽视野的“为所有人的终身职业技术教育与培训”的整体思维，强调了包括教育、培训和工作世界的共融互通。它强调了任何国家的职业技术教育与培训体系应该具有广泛的包容性，满足不同群体，尤其是弱势群体的不同学习需要，并为所有人提供机会。这些理念成为与会的全世界 130 多个国家的政府代表的共识。后来我听到不少国家负责职教工作的官员讲，这次大会的建议对他们后来制定或改进国家的职业技术教育战略很有指导意义。

在国际组织中工作，组织大型国际活动是必要的经验。计划、筹备、开会再加上后续活动，对我来说，这段经历让我收获甚丰。一是通过这项工作与会员国政府、职教领域的国际组织和专业团体建立了良好的合作关系，为教科文组织和我自己都赢得了一个好名声。二是在教科文组织内部显示了自己的战略眼光、格局和具体操作能力，树立了威望，建立了人脉。三是为我积累了组织超大型国际会议的经验，熟悉了教科文组织的各种工作程序与规则，进一步丰富了多边外交经验。

组织汉城国际职教大会让我在教科文组织的教育部门开始“显山露水”，凭实力成了教育部门的一个不可忽视的“人物”。这标志着我用六年的时间在教科文组织站稳了脚跟，为以后的发展奠定了基础。我的运气不错，不久之后，能够让我进一步显露身手的松浦总干事时代到来了。

联合国官员在巴黎

教科文组织的工作人员有不同等级，任何人想加入教科文组织成为国际公职人员都要经过一个招聘程序。G 级人员在本地招聘，P 级和 D 级人员则面向全球招聘，占“地理分配名额”。所谓“地理分配名额”是教科文组织根据每个国家所缴会费、人口、发展程度等因素计算出各国可被教科文组织聘用的 P、D 两级人员人数的上限和下限。1993 年我加入教科文组织时中国的正常名额是 6~9 人。随着中国经济体量和缴纳会费的逐渐增加，2018 年中国的地理分配名额已经增加到 23~39 人。不过中国在教科文组织中工作人员的人数一直没有达到过名额的下限。

为了保证公平竞争，教科文组织每个岗位的招聘都要组织一个遴选委员会对候选人筛选和面试。G 级岗位的遴选委员会由至少三人组成，P 级和 D 级职位则至少由五人组成，由该职位的直接上级主持。必须有其他单位的人参加，以确保不会由主持人员一手遮天。成员还必须考虑到地域平衡和性别平衡，也就是说成员必须来自不同地区（教科文组织把会员国分为亚太、非洲、阿拉伯、欧洲 / 北美、拉美 / 加勒比五个地区），还必须有女性官员。遴选委员会要把面试后推荐的候选人名单报告给部门的领导，然后报送人事局。在博科娃执政时，G 级职位的任命由人事局的局长决定，P 级及以上职位的任命由总干事决定。

总干事在挑选副总干事和助理总干事这层高官时会有政治考量。D 级及以下的官员基本上是以能力来衡量录取，不过通常有不少会员国的大使会为本国候选人向总干事或助理总干事施加压力或者影响，特别是那些在秘书处内官员人数低于其地理分配名额下限的国家。我当助理总干事这些年经常有大使向我提要求，也经常看到他们向总干事提要求。对于这些要求，我们的回答总是候选人必须通过正式招聘程序，合乎条件而被遴选委员会推荐，否则我们无能为力。教科文组织的人事制度是以岗位定级，也就是说在同一个岗位上你升不了级别。如果想获得晋升，就必须报名竞争有空缺的更高级的职位。

教科文组织与其他联合国机构一样，是个大量使用“缩写词”的世界。联合国内各种机构、职务、行动、计划的名称很多也很长，所以缩写词使用非常普遍。尽管许多人批评说公众不容易听懂，但是确实有用。比如对于总干事（Director-General）的称呼，我们平时都不叫她博科娃女士或者总干事，直接用总干事这个词的缩写“DG”两个字母称呼她。而我作为助理总干事（Assistant Director-General），不少国家的大使称我为“ADG Tang”，多简单！

为方便工作，教科文组织发给官员封面印有联合国会徽的“联合国通行证”（UN Laissez-passé）作为因公出差的旅行证件。D1 级及以下人员持蓝色通行证，D2 级及以上的高级官员持红色的享有外交豁免权的通行证。不过那些驻各国办事处的主任即使级别低于 D2 级也持有红色通行证，因为他们相当于教科文组织的“驻外大使”。联合国官员都保持自己的国籍，出差时可以使用联合国通行证，私人旅行时要使用本国护照。我初到教科文组织时领取的就是蓝色的联合国通行证，同时还持有中国公务护照。以后我被提升为高级官员，换领了给高官使用的红色联合国通行证，我的中国护照也换成了外交部签发的红色外交护照。中国一共有四种护照颁发给它的公民：棕色封面的普通护照、因公普通护照、绿色封面的公务护照，以及红色封面的外交护照。从 1979 年我出国留学到现在，40 年间这四种护照我都用过。联合国的蓝色和红色的两种通行证我也都用过。世上有机会用过六种护照的人恐怕不多见吧。

联合国两种不同颜色的通行证的区别有时连法国的警察也分不清，好几次我在巴黎机场通关时被法国警察拉住问，我的红色通行证与他们常见的蓝色的有什么不同，因为用红色的高官不多见。也常有人问我，拿着联合国护照可以不用签证随便到任何一个国家去自由旅行吧？其实不然。有的国家对联合国通行证免签，但是也有许多国家要办理签证，所以有时候有的同事图省事，就使用自己国家可以免签的护照出差。令人匪夷所思的是，联合国总部在美国，但是美国却不承认联合国通行证，所有联合国官员去美国都必须使用自己国家的护照。我因为每年都要去联合国总部几次，所以必须用我的中国外交护照办理美国签证。好在美国使馆每次都给我三年有效多次入境的 G4 官员签证，入境美国时可以走外交通道，享受免检礼遇，至少不用排长队，省去不少麻烦。

教科文组织工作人员的工资待遇应当说是很不错的，比法国工薪阶层要好许多。跟了我十多年的秘书是法国人，她不到 40 岁，工资比法国的中学教师还高不少，而且不用缴纳所得税。教科文组织工作人员的退休年龄原来是 60 岁，后来改到 62 岁，最近又改到 65 岁。员工退休后可以按工作年限领取退休金。P 级和 D 级人员还享受子女的教育补贴，每个子女从小学直到大学毕业都可以有一定比例的补贴。只要不总想着给儿女攒钱，教科文组织的国际公务员在巴黎的生活可以过得很舒服。这里说一说我们在巴黎的衣食住行。

先说“衣”。巴黎是世界时装之都，教科文组织在此自然也受到影响。在总部上班，男人每天当然要西装笔挺，皮鞋锃亮，女性通常穿着也很时尚。人靠衣装马靠鞍，中国人在巴黎工作尤其应该注意着装。我们通常不如西方人高大威猛，如果再穿得邋遢，很影响形象。另外我们中国男人不好好梳头的特别多，蓬乱不洁的头发给人以不修边幅的感觉，那很让人心里看不起。

我以前在加拿大做过外交官，自以为对穿洋装不生疏，但是到法国看自己还是落伍了。在加拿大，夏天人们习惯西服内穿短袖衬衫，而在法国，男人永远穿长袖衬衫，而且多为白色，天气再热也不改。领带特别重要，其质地、花色、图案都体现主人的品位，而且必须要与西装颜色相配。在教科文组织总部上班，随时会碰到来自各国的大使。大使无论男女，人人服装入时、庄重。总之，入乡随俗，作为中国人我们必须要融入这个环境。在这一点上，同为亚洲人的日本人和韩国人通常比我们强，他们西装的质感通常好过中国的品牌。不过近年来国内量身定做的西装已经有很大改进。我当初入行时那位意大利籍的处长精于此道，给了我许多指点。

再说“食”。法国是个讲究吃的国家，法国大餐自不必说。我这些年在巴黎去过许多风格口味各异的法国餐厅，好餐厅不单是味道好，还要“讲究”。从台布到餐具到服务人员，服务好、环境好、氛围好，那是一种享受。我曾经陪同博科娃总干事到法国外交部大楼出席一次外交部秘书长的小范围午宴，在一个宽敞的房间内一张圆桌共四个人用餐。头顶上的水晶吊灯和壁灯将房间照得通亮，四周墙上装饰金碧辉煌，浅红色的落地窗帘，周围是路易十四式的家具，墙上挂的是人物油画，感觉像在一个博物馆里。餐具都是金色的，有两位穿着燕尾服的男侍者服务。菜式很简单，有前盘、主菜、甜品和咖啡，味道甚佳，当然还有法国酒。主要是那种氛围让人很舒适。在巴黎我也应不少国家的大使邀请去他们的官邸赴宴，有些是用自己国家的特色餐食待客，自然正宗。日本大使就对我说过，她从日本带来的日餐厨师是巴黎最好的，我吃过后要说，此言不虚。

教科文组织总部大楼的七楼有一家法式餐厅，窗外正对埃菲尔铁塔，还可以看到附近荣军院的金顶，景色极好，做的法国菜很不错，我们招待来客的公务宴请都在那里。说到宴请，我作为助理总干事可以公款宴请访客，但不可以请教科文组织的同事。有时在驻外办事处工作的同事来总部办事，我请他们吃饭都是自己掏钱。宴请外客时可以有部下陪餐，但是我方人数不能超过外方人数。总部还有一个员工食堂，是自助餐，教科文组织工作人员中午多在此就餐。这个食堂是外包的，做的饭很差劲，员工意见很大，多次通过工会呼吁领导层采取行动改善服务，但不果。

我以前留学时养成从家里带三明治当午饭的习惯（法国人没有这种习惯，中午一定要出去到餐馆吃午餐），到教科文组织工作以后延续了这个习惯，午休时间一边在电脑上看邮件，一边吃三明治。后来有一次我接待摩纳哥大公阿尔贝二世，饭桌上他的侍从武官对我说，这样吃午餐对健康最有害，他刚刚改了。我听了他的建议，以后也把吃饭与看邮件分开。我们的总部内还有两个咖啡厅，法国人习惯上班后先去喝咖啡，吃完午餐还要喝。因此每天早上 9—10 点还有午饭后咖啡厅总是人满为患。我尽管工作忙，但仍然每周会去一次咖啡厅，与同事“联络感情”。

接着说“住”。巴黎既有在一二百年的石头老房子内宽敞明亮的贵族之家，也有七八十年前建的红砖墙内窄小的居室，当然也有设备齐全的现代公寓房。我去过不少国家驻教科文组织代表团的驻地和大使官邸，通常都是在那些高大舒适的老房子里，有些还属于文化遗产。

教科文组织为它的员工发工资，但是不提供住房，只有总干事有一个官邸，在巴黎七区荣军院对面的一座公寓楼的二层。博科娃总干事曾经邀请我和夫人去她的官邸过圣诞节，官邸很宽敞，有二百多平方米，但是内部装修并不豪华。不过官邸窗外的景色很好，直接对着巴黎荣军院，晚上荣军院的金顶在灯光照射下非常漂亮。其他工作人员都要租房或者自己买房。官员有流动性，人们通常先租房，以后如果工作变动不大，可能会在巴黎长住下去了，买房则比较划算。当然，巴黎的房价很贵，特别是市内一些高尚区，在全世界大城市中也是属于上层水平，所以“巴黎居，大不易”。收入低一些的人会选择在房价相对便宜的巴黎远郊区买房，不过他们上班就要乘市郊列车再倒地铁，每天可能花两三个小时在路上。以教科文组织官员的收入，买个一般的住房还是有能力的。人们通常会向银行或教科文组织员工自己的金融机构贷款，近年来贷款利率很低，故买房的人很多。

最后说“行”。教科文组织总部只有总干事和副总干事有专车，其他多数人会自己买车。在法国，外交官买车可以免销售税，巴黎卖高档车的车行通常还会给另外的折扣，所以买车是很划算的。但是在巴黎开车和泊车都很费劲，不少人宁愿乘坐地铁上下班，巴黎的地铁号称是全世界最方便的。我每天开车 6 公里上班，教科文组织总部和我家都有地下车库，很方便。P5 级及以上官员的车挂绿色的 CD（外交使团）字样的外交牌照，例如我的车牌号是 401CD3069，401 是教科文组织的编号。P5 级以下人员的车也挂绿色牌照，不过中间是字母 K。

外交车比较方便，在法国，警察经常会在路边设岗查车，但他们从来不会截停外交车。巴黎市内泊车困难，有时去办事，找不到停车位，可以把车停在没有停车位的地方。只要不妨碍交通，警察一般不会开罚单，开了罚单也没人去缴罚款。不过在巴黎市区开车绝对是一大考验，法国人生性散漫且崇尚个人自由，表现在开车上是只顾自己，不顾别人。这里有许多转盘路，最典型的是围绕凯旋门的道路，大量车流从四面八方的路口汇到一起，只有一条规矩：礼让右侧来车。我的一位加拿大朋友某年来巴黎玩，租了一辆车，这位从小就开车的老手开到凯旋门后吓得停住车不敢走了。

许多来过法国的中国人说法国人不大讲英语，法国的警察就是这样一类人。我多年前初到巴黎时开车经常走错路，违反交通规则后，执法的法国警察几乎没有人能讲英语，但是对外交官还算客气。近几年来法国的年轻警察许多人会讲英语了，有时路上碰到还会与我聊几句，我夸他们英语讲得不错他们都会很兴奋，这也是全球化对法国的影响。不过在法国开了二十多年外交车，退休之后开车还真有些不习惯，要学会在方向盘之后“重新做人”。

在联合国官员高收入、高福利的光鲜背后也有生活不易的一面。这些国际官员几乎都是“背井离乡”，工作压力又很大。在多元文化和非母语的环境中工作，同事关系、上下级关系都不大容易处理好。年轻的官员由于流动性大，找到合适的本国配偶的机会不大，因此单身者的比例和跨国婚姻的比例比较大。年岁大的官员常常是配偶在本国有自己的事业，无法随任，两地分居的情况很多，离婚率也高。也有配偶随任，但是要抛弃自己的事业，做出牺牲。这些都给我们的国际官员带来很大的工作与生活压力。

据说法国是全世界人均服用镇静药最多的国家，教科文组织的一些工作人员也常有这个需要。由于工作紧张，曾经有一阵在数月内我们的三位司长都在出差时晕倒在机场。后来我做教育部门的办公厅主任时，倾听同事们遇到的困难与诉求是我的职责之一。很多同事因工作中人事关系中遇到问题来找我倾诉，我要安慰、开导他们，也要为他们寻求解决办法。多次有女同事在向我诉说遇到不平之事时声泪俱下，我在办公室不得不预备一盒纸巾以备不时之需。光鲜背后的生活确实很不容易。

在巴黎生活，安全是很重要的事情，国内媒体经常有报道中国游客在巴黎被偷、被抢的案例。其实住在这里的居民也有安全之虞，我妻子前些年就两次遇险。一次是她开车在等红灯，有两个小混混用砖头砸破车窗，拿走她的皮包后开摩托车跑掉，虽然人没有伤，但是受惊吓不小。还有一次她开车回到家里的地下车库，有个青年尾随她到车库，从她手中将手包抢走后逃之夭夭。人没受伤已是大幸，到警察局去报案，即便是外交官配偶遭劫，警察能够做的也不过是做个笔录，然后建议我们向住处的业主委员会要求加装监控设备。

我在做处长时，手下有一位日本文部省派来工作的“协理专家”，是个年轻的女孩子，非常能干。有一天竟然在巴黎的住所被歹徒入室劫财杀害了，这件事在当时引起了教科文组织工作人员很大的恐慌。几年后我去日本出差曾经在文部省官员的陪同下到她的家乡浜松市，看望了她的父母家人并为她扫墓。她的家人和日本文部省对我的做法很感动。巴黎的治安甚是堪忧，这是在巴黎这个城市居住的负面体验之一，安全感远远无法与在中国的大城市相比。

早年间法国政府曾规定，教科文组织官员的配偶在法国不可以就业。我 1993 年到法国时，我妻子黄湘在中国国家教委留学生司做副处长，本来我想她应该可以在中国驻法国的大使馆教育处工作，但是当时国内规定，国际公务员家属不可在驻外使馆工作，据说是要避免影响我们的中立性。这样黄湘为了我只有做出事业上的牺牲，办理了停薪留职手续，带着小学三年级的女儿来到法国随任。还好法国规定教科文组织 P5 级及以上官员的配偶和不满 18 岁的子女享有同等待遇，所以他们也有外交身份，出入境享有免检礼遇。

妻子在法国无法工作，但总要有些事做。最初几年女儿在巴黎上小学和中学，我妻子每天开车接送，监督女儿做作业，还要指导她继续学中文。我工作忙，教育女儿主要靠我妻子。教科文组织有一个“配偶协会”，经常组织官员的夫人们参加法国的一些社会活动，我妻子也经常参加。另外，游泳、健身、学法语也是她消遣时间的方式。我做助理总干事后去各国访问很频繁，妻子也会挑一些她感兴趣的国家与我同行。

我们的女儿唐宛枫 9 岁时随我们来到法国，我们把她送入一所英、法语双语国际学校。她在那里念了小学和中学，通过了法国的高中会考之后去加拿大的蒙特利尔，在麦吉尔大学念政治学。这是她的曾祖父 100 年前作为清华第一批留美学生在美国耶鲁大学所学的专业。在麦吉尔大学拿到学士学位后女儿回到中国，在北京外国语大学获得语言学硕士学位。毕业后，可以流利地讲英、法、西班牙三种外语的她先后在国家汉办（孔子学院总部）、北京师范大学、中国化工集团和中国中化集团旗下的先正达集团工作。她是我们这个家族第五代的“海归”，也在为中国的建设贡献着力量。

第3章

“压舱石”：教育部门的大管家

1999—2009年的十年间，联合国教科文组织的总干事由日本资深外交官松浦晃一郎担任。上任不久，松浦总干事任命我为教育部门的中等、科学与职业技术教育司的司长，进入高官序列。不久之后又改任我为教育部门的行政办公厅主任，成为教育助理总干事领导教育部门的主要助手。当时没有想到，松浦当政的这十年竟然是教育部门的“多事之秋”，十年间频频换帅，共有四任助理总干事和四任代理助理总干事执掌教育部门！在这动荡的年代，有八年半的时间我作为办公厅主任（后四年是作为副助理总干事兼办公厅主任）直接辅佐了这些风格各异的上司。

在频繁调整我的工作方式以适应不同领导人的不同要求，全力协助他们的同时，我一直在观察他们的领导风格和做事之道。他们每个人都有自己的特色和长处。从这些人身上我学到了很多东西，也看清楚了教育部门存在的问题，感悟到在这样的国际组织中什么可以做，什么不可以做，什么现在不可以做而以后可以做。这期间尽管频繁换帅，我领导教育部门的行政办公厅保证了部门的基本运作，松浦总干事曾经说我是维系教育部门稳定的“压舱石”。这些不可多得的经历与历练为我日后作为助理总干事执掌教育部门积累了经验，打下了基础。故事应该从松浦晃一郎竞选总干事说起。

无意中介入了总干事选举

马约尔总干事的第二个六年任期在1999年的11月届满，这一年也就成为“选举年”。按照教科文组织一个不成文的地域轮流惯例，下一任总干事应该轮到亚洲或者阿拉伯国家的人选出任。日本不失时机地推出时任驻法国大使的职业外交官松浦晃一郎为候选人。到这年 6 月，除了日本，亚太地区的澳大利亚、菲律宾、印度尼西亚和斯里兰卡也都推出了候选人，加上其他地区，最终共出现了 11 位候选人。

长期以来日本作为一个经济大国一直谋求在国际舞台上发挥更大政治影响。日本对联合国及各专门机构的财政支持力度很大，当时日本是教科文组织的第一大会费国，它缴纳的会费占到总预算的 13%。松浦大使时年 62 岁，早年毕业于东京大学法律系，后步入外交界，先后担任过外务省的局长和副外相，1995 年开始任驻法国大使，有丰富的外交经验。当时日本外务省特别征调其驻印度尼西亚大使馆公使都筑先生到驻法国大使馆任公使并兼任驻教科文组织的副代表，专门负责松浦的竞选工作。

1999 年 6 月中旬，我还在教育部门的职业技术教育处的处长任上，外联部门亚太地区处处长日本人冈岛忽然打电话给我，说日本副代表都筑公使想请我吃饭，谈松浦大使竞选总干事的事。当时我还很纳闷，此前我与日本常驻代表团接触并不算多，更谈不上与他们的竞选有什么关系，他们为什么找我呢？ 6 月 22 日中午，我如约来到香榭丽舍大街上的一家日本餐馆，都筑和冈岛已经在那里等候。都筑公使身材瘦高，戴一副眼镜，他向我详细介绍了松浦的履历和日本政府对教科文组织进行改革所持的立场。日本政府强调的是这次应该轮到亚洲人做总干事了，而亚洲国家所提出的候选人中松浦实力最强。他说日本政府对马约尔近年来大力提倡的相当政治化的“和平文化”运动并不赞同，认为教科文组织还是应该做好教育、科学和文化这些“分内之事”。据他讲，松浦大使为竞选已经跑了不少国家，计划 8 月去北京和汉城，因为中国和韩国这两个亚洲国家的态度对日本的竞选很重要。

都筑公使说松浦大使想向我了解教科文组织的教育工作，希望我能够在松浦去北京访问之前先向中方转告松浦的竞选理念和日本政府的立场，寻求中方的理解与支持。我对都筑公使说，中方在总干事竞选中支持什么人是中国政府的政治决定，不过我还是愿意尽我的能力做些协助双方沟通的工作。当时据我个人对总干事竞选形势的了解与分析，在11个候选人中松浦的胜算确实是最大的。有这样一个机会帮助中方了解松浦的立场可为中方决策提供参考，对中国是有利的。我告诉都筑，日本方面提出的提高教科文组织的工作效率、做好分内的工作和加强对发展中国家的援助的原则想来中国政府都可以接受。

不久之后我回到北京休假，中国教育部主管外事的副部长兼全委会主席韦钰马上约见我，她非常关心总干事选举的情况，要听听我从内部了解的情况和我的分析。我向她详细介绍了各个候选人的具体情况。关于松浦，他是职业外交官，又是时任日本首相小渊惠三的中学同学，得到日本政府从上至下的全力支持。他的竞选主张，如非政治化、提高效率与透明度、加大对发展中国家的支持力度，顺应了多数会员国的愿望，与中国的立场接近。松浦那一代的日本外交官对中国文化有亲近感，对中国在国际舞台上的重要性有认识。将来如果教科文组织与中国有任何政治方面的问题，他作为外交官也会从中日关系角度考虑处理。我也分析了其他几位候选人的情况，但他们都有一些“硬伤”，基本上没有希望，可以忽略。

从这些国家的影响力分析和我观察到的各个候选人团队的工作方式和效率来看，客观地说日本候选人的胜算是最大的。韦钰副部长大体上同意我的分析，说松浦是职业外交官，政治色彩会少一些。日本认为教科文组织应该减少政治色彩，把精力放在教育、科学和文化上的立场与中国是一致的。

回到巴黎之后，日本大使馆的都筑公使再次约见我，我告诉他我已经向中国有关方面介绍了情况。他告诉我，松浦大使将于9月初带着小渊首相致中韩两国总理的信去北京和汉城。日本驻中国大使馆已经为松浦约见了唐家璇外长，当年唐家璇任驻日大使时松浦是副外相，彼此很熟。我还建议松浦在北京时去拜访韦钰副部长。

9 月初，我接到日本驻法国大使馆大使秘书的电话，说松浦大使邀请我去他的官邸用午餐，随后发来了正式请柬。日本驻法国的大使馆在巴黎有几处办公地点，大使官邸位于八区福布尔·圣欧诺雷大街 31 号。这是在巴黎市中心不很宽的一条街，却大有名气。这里有巴黎最高档的名牌商品店铺，法国的总统府爱丽舍宫也在这条街上。总统府的隔壁是英国大使馆，再过去就是日本大使的官邸了。美国大使馆也在这条街上，这些国家与法国的亲密关系由此可见一斑。

我驱车来到日本大使官邸。与这条街上其他建筑一样，这是一栋有近两百年历史的极为气派的老房子。巨石贴面，四五层高的建筑，楼顶上飘扬着一面日本国旗，大门口有法国的警察值守。进了大门是官邸的院子，地上是白色细石，偌大的院子里空空如也，只有我这一辆汽车停在那里。官邸的主建筑坐南朝北，走上十余级的台阶就是一个大玻璃门，一位穿着侍者服装的法国青年将我引进门内。这是一个高大宽敞的大厅，厅的南面是一排落地窗，室内阳光充足。大厅地上铺的是波斯地毯，摆放着一些路易十四式的座椅和茶几，围成几个方阵。墙上有几幅印象派的画作，显得很协调。侍者送上饮料，请我在贵宾簿上签了名。我问他客人还有谁，他说，就您一位。这让我很诧异。

几分钟后，从窗子可以看到一辆黑色的奔驰轿车驶入院子，车内出来两个人，快步走上台阶。前行的人着浅色西装，个子不高，年纪在 60 岁左右，但身板笔直。此人正是日本驻法国大使松浦晃一郎。后面很高很瘦的是都筑。我迎上前去，都筑为我们做了介绍，松浦握着我的手连声致歉，说前边的约会时间长了一点，让我久等了。落座之后我仔细打量松浦，他脸上皮肤保养得很好，精神旺健，样子很慈祥，特别是笑起来给人一种老爷爷的感觉。松浦的英文讲得很流利，但是有日本口音。

松浦大使首先告诉我他刚刚访问了中国，在北京见到了唐家璇外长和教育部韦钰副部长。松浦说，他对中国有很深的感情和了解，他小的时候曾经随在中国的日本企业工作的父亲在天津住过两年。成为外交官后他做过驻香港的总领事，后来又在外务省主管对外经济援助与合作，1990 年他就力主恢复对华援助，并于当年访华。他说他当时是日本乃至七国集团中最早访华的高级官员。

随后松浦请我去进餐。官邸的餐厅在楼上，要经过一条楼梯走上去，餐厅的中央是一张东西向摆放的长餐桌，周围大概可以坐 20 人。但此时桌上只摆放了三副刀叉，两副在南侧，是松浦大使和都筑公使的座位，一副在北侧，是我的座位。

在饭桌上松浦告诉我，日本政府对他的竞选全力支持，首相小渊惠三亲自为他拉票。松浦对我说，现在的形势是亚洲国家太散，因为有澳大利亚人来搅局，七国集团此时的意见也不那么一致。欧洲国家的态度尚无法确定，但是法国支持他，韩国也将在最近公开宣布支持他。他说现在有把握的是第一轮可以得到 20 票，第二轮争取达到过半数的 30 票，如果达不到，26 或 27 票是可能的。我问松浦他的工作风格是什么，他思索了一下回答说，“决策前广泛听取意见，决策后全力执行”。饭后松浦大使和都筑公使将我一直送到楼下大门口，握别之际我预祝松浦大使好运。

我驱车离开大使官邸，驶入车水马龙的协和广场，远处荣军院的金顶在午后的阳光照射下闪闪发亮。我一边开车一边思考着与松浦的谈话。松浦思路很敏捷，人比较方正，不圆滑。他的英语表达能力不错，据说法语也行，还可以讲西班牙语。从个人能力来讲，能在日本的官僚体系中做到副外相这个职业外交官所能达到的最高阶层必有其过人之处。由于与首相小渊的关系，也由于日本的利益使然，松浦的竞选得到日本政府最高层的鼎力支持。

日本人崇尚英雄，崇尚集体努力，各级官员一旦动员起来能够一致对外，以实现在联合国系统中争夺高级职位的国家意志。

在这之后的一个月时间里，各位候选人八仙过海，各显其能。日本、澳大利亚、沙特和埃及的候选人都访问了许多执行局成员国。以前教科文组织执行局的成员都是以个人身份当选的，不一定受各国政府的控制或指挥。但教科文组织的《组织法》在 1990 年做了修改，执行局成员改为国家代表，所以投票就是国家行为了。总干事选举如何投票基本上是执行局成员国做出的政治决定，这就是为什么候选人要不远万里到这些国家的首都去“拜票”。有意思的是，当年修改《组织法》的动议正是日本提出的，所以有人说，日本那时起就在为争夺教科文组织的领导权而布局了。为九年后的选举布局，眼光可谓长远了。看看日本为松浦竞选拉开的架势，这个说法大概不虚。

总干事选举是执行局的第 157 次会议的重要日程。1999 年 10 月 13 日和 14 日两天，11 位候选人在执行局的闭门会议上做了陈述和答辩。投票在 10 月 18 日、19 日和 20 日三天的下午举行。规矩是每一轮将得票最少者淘汰，其他候选人也可以选择退选，最先获得半数以上（30 票）者当选为唯一正式候选人，然后报教科文组织全体大会批准。投票这几天执行局会议厅内外洋溢着一种紧张、神秘和期待的气氛。在会议休息室里总可以看到几个候选人在分别与执行局代表促膝交谈。

第一轮投票在 10 月 18 日下午举行，保安人员守在执行局会议厅门口，除正式代表外无人可以进入会场。大批秘书处官员和职员聚集在会议厅外等候消息。过了 5 时，有人从会议厅出来，投票结果立即以耳语和交谈的方式传开来：松浦以 20 票领先；沙特候选人以 9 票排第二；澳大利亚和埃及候选人各得 7 票并列第三；其他人都不超过 4 票。松浦的得票数与当初他告诉我的预测惊人的一致，由此可以看到日本人做事之细致高效。第一轮投票后 4 位候选人退出。第二轮投票 19 日下午举行，松浦的票数上升到 27 票，与日本方面早先预测的又是非常一致！第二名沙特候选人只增加了 1 票，第三名澳大利亚候选人反而减少了 1 票。松浦离过半数票只差 3 票，他的势头应该是不可阻挡了。后来松浦告诉我，在第二轮投票前，小渊首相亲自打电话给一些执行局成员国的领导人，尤其是七国集团的领导人，要求他们在第二轮投票时支持松浦，因此获得了十分关键的几票。通常第一轮投票是各个国家考虑双边关系的政治票，投给有承诺的友邦，表示姿态。第二轮通常会投给有可能的获胜者，所以日本对第二轮投票寄予很大希望。

@UNESCO/Niamh BURKE

刚当选为总干事的松浦晃一郎（2000 年）

第三轮投票在 1999 年 10 月 20 日下午举行。投票前我在楼梯上巧遇松浦大使（他很少坐电梯，总是爬楼梯，当了总干事后也一直保持这个习惯），我一边握手一边预祝他成功。松浦较之前两天我见到的时候显得轻松许多。下午 4 时开始，大批各国代表团人员和教科文组织的工作人员聚集在执行局会议厅外。5 时 10 分，消息传出，松浦以 34 票在第三轮投票中胜出。第二位的沙特候选人得到 13 票，澳大利亚候选人得 6 票。大门打开，现任总干事马约尔和候任总干事松浦晃一郎出现在人们面前。在场的大批媒体记者拥上前去，在镁光灯下，马约尔和松浦两人握手。马约尔对松浦表示祝贺，松浦也讲了几句话，表达决心。我当时在现场，心中感到教科文组织的一个新的时代开始了。

1999 年 11 月 12 日，联合国教科文组织第 30 届大会以压倒性的 146 票赞成任命松浦晃一郎为该组织的第九任总干事。松浦时代开始了。后来的情况证明，我当初对他的判断正确。他执政的 10 年间教科文组织和松浦总干事都保持了与中国的正常合作关系，没有出现影响双边关系的政治事件。

中国终于有了一个教育部门的司长

1999 年 11 月 15 日是个星期一，这是松浦总干事正式上任的日子，开启了他的十年执政期。巧的是这天早上我上班在总部大门口正遇上乘车到达的松浦，他满面笑容，神色轻松，见到我马上与我握手寒暄。当时门厅里还有不少各部门的同事在等电梯，他们大都露出诧异的眼神，不知道新来的总干事怎么会认识我。

松浦上任之初就面临着不小的挑战，他的竞选纲领之一就是要革除马约尔担任总干事最后几年产生的一些弊端。包括马约尔以“个人晋升”的形式任命了很多高级官员，例如，处长应该是 P5 级，但是一些处长作为“个人晋升”被提升为 D1 级，成为“司长级处长”。当时整个教科文组织一共有约 100 个 D 级职位，但是 D 级官员却有近 200 人！我所在的教育部门，在总部的 D 级职数应该是 6 个，但是当时却一共有 18 个 D1 或 D2 级的官员！

松浦的做法是调整组织机构，定岗定编，对 D 级官员重新任命。多余的 D 级官员，有的外派到驻会员国的办事处去任职，有的到点退休，快到退休年龄的动员他们领取补偿金提前退休。这是一个牵涉范围很广的变动，松浦上任后这个过程整整持续了一年时间。在这个过程中，所有 D 级官员都使出浑身解数竞争这些职位，可谓是“僧多粥少”。这些官员各自国家的代表团也都纷纷以各种形式向松浦施加影响，为他们说项，争取实职。后来松浦对我讲，那段时间他承受的来自会员国的压力实在太大。

2000 年 6 月，松浦宣布了新的总部机构设置。教育部门设立一个行政办公厅和五个业务司：按教育层次设置基础教育司、中等与职业教育司、高等教育司；另外设置跨层次的教育战略与政策司和教育质量促进司。不过随之而来的人事安排让高层颇费斟酌，教育部门以前的 18 名 D 级官员此次只能安排 6 人（5 个司长和 1 个办公厅主任）；原有处长职位 32 个，现减为 16 个，调整幅度之大在内部引起不小的震动。松浦总干事的这项改革还是很有魄力的。

总部对外联络部门的处长日本人冈岛即将退休，他动员我去接任他的位子，说我搞对外联络一定非常出色。不过我从中国的需要和个人的前景考虑没有离开教育部门的愿望。松浦竞选时的"管家"、日本常驻代表团的公使都筑在完成任务之后即将返回日本，我请他吃了一顿饭为他饯行。席间我也征求他的意见，都筑说："松浦总干事还是想要你留在教育部门。"都筑与松浦总干事关系很近，这话应该是松浦的意思。

鲍尔离去，松浦总干事决定公开招聘教育助理总干事，同时任命已经退休的教科文组织在瑞士日内瓦的"国际教育局"的原局长雅克·哈拉克临时代理教育助理总干事，主持教育部门的工作。哈拉克是法国人，是一位业务上很有成就的教育专家，以管理严厉著称。哈拉克一到任就召集部门所有管理层官员开会，宣布要调整机构，厉行改革。此人个子不高，英语、法语都讲得相当好，他一脸严肃，难得露出笑容，让不少同事很紧张，不知他要闹出多大的动静。我以前并不认识哈拉克，在会上他逐一问出席人的姓名，介绍到我，哈拉克手往天上一扬，说："啊，是唐先生，你是一个重要人物啊！"他的话让所有在场的人包括我自己都非常诧异，我后来猜到是松浦向他说起过我。

过后不久，中等与职业教育司司长被松浦调职离开了总部，哈拉克找我谈话，要我代理司长，并且要我给他写一份不超过两页纸的文件，提出对这个司今后工作的想法。这是我第一次与他正式谈话，虽然不熟但是谈得很融洽，我感到他似乎对我很信任。我回去就找了司里的另外两位处长，要大家群策群力提出有关前景的建议。他们一是高兴我代理司长，二是头一次所有处长在一起讨论长期发展方向，所以积极性甚高。我们用几天时间就完成了一份两页的方向性文件交给了哈拉克。文件观点鲜明，表达简洁清晰，让哈拉克刮目相看。

2000 年 7 月中旬我陪松浦总干事到波恩去签协议，中间还有一个小插曲可能更增加了松浦对我的信任。那天我一早与教育部门办公室主任德国同事汉斯·瑞森到机场陪同松浦飞往波恩。临行前一天我把要签字的协议文本和总干事在签字仪式上的讲话稿都准备好，讲稿送到总干事办公室，我当时留了一个心眼，把讲稿多备了一份放在身上。飞机上乘客不多，途中我看到松浦还拿出讲话稿阅读。中午到达科隆机场后，我们在德国联邦政府官员陪同下出席教育与科学研究部和经济合作部的两位国务秘书和波恩市长招待总干事的午餐会。下午，教育与科学研究部的女部长来到国宾馆，与松浦总干事一起出席协议的签字仪式。

签字仪式很隆重，宾馆的大厅放了一张长桌，两把椅子，后面有一面德国国旗和一面蓝色的联合国旗帜。此时厅内已经聚集了近百名受邀参加签字仪式的各界来宾。签字后德国女部长首先站起来发表讲话，谈及建立这个中心的巨大意义。此时松浦坐在部长身旁，我忽见他四处观望，像是在寻找什么，我马上走到松浦身旁。松浦小声问我：“你身上还有一份讲话稿吗？我的那份被我遗落在飞机上了。”真是“有备无患”，我马上从提包中拿出我带在身上的备用讲稿递给他，松浦如释重负，在主人讲话后拿着讲稿发表了讲话。同事汉斯在旁边看到了这一幕，凑在我耳边说，幸亏你多带了一份。签字仪式很圆满，此次是我第一次陪总干事出差，给总干事提供备份的讲稿让他免于陷入尴尬境地，这件事给松浦留下了很深的印象，多年之后他还向我提起过。关注小事与细节总不会吃亏的。

两周后，松浦在办公室召见我。一见面他就笑容满面地告诉我，他已经决定要我接任中等与职业教育司的司长。他已经与哈拉克谈过了，哈拉克非常支持他的决定。松浦还说哈拉克这个人待人严苛，轻易不说人好话，但是却对我的能力赞赏有加，问我是如何做到的。他对我说，许多会员国特别是那些有影响的大国都向他施加压力任命自己国家的人，但是作为总干事，他说，“我总要用能干的人”！我对松浦说，我很能体会他的处境，我一定会努力工作。随后，代理助理总干事哈拉克也告诉我，我将会负责这个司的工作，我们还一起讨论了教科文组织将来在中等教育、科学教育和职业教育这几个领域的工作重点。他夸赞我为他准备的计划很好，有高度。

2000 年 8 月底，松浦总干事首次对中国进行正式访问，中方予以很高的礼遇。松浦受到朱镕基总理接见，并且分别与外交、教育、科技和文化四部的部长会谈。朱总理肯定了松浦的改革，并提出教科文组织应更注重文化的多样性，松浦表示赞同。访问结束后，中国常驻代表张崇礼大使在巴黎向我通报，松浦在北京向中方表示，他将任命我为司长。2000 年 12 月初，总干事宣布了总部各个岗位负责人的任命，我被正式任命为中等与职业教育司司长（D1 级）。教育部门的其他五个司长都是原来的实职司长，我是唯一从处长升上来的。松浦上任一年之后，终于尘埃落定。自中国恢复在教科文组织的合法席位后，首次在该组织最重要的教育部门有了一个司长职位。

2000 年底，代理了八个月助理总干事的哈拉克结束了他的使命，教育部门为他举办了一个离任招待会，松浦总干事也来参加，给足了哈拉克面子。哈拉克在他主政的这八个月确实做了很多事情，以其硬派作风推动了改革，确实有成效。我以前并不认识他，但是他到来后似乎对我很欣赏。他平时不苟言笑，不少同事挺怕他，但是他每次见我，都是和颜悦色的，还常常展现出幽默的一面。我很敬佩哈拉克，在他身上我学到了许多东西，尤其是他强硬的领导作风。可惜他领导我们只有八个月，不然我们会受益更多。

从业务到管理：转任办公厅主任

2000 年底，松浦总干事从数百位竞聘者中决定任命英国开放大学校长约翰·丹尼尔爵士为教育助理总干事。丹尼尔是加拿大人，早年毕业于牛津大学，专业是冶金学，后来获法国巴黎大学物理学博士学位。毕业后一直在大学教书，先后在加拿大的几所大学做过副校长和校长。1990 年丹尼尔开始担任英国开放大学校长，在他的领导下，英国开放大学成为当时世界上规模最大的远程教育培训机构，全球有 25

万学生注册。为表彰他“对高等教育尤其是开放和远程教育的杰出贡献”，1994年英国女王授予他“荣誉爵士”称号。有这样一位负有盛名的高等教育和远程教育的专家来执掌教育部门，我们都非常高兴，期待他早日上任。

2001年1月初，丹尼尔一上任就与各司的负责人分别谈话。这是我第一次见到他，丹尼尔当时58岁，年富力强，瘦高的身形，颇有学者风度，但他又有加拿大人爽朗而平易近人的一面，待人非常真诚。第一次见他，我带了一份我的简历和一份两页纸的我领导下的中等与职业教育司的简介，包括工作重点、组织架构、人事和预算等基本情况给丹尼尔。丹尼尔看到我有在加拿大上学的经历，马上谈起加拿大的大学，无形之中有了一种亲近感。因为他是“爵士”，许多人称他为“约翰爵士”，但他让我对他以名字相称，所以后来我一直称呼他约翰，有时在电子邮件中我称他为“老板”。

3月中旬的一天，丹尼尔忽然到我的办公室来找我，说我们的教育质量司的司长正在招聘，他想要我帮他对所有申请人的材料做初选评估。他认为我有很强的判断能力，且为人正直，值得信任。我自然不能推辞。按照教科文组织招聘人员的规矩，申请人的材料先要通过一次初选，根据招聘广告中罗列的条件，包括学历和工作经验的履历，剔除不合格者，留下一个20~25人的名单交给遴选委员会做进一步审议。这项工作需要有经验和判断能力，能够看出申请人履历表面背后的东西。我用了两天时间，从180份申请表中挑选出25个人的材料，对每一位被选出的理由都做了书面解释，交给了丹尼尔。

不久之后丹尼尔又出现在我的办公室。这一次他开门见山，说教育部门行政办公厅主任瑞森即将退休，他考虑许久认为我最适合这个关键岗位。他说我懂业务，对教科文组织很了解，又有管理能力，这几样素质都具备的人很难找。而且我在需要强硬时也能够强硬，这是担任办公厅主任这一职务不可缺少的素质。丹尼尔说，他不要求我马上做出决定，可以考虑一段时间。

行政办公厅是松浦总干事执政以来进行机构改革的新事物，在教科文组织的 5 个业务部门都成立了行政办公厅，把计划、预算、财务、人事等功能都集中在这里。教育部门在总部下辖一个行政办公厅和 5 个业务司，在总部外还有 6 个教育研究所，另外在 50 多个驻外办事处工作的教育官员也归教育部门领导。助理总干事通过行政办公厅实施对全部门的领导，可见办公厅主任这个位子的重要性。论排名，办公厅主任排在副助理总干事之后，是第三号人物。论权力，办公厅主任在教育部门是“一人之下，万人之上”。

我对丹尼尔的提议完全没有思想准备。当时我刚刚被松浦总干事任命为业务司的司长，正信心满满准备大干一场，因此我的第一反应并不积极。我当时也知道办公厅主任的位子将要出缺，但是我完全没有在意。即将退休的主任瑞森有一次与我闲聊，说我应该申请这个职位。我当时就说不考虑，办公厅的事情太复杂令人头疼，不如搞业务比较简单。但是回到家，我妻子的意见是应该接受丹尼尔的邀请。她认为，从负责教育一个领域的工作转为参与协助助理总干事的宏观领导与协调工作，虽然是平级，其实是上了一个台阶，会有利于今后的发展，这是一个可遇不可求的机会。不得不承认，妻子常常比我看得更远，更全面。丹尼尔为人正直、大气，与他合作不会有问题。而且他初来乍到，看重我，希望我能够帮他，我拒绝他似乎说不过去。

几天后，我去见丹尼尔，说与妻子讨论后决定接受他的提议。他说可以理解，他自己遇到这种事也会先与妻子商量。丹尼尔说，行政办公厅的工作比某一业务领域的工作更重要，涉及全部门的工作，我将是他的左右手，他的所有战略考虑都会和我商量。他最后说：“我索性把话说白了吧，我在这里最多不会超过 6 年，到时你会是一个合格的助理总干事人选。”丹尼尔还说他喜欢能够迅速做出决定的人。他准备去见总干事，建议取消招聘程序，直接把我平级调任行政办公厅主任。我只提出一个要求，要丹尼尔告诉松浦，这是他的主意，不是我刚刚当了司长就“见异思迁”。丹尼尔笑了。

数日后，助理总干事秘书电话要我赶快去见丹尼尔。一见面他就说，刚刚见过松浦总干事，告诉他要调我去新成立的行政办公厅当主任，松浦回答说：“这是一个绝妙的好主意，这个职位太适合唐先生了！”丹尼尔还对我说：“看来总干事对你的印象相当好啊！”他与总干事商定，取消招聘程序，从 2001 年 7 月 1 日起任命我为行政办公厅主任。我问他为什么到任这么短的时间里就选定我做他的副手，他告诉我，为选人他征求了三个人的意见：兼任副助理总干事的基础教育司司长加纳人巴蒂娅露女士，即将离任的办公厅主任德国人瑞森，还有助理总干事的秘书英国人希拉里。他们三人不约而同推荐了我，说我受到部门内同事的广泛尊重，是最佳人选。其实我与这几位同事都没有深交，居然能够得到他们的青睐，还是有点出乎我的意料。后来瑞森告诉我，他向丹尼尔建议让我来做教育质量司司长申请人的初选工作，就是对我的一次考察。考察结果令丹尼尔很满意。

2001 年 6 月 28 日，松浦总干事签署了宣布人事任命的“总干事蓝色通函”第 15 号并予以发布，任命我为教育部门行政办公厅主任（D1 级），同时兼任中等与职业教育司代理司长直至继任人选到位，在以后的几个月中同时领导两个司级单位。这对我来说是第一次，在以后的岁月里，我多次受命同时兼管两个部门。

助理总干事的秘书希拉里来自英国，在教科文组织工作了几十年，熟悉业务，能干但待人态度也很简单粗暴。她对我说很愿意与我共事，还半开玩笑地说，这次从丹尼尔提出建议到总干事签署蓝色通函一共只用了 16 天，部门内只有 5 个人知道，这是教育部门有史以来最快最成功的“秘密行动”，谁说联合国的官僚机构没有效率！此事在教育部门公开后震动很大，许多人说是出乎意料，却又在情理之中。转任行政办公厅任主任是我在教科文组织生涯中的一个转折点。办公厅的工作使我有机会参与教育部门的宏观管理，为以后执掌这个部门打下基础，也成为仕途上的一个跳板。

八年办公厅主任：什么都管的大管家

当初我上任行政办公厅主任时，这个机构还是一个新生事物，助理总干事丹尼尔对我又相当信任，给了我很大的空间组建新机构。这是一个“集权”的机构，我根据它的功能建立了五个处室，分别负责项目计划协调、财务管理、人事管理、总部外机构协调和信息 / 出版业务。我很快建立了一个有效的工作班子。行政办公厅总人数近 50 人，可谓兵强马壮，令其他部门的办公厅主任羡慕不已。五个处长业务能力都非常强，我给了他们充分空间放手工作。他们跟了我几年，把办公厅变成内部气氛最团结的团队，我们把这个团队称为“梦之队”。

我作为主任，首先抓内部管理。我到教科文组织之后就发现，大多数的官员业务能力都不错，但是管理能力与经验普遍欠缺，经常有撇下部属自己“单打独斗”的倾向。所以我当了主任之后第一条强调的就是团队精神。我每周召开一次处长例会，时间不超过一小时，向处长们通报涉及全部门的重要信息，也通报助理总干事的想法和交代的任务。同时各处长也要通报他们一周中发生的大事，让所有人都对全局形势有所了解。我还要求处长们同样每周向下属通报情况。每三个月我会召开一次办公厅全体工作人员会，给大家讲一讲大形势，也听一听大家有什么问题和意见。那时松浦每月召开一次高管团队会议，叫作 college of ADGs，各业务部门的助理总干事和总部中央服务部门的局长参加，业务部门的行政办公厅主任列席。每次列席这个会

梦之队：我和我的办公厅处长们（2009 年）

议后我都会在处长例会上向大家传达高管会上讨论的大事。我的下属们反映这是以前他们没有过的体验，很高兴能够有机会、有渠道了解大政方针。我则告诉他们，作为行政办公厅成员，不了解组织的大政方针是没法做好工作的。

办公厅第一要务是通过拟定双年度的计划与预算和中期战略文件，协助助理总干事确立教育部门的战略方向。这方面我的教育专业知识与经验得以派上大用场。我很清楚，这些事只靠少数人是不够的，必须群策群力。在办公厅讨论这些战略文件时，除了负责这项工作的人员外，我还要求厅内其他处长都参与，组织多次所谓“头脑风暴”式的讨论，大家可以各抒己见，最终达成共识，由我拍板后提供给助理总干事审阅。

作为办公厅对全部门的管理，我首先注重流程管理，建立大家都明白的办事程序，使大家有据可依。例如，出差审批、报告和经费报销，我们就做出明确的流程规定和相应的表格，简化程序又便于对出差效果和经费进行控制。

助理总干事丹尼尔经常出差，他不在时我为他“看家”。丹尼尔是远程教育的专家，特别重视利用现代通信技术与工具。他一上任，就指示给我和每位司长配备了当时还未普遍使用的黑莓手机，使我们任何时候，不管是在单位、在家里还是出差在外，都能够用电子邮件保持联系。他出差时，会留下一张需要我和办公厅办理事情的清单，每天会给我发邮件，做指示。我则把需要向他报告和请示的事情发给他，总是很快会得到他的答复。尽管丹尼尔很放权，但是长期的工作经验使我很清楚，但凡重大原则问题我一定要先向他请示，得到他的批准后才去执行办理。不久，我和助理总干事之间就建立了牢固的互信关系，他知道我但凡大事绝对不会自作主张，小事情我在办理之后也会及时向他报告，这样他对全部门的工作时时了如指掌。

作为一位有经验的资深教育专家，在教育部门的大政方针上丹尼尔颇有主见，在拟定中期战略和每个双年度的计划和预算时，我都会领导办公厅向他提出初步建议，由他拍板。在每年两次的执行局会议和两年一次的大会上，助理总干事都要面对会员国代表介绍战略、计划、预算的编制和执行情况并接受质询。在此之前，办公厅都会为他做好充分准备。丹尼尔担任大学校长多年，用他的话来说是“太知道如何与董事会打交道了”，在这些场合中他一贯应对自如，给我很多启发，为数年后我做了助理总干事后面对执行局做了准备。

与助理总干事丹尼尔（中）、副助理总干事巴蒂娅露（右）合影（2004 年）

我领导办公厅也时时注意在政策层面研究如何改进我们的工作并向丹尼尔提出我的建议，而丹尼尔具有极好的判断能力，能够马上看出建议的实质。例如，在 2002 年之前，我们教育部门最多的“预算外资金”来自北欧几个国家，但那时是我们与每个国家分别谈判，它们根据各自的重点领域确定要支持的项目。为了使这些援助能够反映教科文组织教育项目的重点，帮助发展中国家实现全民教育的目标，我提出应该与这几个北欧国家谈判，争取把分别提供给我们的经费集中在一起，根据我们的战略确定重点支持的领域，再由我们根据需要提出受援国名单。这样的“一揽子”计划能够按照发展中国家的需要突出重点，集中使用经费，提高经费使用效率。

丹尼尔马上看到这是一个有战略意义的可以大大改进我们利用预算外资金效率的设想，因此要我立即组织谈判。我首先在教科文组织内部的综合部门做工作，在取得支持后又带领办公厅的部下对几个北欧国家的常驻代表团游说。这几个国家的代表都认为这是一个好主意，同意去他们的政府部门做工作。尽管这项改革牵扯很广，但是经过一年的努力，最终获得了这几个北欧国家的同意，建立了一个名为“全民教育能力建设”的项目。每年这几个北欧国家把一共 800 万美元的资助放在一个篮子里，重点支持扫盲、教育规划和职业技术教育三个领域的项目。这个项目非常受受援国的欢迎，几个出资国也很满意，一直坚持了十几年，共筹得一亿美元的资金，到 2018 年我退休时还在继续。

在教育部门内部的协调方面我特别注重保证与部门的高管团队的沟通，这个团队包括在总部的 6 个司长，总部外 6 个研究所的所长，4 个大洲区域教育局的局长和在约旦的联合国近东巴勒斯坦难民救济和工程处教育局的局长（隶属联合国教科文组织的官员）加上助理总干事共 18 人。我们的教育部门是个“藏龙卧虎”的地方，许多司局长和所长都颇有些来历。在加入教科文组织之前，他们中间有俄罗斯的副总理、几内亚的教育部长、多哥的高教部长、冈比亚的教育部长、巴黎索邦大学的校长、韩国的教育部副部长等。我建立了一个协调与通气的机制，把总干事和助理总干事的指示及时传达给他们，逐渐加强了整个部门的团队精神和氛围。后来我自己当了助理总干事，更是把这个机制发扬光大。

在教育部门内，二把手是由基础教育司司长巴蒂娅露兼任的副助理总干事，但是部门的大事丹尼尔通常会直接与我商议办理，这样很容易引起巴蒂娅露的不快。巴蒂娅露以前是几内亚的教育部长，懂业务，为人也好，我很能理解她，所以我特别注意与她的沟通。凡是丹尼尔布置的大事，我都会主动知会她，使她不会感受到被忽视。后来我们成了很好的朋友，她多次告诉我，她那一代几内亚人对中国、对毛泽东主席和周恩来总理有很深的感情，后来她索性称我为“我的中国兄弟”。

行政办公厅的另外一个重要功能是保持与其他业务部门和总部中央服务部门的联络。当时各个业务部门都建立了行政办公厅，在我的提议下，我们这些业务部门的办公厅主任每个月在总部的餐厅一起吃一次午饭，作为一个非正式的协调机制，当然是我们各付各的账单。

副总干事巴博萨听说了，派他的助理也来参加。每次我们在一起吃饭，各部门的同事们看到了都在背后议论说，不知这些被称为“各单位最有实权的人”又在一起商量什么呢。

当时总部的中央服务部门也提出了不少改革方案，按理说改革应该有利于业务部门的工作，为会员国服务。可惜他们有时不与业务部门协商就出台一些政策（这是所有官僚机构的通病），这样就逼得我们业务部门不得不联手抵制一些不切实际的政策。这个办公厅主任的协调机制在这方面很起作用，因为如何应对这些事通常都是在我们每月的“午餐会”上商量的。当然，对正确的政策我们也会交流经验，看如何更有效地实施。

教育部门在教科文组织里无论从重要性还是从人员与经费来讲都是绝对的第一大户，我充分利用了教育部门这一核心地位，在业务部门的办公厅主任中担负起“老大哥”的责任。大家都知道，丹尼尔对我非常信任，我完全可以代表他，所以许多事情索性直接来找我解决。而我自己则注意平等待人，即使对其他部门的一般官员，我也非常客气。这是我的东方文化背景使然，如此做事自然就少有障碍，既建立了人脉关系，也赢得“能而不傲”的名声。

人事工作是我的一个重要职责，也是一个巨大的挑战。由于联合国的聘用机制掺杂许多政治考量，所以有些官员的能力水平未必能够完全达标。再加上人事规则的刻板，有时合格的人进不来，不合格的人出不去。勉强安排，又很容易出现各种人事矛盾。教科文组织的人员来自不同国家，有不同的文化背景，矛盾常常并不是什么原则问题，不过是不同文化的互不理解。当问题解决不了时，相关人员会来找我，向我“倾诉”他们的问题。许多官员考虑自己的职业发展与晋升途径，也会来和我交流他们的想法与要求。这里尤其要有对同事的理解和谈话的技巧，与我们中国的“政治思想工作”有异曲同工之妙。我的这些工作实际上为助理总干事分担了很多，使他可以集中精力于主要业务工作。

在做行政办公厅主任时我还有另外一项“特殊使命”。丹尼尔来自学术界，为人耿直方正，对联合国官僚机构中的一些烦琐规矩很看不惯，有时会打破常规办事。这样就使总干事办公厅和总部中央服务部门的一些习惯了按官僚机构这一套规矩办事的官员不大满意。丹尼尔以他学者兼“爵士”的身份又不屑于向他们解释，慢慢就有些流言传到总干事松浦耳朵里，说丹尼尔不讲规矩，说他出差在外时间多，甚至有目无总干事之嫌。松浦对我是很信任的，有几次他把我叫到他的办公室，问我是怎么回事。

我深知丹尼尔只是对教科文组织的一些烦琐规矩不满，并非对总干事有意见（不过他对总干事身边的一些人确实也不大买账）。虽然丹尼尔出差多，但是他与我随时保持联系，一切重大事项都是他做的决策。我每次都会这样向松浦做出解释，打消他的疑虑。其实松浦对丹尼尔的评价相当高，每次经我解释后，他都会露出放心了的笑容。之后我会告诉丹尼尔我是如何向总干事汇报的，同时也向他提出一些建议，使他尽量避免与总干事办公厅的人产生直接矛盾。

作为教育部门的“大管家”，要懂业务，因为要协调部门内各业务的工作，尤其是要带领办公厅的同事组织计划与预算和中期战略文件的编写，确定部门的战略方向；要会管理，知道如何带领全办公厅的同事协调全部门的计划、财务、人事、评估、信息诸方面的工作，其中又属人事工作的挑战最大；还要有外交能力，去与教科文组织内其他单位和会员国及其常驻代表团打交道。在丹尼尔任助理总干事的三年时间里，我在行政办公厅主任这个职位上是无论业务知识还是管理能力方面都得到了极大的锻炼。这段经历无疑对一些年后我当助理总干事大有裨益。

2004 年初我们的教育部门迎来一轮很大的人事变动。首先是两位来自非洲国家的司长——兼任副助理总干事的基础教育司的司长巴蒂娅露女士和高等教育司的司长塞多先生将到年龄退休，他们的职位将对外招聘。塞多来自非洲国家多哥，在他的国家当过大学校长和政府高教部长。这两位司长业务能力都很强，人品也好，在部门内威信很高。经过几年相处，他们与我都成了好朋友。十几年后当我竞争总干事职位时他们尽管早已退休，却还都给了我很大帮助。

巴蒂娅露退休后她的副助理总干事（D2 级）一职就会出缺，她劝我争取接她的这个二把手的位子。她的理由是我作为内部人员能够起到承前启后的作用，而且我来自中国，能够代表发展中国家的利益。确实，多年来教育部门的一把手都是来自发达国家，副助理总干事应该来自发展中国家以保持平衡。当然，这也是我晋升的一个机会。

在反复思考后我向助理总干事丹尼尔提出，申请基础教育司司长兼副助理总干事的职位，参与竞争。丹尼尔不愿我离开办公厅主任的岗位，但是为我的前途考虑，他还是同意我一试。我同时向国内报告了这个情况，说明为求晋升，考虑申请这个职位，请国内从政治上予以支持。当时的教育部长周济对教科文组织的事情很关心，一直指示教育部有关部门争取中国在教科文组织里有更多高级职位。他对我也很了解，数月前助理总干事丹尼尔到中国访问，还在他面前把我大大夸奖了一通。很快周济部长签署了一封致松浦总干事的信，表示中国政府支持我竞争基础教育司司长兼副助理总干事的职位。

2004 年 2 月初又出现一个新情况，丹尼尔告诉我，他已经被“英联邦学习共同体”聘为主席兼首席执行官，将于 5 月底离开教科文组织。英联邦学习共同体是英联邦下属的一个多边国际教育机构，总部设在加拿大温哥华，专注于用新的信息通信技术扩大人们学习的规模和范围。丹尼尔是这个领域的权威人物，由他来领导这个机构可以说是众望所归。我当时的心情很复杂，一方面为他高兴，有这样可以施展抱负的机会，另一方面又不舍得他离去，毕竟做了三年同事我们已经非常默契，这非常难得。

丹尼尔即将离去增加了教育部门的人事变数，助理总干事和基础教育司、高等教育司两个司长共三个高级职位要同时招聘以补缺。松浦总干事决定在丹尼尔离开后由巴蒂娅露代理助理总干事，同时要我以办公厅主任的身份代理基础教育司司长，我又一次同时掌管两个部门。松浦还做了一个决定，把基础教育司司长的职务与副助理总干事的职务分开，这样这个职位就以 D1 级的司长职务招聘，不再兼任副助理总干事。

4 月底，松浦召我去他的办公室见他，他说对我两年多来做办公厅主任的工作完全满意，又说我当基础教育司司长完全合格。但是他接着说：“如果丹尼尔不走，我可以让你去做这个司长。但现在情况变了，丹尼尔要离开，如果你离开行政办公厅，整个教育部门怎么办？”松浦还说他知道教育部门的日常工作都是我在掌控，“将来新的助理总干事不了解情况，也需要有人扶持，所以教育部门需要你，我需要你在教育部门继续做办公厅主任，帮助临时代理助理总干事的巴蒂娅露度过这个过渡阶段，为将来新的助理总干事打下基础”。松浦总干事的话说到这个份上，我无法再坚持去基础教育司了。我告诉松浦，从我的前途考虑，我还是希望将来有机会竞争副助理总干事。松浦说，这次他决定把副助理总干事职务与基础教育司司长的职务分开，将来任命谁做副助理总干事还要与新来的助理总干事商量。最后，松浦露出很慈祥的笑容说：“我会考虑你的前途。”这样我就放弃了转任基础教育司司长的想法。

2004 年 5 月，总干事宣布了两项人事安排：巴蒂娅露代理教育助理总干事，我以教育部门行政办公厅主任的身份代理基础教育司司长。五个月后，通过招聘程序，总干事任命冈比亚教育部长安特蕾丝·恩东扎塔为基础教育司司长，法国索邦大学校长乔治·哈达特为高等教育司司长。

在丹尼尔离开联合国教科文组织之前，加拿大常驻教科文组织的大使为他举行了一次晚宴，除了丹尼尔，松浦总干事、总部人事局加拿大籍的局长、巴蒂娅露和我都应邀出席。丹尼尔致辞感谢了在场的每个人。在说到我的时候，他说：“唐先生是教科文组织最出色的管理者之一，教育部门这几年取得的成绩与他密不可分，实际上我们教育部门的许多创新都来自他的想法。而且，他像一个神父，有巨大的胸怀与耐心听取别人的抱怨与忏悔……”在场诸人无不开怀。

我给丹尼尔做了三年办公厅主任，这是非常愉快的三年。从共事一开始，我们之间就有一种天然的信任感。我领导下的办公厅有效地协助了他对教育部门的领导。在他的全力支持下，我们做了许多建立工作秩序与流程的努力，赢得了部门内同事的信任，也在其他部门赢得了很好的名声。从丹尼尔身上，我学到了许多，特别是他的大局观，对全球教育发展的视野，面对执行局中各国代表的从容应对，这些对数年后我自己站在助理总干事这个位置上如何做事有着太大的价值。在丹尼尔的领导下工作三年是我的幸运。

教育部门的“改革”震荡

在丹尼尔离开教科文组织之前他的职位就已经开始招聘，当时有说法是美国政府对这个职位有兴趣。在退出教科文组织19年之后，美国在2002年重返这个联合国的专门机构，布什政府对教育特别是扫盲教育非常重视，他们对教科文组织中教育领域一把手的位子感兴趣也在情理之中。经过数月的招聘，松浦总干事在2004年底宣布，任命时年59岁的美国加利福尼亚州州立大学蒙特雷湾分校的校长彼得·史密斯担任教育助理总干事，他将于2005年6月到任。史密斯是哈佛大学的教育学博士，高等教育方面的专家和管理者，长期在教育界的不同机构工作。他在职业生涯中还几次从政，当过美国佛蒙特州的参议员和副州长，在1989—1990年还做过一任美国联邦众议员。

从丹尼尔离任到史密斯正式接任中间有一年的间隔，由副助理总干事巴蒂娅露代理主持教育部门的工作。松浦总干事在宣布史密斯的任命之后专门把我叫到他的办公室，说史密斯要6个月后才能卸去他的大学校长职务正式到任，这期间他会来巴黎几次了解情况，要我帮助尽快熟悉情况，到任后要我一定全力支持他的工作。后来在6个月中史密斯来过巴黎三次，我们为他安排会见了相关人员并为他准备了关于各种情况的简报。

尽管史密斯长期从事教育工作，但是他自己也承认缺乏国际经验，从来没有在多边机构工作过，甚至与这些机构从来没有打过交道。我几次长时间地为他介绍教科文组织的整体情况，执行局和大会的体制，财务管理和人事管理的基本规矩。我向他详细介绍了教育部门的业务工作范围、机构设置和人员的情况包括一些历史渊源，特别是教育部门的高管团队每个人的特点和行事作风。这样，史密斯在正式上任之前就已经对教育部门有了很具体的了解，并且已经开始通过我来“遥控”教育部门的工作了。

对于行政办公厅的协助和我的毫无保留的介绍史密斯是很满意的，他认为我介绍的情况很客观，我的为人可信任，将是他执掌教育部门不可或缺的助手，所以他一上任就向松浦总干事提出要提升我做他的副助理总干事。他的想法与松浦一拍即合，当时巴蒂娅露已经退休，副助理总干事的位子空了出来，这个位子已经非我莫属。2005年7月，松浦签署了总干事05/26号蓝色通函，宣布任命我为教育副助理总干事兼行政办公厅主任，级别为D2（局长）级。这是我在松浦总干事的任上第三次获得新任命。

史密斯在上任之前就有要大干一场的雄心，他有个先入为主的认识，就是联合国机构都是官僚机构，效率低下，需要彻底改革。他在到任之前就告诉我，他要给教育部门动一个大手术。他准备雇用一个外部咨询公司对教育部门的现状做一次全面评估，然后提出改革方案并予以推行。作为一个从外面新来的领导者，他的想法是很自然的，雇用外部咨询公司也是国际上常用的做法。况且教科文组织本身确实存在许多问题与弊端，需要有人推动必要的变革。尽管我当时有一些担心，知道在国际组织中进行改革牵扯很多复杂因素，对外部咨询公司能否了解这种复杂性存疑，但是我对史密斯的想法还是很支持的，希望他这个“外来人”推动的改革能够成功。2005年6月，雄心勃勃、一心要改变机构现状的史密斯来到巴黎上任，开始了他的改革之路。

史密斯雇用了一个总部设在美国专门向企业提供财务、规章制度和运营方面咨询的公司来协助他的改革。他推行的改革从2005年7月到2006年底，这一年半的时间大体上可以分为三个阶段。

第一阶段是2005年下半年的6个月，咨询公司派人来巴黎，通过调查了解，对教育部门存在的问题提交了一个分析报告。第二阶段是2006年上半年的6个月，根据报告的结果，教育部门组织了几个工作小组，在咨询公司的指导下分别就部门的组织架构、人事管理、预算计划管理、项目实施管理和协调等方面提出改进建议。史密斯把新的教育部门机构图上报总干事，2006年7月总干事宣布了这个新的架构。第三阶段是2006年下半年的6个月，是改革的实施阶段，在咨询公司的指导下，部门根据新的机构图调整人事安排和准备下一个双年度的计划与预算。在这18个月的改革进程中，咨询公司一直深度参与，史密斯对他们也是言听计从。

史密斯急于开始改革的进程，因此催促办公厅与咨询公司签合同并付钱。第一份合同是40万美元，但是根据我们的财务管理规定，超过10万美元的合同都应该通过公开招标的程序并经总部的合同审查委员会批准，这就需要一定时间。但是史密斯说改革事业时不我待，因此要求我们将40万美元拆解为4份低于10万美元的合同，绕过招标和审查委员会的程序，以便迅速获得审批。这是个取巧的办法，并不合规，但是他告诉我和财务处长，兼任合同审查委员会主任的副总干事支持他提出的变通办法，要我们马上办好合同。尽管财务处长有异议，我也劝过史密斯谨慎行事，但他非常坚持。财务处长很不情愿地准备了4份合同，这样咨询公司就马上开始了工作。但这件事成了定时炸弹，后来给史密斯带来了极大的麻烦。

第一阶段的工作很顺利，教育部门的管理层和一般员工对此次改革的期望很高。但是从第二阶段开始，一些同事包括几个司长和处长开始对我表达对咨询公司的一些担忧。他们感觉咨询公司的人并不懂教育，同时对大家的意见不感兴趣。部门内一些处长知道咨询公司团队正在酝酿新机构图，提出希望与团队对话以表达意见。这本是一个合理要求，但是没有被理睬。

2006年7月，由咨询公司提出的有关教育部门改革的建议由史密斯报总干事批准，正式公布。改革包括两个部分，一部分是教育部门在巴黎总部的机构改革，另一部分是加强总部外机构的能力与协调的建议。教育部门原来的架构是在助理总干事之下设一个办公厅（负责综合协调）和六个业务司，分别是基础教育司、中等和职业教育司、高等教育司、教育质量促进司、教育战略政策司、全民教育国际协调司，每个司下辖三四个处。新的架构把管理和业务分开，管理部分是副助理总干事兼办公厅主任领导下的行政办公厅，但是办公厅增加了一个层级，设立一个财务管理办公室和一个D1级的首席财务官职位。业务部分合并为四个司：联合国优先项目协调司、会员国计划与总部外机构支持司、基础教育与中等教育司、高等教育司。这四个司由一个新设立的副助理总干事领导。

这个架构有几个问题。一是把综合协调的功能（办公厅）与四个业务司完全分开，由两个副助理总干事分别领导，那么谁来做全部门的协调？二是在办公厅内增加了一个层级，不利于办公厅的工作效率。三是四个业务司中，有两个实际上是协调与支持功能，只有两个司是真正做教育业务，而且只管正规教育，教科文组织的重点领域扫盲和非正规教育完全被边缘化。这个新架构在报给总干事之前才由咨询公司的负责人拿给我看，我提了上述三条意见，但他们最终没有更改方案。

关于加强总部外机构（当时教科文组织在五十几个国家设有办事处，几乎每个办事处都有教育团队）教育业务能力的建议主要是理顺总部与地区办事处和国家办事处之间协调关系的一些办法。这部分大家没有太大的异议。

这个新机构设置图一公布，质疑声就不绝于耳。几位司长和处长来找我，他们对新架构的看法与我相近，而咨询公司的团队又根本不听他们的意见。在机构调整的过程中，三位司长离开了教育部门，一位主动辞职，一位被调到其他部门，一位被下派到一个国家办事处。同时，改革还包括从总部调9个人到总部外的几个地区代表处去工作，剩下的几位司长心里都不大舒服，许多同事也很有同感，这增加了大家对这个改革的负面印象。

但是史密斯态度坚决，要求办公厅拟定计划，确保新机构两个月后开始运行。史密斯同时要求调到总部外机构的同事必须在两个月内到新岗位报到，这就捅了马蜂窝。

与助理总干事史密斯（中）、副助理总干事玛塞多（左）合影（2007年）

联合国机构有一整套人事规则以保障工作人员的权益，例如，调职要有充分理由，规定报到的期限要合理，否则当事人可以以受到不公平待遇的理由而向上申诉，甚至付诸法律行动。因此在教科文组织中这种人事调整需要过程透明，向当事人做细致的工作。但是这次改革却是先宣布调职，再谈话，且要求两个月就要到任。与当事人谈话的任务又落到了我这个办公厅主任头上。被下派的同事中，有几位并不反对去总部外的办事处工作，但是他们很反感这种事先不与他们协商就宣布的做法。他们说："我们不是可以随意摆放的物品。"还有几位则完全不同意调职出去，而且还怀疑自己是史密斯"排除异己"的对象。他们还说，已经向工会反映了他们的境况。

不久，总部人事局局长德弗兰－克劳斯找我，给我看了两封工会致松浦总干事的信，信中说教育部门的改革未能保护员工的正当权益，要求总干事重新审议这个改革方案。内部改革的情况当然会被员工透露给会员国的代表团，因此会员国的代表们要求秘书处向他们通报情况。同往常一样，我被史密斯派去代表教育部门向非洲国家组主席贝宁大使介绍情况。大使听完介绍后马上说这个方案不成熟，而且像这种重要部门的机构变化应该报告执行局，即使不需执行局批准，至少也要听取执行局的意见。

几天后松浦总干事找我了解情况。我很坦率地对他讲了我对方案的看法，也把教育部门管理层和一般员工以及贝宁大使的意见告诉他。我说最主要的问题是在准备新方案时缺乏与教育部门管理层和一般员工的沟通，没有考虑内部各种意见，单纯依赖外来团队，造成普遍反感。对调出人员的处理不够人性化，且有排除异己之嫌。松浦对我反映的情况很吃惊，他说他以为改革方案是教育部门上下的共识。

总干事尽管对教育部门官员对新方案的负面看法吃惊，但是他对我说，从政治角度他不能不支持史密斯的改革，所以改革方案还是要实施。不过他要我还是尽力协助史密斯做些缓冲的工作。我觉得他的处境有点骑虎难下。副总干事巴博萨是巴西人，他告诉我，他知道教育部门员工对改革特别是咨询公司团队的做法不满。他好心提醒我，国际组织中的事情很复杂，诸事要小心，按规则做事。我也对他说，改革本应有序进行，搞得教育部门“鸡飞狗跳”可不是个好兆头。总干事在改革方案公布之后又发布了一个蓝色通函，宣布了教育部门新机构中各司司长的任命。我的职务仍然是副助理总干事兼行政办公厅主任，随后注明“当助理总干事不在时由他代理”，再次明确了我的第二号人物的地位。

教科文组织的官员来自许多会员国，他们有事都会去找自己国家的常驻代表团，一些在改革中感觉受到不公正待遇的同事自然会去要求他们国家的大使主持公道，予以干涉。其间我遇到印度常驻教科文组织的大使穆克吉，这位大使是一位女强人，在执行局以强硬作风著称，她对教科文组织的业务极熟悉，秘书处的人如果想糊弄她一定会被她在执行局会议上“修理”得很惨。此次教育部门的改革中我们一位来自印度的司长被调往非洲一个国家办事处当主任，大使很气愤，说史密斯的改革缺乏透明度，有意打击来自发展中国家的人。有影响力的会员国大使有这样的看法，对这个改革是个不祥之兆。

我一直认为，史密斯的改革是出于他改变现状提高工作效率的良好愿望。但是盲目信任外来咨询公司的意见，缺乏对内和对外的沟通和简单对待同事是过程中的败笔，也为他日后的惨淡收场埋下了伏笔。改革方案公布后，部门内的司长和处长们常到我的办公室来串门，打探消息，发泄不满。

我很理解同事们的感受，在史密斯的哲学中，世界上的事非黑即白，不存在中间地带。决定做出，绝不调整，绝不妥协。我曾经提醒他，部门的组织架构可以先做一个最理想的模型，然后根据各种因素包括现有人员的能力做适当调整，因为我们不是一家私营企业，不可能因为某些管理层官员能力差一些就将他开除。但是史密斯不同意我的看法，认为就是要完全根据需要设计理论上的最佳架构付诸实践，人不合适就换。这样做当然痛快，可惜在联合国机构行不通啊！

看到同事们有情绪，我再次向史密斯进言，改革若要成功必须使群众有归属感。我说咨询公司的团队已经完成了他们的使命，应该尽早淡出。他表示同意今后制订改革的实施计划时由各司、处自己主导，但是他不同意让咨询公司团队退出，说还需要他们。咨询公司在过去一年内已经拿到 160 万美元，不久之前又给了他们一份 50 万美元的合同。这次改革的高昂代价和这笔钱不得不从各司的业务经费中挤出，加剧了大家的不满。

副总干事巴博萨约见我，说史密斯经常说某某事是总干事同意的，但是我们要对此核实。我对他说，史密斯向总干事请示事项，只要总干事不说 No（不），他就理解为同意。巴博萨说，恰恰相反，总干事是日本人，但凡他不表态，就是不同意。看来史密斯与总干事之间的文化差异也是造成不少问题的一个原因！副总干事还告诉我，各国常驻代表团对史密斯的改革有不少意见，估计在下个月举行的执行局会议上会有国家发难。他还分析，这与当前国际上的反美情绪有关，认为美国人在世界上搞得一团糟，不希望他们把教科文组织的内部也搞乱。

2006 年 10 月上旬，教科文组织第 175 届执行局会议召开。在闭门会议上，一些国家的代表对教育部门的改革提出质疑。非洲组说教育部门的机构调整应该向执行局咨询意见，印度代表提出人事问题处理不公。在财务委员会会议上，南非代表问雇用咨询公司程序是否合规，教科文组织一共付给咨询公司多少钱，钱从哪里出。史密斯答，咨询费 200 万美元，大部分来自正常预算，雇用咨询公司的过程符合程序。但是此时坐在主席台上的法律顾问处的同事却说，法律顾问不同意这一程序，没有签字。这下就引起许多国家代表的关切。委员会最后通过一个决议，要求由教科文组织聘用的外部审计单位、法国国家审计署对雇用咨询公司的过程进行审计，并将结果向下一次执行局会议（2007 年 4 月）报告。史密斯的麻烦来了。

执行局会议之后，松浦总干事邀请我在总部七楼他的私人餐厅与他共进午餐。松浦说他最近听到不少对教育部门改革的反映，在执行局会议上代表们表达了许多负面意见，而且决定要进行外部审计，使他受到了很大压力，希望我告诉他真实情况。我仍然首先肯定史密斯改革的出发点并没有错，只是他的做法让效果适得其反。他让改革的设计与实施完全由咨询公司的团队掌控，忽视内部管理层和普通员工的不同意见，不顾现实强行推进，造成同事们的强烈抵触，形成了今天的被动局面。松浦也肯定史密斯是希望做点事的，但是看来他的方法确实有问题。松浦对我说：“你要劝他。”我说我一直在劝，可惜史密斯听不进去。

我告诉松浦，总干事办公厅主任（澳大利亚人）曾经传授经验给我，说在与美国人打交道时一定要直言不讳，东方人绕弯子的办法对美国人不管用！松浦说，我们东方人是“以心比心”，还拿出笔来在餐巾纸上写下这几个汉字。他也说，这对史密斯不适用。我告诉松浦，好多事史密斯都说是总干事同意的，但是我并没有看到总干事的文字批示。预算局的局长就告诉过我，他都不知道总干事到底同意了什么。松浦说，他的决定和指示都会有文字的，没有文字的就是没有同意。最后松浦对我说："你哪里也不能去，教育部门需要你，所以我在公布新机构图时明确了你的二把手的地位。"

教科文组织的审计工作分内部审计与外部审计两种。一般的审计事务由总部的"内部审计局"进行。执行局决定委托法国审计署对教育部门的改革做外部审计，表明会员国对此事的重视程度，也给了史密斯很大压力。执行局会议约一个月后，副总干事巴博萨找我到他的办公室对我说，他和总干事本来都是很支持史密斯的改革的，但是史密斯的改革出了两大问题。一是咨询公司的合同是否合规。二是他对那些调出人员的处理方式过于粗暴，明显有惩罚性质。这些都让总干事和副总干事没有回旋余地。

2006 年圣诞节前，法国的《资本》杂志刊登了一篇题为"布什的代理人在联合国教科文组织的丑闻"的文章，说教科文组织正在审计史密斯在雇用咨询公司的程序上的违规问题，文章在半天之内传遍教科文组织，更严重的是正在准备的审计报告中说史密斯提供了不实情况使咨询公司未经正常程序而得到了合同。审计报告将提交给 2007 年 4 月举行的执行局会议，到那时看史密斯能否渡过这一关。

2007 年初，事情变得很戏剧性。2 月中旬的一天，史密斯在快下班时忽然召集所有司长开会，说他在家里的信箱中发现了一封匿名的"死亡威胁信"，要他离开教科文组织，否则有性命之忧。信已经交给总干事，法国警方也介入调查。他要大家团结一致，在即将到来的执行局会议上对改革的成果给予正面评价。会上的气氛怪怪的，大家都不知道说什么好。

3 月 14 日，出差在外的史密斯忽然给我打来电话，说当天早上他已经向总干事递交辞呈并被总干事接受了。他说他受到死亡威胁后教科文组织并没有给他应得的支持与保护，所以他认为无法继续在教科文组织工作下去了。第二天一早，教科文组织所有工作人员一上班打开计算机就看到总干事的一份简短声明，共有三段文字：（1）接受史密斯的辞职并即刻生效；（2）教育部门的改革将继续；（3）在新的助理总干事任命之前教育部门由总干事直接负责。我们那些工作多年的同事们都说从来还没有见过高官这样辞职！

教育部门的同事们的第一反应是吃惊，没有想到史密斯这么快就要离去。原来人们估计至少也要等到下个月的执行局会议上看完审计报告才会有结论。第二反应是舒了一口气，如释重负。当天下午，出差回来的史密斯召开了最后一次司长会，宣布他的辞职决定。然后，松浦总干事召见我，要我在这个困难的过渡阶段协助他，共渡难关。

由法国审计署准备的审计报告在执行局会前作为会议文件公布了。报告认为史密斯有意使用不当借口，规避正常程序，将价值 200 万美元的合同给了这家不具资质的咨询公司。而这家公司最后提供的服务质量与性价比缺乏说服力。

史密斯的时代黯然收场，他的改革对教育部门产生的震荡持续了许久。当我送史密斯离开时，我的心情很复杂，毕竟我们一起工作了近两年，最初的一年我们合作得很好，后来虽然对改革的方式我们有不同看法，但是这并没有影响我们的私人关系。

实事求是地讲，史密斯的改革并非一无是处，例如，在总部外机构建立“问责非集中化框架”就是一个很好的想法而且也有了初步设计。后来我们在这个基础上做了一些调整，成为教育部门协调总部与总部外机构工作的一个有效平台。史密斯的改革过程也使我学到了许多东西，从他的失败中得到的教训对后来我自己当助理总干事如何做事有极大的裨益。

史密斯是个动机至上主义者，在他看来，只要动机是对的，坚持不懈就一定能够达到目的。他的工作方式是专断独行，不计后果，听不得不同意见。他的性格执着，认准的事要拼命干，但不会审时度势，不愿做任何妥协。他的头脑中只有“该做不该做”，没有“能做不能做”；他不考虑什么事现在能做，什么事将来才能做。其实说实话，史密斯的这种美国人的性格倒也很值得钦佩。他对我讲过，他信奉“只要你不在乎别人说什么，那么你的潜力就是无限的”这句话。他常说，他做事总是“先射击，再瞄准”。我们的东方文化就缺少这种气魄。史密斯的美国性格有助于推行他的理念，但是性格的力量并不能代替组织与实际操作的能力，这方面他有所欠缺。史密斯辞职后，他的前任约翰·丹尼尔在给我的一封邮件中感叹：“假如当初史密斯真正把你当作他的执行官来倚重，他也不至于有今天这个大麻烦。”“性格即命运”，这句话用在史密斯身上再贴切不过了。

管控危机，逐渐恢复平静

史密斯离开了教科文组织，总干事松浦亲自召开教育部门在总部的全体人员会议，宣布了一系列临时措施，包括他本人亲自兼任代理教育助理总干事，松浦指定我代表教育部门出席他的高管团队的月会，再次明确我的二把手的地位。用他的话说，他比任何时候都更需要我的配合，我是维持教育部门稳定的“压舱石”。史密斯的改革和他的辞职给教育部门带来巨大震荡，我们最大的挑战是如何使我们的同事重振信心。

2007 年 7 月，我在另一位副助理总干事玛塞多的配合下组织了在总部的全体管理层官员包括所有司长和处长的研讨会，大家对此前的改革进行了梳理。大家用“创伤”这个词来形容过去一年教育部门人员的感受。我们管理团队的共识是继续实施改革方案中合理的部分并做出必要的调整。在行政办公厅设立首席财务官的计划在总部预算局和财务局的共同反对下被取消，我们强调了团队精神和信息沟通，并且注重人员的培养与关怀。不过这次改革对教育部门造成的影响，特别是同事们精神上的创伤，并不是短时间内能够愈合的。

史密斯离开后教科文组织马上开始了他的继任的招聘程序。由于这次改革是由外来的助理总干事借助外来的咨询公司团队推动的，教育部门内部对外来人产生了一种“过敏”的感觉，所以呼声是下一个助理总干事最好从内部产生，生怕再从外面来个人带来新一轮“改革”。当时不少同事特别是几个司长都鼓动我报名参选，办公厅的部下们也来游说，并且自告奋勇要一起帮我准备面试。但是我比较犹豫，松浦总干事的任期仅剩下两年多了，感觉这不是一个恰当的时机。在与中国常驻代表团的代办张双鼓交换意见后我决定还是递交申请，不过我的心气并不很高。

我的几个办公厅部下与我一起为面试做了很充分的准备。面试很顺利，后来三位遴选委员会的委员都告诉我效果甚好，让他们很意外，说是看到了一个不同的唐先生。因为以前在他们的印象中，我一直致力于具体管理工作，而这次的面试，我提出了今后教科文组织在教育领域工作的战略方向、重点和实施的具体手段，令他们耳目一新。后来松浦总干事访华时，教育部长周济当面对他表示了中国对我的支持。俄罗斯大使卡拉曼诺夫对我印象极佳，他到松浦总干事那里表达俄罗斯政府支持我竞选教育助理总干事的正式立场。非洲组也对我表示支持，候任的新任中国驻教科文组织代表师淑云大使在巴黎为我做会员国非洲组主席的工作。

8 月中旬，我正在北京休假，接到副总干事巴博萨从巴黎打来的电话，说是总干事让他打电话给我。巴博萨说面试中我是 8 个候选人中表现最好的（他是遴选委员会的主席），战略方向、实施手段都讲得十分清楚，令所有委员印象深刻。但是由于当时教

与俄罗斯常驻教科文组织大使卡拉曼诺夫合影（2009 年）

科文组织的财政非常困难，总干事考虑要加强与世界银行和西方出资国的关系，所以准备任命曾经在世界银行工作多年的《全民教育全球监测报告》撰写小组组长英国人尼克·伯奈特为助理总干事。巴博萨说："这个决定对松浦来说不是一件容易的事情，毕竟他很欣赏你，所以他要我先与你打个招呼。"

两周后我回到巴黎，松浦总干事马上要我去他的办公室。他解释说加强与世界银行等合作伙伴的关系非常重要，所以他最终选择了伯奈特。他还告诉我，这次在政治上我得到非洲国家和金砖国家的支持（他对俄罗斯大使为我大力游说感到有几分意外），而伯奈特得到北欧出资国家的支持。他会告诉伯奈特要倚重我。最后松浦说他的任期只有两年了，当他离开时所有的助理总干事都要辞职，而我两年后还有机会。松浦说的有一定道理，可能两年后再争这个位子更好。毕竟这次申请无论是在业务准备上还是在争取政治支持上都是一次练兵，让自己也让其他人看到了我的实力，特别是业务领域的眼界与领导力。

2007 年 9 月底，伯奈特被任命为教育助理总干事。他有博士学位，是一位经验丰富的资深教育家，曾经在世界银行工作多年。伯奈特接任助理总干事时，已经作为《全民教育全球监测报告》撰写小组的司长级组长在我们教育部门工作了三年。这个小组在编写报告方面是独立的，但是在管理上是作为教育部门的一个司级单位，所以我们还是比较熟悉的。当时松浦总干事的任期还剩两年，我们教育部门面对的主要任务是继续实施经过调整的改革计划，同时需要通过一些制度性安排恢复同事们的信心。这样一个"恢复期"决定我们没有必要再做任何大幅度的动作，这也是伯奈特和高管团队的基本共识。

伯奈特长期从事专业工作，对具体的管理事务不感兴趣，乐得放手让我负责。在战略、计划方面他对办公厅的工作也很满意，我特别注意在制订项目计划和预算方面向伯奈特提出建议由他拍板决定。伯奈特长期做文字工作，对文件中的拼写错误极其敏感，有时他只是很快扫上几眼就能挑出错来。我常说你也太认真了，他总是说，没办法，职业习惯。在那两年中，伯奈特出差很频繁，常把教育部门交给我代理。我还是老习惯，凡是重要的事情都会事先征得他的同意，他出差回来我都会简要汇报他不在期间的要事或总干事的指示。松浦总干事在人事上是管得很细的人，教育部门是第一大业务部门，他尤其关注。与以前一样，每隔一段时间他会把我叫到他的办公室谈教育部门的人事安排，然后要我把他的指示传达给伯奈特和总部人事局局长等有关单位的负责人。松浦对我的协助相当满意，也很为他的这种遥控方式沾沾自喜。不过伯奈特不是太习惯总干事这种过细的微观管理作风，好在他对具体管理本就不大感兴趣，而且我总会把松浦的想法随时知会他，他也就不大计较了。

2007 年 11 月举行的教科文组织第 34 届大会通过了 2008—2009 年的项目与预算，教育部门的重点方向延续了上一个双年度的安排，除了全民教育全球协调的任务我们还特别强调了扫盲、教师培训、艾滋病与教育几个方面。2008 年初，我们根据上述计划对教育部门在总部的机构设置做了局部调整。另一位副助理总干事玛塞多不再负责领导几个业务司，改为负责统筹协调几个大型国际会议的准备工作，所有业务工作仍然由办公厅负责协调，理顺了管理体系。

从 2007 年 10 月到 2009 年 10 月这两年中，教育部门逐渐恢复了平静，"不折腾"为我们集中精力在业务工作中实施渐进式变革创造了条件。两年中教育部门组织了 4 个地区性的和全球性的国际会议，包括在国际教育界产生了巨大影响的 2009 年"世界高等教育大会"。我们制订的 2010—2011 年教育领域的计划与预算获得教科文组织第 35 届大会的高度肯定，以突出重点的思路确立了扫盲、教师和职业教育 3 个重点领域和 20 个需要优先予以支持的发展中国家。此外，还在解决教育部门下辖的 6 个研究所存在的问题方面取得明显进展。

在内部管理上，我们的高管团队中有 6 人退休，我们招聘了新的司局长，35 位同事得到机会通过内部轮岗转到新的单位工作，等等。尤其重要的是教育部门的专业氛围得到极大改善，“医治”了前番改革带来的“创伤”。这些成绩和变化都是在静悄悄之中发生的，我们的办公厅起到了关键的协调作用。伯奈特具有典型英国人的性格，与任何人都保持一定距离。我们之间的关系不像我与约翰爵士那样可以交心，但是总能保持一种非常专业的关系，这就足以确保我们可以把教育部门治理得很专业，能够做些实事。

在办公室接待澳大利亚总督布赖斯（2008 年）

在松浦总干事的 10 年任期中，我在教育部门当了 8 年办公厅主任，其中，后 4 年被提升为副助理总干事兼办公厅主任。我与几任教育助理总干事的关系都很好，我清楚地知道自己的任务是辅佐一把手，提出建议由一把手做出决定，我来实施。在成功之后我总是刻意把自己隐藏在一把手的光环之后，这不仅是生存之道，而且是做人之道。当然，当我自己做了教育助理总干事之后，那就是另外一种作风了。

2009 年 10 月，在联合国教科文组织第 35 届大会上，保加利亚常驻教科文组织的大使伊琳娜·博科娃当选为教科文组织第 10 任总干事。依照惯例，所有助理总干事的合同都只延续到松浦总干事任满那一天（2009 年 11 月 14 日）。伯奈特在此期限之前就向松浦递交了辞呈，要求在 10 月底离开教科文组织。

在伯奈特离任前，我为他组织了一个教育部门在总部的全体人员参加的欢送会。会上我代表大家讲话，我列举了过去两年教育部门取得的成绩，称颂并感谢伯奈特的领导。随后进入轻松调侃环节（这是惯例），我是这样说的：

尼克，我很幸运能够作为你的副手与你一起工作两年，我非常欣赏也非常享受你的管理风格——

你总是激励我们要常常想到新生事物和追求改变；

你的意见和指示总是简短扼要、全无废话；

你有勇气和胆量坚持做正确的事情，敢于对战略规划局甚至对总干事说“不”；

你的民主作风让人感到友善、可接近，尽管有时你会在执行局会议上气急败坏地对我们喊叫……

在场的所有人包括伯奈特自己都笑得前仰后合并热烈鼓掌。因为大家都知道，在每次执行局会议上，当他在回答会员国代表的质询时，有时会被问到一些事先大家没有预料到的很具体的问题。当他在我们为他准备的书面简报中找不到答案时，他会转过身来对在他身后就座的我们挥舞着手臂并做出焦急而狰狞的表情（因为他在会场上不能大声叫喊），让我们赶快给他递纸条告诉他如何回答。我们都知道他不过是着急上火罢了，所以都拿这当笑话。

伯奈特离开教科文组织之后一直与我有联系，2017 年在我竞争总干事职位时他还给了我一些建议。

伯奈特的时代在我们大家欢快的笑声中闭幕了，每个人都在问，谁会是下一任执掌教育部门的助理总干事呢？

第 4 章

再上层楼：教育“掌门人”

颇具戏剧性的总干事选举

松浦晃一郎从 1999 年开始担任联合国教科文组织总干事，到 2009 年 11 月两任期满。教科文组织总干事这个职位从来不乏激烈竞争，松浦的继任人之争从 2008 年就开始了。先后有来自奥地利、保加利亚、立陶宛、俄罗斯、坦桑尼亚、贝宁、埃及、阿尔及利亚和厄瓜多尔的九名候选人被会员国提名参加第十任总干事的竞选。我当时是教育部门的副助理总干事兼行政办公厅主任，和上次松浦竞选时阴差阳错地被“搅和”进去不同，这次我完全是旁观者，目睹了选举的全过程。

在九名候选人中，最早被提名，呼声也最高的是埃及文化部长法鲁克·侯赛尼。埃及非常看重教科文组织，从 20 世纪 90 年代开始，每次教科文组织总干事选举它都不缺席，屡败屡战。这一次埃及是志在必得，总统穆巴拉克亲自出马为侯赛尼争取各国的支持，可谓竭尽全力。埃及利用其在阿拉伯国家和非洲国家乃至“不结盟运动”国家中的影响力，得到了阿拉伯联盟和非洲联盟的支持。侯赛尼自己也频频奔走于各国首都拉票。

后来真正当选总干事的保加利亚候选人伊琳娜·博科娃当时并不像侯赛尼那样亮眼，人们一开始对她并没有很高的期待。博科娃是一位职业外交官，当时是保加利亚驻法国大使兼常驻教科文组织代表。她在竞选中提出了一个“新人文主义”的概念，认为全球治理是世界面对的最大挑战。她推崇多边主义，强调对话、包容，尊重多样性，希望通过教科文组织的工作建立一个更加包容、正义、公平的社会。

那一届总干事的选举是在 2009 年秋季执行局第 182 次会议上进行的，从 9 月 17 日开始，经过了五轮投票于 9 月 22 日做出最后决定。五轮投票的结果颇具戏剧性。执行局共有 58 票，第一轮结果不出人们所料，埃及的侯赛尼以 22 票大幅领先其他候选人。此时的第二梯队有四人，博科娃得到 8 票，奥地利、俄罗斯和厄瓜多尔候选人都得到了 7 票。第二轮投票侯赛尼增加了一票，其他人得票基本未变。第三轮侯赛尼又增加了两票，得 25 票。此轮投票之前俄罗斯和两位非洲国家的候选人宣布退出，他们之前所得的票似乎都给了博科娃，使她得到了 13 票，居第二位。博科娃后面是 11 票的奥地利候选人和 9 票的厄瓜多尔候选人。有趣的是这三位都是女性候选人。此时侯赛尼大幅领先，离当选所需的 30 票只差 5 票！

那天我们看到埃及代表团的人员都面露轻松笑容，似乎已稳操胜券。但是人算不如天算，此轮之后奥地利和厄瓜多尔的两位女候选人宣布退出，她们的票大都流向了博科娃，结果在第四轮投票出现了侯赛尼和博科娃各得 29 票的平局！这是联合国教科文组织 60 多年的历史中从来没有出现过的状况。不知当年会员国在决定教科文组织的《组织法》时是怎么考虑的，让执行局有 58 个委员，是个偶数。大概他们不曾想到有一天投票结果会是平局的局面。

@UNESCO/Michel RAVASSARD

博科娃当选教科文组织总干事（2009 年）

当时我们这些官员看到这个平局的局面都很吃惊。显然，埃及和保加利亚这两个国家要在 24 小时之内全力拼外交，争取在最后一轮胜出。这样层级的国际竞争，国家领导人不亲自出面是没有任何胜算的。9 月 22 日下午，执行局进行第五轮投票，最后结果是博科娃以 31 票对侯赛尼的 27 票胜出！这次“巅峰对决”让人们看得惊心动魄，这个结果也让很多人长舒一口气。后来我与博科娃总干事熟悉之后有一次在一起吃饭，饭桌上我问她是否知道最后一轮是哪两个国家“倒戈”了。她说其实不是支持埃及的国家中有两个改变了立场那么简单，最后一轮投票双方都有倒向对方阵营的，只不过最终倒向博科娃一方的占了多数。

激烈竞争，获任教育助理总干事

随着伯奈特的离去，教育助理总干事出缺了，我在教育部门耕耘了十几年，当上了部门二把手，距离一把手只有一步之遥。过去八九年我辅佐了几任助理总干事，积累了足够的经验，现在又逢“改朝换代”，该我自己上场了。

当时担任中国常驻教科文组织大使衔代表的是来自中国教育部的师淑云女士，我们在一起分析，共同认为无论从政治上还是从业务上看，我最有条件竞争教育助理总干事的职位，这也是中国的一个难得机会。教育部门是教科文组织最大也是最重要的业务部门，也是中国最重视、合作最多的部门。从影响力和重要性衡量，管教育的助理总干事是教科文组织仅次于总干事的职位，而过去三十多年这个位子一直为欧美国家所把持，现在是发展中国家，尤其是中国的绝好机会。师淑云大使和副代表张双鼓都很清楚这个职位对中国的意义，所以他们都积极支持我争取这个职位。代表团向国内报告了此事，并且很快得到了国内的支持。

尽管我有很多优势，但得到这个位子也绝不容易。由于这个位子的重要性，当时惦记它的国家有很多，已经有代表团放出风来志在必得。我们必须在业务和政治两个层面有的放矢地运作。我们商定，常驻团负责施加政治影响，我负责业务方面的竞争准备，并且要及时互通信息，协调行动，联手拿下这个关键职位。

11 月初的一天上午，我上班乘电梯，进入电梯时我正在思考事情，只是余光感觉到电梯里我的对面已经有两个人在那里。这时忽然听到有人叫唐先生，我抬头一看，当选总干事的博科娃满面笑容地正看着我。虽然博科娃是保加利亚常驻教科文组织的代表，但我之前在工作中并没有与她直接打过交道，没想到她却认识我。我当时还真有点“受宠若惊”，赶快上前与她握手问候，祝贺她当选总干事。博科娃笑着说：“这几天很忙，一直没有时间，最近我会找你谈谈教育部门的事情。”两周后，在博科娃正式上任总干事的第二天，她的办公厅主任给我打来电话，说总干事认为我是代理教育助理总干事的最合适人选，如果我同意，她将任命我代理。他还说，这个职位将对外招聘，我可以申请。同一天，他还把总干事的决定通知了中国大使。这是个好消息，我可以利用代理的机会显示我的领导能力。

不久，教科文组织宣布在全球范围内招聘教育、自然科学、社会与人文科学、文化、传播与信息五个业务部门和管理、对外联络部门加上负责“非洲优先”工作的共八个助理总干事的职位，并邀请会员国推荐合适人选。人选的要求是：有研究生学位，最好是博士；有长期在高级领导岗位上的专业经验；具有在大型国际或全国性组织的管理层指导变革的能力；等等。高管团队大换血，新总干事当然要有自己的人马。

在政治层面上，中国政府给了我坚定的支持。在巴黎，师淑云大使在几次会见总干事时都提出，这个位子应该给发展中国家，而中国支持我竞争。教育部郝平副部长对总干事表达了中国政府对我的支持。2010 年初，李卫红副部长在亚的斯亚贝巴代表中国出席全民教育高级别会议时会见了博科娃。会见中，李副部长告诉总干事：“我与唐先生当年在中国教育部就共事过，他有丰富的国内国际教育领导经验，当初他如果没有离开中国，今天至少也是副部长了。”这话给博科娃留下了很深的印象。博科娃告诉中方官员，她对我代理助理总干事的工作表现非常满意，会“认真考虑”中国政府的立场。

重要国家的大使也是我们的工作目标，为的是争取他们所代表国家对我的支持，以影响总干事的决定。师淑云在各国大使的圈子里很活跃，交了很多朋友。她在那段时间见了不少有影响力的大使，告诉他们中国政府支持我竞争教育助理总干事，说明我占据这个职位对教科文组织的发展，对发展中国家都极为有利。这些大使对我的工作表现都很了解，所以反应都非常积极。同时我也利用工作中与许多国家大使和代表团建立的关系为自己争取支持。

2009 年 12 月下旬我在莫斯科出席会议，去俄罗斯外交部拜访了主管国际组织工作的副部长亚历山大 · 雅科文科。会见中这位副部长说支持我竞争教育助理总干事，并且说这是俄罗斯政府的立场。他还说会指示俄驻教科文组织的大使采取实际行动。我回到巴黎后中国大使告诉我，俄罗斯大使密特凡诺娃给她打电话，说已经收到莫斯科的指示，支持我的竞争。副部长雅科文科一直在外交部主管教科文组织事务，所以我与他挺熟，他也了解我的为人和能力。

师淑云大使发函给主要会员国的大使，附上我的简历和我主持制定的教科文组织教育领域工作的愿景文件，要求这些国家对我的竞争予以支持。后来得知，美国和俄罗斯两个国家的大使都告诉总干事，他们的政府支持我做教育助理总干事，巴西大使则告诉总干事，绝不接受发达国家再占据这个位子。

博科娃就任之后马上任命了原比利时驻教科文组织大使菲利普 · 克里德卡担任她的办公厅主任。这位大使是个职业外交官，待人友善，还是个中华文化的爱好者，尤其推崇老子的思想，自己也在学中文。师淑云大使与他关系很不错，多次做他的工作以影响总干事。克里德卡主任上任不久就找我长谈了一次，我向他详细介绍了我对教育部门工作方向的长远想法，他很赞同我的思路，我们谈得非常投缘，后来我们成了好朋友。在教科文组织内部，博科娃到任后对人事局局长、战略规划局局长和即将离任的副总干事比较信任，能听得进他们的话。而我恰好在工作中与这三位同事由于看法相近而谈得来，私人关系很好。所以我几次分别与他们深谈，听取他们的建议，而他们也很愿意为我到总干事那里去“敲边鼓”。

在我们做工作的同时，参与竞争的其他人也没闲着。来自非洲某国的候选人得到非洲集团的支持，联合向总干事施加了很大压力。某位来自欧洲的候选人的国家高层也在为其说项。这是国际通行的做法，很正常。

我有机会以代理的身份掌管教育部门就要负起责任，明确我们在教育领域的长期战略方向，同时也要借此表现出我的领导能力。我的第一步是集高管团队的智慧，讨论今后在教育领域主要应该做什么。我组织了多次部门内各司长参加的“务虚会”和全部门业务官员参加的研讨会。在 2010 年初又将分散在世界各地的研究所所长和地区教育局的局长招到巴黎总部，进行了两天的研讨。同事们积极性都很高，因为这是多年来第一次大家有机会在一起畅谈大方向。通过我亲自主持的这一系列的讨论，我们对今后数年教育领域的战略方向达成共识，形成了一份题为“振兴教科文组织，使其重归全球教育的领导者地位”的愿景文件。

我将这份文件交给博科娃总干事审阅，得到了她的赞同。2010 年 2 月，我陪同总干事到埃塞俄比亚首都亚的斯亚贝巴出席全民教育高级别会议。她对她的撰稿人准备的开幕讲话稿不满意，说这是她作为总干事第一次亮相教育领域的大型国际会议，而讲话稿缺乏战略高度。此时我责无旁贷，带领同来的战略规划局副局长勒梭和教育部门基础教育司司长马洛普在下榻的酒店里，根据我们那份愿景文件的精神将讲稿做了大幅改动，对教科文组织今后在教育领域的方向做了明确阐述。博科娃总干事对我们的新稿大为满意，说高度上去了。她在开幕式的讲话中对各国来宾说：“作为新任联合国教科文组织总干事，我已经明确表示，无论现在还是将来，教育都是我最优先的重点。我决心重申教科文组织的国际领导地位，并影响这一领域的全球议程。”这次改稿给总干事留下了深刻的印象，几年后她还不时提起此事。当老天爷给你机会时，你绝不能放过。当然，你还要有准备才行，假如当时我们没有那份愿景文件就很难写出让总干事满意的讲话稿。

据说招聘教育助理总干事，收到了来自全球各地 400 多份申请。经过遴选委员会的初选，包括我在内有 6 人进入“小名单”接受面试。这里面有教育部长、副部长、大学校长，还有一个其他国际组织教育部门的主管，我是唯一的内部人选。在此之前，我为面试做了精心准备。教育部门的两位司长和行政办公厅我手下的几位处长提出要帮忙，于是我把他们组成了一个临时小团队，讨论陈述要点，分析面试中可能提出的问题和我的应答预案。作为唯一进入“小名单”的内部人选，我既有优势也有劣势。优势是熟悉情况，劣势是容易被质疑会走老路，缺乏改革新意。毕竟任何新总干事一来总是想有新变化、新气象，所以我必须提出新思路，并且让面试我的人相信我有执行力将其付诸实施。

我经历过几次教科文组织的面试，主持或参加的对别人的面试则不计其数。面试要成功，关键是自己首先要明白你想要面试官得到的最重要的信息是什么，你要通过回答把他们的聚焦点拉回你要传递的“信息主线”上。面试前要做好功课，熟悉背景情况。回答问题既不能过于笼统，言之无物，也不能过于烦琐，让人失去兴趣。我总是在面试时在面前摆放一两页纸的提纲以确保不会落下重点，把委员会提的问题简单用笔记下，一是防止忘记部分问题，二是显示出对面试的重视和对面试官的尊重。我曾经见过有应试者什么都不拿前来面试，面试官的第一印象就是此人过于托大，并不在乎这个职位，还没开口就已经失了分。

面试在 2010 年 3 月下旬举行，每个候选人一个半小时。遴选委员会由当时代理副总干事的总部战略规划局局长汉斯·多维尔主持，委员有不久前离任的前教育助理总干事伯奈特、已退休的前教育副助理总干事巴蒂娅露、已退休的教科文组织阿拉伯地区教育局前局长比莱，还有总部人事局的代理局长。他们都算是“重量级”人物，分别来自欧洲、非洲、阿拉伯地区和拉丁美洲。

在陈述中我首先讲，我申请这个职位的动机要从我当年做中学教师说起，联系教科文组织的宗旨强调了教育对人类和平与发展的关键作用和我多年为此而献身的努力。我摆出的挑战是教育部门刚刚经历了改革的不稳定，人心思变，而我是能够带领他们走出困境、寻求改变的不二人选。教育助理总干事应该是一个有远见有经验的教育家，能够确立教科文组织教育事业的战略方向；他 / 她应该是一个有执行能力的领导者和管理者，能够领导自己的团队将愿景变为现实；还应该是一个有外交经验和灵敏政治嗅觉的外交家，能够处理复杂的政治问题。我罗列了我在这三个方面的过往经验与能力，说明我是集这些经验与能力一身的人。接着我根据愿景文件的内容，罗列了我对今后数年如何达到这一目的的具体实施设想。我特别强调，教科文组织应该通过一系列具有战略意义的行动，重返全球教育领导者的地位。

随后委员们提了八九个问题，我都根据我的信息主线做了回答。人事局代局长用法文提问，我也用法文做了回答。对于我的领导风格是什么的问题，我将其归纳为：（1）强调团队作用；（2）放权给下属，让他们对执行各负其责，但是我要监督执行情况；（3）充分发挥每个人的优势，赏罚分明；（4）注重培养年轻人。

委员们最后问我认为自己还有什么缺点与不足。这是一个面试中经常会问到但又很微妙的问题。我主持面试时看到许多人实际上都不承认自己有缺点，常常说出来的所谓缺点其实是表扬自己。例如，有人说自己的缺点是工作中耐心不够，总希望尽快完成任务。还有人说自己的缺点是只知道工作不会放松休息，等等。我在回答时指出自己的缺点是，由于自己长期在中国和联合国体系中工作，有时过于谨慎，看问题考虑负面因素多一些，在某种程度上影响了开创精神。我说的是实话。说自己的缺点不怕，知道自己缺点在哪里的人才能够改正缺点。

面试进行得非常顺利，气氛并不紧张。面试结束后我回到办公室，我的小团队都在等候消息，我把面试的问题和我的回答复述了一遍，他们都非常兴奋，觉得大功告成。后来担任遴选委员会主席的多维尔告诉我，委员会认为我的面试表现“非常出色”。

根据规则，候选人还要被总干事亲自面试一次。我应约来到博科娃总干事的办公室，因为几个月的共同工作我们已经比较熟悉了，博科娃只是很轻松地聊了几句，并没有问任何问题。我利用这个机会问她，你说要把教育作为最优先的重点是不是认真的？她回答，我是非常认真的。我说，那好，我可以向你保证，如果我当了教育助理总干事，我一定会让教科文组织重新回到全球教育的领导地位。后来的八年里，博科娃总干事好多次当着众人提起我们这次谈话。她说她给了我明确的指示和信心，而我也没有食言。

2010 年 4 月初，坊间开始传说，我将被任命为教育助理总干事，美国、法国和拉美的候选人分别会得到科学、对外联络和社科部门的助理总干事职位。4 月 13 日下午，总干事办公厅通知我去见博科娃。在她的办公室，总干事笑容满面地对我说她决定任命我为教育助理总干事，相信我能够接受这个挑战。她还说，一些国家给了她很大压力，但是通过几个月的共事，她对我有信心。她说别的新任助理总干事都是外来的，要 7 月才能来报到，但是我可以马上全面开展工作。她要我大胆去做，不要顾忌，她会全力支持我。

2010 年 4 月 14 日，联合国教科文组织发布公告如下。

总干事伊琳娜·博科娃今天向教科文组织执行局各成员通报了她选择的高级管理团队。去年 11 月 15 日就任总干事一职的博科娃女士说，她选择了一个“精明强干、协调一致并且积极肯干的团队”来领导教科文组织。新的团队包括 1 名副总干事和 8 名助理总干事。

……

教科文组织的教育部门将由来自中国的唐虔先生来领导，他目前是代理助理总干事。作为中等教育和职业技术教育的专家，唐先生一直身兼教育家和外交官于一身，并且曾经担任过中国教育部的职业技术教育管理者。他曾经为教科文组织在德国波恩成立职业技术教育与培训国际中心（UNEVOC）发挥了重要作用。他还对“全民教育计划”的筹款和推动教育领域南南合作做出了突出贡献。

教育部门的同事们非常兴奋，纷纷前来祝贺。几天中我收到了来自内部同事、常驻代表团和外面的合作伙伴的上百份电子邮件。三位前教育助理总干事鲍尔、丹尼尔和伯奈特也来电祝贺。曾经帮助我准备面试的小团队和行政办公厅我的那些老部下在周五的下午搞了一个香槟聚会，每个人都轻松愉快。

中国的新华社以“唐虔被任命为联合国教科文组织助理总干事”为题做了报道，中国常驻代表团还安排在巴黎的中国媒体包括新华社、《北京日报》、《科技日报》的记者和法国的主要华人报刊《欧洲时报》对我进行了专访。

2010 年 7 月 13 日，博科娃总干事在总部一号会议大厅召开全体人员大会，亲率新一届领导班子亮相。我们与总干事一排坐在台上，总干事对我们逐一介绍。之后我们每个人也都简单地讲了几句话，表决心。教育是教科文组织最大也是最重要的部门，所以我的位置排在总干事和副总干事之后的第三位。博科娃总干事以这样的话开始介绍我：

“慷慨、有趣，勇敢并深情，这些是中国占星术中那些出生于虎年的人身上的一些人格特质。我在虎年庆祝 60 岁生日的同事唐虔先生身上看到了这些性格与个性。”

总干事提到我属虎，一开始就引起了会场上的笑声。在历数了我的专业经历和加入教科文组织后取得的主要成就之后，她风趣地说道：“我知道他是多么热衷于不断改进他的工作。我知道在很久以前，作为一名年轻的生物学家在清洁试验用的试管时，他必须至少冲洗 5 次。这是一种他从未改变的习惯，即使他在家里洗碗也这样做，这让他的妻子感到非常恼怒。”

我在家洗碗要冲洗 5 次是我在与她闲聊时告诉她的，不想竟被她在大会上披露出来。她在结束对我的介绍时说："唐先生已与我们一起工作了 17 年，通过教育促进和平与人类发展。我相信，在担任教育助理总干事的新角色中，他将履行他的承诺，使我们的组织成为全球教育相关事务的'第一停靠点'。我知道他喜欢听罗德·斯图尔特的歌，尤其是他的《远航》，所以我在这里祝愿他一路顺风！"

总干事对我的介绍引起全场阵阵笑声。我在 5 分钟的简短讲话中提到，不久前我在非洲看到那里的许多儿童仍然在极其简陋的条件下坚持学习，实现全民教育，让每一个孩子有书读是我们的使命与职责。

在总干事介绍新高管团队的大会上（2010 年）

在我后面发言的是来自美国的科学助理总干事，她很熟悉中国文化。她的开场白是："我是属蛇的，我会与旁边的中国老虎密切合作。"她的话引起全场的笑声。下一个发言的是来自意大利的文化助理总干事，他一张嘴就说："我也是一只老虎。"引来全场大笑。他与我同龄，自然也是一只老虎。轮到来自法国的负责对外联络的助理总干事发言，他说："我是第三只老虎。"场上人更乐了。他的年龄比我小一轮，当然也是一只老虎。来自拉脱维亚的传播与信息助理总干事也是这一年生人，是第四只老虎。我们 8 个助理总干事竟然有 4 个是属虎的！最后博科娃总干事笑着对全体员工说："看来我以后挑选助理总干事，还得先看看他们的中国属相！"她的话让全场气氛轻松愉快。

一朝权在手，便把战略定

总干事对我的任命在 4 月发布后，我马上开始组建自己的办公室团队。我在总部教育部门已经工作了 17 年，对部门的人员和他们的能力非常了解，对应该用什么人早就心中有数。我当行政办公厅主任时就跟着我的秘书詹妮弗是法国人，能干又忠心，而且人脉甚广，我任命她为助理总干事的大秘书，级别从 G6 升到 G7 级。另一个秘书职位是 G4 级，是来自非洲国家塞内加尔的迈姆娜，她能干且人缘特别好。办公厅来自澳大利亚的艾尔斯贝斯精明能干，文字又好，做了我的 P3 级的行政助理。她们三人加上我，四个人中来自发达国家和发展中国家的各占一半，体现了“地域平衡”原则（在国际组织，这个原则是政治，随时不能忘记）。数年后艾尔斯贝斯要求去基层锻炼，我安排她去了在智利的拉美地区办事处从事专业工作。接替她的是从外面招聘来的“青年专业人员”瓦尼娅，她来自波斯尼亚和黑塞哥维那，同样精明强干。我这个办公室小团队的高效工作是我实施领导力的重要保证。部门的行政办公厅依然是我领导全部门工作的重要工具，来自挪威的奥斯维特在我手下做了多年的办公厅负责战略与规划的处长，能干且忠心耿耿，通过正式的招聘程序，我让他接替了我的办公厅主任职位，成为我的得力助手。

我和我的助理与秘书团队（2011 年）

在我代理教育助理总干事的 5 个月中，我一直留在总部大楼四层我原来的办公室工作，直到任命发布我才搬到助理总干事的办公室。不过我原来的办公室就在旁边，面向埃菲尔铁塔，安排这个景色甚佳的办公室是我当办公厅主任八年唯一一次利用了我的特权。教科文组织总部大楼每一个办公室面积都是大约 15 平方米，助理总干事的办公室是两个办公室打通的大办公室。一面有一扇门连接到另一个同样面积的办公室，我的两个秘书在那里工作，那里还有一张沙发供访客在等待我的会见时使用。行政助理在另一侧的一个单间办公室，也有门与我的办公室相连。办公室朝西面，四扇大玻璃窗直对法国军事学院，后面就是埃菲尔铁塔，近到让人感觉似乎伸手就可以触到。每当工作累了，抬眼望望窗外，总有心旷神怡的感觉。我的这个办公室据说是总部位置最好的，好多次来这里的会员国部长们开玩笑说，希望把自己的办公室与我换一换。

职务去掉了“代理”两个字，我就可以开始“名正言顺”地实施我的长远计划与布局了。我从代理那一天就已经开始组织教育部门的官员们坐下来分析我们面临的挑战，确定我们重振教育部门的长远目标，最后形成了那份获得总干事认同的愿景文件。

当时教科文组织在教育领域面临着严重的挑战。自 20 世纪 90 年代开始，由于许多援助机构大力介入教育领域，再加上自身财力的限制，教科文组织在全球教育发展中的领导地位被逐渐弱化。全民教育虽然取得了进展，但是距离完全实现目标仍然有很大差距。受捐助国和一些国际机构的影响，出现了全民教育偏重小学教育与女童教育但忽略其他目标的倾向。国际社会赋予我们的协调全球“全民教育议程”实施的机制也暴露出许多问题。这也都是我们的领导地位被弱化的原因。

我发起的部门大讨论达成的共识是：有必要重新审视“全民教育”的本质，以一个整体的教育观回归“全民教育”的本意。从仅仅关注小学教育和女童教育的倾向扩展为注重教育的所有层次与内涵的协同发展；强调“终身学习”，以建立知识型社会，应对 21 世纪的多种挑战；在学习者有了更多学习机会后，应该强调教育质量，确保他们真正学到知识和技能；从人文主义的立场出发，教育不应该只是传播知识，还要弘扬正确的价值观。在这个新思维之下，我们提出的战略重点是：

1. 改进“全民教育全球协调机制”，使其更加灵活，注重各利益攸关方的参与；

2. 协助会员国制定考虑教育体系整体性、以终身学习理念指导的“全民教育”规划；
3. 将落实“全民教育议程”从主要关注教育机会转为注重教育质量，尤其强调平等与包容；
4. 加强应对新的挑战，特别是关注关乎价值观的“全球公民教育”和应对气候变化等新议题的“可持续发展教育”；
5. 发挥我们的“知识 / 智力领导力”，利用国际社会磋商 2015 年后全球教育议程的契机，主导未来全球教育发展方向的讨论。

尽管在资源方面我们无法与世界银行、联合国儿童基金会和开发计划署这样的援助机构竞争，但是我们是世界上，也是联合国系统内，唯一的推进教育智力合作的政府间国际组织。190 多个会员国的教育部长都是我们的忠实合作伙伴。通过推动全球的智力合作指明未来全球教育发展的理念与方向，就是教科文组织应该起的“领导作用”。

应该说我们很幸运，不久之后的 2015 年是世界教育史上的一个关键的时间节点。在实施“达喀尔全民教育目标”和“联合国千年发展目标”之后，国际社会需要在 2015 年为教育制定一个新的议程和新的目标。让教科文组织在确立 2015 年后的教育发展议程的磋商过程中起主导作用，弘扬“以人为本”的人文主义教育理念应该是我们最重要的任务。这是历史赋予我们的责任，也是“天赐良机”。

我和我的司长们（2013 年）

我们的这一战略得到了总干事博科娃的高度认可，也成了全教育部门的共识。我非常清楚，实施这个战略靠一个人绝对不行，必须依靠一个团队的集体智慧与力量。我在职业技术教育领域比较有经验，而我的高管团队的其他成员都是在教育各领域中有经验、有想法的专家，我的一个专长就是能够认识别人的价值，鼓励大家畅所欲言，然后把众人的观点概括升华，形成共识。用我们中国人的话说，这是“集体智慧的结晶”。

教科文组织长期遭受经费不足的困扰，很难做到集中资源保重点。总部各部门每次制订的计划与预算总是像撒胡椒面那样想面面俱到，结果是“谁都饿不死，谁都吃不饱”。会员国长期以来对秘书处的不作为非常不满。前几年我在领导教育部门办公厅时就体会到突出重点之不易。一是会员国要求不同，都想让自己关注的领域成为重点；二是我们自己的官员也都希望自己那一摊工作成为重点。所以教科文组织常常搞出许多“优先领域”，但是优先太多了就等于没有优先。现在我当了助理总干事，终于有权力来大力推进集中资金突出少数重点领域的方略。

在编制下一个双年度的计划与预算时，根据我们的战略，在我们负责的“重大计划 I（教育）”下面只确立了两个“优先事项”：“支持会员国实现全民教育”和“在全球和地区的教育领域发挥领导作用”。第一个“优先”是协助会员国实现“全民教育”的具体工作，将集中在扫盲、教师、职业技能这三个我们有比较优势的专业领域。还确定了协助会员国制定教育规划是我们的重点工作方式。在资金分配上也不再“撒胡椒面”，聚焦 20 个最不发达国家，其中 14 个在非洲，以反映“非洲优先”的总体战略。第二个“优先”属于我们的智力领导和协调的功能，我们将对现行“全民教育”的协调机制做出调整。同时我们将组织一系列重大国际会议与磋商，组织资深教育专家撰写报告，以研究 21 世纪教育的挑战与应对方略，也为国际社会磋商 2015 年后的全球教育议程做准备。在“重大计划 I（教育）”下面，“项目活动”从上一个双年度计划中的 33 个减为 14 个，贯彻集中资金以保重点的原则。后来这些年，我们的“重大计划 I（教育）”在教科文组织的 5 个“重大计划”中一直是预算最多，但是“优先领域”与“项目活动”

数量最少的，保证了每项活动有足够的资金。会员国后来一直对我们教育部门在计划与预算中体现了突出重点的做法评价甚高，甚至在执行局会议上发言，要求其他部门向教育部门看齐。

人力资源的合理使用是一个重要课题。我们的人员使用疏于分散，需要根据调整后的计划与预算对教育部门在总部的机构设置进行必要调整。为此，我与总部人事局局长安娜·露易莎商量，请她给我推荐一位有经验且正直公正的人事官员到教育部门来做人事处长兼首席人事官。局长推荐了她手下来自芬兰的卡佳·康克拉。在后来的几年里，这位人事处长尽心尽力，对我们队伍的建设起了非常关键的作用。

在仔细分析了教育部门的情况后，我们的结论是现有人力资源无法满足实施新战略思维的需要，一些人员的素质能力不达标，总体数量也不足。主要的原因：一是体制问题，人员不到退休年龄出不去，无法及时“吐故纳新”；二是经费不足，无力增加新职位。提高人员的业务能力只能是在老人退休后进新人时把好关和对现有人员加强培训，但这都不是短期内可以奏效的。所以我们首先做的是考虑如何根据新的战略重点调整我们的机构设置，在无法增加人员数量的前提下，把人力资源用在关键之处，保证重点领域的需要，还要激励人员的信心。

行政办公厅在与各司司长讨论后提出了机构调整方案。教育部门新机构的框架包括一个行政办公厅、三个业务司，每个司下辖 3~4 个处，分别负责基础教育、职业技术教育、高等教育、扫盲与非正规教育、教育规划、教育政策建议与教育新技术、和平教育、可持续发展教育等领域。还有三个各由一位司长级官员领导的独立的团队，分别负责全民教育伙伴关系、教育研究与前瞻以及《全民教育监测报告》的制定。在人员配置上首先保障所有优先领域的需要，司长和处长的职位也都根据每个人的能力水平和性格特点做了调整。总干事很快批准了我的方案并且向教科文组织所有单位和各国代表团公布。

在我任助理总干事一年多之后，我在教育部门的全体人员会议上展示了从 2010 年初以来教育部门取得的成果。我告诉大家，一年多以来，通过举办一系列重要的高级别国际会议和发布《全民教育监测报告》，我们成功地提高了教育在国际政治议程中的地位与能见度。我们与联合国系统内外的主要合作伙伴建立了定期协商的机制。我们建立了 2015 年后全民教育议程磋商的工作小组开始预判未来的工作。在国家层面我们集中资源支持了 20 个最不发达国家的扫盲、教师和职业技能等重点领域。在发挥智力合作的领导力方面我们也做了许多，包括邀请当时红极一时的对国际大学排名的三个主要机构在教科文组织办了一个研讨会，介绍它们采用的不同评估体系，以增加人们对大学排名的理解。

在内部建设上，我们完成了教育部门总部机关的机构调整，重新界定了每个人的岗位责任。我们招聘了出缺的职位，还开始了对年轻人员的有针对性的培训。为了弥补人员的不足，我们争取到由会员国出资聘请的 10 名教育专家以“借调人员”的身份来教育部门工作。我们建立了教育部门高管团队定期举行会议的机制，协调各单位的工作，使教育部门统一步调。在会上大家都说没有想到只一年的时间我们就能有这么大的变化。还有同事发言说现在部门内的工作气氛和谐甚多，大家心情舒畅。

根据我们的总结，我准备了一份《自 2010 年初以来教育部门改革的成果与挑战》的报告送给博科娃总干事。不久我就收到了她的批示：“谢谢你。我坚定地相信，我们正在沿着正确的道路前行。”看来这第一步是迈出去了，还迈得不错。不过好景不长，没过多久，一场突如其来的财务危机让我们面临严峻的挑战。

美国不缴会费，我们怎么办

教科文组织的使命是促进教育、科学和文化领域合作与发展，本来不应该牵涉政治。像巴勒斯坦和以色列之间关系这样的政治问题应该是在联合国安理会讨论的。但是在联合国系统内，尤其是在意识形态色彩极强的教科文组织内，政治无处不在，如影随形，躲都躲不开。

巴以冲突由来已久，双方谈谈打打，至今没能找到一个解决办法。以色列早在 1949 年就加入了联合国，为了获得国际社会的承认，巴勒斯坦多年来也一直在努力加入联合国。但它的愿望却因为美国和以色列的反对一直未能实现，仅在 1974 年获得非成员国的观察员实体地位，2012 年才得到观察员国的地位。在教科文组织内也是如此，以色列从 1949 年开始就是正式会员国，巴勒斯坦则在 1974 年获得观察员地位。尽管双方在教科文组织中身份不同，但是并没有影响我们与双方在教育、科学、文化等方面的合作。在巴以双方之间关系不大紧张时，教科文组织还能够在耶路撒冷的文化遗产保护方面得到双方的共同配合。在教育方面我们也对巴勒斯坦有所支持。我和巴以双方驻教科文组织的大使都有很融洽的工作关系。

巴勒斯坦多年来一直努力，希望将在教科文组织中的观察员国地位升格为正式会员国。虽然教科文组织里有美国和以色列挡路，但是美国在这里没有否决权。新会员国加入教科文组织需要在全体大会上投票并获得 2/3 的多数票同意。不过这之前还有一关，就是教科文组织的执行局必须同意将这个议题纳入全体大会的议程中。从 21 世纪初开始，巴勒斯坦获得世界上越来越多国家的同情，在教科文组织的执行局的 58 个成员国中已经能够获得多数票，支持将巴勒斯坦成为正式会员国的申请提交大会表决。不过在松浦晃一郎担任总干事的那些年，他在每次全体大会前的执行局会议上都会通过政治斡旋，要支持与反对巴勒斯坦成为正式会员国的国家达成妥协，暂不将此案提交执行局会上审议。这倒不是因为松浦是日本人，一定要跟着美国人的脚步，他其实处于一个两难的境地。

人们知道，美国国内犹太人的势力很强大。美国国会在 20 世纪 90 年代两次通过法律，任何联合国机构如果接纳巴勒斯坦（那时还是

“巴勒斯坦解放组织”）为正式会员国，美国就将停止对这个机构的财务支持。奥巴马政府就曾公开要求巴勒斯坦不要加入联合国及其专门机构，以避免美国切断会费。当时美国是教科文组织第一大会费国，所缴会费占全部的 22%。接纳巴勒斯坦为正式会员国的后果将是美国停止缴纳会费，这个结果教科文组织当然难以承受。所以松浦每次都是以他半生积累的外交技巧，在美国代表的配合下，陈述利害，去说服那些有影响的大国不把这个议题列入执行局的议程。因为议题一旦列入，在执行局上就不可能达成妥协，最终只能票决。一旦投票，结果一定是同意把这个议题提交全体大会。到了大会上，议案非常有可能获得 2/3 的多数赞成而通过，那么产生的经济后果对教科文组织将是灾难性的。松浦执政十年，没有让这个议题列入执行局的议程，避免了在全体大会上审议。

2010 年的巴以和谈重启不久即告中断，巴方随后决定以寻求加入联合国这一外交策略来推动建立独立的巴勒斯坦国。鉴于联合国方面有美国在安理会手持否决权的阻挠，巴勒斯坦加大了在教科文组织的工作力度，希望首先以实现正式加入这个联合国专门机构作为突破口，赢得政治上的胜利。巴勒斯坦方面选定以 2011 年 10 月在巴黎召开的教科文组织第 36 届大会为契机，冲击正式会员国资格。此时的教科文组织已经是博科娃担任总干事，她当然也明白其中的利害关系。

从道义上讲，巴勒斯坦已经在世界上得到越来越多国家的同情与支持，接纳巴勒斯坦是难以阻挡的历史趋势。但是从经济角度讲，如果美国人以停缴会费“惩罚”教科文组织，博科娃总干事将面临极其困难的境地。她与巴勒斯坦的代表和美国大使谈，要求巴勒斯坦推迟入会的请求，给美国政府时间到国会去要求豁免，以免教科文组织失去美国的会费。她的要求没有被接受，而且时代变了，大多数会员国要求审议接纳巴勒斯坦的要求的意愿更加强烈。毕竟她是会员国选出来的总干事，当执行局会员国的大多数坚持讨论这个议题时，她是挡不住的。

结果，“要求接纳巴勒斯坦加入教科文组织”的议题被列入在2011 年 10 月初举行的执行局第 187 次会议议程。执行局审议之后投票表决，结果是 40 票赞成，4 票反对，14 票弃权，“建议大会接纳巴勒斯坦为教科文组织会员”。美国投了反对票，但是场面对美国来说非常尴尬，它的许多盟国都投了赞成或弃权票。投票后会场上响起长时间的热烈掌声。这个结果标志着国际地缘政治的一个变化，也是为建国奋斗多年的巴勒斯坦人取得的胜利。不过同时我们这些高官的心中都开始担忧，看形势巴勒斯坦在两周后举行的教科文组织全体大会上被接纳为正式会员国应无悬念，到那时如果美国真的宣布不缴会费我们要怎么办？

执行局会议之后我到联合国总部出差，作为遴选委员会委员面试“联合国大学”校长的候选人。五名委员中有一位是联合国秘书长潘基文办公厅的局长级官员，他向我问起巴勒斯坦将加入教科文组织的事情。这位局长对巴勒斯坦“入联”的历史很熟悉，他说，美国人可不是在那里放空炮，他们真的会不交钱的。可是很奇怪，我们总部掌管经费的财务管理局似乎并没有担心明年没有美国的会费怎么办，在执行局投票之后，他们还在向各业务部门发文，催促各单位在年底前赶快把当年的经费花光。

教科文组织的预算是双年度，年底要结束 2010—2011 年的财政预算。这里也与其他官僚机构一样，到了执行预算结束前常常经费花不完，但是按规定这些剩余不能转到下一个双年度，必须退回会员国，所以往年财务管理局都会要求大家尽量在年底前把钱花完。但是这次不一样，如果美国人不缴会费了，现在的做法应该是把钱捂住，到时候要求会员国同意把这些经费留待下一个双年度使用，以弥补美国停缴会费造成的亏空。我越想心里越不安，晚上回到酒店给博科娃总干事发了一封邮件。我说接纳巴勒斯坦为会员国看来可能性很大，我们此时不能不准备应付美国停缴会费的最坏情况。我建议不要让各单位突击花钱了，相反，要各单位把所有尚存的经费尽量保留下来以应付明年可能的经费短缺。我的意思是要“未雨绸缪”，况且这个“雨”几乎肯定要下起来。

教科文组织第 36 届大会在 2011 年 10 月如期举行。10 月 31 日，全体大会在总部一号会议厅对“要求接纳巴勒斯坦加入教科文组织”的提案进行表决。这是本届大会最引人注目的议题，所以能容纳 1 300 多人的大厅里的代表席位坐得满满的，二楼的旁听席也坐满了人。

教科文组织开大会时，每个国家的代表团有四个座位，除了开幕式，通常大会发言时假如没有国家元首那样的重量级人物出场，场内的观众都是稀稀拉拉的。但这天不同，所有座位都坐了人。主席台上正面是一个长条的座席，前桌后椅，大会主席、执行局主席、总干事等七八人在那里就座。两侧还各有两排座席，是助理总干事和总部的局长等高级官员的位子。作为教育助理总干事我的座位在靠近正面座席的第一个，就在发言的讲台旁边，看上面和下面的动静都很清楚。教科文组织大会会议厅和执行局会议厅都没有按钮式的表决器，如果需要投票，公开投票就是代表举起自己国家的名牌，秘密投票就要写票了。据说因为教科文组织自成立起就推崇协商一致的原则，希望尽量避免票决，所以在今天这样的一个技术时代，还要采用老方法。

巴勒斯坦这个议题的提案由 40 个国家联署，另有 11 个国家附议，采取唱名投票，也就是大会秘书按法文的国家名称字母顺序念每一个会员国的名字，被点到的国家的代表团团长或大使要通过面前的话筒宣布自己是赞成、反对还是弃权。如此一来，每个国家的立场都一清二楚，这就很有看头了。

不出所料，中国、印度、俄罗斯、巴西等大国和多数非洲国家与阿拉伯国家都投了赞成票。中国、印度和俄罗斯的赞成票还引来会场上的掌声。美国和它的一些盟国如以色列、加拿大、澳大利亚、德国、瑞典、荷兰、日本等投了反对票。欧盟国家分歧很大，法国、比利时、奥地利、芬兰和西班牙等投了赞成票，这些票都引来全场惊愕的叹声，随后场上又响起掌声。还有一些欧洲国家，如英国和瑞士，投了弃权票。最后宣布的结果是：赞成 107 票，反对 14 票，弃权 52 票，还有 12 个国家未投票。由于赞成票超过 2/3，大会主席匈牙利大使卡特琳·博焦伊宣布：“联合国教科文组织经过投票决定批准巴勒斯坦的加入请求。”话音未落，全场掌声雷动。巴勒斯坦和一些阿拉伯国家的代表在欢呼，场上的大部分人起立鼓掌，互相握手祝贺。这是一个历史性的时刻，说明历史的潮流的确很难阻挡。这是巴勒斯坦首次以正式会员国身份被一个联合国机构接纳，也为巴勒斯坦最终加入联合国增加了一个有利因素。

巴勒斯坦外交部长在教科文组织第 36 届大会上讲话。右二为作者（2011 年）

我们这些坐在主席台上的教科文组织高级官员也跟着鼓掌，但是没有起立，这是预先的规定，以显示我们的中立立场。

在众人欢腾之余，麻烦来了。美国和以色列做出激烈反应，美国国务院发言人宣布，根据美国的法律，作为回应，美国将停止向教科文组织缴纳原定在 11 月支付的 2011 年 7 000 万美元的会费。以色列也宣布停缴会费。美国和以色列的会费分别占教科文组织总会费的 22% 和 3%，每年共约 8 000 万美元。这意味着教科文组织将失去 1/4 的正常预算收入！

11 月 2 日晚，在评估了没有美国和以色列会费的影响后，总干事博科娃紧急召开了高管团队会议。她讲了当前的困难，要求大家统一行动，采取必要措施，共渡难关。财务管理局局长报告说，当前最急切的是 2010—2011 年度有 6 500 万美元的现金流缺口，要求各单位马上在本年度的预算中终止非主要活动，以节省的资金来应对。同时总干事宣布了一系列临时紧急紧缩措施，包括停止所有职位的招聘、严控官员出差、停止雇用顾问和临时人员、大幅削减出版物等，以节省资金。

总干事发表了一封致全体工作人员的公开信，又召开了总部全体人员大会。2012 年初，博科娃总干事还分别在总部各部门召开座谈会，与大家沟通。总的精神是要求我们在采取一系列紧缩措施的同时，推动总部和总部外机构的改革，提高工作效率；集中资源确保各重点优先领域项目活动的实施；加大力度募集更多来自预算外财源的资金。

在教育部门，我召开了高管团队会议，确定了我们的临时紧缩措施。我们预算中的人事经费不能动，最后我们砍掉 400 万美元的已经计划好但尚未实施的项目活动，作为我们对填补现金流缺口的贡献。顾问和临时人员不雇了，出差全部不批准，出版物能消减就削减，不能削减的就延迟出版。当时最大的变动是已经编制好的 2012—2013 年的计划与预算需要做大幅调整。因为根据财务管理局的计算，我们的“重大计划 I（教育）”的正常预算要削减 31%！

此后的一个月内我们动员全部门调整预算，在行政办公厅的协调下事情办得很顺利。我以前的上级丹尼尔给我发来邮件，对我们的处境表示同情。他说如果需要“砍”预算，那就赶快决定，用斧子赶快砍，而不是用外科手术刀慢慢剥离，这样才能缩短痛苦的过程。他说的很有道理，用我们中国话叫“杀伐果断”，我也是这样做的。

12 月初，我按惯例召开了教育部门全体人员大会。在会上，我把我们面对的严重形势原原本本地告诉大家。我说，会员国做出接纳巴勒斯坦的决定是件正义的好事，有利于教科文组织的形象，但是有时候做好事也要付出代价。这个代价就是由于美国和以色列的态度，所以我们损失了 25% 的会费收入。

我给大家算了一笔账：“重大项目 I（教育）”下的预算将削减 31%，剩下 7 900 万美元，这就是教育部门今后两年的来自“正常预算”的全部收入。我坚持“不能裁人”的原则，项目费少一点没关系，只要我们还有人，就可以去募集更多的来自预算外财源的项目资金。我的意见得到了高管团队的支持，最后决定人事费削减 18%，只冻结那些正在招聘的职位。也就是说今后两年要冻结 48 个已经或即将空缺的职位，这占了正常预算下的所有正式职位的近 20%！同时，保证不裁人意味着项目经费不得不大幅削减 57%！

钱少了，人也少了，我们还能不能生存？我对大家说，近两年改革的效果已经开始显现。我们的团队经过机构的调整配置更合理，内部更团结。两年来我们有 80 个职位是新任命的，我本人亲自监督审查了所有 80 个职位的招聘过程，确保了我们选出的是最强人选，加强了我们的业务力量。

我告诉大家，我们今后的对策很简单，那就是“开源节流”。一是对业务领域计划做出调整，进一步缩短战线，让重点更加突出；二是注意正常预算项目与预算外资金项目的配合与互补；三是进一步根据重点调整机构设置，使用人更合理，更有效；四是加强与总部、总部外机构和研究所的配合，避免重复。总的原则是“宁可少些，但要好些”。在“开源”方面，我们要加大募集预算外资金的力度。首先要保障现有预算外资金项目的按时实施，建立捐助国或组织对我们的信心。其次要扩展合作与募资范围，在私营部门、企业和新兴经济体国家身上多下功夫。接着，我阐述了我领导高管团队共同制订的实施这些想法的具体计划和时间表。我特别强调，我们要把这次的危机变成促使我们进一步改革的机遇与动力，让坏事变成好事。这是我对过去学习到的辩证法的实践。

当时在教科文组织内部人员中有一种恐慌的情绪在蔓延，怕教科文组织会大量裁员。我在会上给大家吃了一颗定心丸，宣布在下一个双年度的预算中，我把人事经费的削减减少到最低幅度，教育部门一个人不裁。但是我也坦白告诉大家，那些空缺的职位得不到填补，人少了，我们每个人就要多承担些工作，少计较工作负担。这次会议产生了很好的效果。很多人明白了我们的应对计划，同时对教科文组织的前景有了信心。

在我上任后的改革已经初见成效的基础上，2012 年一年中，教育部门在减少了 31% 正常预算的情况下，开始了全方位的出击。面对人员减少造成的困难，我在 2012 年初对教育部门在总部的机构做了进一步调整，缩短战线，保重点。我把三个业务司下属业务处的数量从 10 个减少到 8 个，但是增加了每个业务处专业人员的数量，以保证“临界质量”。尽管由于会费一直没有增加，我们被冻结的近 50 个正式职位一直没能恢复，但是我们通过使用预算外资金设立临时职位和积极从会员国争取到由它们付钱的“借调人员”和“实习人员”，使我们的人力资源缺口得到了弥补。

在这一年，我们开始准备 2015 年后全球教育议程的磋商，包括在世界各国开展“全民教育”国家评估和将于 2015 年举行的“世界教育论坛”的准备工作。联合国秘书长潘基文在这一年启动了一个名为“教育优先”的全球倡议行动，我们向他提供了技术支持，博科娃总干事被潘基文任命为指导委员会的执行秘书长。这些都提高了教科文组织在全球教育舞台上的地位。在执行这个双年度的计划与预算的过程中，我们把原来四个“优先领域”中的教师定为“重中之重”，给予最多的支持。其他“优先领域”，例如职业技能、扫盲和教育规划方面，都在预算外资金的资助下取得很大进展。原来这个计划中的 18 个重点国家减少为 7 个，以确保它们得到必要的支持。

在引领“全民教育”的总体协调方面，我们组织了各地区的部长级磋商，思考 2015 年后全球教育的新议程。我们开始启动国家全民教育成果评估并作为对将来建立新议程的准备。从这一年开始，我们成立了一个资深教育专家小组，开始准备撰写一个新的 21 世纪全球教育发展报告。为长远计，我领导我的高管团队开始起草一份《联合国教科文组织教育战略（2014—2021）》的文件，这将用于指导我们长期的教育工作。经过两年的不断磋商、征求意见，这份重要的战略文件最终于 2014 年完成并发表。

这一年，尽管我们的正常预算经费减少了近 1/3，但是我们在募集预算外资金方面取得了很大成功。当年我们就新募到了 5 000 万美元的资金，大大超过了我们被削减的正常预算。在以后的几年里，我们从预算外财源得到的资金每年都以 6% 的速度增长。到我离任时，教育部门的预算外资金已经 3 倍于我们的正常预算。在教科文组织的各个业务部门里，我们的募款能力是绝对的第一。经过一年的努力，到了 2012 年底，我们已经从那场“财务危机”中走了出来，恢复了元气。

在美国于 2011 年 11 月宣布停缴会费之后，教科文组织曾经设立了一个紧急资金账户，准备接受任何国家或个人对教科文组织表示同情和支持的捐款。阿拉伯国家为支持巴勒斯坦加入，曾经许诺如果美国停止会费，它们会增加出资作为补偿。博科娃总干事到处去“化缘”，不过慷慨大方的国家并不多。卡塔尔的莫扎王妃给了 2 000 万美元，沙特政府给了 2 000 万美元，阿尔及利亚政府给了 500 万美元。其他国家的许诺多不了了之。倒是非洲国家加蓬捐了 200 万美元。

美国“惩罚”教科文组织这件事充分体现了美国在全球事务上的霸权主义作风，是用国内法干预国际事务进行“长臂管辖”的一个典型例证。美国在停缴会费之后又在教科文组织中待了 7 年，按理说不交钱的人总会理亏一些，低姿态一些。但是美国人可不是这个风格，美国继续竞选教科文组织执行局成员，还选上了。在执行局会议上，想说什么说什么，要求秘书处做这做那，一点也没有理亏心虚的意思。不少国家的大使看不惯美国人这一套，私下对我们抱怨说他们不交钱还要指手画脚，不交钱就该取消执行局会员国

与美国国务卿克里出席午餐会（2015 年）

的资格。私底下慷慨激昂，但是到了会上，谁都不说话了。这也是今天国际舞台上的政治现实。

博科娃总干事从美国宣布停缴会费那天开始就一直在努力想办法说服美国政府改变想法，争取得到国会的豁免。几年里她多次去美国，到华盛顿见官员，见议员，还到一些城市游说。后来还专门派了一个官员常驻华盛顿，负责游说国会。但是她的努力收效甚微，2017 年 10 月，就在博科娃即将结束她的 8 年任期之前，特朗普政府宣布美国将在一年后退出联合国教科文组织，美国在教科文组织待了 7 年但不缴会费的历史终于结束了。

第5章

潜心治理：需审时度势

联合国是一个事务极其冗杂的官僚机构，其繁杂的规章制度、诸多重复而又互相掣肘的机构造成的人浮于事、行政效率低下的状况一直为人所诟病。教科文组织自然不会例外。为了解决这些问题，改革也就成了常态。每一任总干事上台后都会雄心勃勃地推动改革，只是名头不一，有的叫“调整”，有的叫“整顿”，有的叫“改革”，有的叫“转型”，不一而足，目的都是兴利除弊。

我任助理总干事这八年中也经历了多次改革，其中有些是我在教育部门发起的，有的是我参与的全局性改革。这些改革有大获成功的，有部分成功的，也有不成功的。在联合国这样的官僚机构中，有太多的因素特别是政治因素在起作用，改革真是大不易。不过事在人为，只要改革的目的合理，能够审时度势并伴以常理思维，通常还是能够做成一些事情，取得一些进步的。

在我就任助理总干事之初，2005—2007年担任教科文组织执行局主席的中国教育部副部长章新胜就以其多年从政的经验提醒我，改革的关键是建立制度，意在长远。我对此深以为然。

我在教育部门已经多年，又长时间处于管理核心，自然对于教育部门乃至教科文组织内部运作机制存在的各种弊端深有体会。就我的长期观察，教科文组织与许多其他官僚机构一样，有些事情明明不合理，改起来也不需要很多力气，但是由于人们的惰性，就这样长期存在下去。这样的事情只要有责任心就能够改。还有些事情不合理，但是改起来会触动很多人或很多方面的既得利益，改起来会比较难，很少有人愿意去碰它，因此一直长期存在。不过这类事情也不是不能做，但是要有足够的政治意愿与一定技巧，需要艰苦细致的“思想工作”去说服那些“利益攸关方”。即便如此，结果也难以预料，因为教科文组织有近 200 个会员国，各国的利益诉求不一，并非事事都可以达成妥协。在内部，人员来自不同国家和不同文化，说服所有人也非易事。做事情的时机亦十分重要，需审时度势。有些事能够现在做，有些事要等待其他时机做，总要拿捏好才是。

人是最重要的资源

人事工作举足重轻，“路线确定之后，人就是决定因素”。在现代管理学中，“人事管理”一词早已被“人力资源管理”所替代。我执掌教育部门后，第一要务就是改善人力资源管理。我提出的原则是：统一标准，确保新进人员的质量；以业务培训提高现有人员的专业素质；想办法增加人员数量。

当初我们面对财务危机的时候，教育部门近 50 个待招聘的职位被冻结。但是教育部门是大部门，每年还是有一定数量的职位因人员退休或离职而需要招聘新人。为保障新进人员的质量，我们在总部人事局的支持下，首先尝试对教育部门同一级别的专业职位采用一个通用的“职位标准”，统一学历、专业经验、工作能力、语言等方面的要求。每个职位的遴选委员会的组成人员由我亲自审核批准，面试之后委员会写出的推荐报告经我亲自审核之后才上报总部人事局。

有一次我们需要同时招聘 5 位不同领域的处长，按规矩应该是组织 5 个不同的委员会。我要求这次只组织一个委员会，几位相关司长都参加。这样所有的获选人都可以用同一个标准来衡量，保证了质量。我当助理总干事八年中教育部门招聘了 177 个“正常预算职位”，每一个我都亲自审核过。这些“新鲜血液”确实提高了教育部门的专业能力。教科文组织的官员上任之后如无大错，不可能被“吐故纳新”，所以入门选人需谨慎。尽管我这样亲力亲为的做法有“微观管理”之嫌，但是在国际组织中，这样的细节常常决定部门的前途与成败！

专业官员工作久了知识需要更新。我们制订计划为他们提供业务培训，特别是对那些缺乏教育实践经验的年轻专业人员。以前每年总部人事局都有培训预算，后来财务危机来了，预算取消。我决定在教育部门自己的预算中每次单独编列培训经费，我还与下属的几个教育研究所的所长商量，请他们提供培训机会，得到了他们的支持。例如，国际教育规划研究所就向我们在总部和总部外的一些初级和中级官员提供了教育政策规划的课程，通过网络授课和短期的面对面指导，使这些官员的业务水平得到了提高。我们还为中级业务官员提供了短期的管理培训，为他们以后进入管理层做准备。这些培训花费不多，效果不错，很受欢迎。

为了保证有足够的专业人员，我们用了各种方法“招兵买马”。我们募集到大量预算外资金，其中部分被用来设立“项目任用”职位，总数超过了 100 个。同时争取那些关切教育的会员国提供“借调人员”，也就是由会员国出钱，派专业人员在我们的总部或总部外单位参与我们的工作。这样既获得了会员国对我们的支持，也给了会员国专业人员到国际组织中锻炼的机会。

中国政府为了表示对我的支持，在 2011 年派遣了 5 名教育专业人员到我的教育部门来工作。此外，韩国、日本、挪威、法国、土耳其、芬兰等国也都有派人来。基本上那些年每年都有十几个来自不同国家的“借调人员”在教育部门工作。中国从 2014 年开始，每年由国家留学基金委出资送 20 名有硕士学位的年轻人到教科文组织做 1~2 年实习生，其中至少半数到我的教育部门实习。通过这些举措，我们壮大了教育部门的专业队伍，保证了足够的人力来实施每年的计划与预算。

整顿学校 / 教育机构网络项目

教科文组织有几个历史悠久的学校 / 教育机构网络的项目，对促进各国教育合作起了很好的作用。1992 年启动的“教科文组织教席计划 / 姊妹大学项目”是在会员国的大学中设立不同专业领域的“联合国教科文组织教席”，在一些大学之间建立“姊妹学校网络”，目的是促进知识交流和分享，以及校际合作。会员国许多大学愿意在校内设立一个挂着教科文组织名牌的“教席”，这对提高大学的声誉还是很有利的。

到我做助理总干事时，在世界各国的教席已经有 700 多个。不过数量多了，教科文组织的业务部门与它们疏于联络，一些会员国有意见。2011 年下半年对这个项目进行审计时发现，我们对大多数教席从来没有做过评估，无法确定其作用与贡献。教席本有义务每年提交年度工作报告，但是只有三分之一的教席提交了报告。有的教席甚至已经不复存在，但是还在名单上。审计报告建议我们对这个项目做一次彻底清理。

我们向所有教席发出一封信，要求它们在两个月内提交工作报告以便对教席人员的资格进行审查，逾期没有提交报告的，将予以除名。我们的目的是将那些过时的教席关闭，从而让那些活跃的教席发挥更大作用。也就是说，宁肯少些，但要好些。

这些信起到了“敲山震虎”的作用，很多教席忽然“醒来”，提交了报告，表示愿意继续作为我们的教席。有些教席是多年前设立的，负责人早已离职甚至都不在人世了，这种情况自然都在关门之列。利用这个机会，我们对教科文组织内部的审批流程也做了简化，要各业务部门承担更多的责任，发挥教席的作用。

经过这么一番整顿，2014 年有 220 个教席被从教科文组织的正式名单中除名，项目得以“瘦身”。尽管这次整顿未必彻底，但终究对所有教席是一次震动。对它们以后加强与教科文组织相关业务部门的合作是一种促进，这也算是一个有利于教科文组织长远利益的改革尝试。对于后来新的教席的申请，各个业务部门也更加重视与优先业务领域的契合与合作，力求让它们真正发挥作用。

会见乌干达教育部长杰西卡 · 阿鲁波（2013 年）

从 2016 年开始，又有多个教席根据新的标准获得批准设立。2017 年教科文组织庆祝这个项目启动 25 周年，当时的统计数字是，我们一共在 116 个国家有 678 个教席和 44 个姊妹大学网络。它们是我们很有价值的合作者，当然，如何更有效地利用这些教席，将它们融入教科文组织各业务领域之中，仍然是一个长久的挑战。

“教科文组织联系学校网络”是教科文组织历史最悠久的学校网络项目，它的宗旨为“促进国际合作与和平教育”，是一个非常有用的推广教科文组织教育理念的工具。学校通过这个网络，使孩子们从小就有机会与外部世界联系，建立促进世界和平的理念。“联系学校网络”在许多会员国很受欢迎，我在日本的农村，在古巴哈瓦那市区，以及非洲的边远乡村都参观过作为“联系学校”一员的小学或中学。这些学校墙上贴有教科文组织的徽标和“联系学校网络”的标识，孩子们通过这个网络与外部世界沟通，令人很感动。十多年前这个项目在教育部门很有地位，可惜近年来由于教科文组织经费匮乏，网络的活动不景气。

从 2016 年开始，我们对这个网络进行整顿。我们选择了“全球公民与和平教育”“可持续发展教育”“跨文化学习”（文化多样性与文化遗产）作为“主题行动领域”。明确了加入这个网络的资格、标准、要求、审批认证程序、国家协调员的职责等具体规定和多种合作方式。

以前的网络是联系学校网络的秘书处与各国的国家协调员纵向联系，国家协调员再与本国的各个学校建立联系。在总部信息技术部门的帮助下，我们建立了联系学校网络的互联网平台。两年后有 6 000 多所学校通过互联网与我们的中心网络平台建立了直接联系。通过这个平台，这些学校之间还可以建立横向联系。利用现代信息技术，这个网络可以真正发挥、促进不同文化的交流与沟通、向各国儿童撒播和平种子的作用。

我在正常预算中给这个项目的经费增加了 50%。同时中国的教科文组织全国委员会促成了海南省在三亚市建立一个“教科文组织联系学校网络第二类中心”的申请，并向这个项目捐资 100 万美元。这个中心在我的协调下已经得到教科文组织的批准，成为“教科文组织联系学校网络”项目的基地。两年的整顿成果令人满意，网络重新活跃起来，到我离开时的 2018 年，已经有 182 个国家的近 12 000 所中小学成为网络的成员。

未竟全功的教育研究所治理改革

如果说上述两个学校网络项目的整顿算比较顺利，教育部门下属研究所的治理改革则很艰难，最终未能达到全部目的。

教科文组织先后建立了七个教育研究所，它们被称为“第一类教育机构”。它们作为教育部门的组成部分，在一些关键的教育领域，例如课程开发、教育规划与改革、扫盲与成人教育、高等教育、职业技术教育、师资培训、教育信息技术等，开展实用性教育研究，建立专业网络伙伴关系，为会员国提供政策咨询与能力培训、出版文献、专业信息等服务。这些机构规模大小不一，小的十余人，大的可超过百人。据 2015 年统计，有 260 人在这些机构工作。各单位骨干人员均为教科文组织的正式雇员，所长由总干事任命，直接接受教育助理总干事领导。

在教科文组织成立后最初的半个世纪只有三个教育研究机构存在，包括比教科文组织的历史还长的国际教育局（日内瓦），分别建立于 20 世纪 50 年代和 60 年代的教科文组织教育研究所（汉堡）和国际教育规划研究所（巴黎）。它们一直是所有研究所中影响最大的骨干力量。20 世纪 90 年代后期是教育研究机构大发展的阶段，三个新研究所出现，数量加倍。新研究所关注高等教育、教育信息技术应用和非洲教师能力建设，也反映了当时国际教育发展的趋势。进入 21 世纪，聚焦职业技术教育、和平与可持续发展教育的两个新机构的建立可视为教科文组织与时俱进的表现。

多年来我曾经以不同身份主持其中多数机构与东道国政府的谈判工作，包括在波恩建立国际职教中心（2000 年）；关闭在布加勒斯特的高等教育研究中心（2006 年）；汉堡终身教育研究所的改制（2007 年）；在德里建立圣雄甘地和平与可持续发展教育研究所（2013 年）；与东道国就在莫斯科的教育信息技术研究所资助问题的谈判（2013 年）等。

这些研究所是教育部门的一支重要专业队伍，它们都有自己的理事会，享有“职能自主权”，长期以来一直相对独立于总部之外。特别是三个从总部得到预算较多、融资能力较强的老研究所，独立意识很强，与总部以及相互之间的配合一向不佳。这个弊病在以前不明显，但是当我们在 2011 年遇到严重财务危机预算开始大幅削减之后，领导与协调这七个重点不同、风格不同、能力不同、覆盖地理范围不同的研究所的工作，使它们与总部和各国办事处的教育团队一起，集体实施教科文组织教育领域的业务活动就是一个刻不容缓的任务了。在执行局会议上，会员国的大使们说，这些研究所拿了预算就要为教科文组织的教育项目活动做出让会员国看得到的贡献。

我执掌教育部门，使全部门成为“一盘棋”当然是我的愿望与责任。我去请示博科娃总干事，建议我们借财务危机的机会对研究所与总部的关系做一番梳理，争取它们在保持“职能自主权”的同时加强与教育部门其他团队的配合，提高我们的"整体战斗力"。以我的了解，这件事不会容易，特别是几个大所"特立独行"惯了，还有自己的理事会，改革阻力不会小。总干事很支持我的想法，让我去做，她为我撑腰。当时我们估计要用两三年做这件事，不过我们还是低估了其复杂性，这个改革最后用了五年时间也还没有达到全部目的。

2012年，总部的内部审计局对七个教育研究所做了一次评估。评估报告肯定了这些研究所的贡献，特别是它们享有的"职能自主权"给了它们比较灵活的工作方式，能够对会员国的要求做出快速反应。同时我们也发现，各研究所的资金压力都很大，很大程度上依赖自己募集的预算外资金。研究所相互之间和与总部及总部外办事处的教育团队缺乏有效的协调，造成业务领域的重复与浪费。评估报告建议，加强对研究所业务工作的总体领导与协调，同时在财务和人事管理方面做出调整，使之符合教科文组织的相关规定与程序，消除潜在的风险。

报告提出了一个"自主不是独立，监督不是控制"的原则。我很欣赏这个符合辩证法的提法，当然，掌握两者之间平衡的力度并非易事。根据评估报告的建议，我们与各研究所所长和总部综合协调部门磋商，提出了对各研究所的计划管理、财务制度和人事制度三个方面存在的问题做出改进的计划。

由于历史的原因，这些研究所多年沿袭的一些规矩很怪，但是一直没有人愿意找麻烦去改变。我们先从两件相对简单的事情做起。一件事是研究所的所长没有任期限制，曾经有人做了十几年所长，几乎成了"终身制"，显然不利于研究所的健康发展。因此我们建议所长任期不超过六年，既不能终身，也要让所长有足够时间施政。另一件事是为在日内瓦的国际教育局的理事会"瘦身"。早年制定的章程规定它的理事会有28个席位，比研究所人员数还多。他们是教科文组织大会选举产生的代表国家的外交官，并不具有教育专业知识。章程还规定理事会所有文件都要翻译成数种语言，给国际教育局造成人力与财务上的极大负担。

我们建议通过过渡安排，在四年内将理事人数逐渐从 28 人减少到 12 人，仍然由会员国选出，但是规定要派遣专家作为代表。同时我们还建议理事会只使用英、法两种语言，减轻研究所的负担。这两项改革因为涉及修改研究所的章程，在 2013 年的教科文组织第 37 届大会上，我们提出了修改提案，我做了有说服力的说明，顺利获得了大会的批准。

我的教育部门高管团队（2017 年）

在磋商中，各研究所对总部加强总体业务计划管理和协调没有争议。这些研究所的业务工作一直是教科文组织的“重大计划 I（教育）”的一个组成部分。包括总部各司长、七个研究所所长和四个地区教育局长的高管团队定期开会磋商的制度比较好地解决了所有单位相互协调与沟通的问题。在每次执行局会议上我们“重大计划 I（教育）”的工作进展报告都包括七个研究所的内容，满足了会员国了解研究所工作情况的要求。执行局很高兴看到我们这方面的改进，多次予以肯定。

在财务和预算管理方面，总部财务管理局向各研究所的财务官提供了培训，并将他们的财务管理纳入总部的财务与预算的管理系统之中。如此保证了各研究所都采用教科文组织统一的财务规则，使它们的财务管理自主且透明，取得了令人满意的结果。

按照审计报告的建议，研究所在人事管理制度与权限上采用的规则应该与教科文组织通用的规则一致，没有想到的是，我们在这方面遇到了非常大的阻力。在教科文组织，P 级专业人员和 D 级管理人员任命都由总干事批准。前些年教科文组织在推行“非集中化”时曾经把“第一类教育机构”中 P1 到 P4 级官员的任命权下放给了研究所的所长。这次整顿，为了使研究所与其他单位的人事规则一致，避免在人员聘用上产生双重标准，我们和总部人事局共同建议把最后批准权回归总干事。但是三个大的研究所所长反对，理由是会失去自主选择专业人员的权力。

另一个问题更复杂。教科文组织工作人员的职位设置根据经费来源不同而分为两种。一种是用正常预算设立的“正常预算职位”，这种职位不能轻易裁撤。如果要裁撤，教科文组织有义务为被裁撤的人员找到另外一个职位安置，类似于“铁饭碗”。另一种是用“预算外”的自筹资金设立的“项目任用职位”，这些职位是为实施项目而设，如果项目结束或财源不足，职位可以被裁撤，教科文组织没有义务为相关人员安排其他工作。教科文组织的所有机构都是遵循这个原则，严格区分两类不同职位。这也是为了在预算外资金不足时避免为教科文组织造成财务风险。

在巴黎的国际教育规划研究所却是个例外，它因为自筹资金比较多，一直把从总部得到的正常预算和自筹资金混在一起设立“正常预算”职位。十多年前这个所曾经设立了 50 多个“正常预算职位”，尽管它的正常预算资金只够设十几个这样的职位。这么多的“铁饭碗”，一旦自筹资金减少，就会带来风险。2014 年它因为没有筹集到足够的预算外资金，不得不裁减三个铁饭碗性质的“正常预算职位”。研究所没钱为他们安排其他职位，只好求助于总部，总部不得不寻找三个空缺职位安排这几个人，为研究所无视规则的行为付出了代价。

其实从前些年开始，我在当办公厅主任时就曾经与这个研究所的前任所长谈好，随着人员的退休，尽量用“项目任用”职位替代“正常预算职位”，逐步减少后者的数量，直至这类合同的费用不超过总部下拨的可预测的正常预算的上限，从而避免给教科文组织带来财务风险。前任所长很认同我的建议，也已经开始逐渐实施，“正常预算”的职位已经减少到不到 30 人。但是后来继任的所长不愿意继续减下去，认为“项目任用”合同会影响专业人员的稳定性，却不考虑给教科文组织带来的潜在风险。

2015 年，总部的外聘审计单位对教科文组织的治理体制又做了一次整体审计。审计报告中提出，“第一类教育机构”的治理规则和各个研究所的理事会的构架相互差别很大，不利于教科文组织对它们的整体管理与协调，为长远计，建议我们予以规范。教育部门下属的这七个研究所在成立时都有经教科文组织全体大会通过的章程，由于年代不同，章程的内容差异很大，如果不调整，确实不利于研究所自身的发展和总部的协调。执行局决议要秘书处予以整顿，教育部门正好可以结合正在进行中的研究所的整顿工作对这些研究所的章程予以梳理和规范。不过修改章程的事情非常复杂，需要与各研究所管理层、理事会还有总部法律部门进行磋商，最后还要获得执行局的同意后报教科文组织大会批准。难怪这么多年来尽管弊病众人皆知，但从来没有人愿意去碰这些事情。我的想法是，既然已经决心要对研究所的治理做必要整顿，一不做，二不休，索性一起做。

现实的情况是后期成立的四个研究所的章程比较规范，但是三个老所成立得很早，规章中关于理事会的组成、人数、来源、任期和主席的挑选与任命差别非常大。为了统一规范，我们建议大的研究所理事会人数统一为 12 人，小的 7~8 人。对理事会主席的产生和任期也做了统一规定。

问题又出在巴黎的国际教育规划研究所了。当年这个所成立时，理事会中还有几个理事是由联合国秘书长、世界银行、国际劳工组织等联合国机构任命的。而且原来的章程有个奇怪的规定，理事主席由理事们推举，不必是理事会成员，也不需要经教科文组织的总干事任命，令人匪夷所思。博科娃总干事上任后就曾问过我，为什么她作为总干事无权任命下属的国际教育规划研究所理事会的理事和主席。我们的建议是理事会仍然可以有联合国机构的代表，理事会可以推荐人选，但是最终应由教科文组织总干事批准任命。理事会主席也应该和所有“第一类教育机构”一样，在理事中推选，由总干事任命。但是国际教育规划研究所的理事会和主席极力反对！坚持认为他们应该独立任命理事会成员和主席，理由是保证理事为专业技术人才，维护投资者的信心。这些理由实在很牵强。

关于人事管理存在争议的那两点，总部人事局支持我们的立场。总部的法律顾问也支持我们对章程中理事会结构和主席产生办法的修改建议。我在把赞成和反对的理由解释给总干事博科娃后，她也支持我们的立场。其实我的办公厅团队一直与相关的所长保持着沟通和讨论。2015 年和 2017 年我还两次主持召开了七个研究所的所长与理事会主席的联席会议，就上述改革进行对话。

但是三个大的研究所的所长总觉得人事制度的调整会有损于他们已经享有的“职能自主权”。他们甚至动员了三个大所的理事会的主席集体到教科文组织总部，直接向总干事陈情。他们说这些调整与修改会使研究所失去“职能自主权”，从而影响各所自筹资金。这实在是一个很难成立的逻辑。总干事耐心听取了他们的意见，但是她态度坚决，表明这些调整建议是她和总部人事局、法律顾问都支持的。这之后，我们继续与这三个研究所的理事会主席对话，但是很难改变他们的立场。

在 2017 年秋天举行的执行局会议上，我们正式提交了对所有教育研究所在人事管理制度方面的改革意见和各研究所章程的详细修改建议，文件也客观地列出了三个研究所提出的反对意见。会上，有几个会员国的代表发言，没有提出任何理由，只是要求我们评估这些改革可能会对这些研究所带来什么风险，半年后向下一届执行局会议报告。这几个国家的代表也正是当初强烈要求我们整顿“第一类教育机构”的国家，到了我们真正开始改革采取行动的时候，他们的立场又变了。看得出来，他们并没有真正研究我们的修改建议，只是从研究所的游说中得出研究所会失去“职能自主权”的印象。不管怎么说，他们通过的决议使我们的修改建议无法按时提交给一个月后举行的第 39 届大会审议，这样，任何修改都要再等两年，在 2019 年秋天的下一次全体大会上考虑了。改革就这样被推迟了。

我把这些情况报告了博科娃总干事，当时她的任期将满，她觉得我们已经尽到了我们的责任，既然会员国不情愿，我们也没必要再坚持，将来如果会员国要求继续改革，那就留给下一任总干事去做吧。这样，我们关于研究所管理改革的最终报告没能在第 39 届大会上讨论。2018 年春天，我在离任前组织我的团队准备了给执行局的报告，论证说明我们建议的改革与章程修订对七个教育研究所不存在不可控的风险。我离任一个月之后举行的执行局会议审议了我们的报告，肯定了教育部门在治理改革的背景下，为改善第一类教育机构的管理做出的努力。会议决定要总部与这些研究所继续磋商，并将磋商结果提交 2019 年底的第 40 届大会审议。当然，两年后时过境迁，谁又能知道那时会发生什么呢？

“第一类教育机构”管理与治理改革经历了整整五年的时间，其复杂程度超出了我们的预期。我的团队为此项改革做了大量工作，我亲历其中多方协调，与大家共同耗费了许多心血，可惜最后没有取得完全的成功。不过，我们毕竟尽到了我们这一代人的责任。下一届教科文组织的领导层和会员国的代表们还要不要继续这个领域的改革已经不是我所能左右的了。从这件事上也可以看出来，在国际组织中做事有许多因素制约。即便是符合常理的事情，因为各个利益攸关方有不同的考量，也不是总能够完全达到目的。政治得失，那就是有得有失。

几次全局性改革之得失

我在教科文组织工作期间，几次从教育部门的角度经历、参与了涉及教科文组织所有部门的全局性改革，有成功也有失败。这些改革的过程给了我们经验与教训，也使我们认识到在国际组织中改革的复杂性。

非集中化政策改革（2011—2014 年）

“非集中化政策”是博科娃总干事 2009 年上任之后最早推动的改革之一。教科文组织除了巴黎总部之外，还在许多会员国中设置办事处，非集中化是指加强这些办事处的功能与自主权，下放业务活动给它们，就近为会员国服务。教科文组织早期在会员国设置的办事处并不多，但在 20 世纪 90 年代迅猛增加，到了 90 年代末办事处的总数达到了 74 个。不过其中许多规模很小，效率很低。会员国对这种现象很不满意，因此松浦总干事在当政时就曾经强力推行过一次改革，关闭了 20 多个小办事处，将总数减为 51 个。取得这个结果是很不容易的，因为许多会员国都从政治角度出发希望设在自己国家的国际组织代表机构多多益善，效率高低无所谓，只要有联合国的旗帜在那里飘扬就好，因此关闭任何一个办事处都是一场“政治硬仗”。

博科娃总干事接手时，总部之外所设机构是松浦总干事时代留下的一个三级架构：（1）在亚太、非洲、拉美 / 加勒比和阿拉伯四个地区的专业“地区办事处”；（2）涵盖几个国家的“多国办事处”；（3）只负责一个国家的“国别办事处”。

会员国对此架构依然不满意。一是许多办事处人手不足，不能顾及教科文组织所有业务领域；二是各层次之间和它们与总部的隶属关系不明确；三是总部的五个专业业务部门的协调机制各不相同，有的部门仍是从总部管理在会员国实施的项目，有悖于非集中化管理的原则。一些会员国代表还要求提高总部外工作人员的比例。根据教科文组织执行局的要求，总部的综合协调部门组织研究，在 2010 年的 10 月向执行局提出了一个非集中化政策的改革方案。

这个新方案建议取消原有的“多国办事处”层次，仅余两个层次：（1）设立涵盖教科文组织所有五大业务领域的“多部门地区办事处”（以下简称“多部门地办”）；（2）保留“国别办事处”。此外，设立临时性的“项目实施工作组”。方案计划在全球设立 14 个“多部门地办”，保留 15 个“国别办事处”、4 个“联络处”和 41 个“项目实施工作组”。总干事建议方案首先在非洲地区开始实施，设立 5 个“多部门地办”，之后再在其他地区推广。这个方案在 2011 年 11 月举行的教科文组织第 36 届大会上得到了批准，并同意第一阶段从 2013 年开始在非洲实施。

这个改革方案立意本不错，但是过于理想化。我在这个方案还在设计阶段时就曾经提出，我们要考虑是否有足够的财力资源来落实这项改革计划，因为按照这个方案，仅非洲的五个“多部门地办”就需要增加数十个职位。我们到何处去获得额外的资金来设立这些职位呢？如果不增加新职位，那就要抽调总部人员到办事处工作，结果必然是办事处的人力仍然不足，而总部负责全球活动的力量被削弱，造成两边都不强的结果。尤其是总部几个规模较小的业务部门，即使把总部的专业人员都调出去，也满足不了总部外 14 个“多部门地办”的人力资源需求。另外根据这个方案，一个地区有几个“多部门地办”，它们是平级的机构，互不隶属，那么整个地区（例如非洲）业务工作的协调谁来负责？

从管理科学角度讲，非集中化管理有助于提高管理效率。在联合国各机构中，在会员国设立办事处是普遍现象。像联合国儿基会、开发计划署、世界银行这些机构都有一百多个办事处，分布在世界各个角落。这些机构的主要工作就是直接向会员国提供资金援助，在会员国设置办事处以实施项目顺理成章。教科文组织的工作性质与它们有很大不同，它以促进智力 / 知识合作为主，并且负有在全球范围引导专业领域的方向和协调行动的使命，其全球功能尤为重要。教科文组织在会员国的工作多属于提供政策建议与咨询的所谓“上游”活动，实施具体项目活动的“下游”内容通常由预算外资金来支持。因此教科文组织的非集中化战略应该考虑到自身的条件与需要，而不应该盲目地与其他联合国机构硬性攀比。

我对财务资源的担心不幸言中。就在教科文组织第 36 届大会批准改革方案的同时，巴勒斯坦被接纳为教科文组织成员，美国和以色列因而停止缴纳会费，教科文组织减少了 1/4 的正常预算收入。这样不仅需要增加的预算没有着落，原有的预算也大幅减少，非集中化的改革不得不做出调整。

总干事决定，第一阶段在非洲地区的改革还是要实施，但是根据现有条件缩小规模。按照原定计划，非洲地区原有的各类办事处要转变为 5 个“多部门地办”、12 个“国别办事处”、1 个“联络处”以及 5 个“项目实施工作组”。也就是说把非洲分成 5 个地区，每个“地办”负责领导在此区域内的“国别办事处”和“项目工作组”。建立这五个“多部门地办”是这个网络中的关键。

实际上早在 2006 年教育部门就建立了一个非集中化体系，这个体系授权达喀尔、曼谷、圣地亚哥和贝鲁特的四个地区办事处作为地区教育局，负责协调在非洲、亚太、拉美 / 加勒比和阿拉伯地区的各级办事处在教育领域的业务活动。这四个地区办事处的主任（局长）都是教育官员，也都是我的教育部门高管团队的一员，并且直接向我这个教育助理总干事负责。教育部门当时已经是权力下放程度最高的业务部门，70% 的正常预算和 50% 的职位都已经下放到总部外机构。这个体系一直在有效运行，本没有必要改变，我也曾几次向总干事陈情并在高管会上提出了不同看法。但是既然总干事做了决定，教育部门应该服从整体改革方案带头做出调整。

当时我的教育部门在非洲的各个办事处共有 39 个“正常预算职位”，包括 24 名“国际官员”和 15 名在本国工作的“地方官员”，分散在 18 个办事处。我向总干事建议，以新设立的 5 个“多部门地办”为中心将专业力量集中使用。在分别负责西非和东非的达喀尔和内罗毕两个大的“多部门地办”分别配备教育专业国际官员 5~7 人，在其他三个较小的“多部门地办”分别配备国际官员 3~4 人。在“国别办事处”原则上只留下一个“地方官员”。这样在每一区域都有一个教育团队，形成“拳头”，可以支持本地区各国的教育活动。博科娃总干事很同意这个计划，指示总部人事局配合教育部门做出人事调整。

当时教育部门还有一个有利条件就是这五个“多部门地办”中的四个主任来自教育部门，是教育专家。虽然新的“多部门地办”涵盖了教科文组织所有五个专业领域，但是实际上每个地办就预算及官员人数而论，教育都是第一大户。教育部门的人事处和总部人事局经过两年的过细的工作，到了 2014 年我们在非洲的教育官员已经在五个“多部门地办”调配就位，教育部门在非洲的新的非集中化架构开始运行。虽然其他几个业务部门也在努力加强这五个“地办”的能力，但毕竟它们人力不足，很难达到教育部门这样的配备。所以后来在总干事向执行局报告非集中化改革进展时，教育部门的举措总是被作为成果来展示。实施改革之后，五个“多部门地办”互不隶属，都直接向总部报告，这样就给教育部门带来一个新的挑战：到底谁来行使协调全非洲地区教育活动的权力。以前协调非洲所有教育活动的计划、预算分配、监督执行和成果报告的责任都是下放给达喀尔办事处，它的主任向我报告全地区的活动。现在非洲地区有五个主任，谁也管不了谁。我提出这个问题后，总部综合部门建议非洲五个地办主任向总部的战略规划局和“非洲优先”部门（一个协调部门）报告业务协调情况，由这两个部门综合之后再转给五个专业业务部门的助理总干事。结果所有助理总干事都反对，认为这样实际上切断了总部业务部门对总部外业务工作的直接领导。

我在 2013 年 8 月给总干事的一份备忘录中指出，原来教育部门的非洲地区协调功能放在达喀尔，如果将这个功能收回总部的两个综合部门，会使总部的业务部门与在非洲的团队之间产生隔离，也等于是把已经下放的协调功能与权力从非洲重新收回总部，是开“非集中化”的倒车。我坚持全非洲的协调功能应继续留在非洲。为此我建议要求赋予达喀尔办事处协调全非洲教育活动的功能。

总干事接受了我的意见。在 2014 年初发布的有关在非洲实施非集中化改革的“通函”中，有一条是“教育助理总干事可以授权以前的地区教育局代表他对全非洲地区教育的计划、预算、管理和报告进行协调”。至此，教育部门在非洲的新的非集中化框架算是搭建完成了，协调功能留在了非洲。在以后的几年里，除了达喀尔地办继续负责总协调，我还倡议并建立了非洲 5 个“多部门地办”主任的协调机制，每年邀请他们与我开一次会，商讨在非洲的教育领域活动，收效甚好。

看望驻塞内加尔达喀尔办事处的同事们（2018 年）

2011—2014 年的非集中化改革可以说是“生不逢时”，一出台就赶上经费紧缩。不过在非洲的第一阶段的改革，在教育部门冲在前面的情况下还是取得了一定的成果，后来会员国在执行局会议中对总干事的这项改革和教育部门的领头作用还是很肯定的。尽管它并没有完全达到当初确立的目标，但是在当时困难的环境下能够做到这些也算是很不容易了。

行政办公厅的设置改革（2012—2015 年）

从 2001 年开始，教科文组织的五个专业业务部门内都设立了行政办公厅，将计划、财务、人事管理都纳入其中。每个办公厅除了主任外，还有一位行政官协助工作。这是当年松浦总干事上任之后的改革举措之一，对各业务部门的管理起到了积极的作用，被认为是一项成功的改革。

2011 年美国和以色列停缴会费后，教科文组织不得不采取各种措施节约经费。财务管理局的人提出，总部各部门可以将大部分财务管理功能上交给他们集中处理，从而减少各部门自己的财务管理人员。他们先在总部的中央服务部门做了试点，将这些部门的行政官调到财务管理局，把他们的工作集中到局内新设立的一个管理平台上。随后他们去游说总干事，建议以“改革”的名义分拆各业务部门的行政办公厅 / 室，重新界定行政官的工作，将大部分财务管理人员和他们的工作集中到财务管理局去，继而缩小各办公厅的规模。

这已经不是业务部门的办公厅第一次被总部的综合协调部门“盯”上了。很长时间以来，每当各部门做新的双年度计划时，一些综合协调部门总会提出业务部门尤其是教育部门办公厅人太多，应该削减。教育部门办公厅一直是五个业务部门中最大的，下辖五个处室，总职位数一度达到 50 个。但这是有原因的：（1）教育部门是最大的业务部门，正常预算占业务部门总预算的40%，预算外资金更占到50%以上；（2）教育部门的人数最多，长期职员超过 400 人；（3）教育部门是非集中化程度最高的部门，人员的 50%、正常预算的 65% 和预算外资金的 80% 被下放到总部外机构；（4）教育部门有七个研究所分布在世界各地。

当教科文组织陷入财务危机时，我领导的教育部门也采取了各种应对措施“瘦身”，到 2012—2013 年度办公厅的总人数已经大幅度缩减到 25 人。但财务管理局要求我们根据他们的建议将办公厅财务管理处的多数人员调给他们以继续缩减办公厅规模，对此我的办公厅主任和几位处长坚决反对，认为此举将严重影响我们实施计划和项目的能力。

我和办公厅的“娘子军”——四位处长（2012 年）

我当过办公厅主任，当然知道其中的关键。我在高管会上当着总干事的面对财务管理局的提议表示反对。省钱固然重要，但是改革的最终目的是提高管理效率。教育部门的管理效率一直被认为是所有业务部门中最高的，这是因为它的办公厅的机制适用于管理需要。为什么要将一个适用的机制打破而成全所谓的“改革”？我告诉总干事，正是由于财务管理局的高度集中化管理方式，当时总部外许多办事处对得不到及时服务而颇有怨言。假如财务管理局再把一些原来属于业务部门的行政官的一些基本财务管理工作拿去，那么在部门一级我们就失去了对资金管理的任何控制。业务部门对财务管理局的官员没有管辖权，它们对业务部门的需求可听可不听，这对我们的官员尤其是远在总部外机构的官员执行项目极为不利。当时其他几个业务部门的办公厅也持同样意见，但它们的助理总干事都是新来的，对这其中的利害还不大清楚，他们就托教育部门办公厅的同事向我反映意见，希望我为他们出头。同时我们了解到，财务管理局为总部中央服务部门设立的财务管理平台很不成功。

那个时期在总干事主持的高管会议上，这个话题几次被提出讨论，其他几个业务部门助理总干事慢慢也明白了事情的严重性，在我的领头之下都对财务管理局的方案表示不能接受。我还提出，财务管理局应该做的事正相反，他们应该将更多的财务管理权力甚至工作人员下放到个业务部门，这样才能更接近实施项目的专业官员，提高工作效率，还能够减少中央服务机构的人数，这一直是会员国希望秘书处做的事，何乐而不为呢？财务管理局的改革建议实际上是与会员国的意愿背道而驰的。可惜，我的这个建议没有被接受，同时我们这些业务部门坚持立场。“改革”就这样僵在那里了。

到了2015年下半年我们开始准备下一个计划与预算，需要确定各部门的机构设置和人员编制，到底财务管理权是否上收，部门办公厅的规模和行政官的权限都必须要有个结论了。我当时被总干事任命兼任战略规划局的代理局长，负责制定全组织的计划与预算文件的工作。我邀请各业务部门助理总干事、财务管理局和人事局的局长一起开会，讨论到底这项改革向何处去。

当时人事局长刚刚换将，新局长露丝·德米兰达来自纽约的联合国总部，有丰富的国际组织经验。她说这项改革已经拖了三四年，并且听到许多抱怨，在她看来不适应教科文组织的需要。她作为一个外来人看法应该是客观的。有了人事局长的支持，加上我这个战略规划局代理局长的一贯立场，会上达成共识，每个业务部门根据自己的需要与条件提出执行办公厅的设置计划，与财务管理局和人事局协商后通过战略规划局报总干事批准。教育部门的办公厅最后的核定人数为 26 人，基本的财务管理权被留了下来。这个拖了几年的改革就此画上了句号。

对于教科文组织来说，改革其实是手段，目的应该是提高业务部门执行项目为会员国服务的效率。但是有时候我们看到的改革建议更多是中央服务部门基于本部门如何更方便的考虑，这样的改革遭到抵制也是不可避免的。遗憾的是我这些年不止一次遇到这样的所谓的改革，无谓地消耗了许多能量。

引进“综合预算框架”（2016—2017 年）

教科文组织经费来源大致分为两部分，一部分来自会员国根据分摊比例所缴纳的会费，被称为“正常预算资金”，每年到位的资金数量一般是可预测的。另一部分是来自会员国或者其他组织、机构甚至企业的自愿捐款，称为“预算外资金”。这类资金根据捐资者的意愿决定，其数量与到位时间很多时候无法预测。近年来，受到世界经济形势困难的影响，会员国不愿意提高分摊会费的额度，联合国各机构越来越多地依赖预算外资金。为了筹措更多资金并提高预算外资金的可预测性，从 2014 年开始，许多专门机构开始与会员国就筹资对话，寻求最佳方案，称为“有序的筹资对话”（联合国和它的专门机构干什么事都会有一个名目，难怪外人经常抱怨看不懂）。

这件事一开始在教科文组织内并没有引起多大重视。从 2015 年开始，瑞典常驻代表团开始大力推动这件事。北欧国家是向教科文组织提供预算外资金的大户，当时瑞典在教科文组织执行局占有一席并且代表北欧国家。在瑞典和其他北欧代表团的强力推动下，教科文组织执行局在 2015 年秋季的会议上要求秘书处与会员国及其他合作伙伴举行筹资对话，“以监测和跟踪正常计划和预算外资金的可预测性、灵活性、透明度和统筹性，包括资金需求情况”。

同年举行的教科文组织第 38 届大会也通过决议，要求总干事把有序的筹资对话纳入制定下一个双年度计划的路线图。当时我除了领导教育部门外，还兼任战略规划局的代理局长，负责协调全教科文组织的计划与预算文件的起草。瑞典代表团的副代表是一位非常活跃的女外交官，以前在瑞典驻世界卫生组织代表团工作，她来找我向我介绍了世卫组织举办“筹资对话”的形式，说瑞典和其他资金捐助国希望教科文组织以后在做预算的时候能够把正常预算资金与预算外资金放在一起，形成一个“综合预算框架”。

我要教育部门和战略规划局两个团队仔细分析会员国的要求。长期以来，教科文组织的计划与预算文件显示的都是正常预算资金的分配方案，筹措的预算外资金只包括一个预估的总数。教科文组织大会通过的拨款决议也不包括预算外资金，这部分资金的使用由各业务部门自己负责，根据捐资方的意愿实施业务活动。我们每次向执行局汇报工作进展时，预算外资金支持的活动与正常预算资金的活动是分开的。这个新的“综合预算框架”的理念就是要在制订计划与预算时，把两类不同来源的资金统一规划，统一实施，将来在报告工作进展时所有业务活动可以放在一起，也便于会员国监督。从这些角度来看，建立“综合预算框架”确实有道理，值得一试。在博科娃总干事主持的高管会上，我以战略规划局代理局长的身份做了汇报，同时还表示教育部门愿意先行一步，在制订下一个双年度计划的过程中做建立“综合预算框架”的试点，为其他部门提供经验。这已经不是第一次教育部门要做改革的“先行官”了。总干事很满意我们的积极态度，指示我们推动内部与外部的磋商，找到合适的方法与途径，争取在制订下一个双年度计划时采用新的预算方法。

从 2016 年上半年开始，我们开始了一系列的磋商活动。我们还邀请了世界卫生组织的官员来巴黎，在执行局的通气会上向会员国介绍他们组织“有序的筹资对话”的经验。2016 年秋季的执行局会议通过决议，决定展开一系列对话，推进新预算方式的改革。

这个方法的挑战是如何能准确地预测预算外收入。“综合预算框架”的原则是先确定希望在双年度实施的所有业务活动所需的“理想的”资金总数，这个总数包括了已知的正常预算数字和期望筹集的预算外资金。也就是说我们要根据这个总数的“缺口”去筹集预算外资金。“综合预算框架”增加了透明度，可以让会员国看到业务领域的所有资金分配和重点领域的顺序，便于捐资方根据他们的意愿与教科文组织的需求对捐资领域做出选择，增加资金的可预测性。

2018—2019 的计划与预算文件（39C/5）“重大项目 I（教育）”确定了教科文组织在此期间围绕实现可持续发展目标 4（教育）的三大任务：支持会员国的努力；协调全球行动；监测全球进展。这三大任务被我们分解为实现基础教育、扫盲、高等教育、教师、全球监测与协调等方面的 10 个“预期结果”，全部正常预算为 8 300 万美元。作为“综合预算框架”的试点，我们根据重要性与会员国的需求为每个“预期结果”制定了一个预算总目标和资金来源细目，它包括三部分资金：正常预算、已经到位可以使用的预算外资金和需要今后去筹集的预算外资金“缺口”。这是一个很复杂的工程，需要动员教育部门的所有单位参与，预算要分解到各个单位。预估的计划外资金数字需要根据以往的融资效果和对会员国捐助方的兴趣的预判来制定。在过去六年中，我们教育部门募集到的计划外资金平均年增速为 6%。据此我们决定，按照预期较上个双年度增加 12% 的数字作为预算外资金的目标。这在当时被认为是很大胆的目标，将来到底能否达到我们心里都没有底。经过几个月的努力，最后我们按照“综合预算框架”制定了一个 37 200 万美元的总预算，包括正常预算 8 300 万美元和计划将要筹集的 28 900 万美元的预算外资金。

在制定这个“综合预算框架”时，我们将人事费单列一处。但是总部的财务管理局又出了“幺蛾子”，他们要求将人事费用分解到各个“预期结果”中，说是会员国的要求。这个要求引起了各业务部门的极大反感，我在总干事主持下的高管团队会上说这个要求很没有道理，我们一个部门几百号人，根本无法量化在每个“预期结果”上用了多少人力。况且会员国要的是我们执行计划与预算取得的最终成果，根本没有如此“微观管理”的必要。我在高管会议上领头表示反对，财务管理局说不能违背会员国的意愿。但是我的立场得到所有业务部门助理总干事的支持，总干事也同意了我的建议。毕竟我的教育部门是老大，我还是战略规划局的代理局长，我说话有分量，而且站在理上。

2016 年 11 月，我邀请所有会员国常驻教科文组织代表团出席教育部门召开的通气会，向他们介绍教育部门试点的 39C/5 文件的“综合预算框架”。会前我专门邀请了瑞典等几个最积极推动此事的代表团来到教育部门，先期向他们通报了我们的计划，根据他们提出的问题与建议对计划做了进一步的完善。有趣的是在谈到我们准备将人事费做整体单列的时候，他们说他们从来没有坚持一定要分列到各个“预期结果”中去！看来我们的财务管理局有“假传圣旨”之嫌。

由于这是一项很重要的改革，许多国家的大使亲自到会。我在会上详细向各国代表团介绍了我们的磋商过程、原则考虑、过去几年的筹资情况和我们准备建议的“综合预算框架”。我们这个预算计划的特点是：10 个“预期结果”高度突出重点，与落实可持续发展目标 4（教育）的任务紧密结合；近年来教育部门以每年增加 6% 的速度筹集预算外资金，如今预算外资金已经占总预算的 3/4；人事费只占全部预算的 18%，254 个正常预算职位的设置情况清晰而透明；下个双年度募集预算外资金增加 12%，自筹资金比例占 78%，这是一个大胆的计划。

我特别强调，在“综合预算框架”实施之后我们要组织“有序的筹资对话”，这需要秘书处与会员国的共同努力。毕竟这项新的预算方法的改革目的是要增加正常预算与预算外资金筹措与使用的透明度、灵活性和可预测性，为教科文组织的业务活动获得更多资金，会员国对此也有应尽的义务。与会的各国代表纷纷发言，他们充分肯定了教育部门的试点工作，而且要求其他业务部门也要照此办理。当然，我在会上没有忘记对会员国尤其是瑞典等几个代表团对此新生事物的强力推动表示赞赏与感谢。会议结束前我说，秘书处已经按照你们会员国的要求制定出“综合预算框架”，现在会员国应该努力为教科文组织的业务活动提供更多的资金支持。我用“毕竟，这是你们的教科文组织”这句话来结束我的总结，竟然赢得了热烈的掌声。通气会最后皆大欢喜。

2016 年底，教育部门完成了“计划与预算”的建议稿，并在 2017 年春的教科文组织执行局会议上得到了原则批准。在会员国的要求下，其他几个业务部门也按照教育部门的方式制定了“综合预算框架”。在 2017 年 11 月举行的第 39 届大会最终批准的“重大项目 I（教育）”的最后总预算是 38 070 万美元，包括正常预算拨款 8 260 万美元和已经筹措到的预算外资金 8 980 万美元。预算外资金的缺口为 20 830 万美元。这是教科文组织第一次在预算拨款决议中包括了筹措预算外资金的具体目标。应该说，这是一次成功的改革，我们的教育部门在战略规划局的配合下起了先锋的作用。也是我的运气好，当时我同时掌管教育部门和战略规划局这两个部门，这一特殊身份与地位使我有权力在教科文组织内推动这个重要而有意义的改革。

会见法国国民教育部长（2016 年）

我在 2018 年春天离开了教科文组织，一年后的 2019 年春天我见到教育部门的首席财务官，她兴奋地告诉我，当年我们设定的计划外资金筹集增长 12% 的目标已经提前实现了！

能者多劳，受命兼管两个关键部门

教科文组织的机构分为实施专业活动的业务部门和承担综合协调等辅助功能的中央服务部门。中央服务部门最重要的三个“强势”部门是战略规划局、财务管理局和人力资源管理局，分别主管计划、财务和人事。在博科娃总干事的第二个任期，我曾奉她之命以教育助理总干事的身份分别兼任过战略规划局和人力资源管理局的代理局长。业务部门的首长兼任重要的综合协调部门的代理局长非常少见，这源于总干事对我的信任，也使我有机会利用自己的经验和身份推动综合协调领域的一些改变，对提高教科文组织的工作效率做出了一些努力。

代理总部战略规划局局长（2015—2016 年）

2015 年 8 月，教科文组织战略规划局（简称规划局）的局长出缺。这是个关键职位，对许多部门都有利害关系，局长选得好大家都舒服，局长选错人，大家都难受。在招聘的同时，人们都极为关注总干事会让谁来代理局长，一时间总部内流传着各种版本的“走廊消息”。9 月初的一天，博科娃总干事打电话要我去见她，一见面她就说要我“帮她一个忙”。我说总干事你今天怎么这么客气呀？她说规划局局长出缺，招聘新局长需要时间，所以现在需要有人代理局长。她接着说我是她手下最资深、也是最有经验的助理总干事，所以，由我兼任代理局长最合适。她说她知道我作为教育助理总干事工作负担很重，但是她需要我去帮助她掌管这个关键部门，而且相信我能够把两边的事情都安排好。

我知道，这之后的几个月教科文组织要面对执行局会议和第 38 届全体大会，在这两个会议上会员国要审议以后两年的计划与预算，之后秘书处需要制订执行工作计划并使预算资金到位，保证全组织从 2016 年初开始执行新的计划与预算。这些活动的组织与协调都是规划局的责任。不言而喻，总干事需要一个她可以信赖的人在这个关键时期去执掌这个关键部门。我对总干事的这个决定一点心理准备也没有，况且当时我们成功地组织了仁川“世界教育论坛”，即将在 11 月召开“高级别特别会议”，审议通过可持续发展目标 4（教育）的“行动框架”，教育部门的事情很多。但是在此用人之际对总干事的信任我却不能说不。我很干脆地答应了总干事，结果这一代理就代理了九个月。

教科文组织的中央服务部门有着任何官僚机构都有的通病，它们常常不起服务于业务部门的作用，而是要业务部门按照它们的指挥棒行动，让业务部门吃了不少苦头。如果我有机会执掌规划局，即使是临时代理，也许有机会推动些有益的变革。9 月 15 日，任命被以“总干事通函”的方式向教科文组织所有工作人员和各国常驻代表团公布。几位业务部门的助理总干事见到我时都说，很高兴看到由我代理这个局长，希望我利用机会做些“善事”。

任命宣布之后我召开规划局全体员工会，我特别告诉局长秘书在发通知时说明，会议将不超过一小时，期待所有同事准时到会。规划局共有 40 多人，那天我提前 5 分钟到场，绝大多数员工都提前或准时到场，三个人迟到了两分钟。我当即对大家说，我不开长会，每次开会不超过一小时，但是我要求每个人按时到会，没有正当理由不许迟到。自那以后，每次我召集会议，再没有一个人迟到过。

我以前当过多年的教育部门办公厅主任，与规划局打交道机会很多，所以规划局大部分人都认识我，对我的到来也很期待，因为他们觉得我是懂业务的。在会上我说今后几个月是规划局工作的关键时期，需要我们团结一致做好工作。对内我强调了要有团队精神，全局作为一个整体发挥作用。对外我强调了服务精神，要求大家配合业务部门的工作，还要尽量满足会员国的要求。规划局今后几个月要直接面对执行局和全体大会，所以我要求大家对会员国要实事求是、坦诚以待。当时会员国对秘书处的中央服务部门信任度不高，我希望通过规划局面对会员国的机会重新建立它们的信任。

当时的战略规划局肩负着四大任务，一是制定战略规划；二是编制预算；三是筹措预算外资金；四是协调与联合国各机构的合作。后面的两大任务是常态性的，我主要督促相关负责官员加强与业务部门的协调。战略计划制订与预算编制当然是规划局的最主要的功能，但是我能够做的事情有限，因为下一个双年度的计划与预算草案当时已经做好了，即将提交执行局和大会做最后的审议与批准。规划局局长的任务主要是在两个会议上向各国代表说明与解释这个文件，确保它得到批准。

不过当时联合国刚刚确立了“2030可持续发展议程”，会员国要求我们对现有计划与预算做战略评估，确定教科文组织在其五大业务领域结合发展议程将要采取的战略措施。因此在宏观业务方面我主抓指导、督促、协调五个业务部门撰写这份战略评估报告的工作。根据分析，在2030可持续发展议程的17个目标中有9个与教科文组织的业务密切相关。在规划局组织下，我们的业务部门用近半年的时间撰写了这份战略评估报告，确定了教科文组织应做的贡献。后来这份报告也是我代表总干事向执行局做的说明。

经过观察我发现，规划局的内部管理与工作方法上有许多需要改进之处，因此我决心在这方面做出些改变希望有利于规划局的长远建设。规划局的管理模式很特别，局长直接管所有的事情。以前战略规划局的局长是汉斯·多维尔，他是德国人，在联合国机构干了一辈子，能力非常强，精力充沛，事必躬亲，直接指挥到每一个人。但是这种管理模式只适合汉斯，别人无法复制，是不可持续的。所以他退休之后，继任的那位局长就很不适应这种“个人化”的管理体制，大家互不通气，不知道别人在做什么。

本来我觉得我只是代理局长，机构调整的事情还是留给将来的局长去做。但是我很快改变了主意，因为我发现如果不改变这种体制，人员的职责不明，无法形成团队，更无法指挥工作。当时恰逢新的双年度计划即将开始，是进行机构调整的最佳时机。为此我向总干事谈了我的想法，她说不必等新局长，并授权我提出机构调整方案，呈报执行局和全体大会批准。

在人事局长的支持下，我在局内向副局长和其他下属广泛地征求意见，一起设计出了新的机构图。新机构根据规划局的几大任务在局长和副局长之下设立了五个处，每个处长有明确的职责，领导处内人员完成规定任务。这样局长只用直接领导五个处长，放权给他们并且对他们进行问责，我的领导工作也就轻松很多。这五个处长也很高兴，觉得有了明确的权责，可以便宜行事。这个新的机构图在执行局和大会上都非常顺利地得到了会员国的认可与批准。后来在一次总部的酒会上我见到了已退休的汉斯，他笑着对我说："听说你把我的机构改了？"我也笑着说："我没有你那事必躬亲的本事，以后的局长怕也不会有，只好改一改啦。"

虽然我只是代理局长，但我还是想在局内建立起团队精神并且保持下去。在第一次全体工作人员会上我就宣布每个月会召开一次全体人员的通气会。另外我每月还召开一次"负责官员会议"，新机构设置得到批准之后我又开始每两周召集一次处长会。通过这些措施，我随时向下属通报教科文组织的大事，每次我出席过总干事主持的高管会议之后也会马上向处长们通报。在这些会上我也要求处长们通报他们的近期工作，并且对一些事情做出集体决定。我的这些做法得到了下属们普遍欢迎。这是我在教育部门多年的领导方式，我也惊讶地发现，这样的会议以前在规划局并非常态，不可思议。

我要求规划局的官员一定要树立对业务部门的服务意识，建立"以服务为导向"的工作理念。任何向业务部门下达的要求和任务，例如修订预算、报送工作计划等，一定要先与业务部门的行政办公厅通气，征求相关人员的意见，不要好心办坏事。关键是我们的要求一定要有利于业务部门的业务实施，而不是让它们为中央服务部门的方便而付出代价。我要求规划局与业务部门的办公厅举行定期协调通气会，一方面介绍规划局可能对业务部门提出的新要求，另一方面听取业务部门的意见与要求。这些新举措得到了各业务部门的极大欢迎。在规划与预算工作中，我顺便利用手中的权力带领规划局实施了两项颇得人心的改革。

第一项改革是简化制订计划的程序。教科文组织的业务官员在制订预算的工作计划时必须要使用一个名为SISTER的计算机软件。他们要为每一项业务活动（各部门共有上千项“活动”）填入50多个相关数据，这些数据大多是中央服务部门为将来撰写总结报告方便而要求业务部门填写的。但这就苦了业务部门的官员们，他们要花费大量时间寻找并填写数据，而这些东西与实施业务活动没有直接关联。有些总部外办事处由于地处不发达国家，网络不畅，电脑常常死机，令人不胜其烦，那些官员经常向我抱怨。我提出要为业务部门着想，减少数据要求，只保留最基本的需要。为此我要规划局召集财务管理局、人事局、信息管理局和各业务部门的办公厅主任开会，要求他们讨论确定哪些数据是最基本的需要。我授权教育部门的办公厅主任也是我的老部下的奥斯威特主持协商这项改革。各个业务部门之前都深受其苦，所以积极性极高，最后他们集体提交了一份建议，我主持规划局的官员审议，最后确定只保留20个数据。这样就大大简化了业务部门官员的工作，受到了他们的极大欢迎。以后我到一些会员国出差视察我们的办事处，那里的官员无论是来自哪个业务部门，一提起这次简化数据的改革就说战略规划局做了一件“大好事”。

第二项是缩短预算资金到位时间。每次教科文组织全体大会（通常在11月举行）批准下一个双年度的计划与预算之后，各业务部门要制订一个执行预算的具体“工作计划”，之后这个“工作计划”要经过几个中央综合协调部门的审核报总干事批准，预算资金才能到位。而这一程序要很长时间，通常要到第二年的3月预算资金才到达各业务部门和总部外办事处，这中间有两个月的时间无资金，无法开始执行计划。人们意见非常大，认为太耽误时间。我到规划局之后仔细审视了这个程序，觉得完全有可能缩短时间。为此我要规划局负责此事的处长提出想法，我与相关的财务管理局、人事局等中央服务部门的局长们协商，在合理考虑各部门审核所需的时间后制订了一个四周的时间计划表。我找到博科娃总干事，说我会在大会结束后一个月内的 12 月中旬把所有部门的“工作计划”呈交给她，希望她在一周之内批准。总干事非常愿意看到预算资金尽早到位，所以痛快地答应了。

得到所有人的支持与保证，规划局向各部门发出我签署的备忘录，明确了各单位完成任务的时间表。由于此事深得民心，所有相关部门都尽心配合，计划都按期完成。博科娃总干事说到做到，在我把经过所有综合协调部门审核后的所有单位的“工作计划”交给她之后的第二天就批复了。规划局在圣诞节假期前夜完成了所有程序，预算资金最终于 1 月 6 日到位，保证了所有业务部门包括总部外机构可以立即开始执行新的双年度计划。这是多年来预算资金第一次在双年度开始后的第一周就到位，也算是创造了一个历史。不用说，各个业务部门的官员对规划局的这个举措大为满意。

在每次的执行局与全体大会上，规划局局长都要直接面对会员国代表的质询，我在代理局长期间以这个身份出席了三次执行局会议和一次全体大会。长期的经验使我深知，对待会员国一定要有足够的尊重，建立互信，如此才能够在会上和会下获得它们的支持。当我第一次以规划局代理局长的身份出席执行局会议面对会员国代表时，我对他们讲，我刚刚代理这个职务，许多事情仍然在学习，但是我一定会对执行局坦诚以待。问到我不知道的事情我会说我不知道，然后去寻求答案。但是我一定不会用假话糊弄他们。我的坦率发言颇受会员国代表欣赏。

在我代理局长的任命宣布后，我就把英国驻教科文组织的大使苏德斯请到我的办公室来。这位大使来自英国的国际开发署，当时是执行局财务与行政管理委员会主席，后来在第 38 届大会上还担任了委员会联席会议的主席。此公极聪明，认真研究教科文组织的文件，发言总是言简意赅，他一见到我就说，很高兴看到你代理规划局长，这说明总干事还是很会用人。我请他支持我的工作，他说没问题。不久之后我就真的需要去找他寻求支持了。

本来我们的双年度的计划与预算已经提交执行局审议过了，即将提交第 38 届大会最后批准。但是在大会之前的执行局会上，总干事提出对社科和文化两个业务部门以及我领导下的战略规划局的机构设置进行调整，因此也要对已经提交的预算做技术性调整。在计划与预算文件审议前临时提交调整通常不受会员国的欢迎，而且由于时间仓促，总干事的提议只能在为大会准备的一个背景文件中提交。根据规则，这样的提议需要在大会最后一天举行的委员会联席会议上讨论。联席会议的主席是苏德斯大使，他又是一个出了名的认真而不好通融的人，因此秘书处许多人担心总干事的提议会在联席会议上搁浅，被搁置到数月以后的执行局会议上去讨论。我倒觉得苏德斯大使是个通情达理的人，可以尝试说服他。

我请大会秘书处安排我去拜访苏德斯大使。那天我带领规划局五名官员去苏德斯的办公室去拜访他，一见面他就笑着说："你怎么带这样一支大部队来了？"我回答说："因为这是一件大事，也是我向你表达的专业礼节。"然后我详细向他讲解了总干事提议调整的动机和理由，以及在大会前才匆匆提交审议的原因，恳请大使予以理解和支持。不出我所料，苏德斯大使非常通情达理，理解总干事的苦衷，许诺会在大会上予以支持。开完会出来，我的部下都对苏德斯大使的合作态度感到惊讶。我告诉他们，只要我们尊重这些大使，对他们坦诚以待，就会得到他们的信任与支持。不久之后，在第 38 届大会最后一天举行的委员会联席会议上，在苏德斯大使的主持下，会员国代表一致批准了总干事的提议。

代理局长三个月之后，博科娃总干事对我说，她对我在规划局的工作很满意。还说许多人向她建议不要再招聘局长了，就让唐先生继续代理下去好了。又过了三个月，在执行局 2016 年的春季会议上，我就各部门的战略评估报告向执行局做了汇报并且回答了问题。散会后，几位大使当着我的面对博科娃总干事说，唐先生领导的战略规划局现在让我们很满意。博科娃笑着回答说："我想我们也许不用换人了，应该让他继续代理局长。"引起大使们的一阵笑声。虽然是玩笑，但是没有辜负总干事的期望倒是事实。与此同时我也没有荒废我做教育助理总干事的"主业"，我每天到规划局的局长办公室工作两三个小时，其他时间仍然在教育部门办公。

2016 年 6 月，经过招聘程序，原任副局长的让 - 伊夫 · 勒梭被任命为战略规划局的局长，我九个月的代理工作终于完成。规划局的全体同事们在我离任之前最后一天为我办了一个香槟聚会。同事们纷纷感谢我为规划局带来了许多新的理念与新的工作方式，他们还集资买了一支万宝龙的金笔送给我作为纪念。我至今还常常回想起与战略规划局同事们一起工作的愉快日子。

代理总部人事局局长（2016—2017 年）

2016 年 10 月，教科文组织的人力资源管理局（简称人事局）的女局长露丝 · 德米兰达将离职，去纽约的联合国总部做联合国大会秘书。人事局长是个重要且敏感的岗位，谁来代理成为一个众人猜测的问题。我的行政助理告诉我，她从"走廊传言"中听说可能是副总干事或者我来代理。我没有在意，因为副总干事没有我忙，不久前我刚刚卸下兼任战略规划局代理局长的担子，总干事总不会让我又去代理人事局长吧。

10 月 10 日下午，总干事秘书来电话，要我去见总干事。办公室内只有博科娃和人事局长露丝在座。

博科娃说："露丝要去纽约了。"

我回答：“听说了，她要扔下我们自己‘跳槽’跑了。”我们都很熟，所以开个玩笑大家都很轻松。

博科娃接着说：“你上次代理战略规划局局长做得很好啊。”然后就不说话只笑着看着我。

我说：“总干事你什么意思啊？”

博科娃回答说：“露丝在这里，你还不明白我找你来是什么意思吗？”

我说：“你不会是让我代理人事局长吧？”

总干事说：“正是此意！”

这可真让我感到意外，赶忙说：“总干事你真会用我啊！人事的事情很复杂，我的教育部门已经够我忙的了。”

博科娃说：“正是因为人事的事情复杂才非你不可。”

露丝在旁边一直笑，此时她说：“别担心，人事局我的那些下属都会全力支持你，你去代理绝没有问题。”

我看看也没有什么余地了，就很不情愿地说：“那好，我同意就是了。”

博科娃马上对露丝说：“你看怎么样，我说他会答应的。”

出了总干事办公室我问露丝：“你为什么建议总干事让我来代理？”她笑着回答说：“这是我们人事局的同事们的强烈要求，他们说你能力强，更重要的是你办事公道。”看来我这些年来积攒的名声成了我的“负资产”。11 月初，总干事以通函的形式宣布了此项任命，立刻成了总部一个大新闻。

教科文组织的人事局下辖三个处，分别负责政策、计划、法律事务；人事管理、培训；退休金、福利、权益。总部的医务室也在人事局管辖之下。人事局有职位 70 多个，算是个大局，不过职位中一半多是 G 级的行政助理人员。我以前在做教育部门的办公厅主任时常与人事局打交道，对人员和人事工作并不陌生。前三任人事局长都是女士，都很能干，人事局的人员素质很不错，他们的工作有条不紊。人事工作都是按照规矩来，所以我只要保证人事局的正常运作就可以了，无须费力太多。我可以做的是引导他们从业务部门的需要思考问题，加强服务意识。另外从业务部门看，我们的一些人事政策还有一些需要改进的方面，我想借此机会尝试做些事。

任命公布之后我召集了人事局的全体人员会议，同事们对我表示热烈欢迎。我明确说，总干事让我来代理局长是个“政治任命”，我的责任是确保人事局正常运作，业务工作还是倚仗大家。在会上我也告诉他们，人事工作非常重要，关系到教科文组织全体工作人员的士气。我们一定要以服务为导向，关心他们的需要，及时为他们排忧解难。尤其是在总部外机构工作的那些同事，他们有要求，我们一定要认真对待，及时回复。能解决的事情一定要尽快解决，无法解决的也一定要说明情况，一定不可以置之不理。若发生这种情况我要追责。另外我还宣布每个月召开一次全体会，向他们通报教科文组织的大事，让他们了解宏观形势。

在之后的日常工作中，我每天到人事局办公两个小时，以手下的三个处长和局长的行政助理为我的核心团队。她们都是很有经验的资深人事官员，而且都是女士，在业务上我向她们咨询做决策。教科文组织有两个员工工会组织，对任何人事政策的发布与修改，工会都有权表达看法。它们还接受员工的委托代表员工为他们遇到的问题例如提升机会、受到不公平待遇等向管理层表达关切。这些都是人事局长需要面对的。我在上任之初就主动邀请两个工会的负责人来见面，向他们表达了合作的意愿。后来在我代理人事局长期间，我们合作得很好，解决了一些问题。

在人事工作中，照章办事、坚持原则很重要，不然开了一个口子，对其他人也只能照办，最后规矩就荡然无存了。例如，当时教科文组织执行局委员们为了要秘书处增加“新鲜血液”，对官员到退休年龄后延长聘用的情况很不满意，他们向总干事施加压力要求杜绝这种现象。

为此总干事要求各部门首长提前做好计划，在官员退休之前就开始招聘继任人选，要求他们不能批准官员到退休年龄后延长服务期限的要求，如有特殊情况只有总干事可以特批。但是总有些部门首长不事先做好工作，到时要求人事局长支持以求得总干事的特批。对这些要求我一概表示不支持，因为批准了一个就得批准许多个，不然不公平。但是也有极个别情况，部门首长来解释新人不能到位，确有重要工作不能离开，我在确认合理之后也建议总干事予以特批。

还有一位业务部门的首长对手下一位 D 级官员的工作表现不满，在他的聘用合同到期时不同意按惯例予以延长两年，要求只给延长半年“以观后效”。按照人事规则这是可以的，但是必须要有正当的书面理由。我要人事局官员向部门首长解释，要求他按时送来书面理由做出解释。但是这位首长却不在意，迟迟不送书面材料。当时那位 D 级官员合同马上到期，他本人和员工工会都来表示关注。我向总干事报告，尽管那位官员的工作表现确有问题，但是我们必须按照规则办事。我亲自通知那位部门首长，如在官员合同到期之前我们没有收到书面解释材料，我别无选择，将只能按规章延长合同两年。但直到合同到期那一天我们也没有收到任何书面材料，我在那一天的下午签署了人事局长的决定，对合同予以延长两年。我们有些官员由于不按规则办事对教科文组织造成了许多伤害。

从业务部门的角度我一直对我们的某些人事政策和规则有看法，执掌人事局给了我机会寻求些合理的改变。我与我的核心团队一起对人事政策进行了审核，挑出一些需要改进的题目安排相关业务处进行研究，特别要求他们征求业务部门的意见，提出改进的建议。当时人事局起草了一份 2017—2021 年的人事战略的文件，我发现人事局在起草这份文件时并没有广泛地征求业务部门的意见，因此我要求他们邀请业务部门的办公厅参与审议文件，尽力反映业务部门对人才的战略需要，而不是只关注一些具体的程序规定。

关于招聘人员的政策规定，我要求他们根据业务部门对专业人员在学历、经验等方面的要求做出必要的修改。对招聘程序中不同种类人员的遴选委员会的组成也做出了具体规定予以规范。我代理人事局长四个月，在我离开人事局时，我签署了六份文件报送总干事，对有关人事政策和规定做出了修订建议。后来多数建议被采纳，也算是我兼任人事局代理局长对教科文组织的人事工作做出的一点贡献。

2017 年 3 月，中国政府正式提名我参选教科文组织总干事。这一决定宣布之后，我与博科娃总干事商议，为避免被其他候选人指责"利益冲突"，我不再适宜兼任人事局长的职位。3 月 20 日我召集了人事局最后一次全体人员会议，宣布了我将离开人事局。人事局的同事都很惊讶，他们原以为我会继续代理局长。我在会上回顾了四个月来我们共同取得的工作成果，感谢大家对我的支持与帮助。同事们对我报以长时间的热烈掌声，让我感动不已。会后与同事们一起走出会议室，许多人来表示很不舍得我离开。他们说如果我再多待几个月一定会实现更多的改变，我说这也是我的遗憾！

由于博科娃总干事的信任，在教科文组织三个最重要的综合协调"强势部门"中我兼任了两个部门的代理局长，这是十分罕见的。有同事开玩笑说，可惜没时间让你兼任财务局的代理局长，那里也需要你去整顿一番。在教科文组织的两大综合协调部门工作之后，有一点我的感触颇深：教科文组织中的许多工作都有很大的空间进行完善与改变。许多改革并不需要资金，缺的是主事者有志变革的坚定意愿。只要有权力（无论大小）的人愿意改，那么在他权力范围之内就有可能做出改变，提高教科文组织的工作效率。

第6章

“忍”与“虎”：国际组织中的为官之道

关于联合国教科文组织的教育部门到底有多少人，很难有一个准确的数字。总部单位、研究所和总部外面的五十几个办事处都加起来，隶属于教育部门的用正常预算支付的所谓“正常预算职位”有260多个，用“预算外资金”支付的一年以上的“项目任用职位”有100多个。在总部和总部外机构中还有许多各类期限长短不等的“临时合同人员”，这部分人由于变动频繁，很难做实时准确统计。我曾经问过我的首席人事官，据她的说法，保守估计教育部门有700人。那么该怎么管理这个教科文组织最大的业务部门呢？

我是理工科专业出身，没有受过正规的管理科学训练，是在工作之后对如何管理渐生兴趣。虽然也读过几本有关管理的书，也参加过几次管理培训，但是坦白说，我对管理的认知和方法基本上是我从多年的实践中总结得来的。其实做与人打交道的工作，只要以常理推断，用逻辑思维，换位思考，大致是不会出错的。我的一位前任丹尼尔爵士是位当过大学校长的颇为成功的教育家，他说过，管理能力是天生的，在你的血液中，有就是有，没有的话后天也学不会。他的话可能有些极端。我对基辛格说过的一句话印象很深：如果专业人员也善于管理，那是一种偶然现象。

当领导就是出主意，用干部

当年我在加入教科文组织之前，已经在中国的国家部委、地方政府和驻外使馆都工作过。在联合国机构中为官，尽管你要面对的人和环境有很大不同，但是与在中国当领导干部的基本性质是一样的。毛泽东主席当年就说过，当领导不过是“出主意，用干部”，这句话对于在国际组织当高官同样适用。

所谓“出主意”就是提出战略方向，要对自己领导下的部门有清晰的角色定位，有长远的愿景，有明确的近期、中期和长期的目标。既然是国际组织，那么你的角色、愿景与目标就一定要有国际的视野与全球的格局。出主意并不意味着所有想法都来自一个人，一个人的能力再强也强不过一群人，所以当领导要能够发动大家一起动脑筋、出主意。当然，领导者最后要有能力总结概括，做出决断。

在我被任命为助理总干事时，博科娃总干事交给我的任务是，改变教科文组织在教育领域内的领导地位被弱化的状况，让教科文组织重新站到指引全球教育发展方向的中心地位。正如我在前面章节中讲到的，我领导我的高管团队多次以“务虚会”的形式分析了我们的有利条件，决定抓住让教科文组织在确立“2015 年后的教育发展议程”的过程中起到主导作用这个“纲”，以此发挥我们的“领导作用”。

毛泽东主席还说过，政治路线确定之后，干部就是决定的因素。在国际组织中也是一样，战略目标要靠人来实现，人不称手，一切免谈。用人的第一件事是确立合理的组织架构，然后把合适的人放在合适的位置上。不过在国际组织中，能够随意挑选部下的机会不多，这里不能像私营部门那样随意雇人和裁人，常常是能干的进不来，不能干的出不去。这时作为领导就只能对现有人员做合理搭配，以求组成团队的成员优势互补，

我的助理与秘书团队（2017 年）

提高团队的工作效率。如果用的人不是那么让人放心，领导者除了“出主意，用干部”之外，还要加上一句“抓落实”，也就是说要亲自监督检查。所以国际组织中的高管在宏观领导之外还不能做“甩手掌柜”，你若想看到结果，就要注意执行中的许多细节和微观情况。“魔鬼藏在细节里”在这里特别适用。否则“执行力”就无从谈起。

我多次在我的高管团队会上和教育部门全体人员大会上非常明确地对部下讲，作为你们的“老板”，我的任务就是确立战略方向和把人放在合适的位置上让你们发挥作用。方向确定之后，我的责任就是为你们营造一个让你们有条件去实施我们的战略的大环境。如果条件与环境有问题，你们找我，我若不能解决，你们完不成任务便是我的责任。但是你们有了条件和环境，如果完不成任务，责任就在你们了，我要追究责任。我属下这些官员在我之前从来没有从他们的上级那里听到过类似的话，后来我的秘书告诉我，他们都接受甚至喜欢我的这种直言不讳的风格。

用人之道：鼓励为主

人永远是第一宝贵的资源。讲用人之道首先是要有人可用，所以当我担任助理总干事时，第一要务就是确保我们有足够的人力资源。有了人还要看你能不能调动他们的积极性。能够调动他们的积极性，即使人力资源有限也可以取得很大成就，反之，即使有优秀的人才也难以成事。

我也有些“生不逢时”，刚当上助理总干事一年多就赶上美国因巴勒斯坦加入教科文组织而拒绝缴纳会费，我们失去了 1/4 的预算，这样就不得不开始裁撤职位。教育部门的正常预算职位（不包括七个研究所）也不得不从 250 个减少到 200 个。当时部门内人心惶惶，许多人担忧自己的职位不保。所幸当时我们有一些人即将退休，还有一些正在招聘的空缺职位，我在全体员工会上宣布，冻结招聘新人，保证在岗人员都不会失去工作。这样，在下一个双年度，200 个职位保证了所有在岗人员没有受到裁撤职位的影响，稳定了人心。

后来几年由于我们的会费收入一直零增长，加上通货膨胀的影响，教育部门在正常预算下 200 个职位的人事费用所占全部预算的比例越来越大，达到 60%。在编制预算时，总部的战略规划局对我提出意见，认为教育部门的人事费用比例过高，应该减少职位数。但是我认为 200 个职位是教育部门实施计划所需的最低配置，不能再减少。另外尽管教育部门的正常预算下的项目业务费比例较低，但是我们有 2~3 倍于正常预算的“预算外资金”。因此 200 个职位是我们来实施所有业务活动的最低条件。我在总干事主持的高管会上据理力争，得到了她的理解与支持，使我们的 200 个职位数保持了下来，保证了我们有最低限度的人力资源来完成我们的计划与项目实施。

有这样一句话，管理的最高层次是人。在用人上，国际组织的情况的确有许多特别的地方。第一，除了总干事之外，国际组织中的高管手中通常没有直接的人事任免权，也就是说对自己的下属并无“生杀大权”。第二，国际组织的招聘通常会有许多政治考量与干预，造成国际组织中人员的能力水平参差不齐。第三，在国际组织中，人员来自不同的会员国，有不同的文化背景和价值观，对待工作、对待权威的态度都不相同，“一刀切”的管理方式不易奏效。第四，每个人身后都有自己国家的支持与保护，结果就是“谁也不怕谁”。第五，国际组织中有一套保护工作人员利益的完整规定，这当然是完全合理也是应该的。但是对管理层来说，如果有人表现不好也很难除名。甚至调整工作岗位也要有理由并遵循一系列程序，否则相关人员可以上诉。国际组织中的员工工会势力很大，教科文组织中就有两个员工工会。员工若有不满，可以向工会求助，也可以向人事部门甚至向总干事上诉。如果是总干事的决定，涉事人员如果不服还可以通过法律程序向设在国际劳工组织中的行政法庭提出上诉，该法庭的裁决甚至可以推翻总干事的决定。

在这样的人事环境中，对下属基本上只能采取正面的、以鼓励为主的办法。即使有人刻意不好好干活，只要不犯大错，你拿他也没有办法。只能尽量根据每个人的专业条件和自身能力安排合适的岗位。在不可能进行大刀阔斧的人事改革的环境下，作为领导者，你必须知道如何利用现有人手，通过精心计划与调配，通过鼓励，让下属作为整体发挥最大能量，去打胜仗。这也是领导艺术。在 2016 年底到 2017 年初我兼任总部人事局代理局长的 4 个月中，我也曾试图在人事规则上推动一些根本性的改革，但是一方面牵扯面过宽，另一方面我也没有足够的时间，结果未能实现我所希望的改进，此为憾事。

当我担任助理总干事之后，我非常明白，队伍的好坏是最终能否保证战略实施的关键，所以我对教育部门的人事工作给予了高度关注，10%~15% 的工作时间与人事工作有关。教育部门办公厅的首席人事官原则性极强，协助我做了大量工作。在用人上的具体做法归纳起来有四个方面。

第一，把好人员的入口。教科文组织的人员招聘有一套规矩，由总部的人事局掌握。例如，对专业人员的要求是拥有硕士学位，同时还规定本科毕业后有两年实际工作经验可以被认为等同于具有硕士学历。我对这一条不能接受，坚持教育部门招聘专业人员至少要有硕士学位，读硕士研究生受到的研究与思维训练不是两年的工作经历可以替代的。我还提出教育部门处长以上职位要求应该加上一条“最好具有博士学位”。毕竟在教育界，人们对学位是很看重的。为这两条标准，我与总部人事局争论了很长时间。他们从标准的普遍性出发，我则从教育部门专业人员的质量考虑，最终他们还是拗不过我，同意我在招聘教育部门专业人员时使用我的标准。联合国系统的条条框框很多，要改一点还真的不容易。好在我自己有博士学位，可以以自身经验据理力争，我为我的部门招聘，人事局也不得不让我三分。

对 P5 级和 D 级官员的招聘我尤其关注。教育部门的 18 名 D 级官员都是我的直接下属，他们的招聘由我直接主持。总部还有十几位处长，他们是实施所有项目与计划的关键层级。这些职位的招聘由他们的司长主持遴选委员会进行面试，我要求遴选委员中也要有两位来自其他业务司的司长参加对申请人面试，然后我会仔细审查委员会报给我的建议。有几次委员会成员对推荐的人员有不同看法，我就直接介入，要人事处安排我通过视频或电话与相关候选人直接交谈，最后与委员会商定该推荐谁。我对管理层职位的要求的标准是，第一人要正派，第二要有专业能力，第三要有管理经验。通过对候选人履历资料的仔细分析、候选人的面试和对这些人的背景调查可以得出八九不离十的结论。

按教科文组织的规定，所有职位的遴选委员会都必须推荐至少两名合格的候选人，让总干事在决定任命时有挑选的余地。处长以上关键职位一直是各个会员国所瞩目的，常有会员国向总干事施加政治压力，总干事有时也会从政治角度出发做决定。为了确保我们想要的排名第一的候选人“过关”，我每次都会在材料上报之后去找总部人事局局长沟通，向她解释我的考量。重要职位我还会直接去找总干事，争取她的同意。这样，这些年来除了一两次总干事没有同意我的建议，其他所有我们报上的第一候选人都得到了总干事的批准。我常听到有部门首长抱怨他们的建议时不时会被总干事否决，问我为什么教育部门要的人都能“过关”。我说，因为你们没有主动去沟通。

教科文组织作为联合国的一个机构，它的用人原则强调地域均衡和性别平等。这两点其实都不大容易做到。毋庸讳言，发达国家的人选无论从教育背景还是语言能力来讲常常优于发展中国家，所以在教科文组织的高级职位中，欧美国家的人数多到不成比例，常为发展中国家所诟病。为了解决这个问题，我们时常会采取定向找人的方式，鼓励我们在工作中认识的发展中国家的人选来申请我们的职位。

工作人员男女比例占比平等是博科娃总干事大力推进的一件事。实际上我的教育部门中女性工作人员所占比例大大高于男性，达到了60%。但是在 P5 级以上的官员中，女性比例就低于男性了。我一直把争取工作人员中的男女比例平等作为一项重要任务来抓。在教育部门的 P5 一级，女性占了 35%。但是在司局长的 D 级，成效一直不彰。不过从 P1 到 P4 级，教育部门中女性官员占了 65%。有趣的是在这一层级空缺职位的招聘中，脱颖而出的绝大多数都是女性。有时真让人纳闷，“好男人”都去哪了？

第二，努力打造团队精神。我虽然从事教育管理工作多年，但是不可能样样精通，我的高管团队中的 18 位司局长都是教育各领域有丰富实践经验的专家。我的长处是能够鼓励大家畅所欲言，然后吸取每个人建议的合理部分。当然，我得有足够的能力与经验做出最终的合理判断。

我们的教育部门中有很多非常有能力、懂专业的同事，但是以前大家“单打独斗”较多，互相配合的少。我当了助理总干事之后要求属下管理层官员在自己的团队中要鼓励大家互相沟通，互相配合。有人的地方就会有矛盾，我的原则是工作中可以有不同意见，但是不允许互相攻击在背后拆台。各部门之间有了矛盾，我尽力协调，解除误会。我常告诉同事们，整个教科文组织的大环境我管不了，但是在我领导下的教育部门这个小环境中我希望创造一个大家心情舒畅的氛围，使同事们感觉工作是一种享受。

我和我的司长们（2017 年）

第三，以身作则，公平公允。从在国内做处长开始，我的准则就是领导干部要以身作则，这也是我在教科文组织中的为官之道。我当办公厅主任时，每两年要起草准备教育部门下一个双年度的计划与预算。通常圣诞节假期前一天，也就是交稿期限的最后一天，办公厅的团队要一直工作到午夜才最后定稿，在这个时候我都会与团队的八九个人一起加班，交稿之后我都会叫来外卖比萨“犒劳”我的团队，大家在办公室吃比萨、喝啤酒，欢声笑语，连日的辛劳都被忘却。当了助理总干事之后，按理说我不必再与办公厅团队一起干到最后了，但是我依然保持了这个“传统”，每次都会与办公厅团队一起工作到午夜，完稿后我签字上报。然后还是我出钱叫来比萨，与大家同乐。对于下属的成绩与贡献我总是不忘给予表扬，出了问题，我在批评他们的同时会为他们承担责任，这种事情有过不止一两次。这样，每次有艰巨任务，我的部下都愿意为我“效命”。

办事公允是做领导的必须原则，我宣布的规矩对所有人一视同仁，不然无法说服群众。例如，执行局要求总干事确保工作人员到了年龄即退休，然后尽快招聘新人。总干事基于会员国的强大压力要求我们按规定执行。我在教育部门宣布了这一政策，并且说明了理由，但是仍然时不时有应该退休的同事以各种理由要求我帮助他们报告总干事求得特批以延缓退休。对这些请求我都是一视同仁，说明不能支持他们的理由。尽管有些同事不满意，但是没有人公开抱怨。其实总干事对一些高管很不满意，在会上说过几次，说他们滥充好人，明知政策不允许，仍然把下属延缓退休的请求呈给总干事，让总干事“做恶人”。

第四，关怀下属，培养年轻人。用人的第一要务是你必须尊重人。我在担任助理总干事之前已经在教育部门工作了 17 年，后 8 年又担任行政办公厅的主任，我在上任之初就宣布，所有同事都可以来我的办公室见我或者给我发邮件，所有邮件我都会回复。我在做助理总干事的 8 年里也确实做到了这一点。其实谁都明白，只有关怀下属，为他们排忧解难，才能指望他们为你冲锋陷阵。同事们有事有要求愿意来找我倾诉，希望得到我的帮助。遇有这类情况，我都会为他们提供建议，如果能够帮助他们，我也一定会采取措施。

把合适的人放到合适的岗位非常重要，同时也要对他们职业发展道路的考虑予以关心。希望有机会升迁是每个人的正常愿望，我在教育部门全体人员大会上公开宣布，鼓励大家通过竞争，应聘更高级职位而获得晋升。我说，在内部、外部候选人具有同等条件的情况下，我将优先任命内部申请人。在这些年的实践中我确实做到了这一承诺。我曾经几次为内部人选的任命亲自到人事局局长甚至总干事那里去解释和争取。

我还鼓励各级官员尤其年轻官员轮换岗位，到第一线去工作以取得实践经验。也常常有下属来找我要求调动工作岗位，这些要求有的是出于在业务上取得经验的考虑，有的是出于希望照顾家庭的考虑。对于这些要求，我都会要我的人事官尽量结合部门的业务需要予以调配。教科文组织的职位设定都是在计划与预算文件中确定了的，不能随意更改。所以岗位轮换都要通过两个岗位上人员的对调，有时甚至是三个岗位人员的联动调换才能实现，需要多方磋商，这是非常烦琐的程序，我的人事团队为此投入了大量时间。这些年，教育部门每年通过这种方式转岗的有近 20 人（也就是总职位数的 10%），转岗使这些官员有机会在不同岗位上锻炼，也为一些人解决了困难，对提高部门的人员素质和提振士气大有裨益。

教育部门年轻官员占很大比例，这些人是部门的未来，所以我常常给他们以指导，要他们注重提高自己的业务能力。我要求他们注重对文字能力的培养。在教科文组织这样的机构中，文字能力也是年轻官员晋升不可或缺的重要素质。在教科文组织，一是要会写文件，例如提交给执行局或全体大会的文件，二是要会写日常交流或者向上级报告情况的“备忘录”（memo，亦称内部便函）。

我们的许多官员可以写长文，却不会把文件精练化。我后来规定，提交执行局的文件不能超过四页（执行局秘书处的要求是不超过五页），一般备忘录不得超过一页半。我告诉部下，必须学会用有限的篇幅把问题讲清楚。下面报上来审批的文件我总是删去很多不必要的内容。我告诉我们的年轻官员，你若想要让领导明白你在说什么，你的备忘录就一定要短而明确，领导没有那么多的时间和耐心琢磨你想说什么。

我们的年轻官员通常缺少在发展中国家从事教育工作的实践经验，这是他们的短板。当他们以后晋升到高级职位时，很难像我和其他一些高管那样可以与会员国的教育部门的决策者、专家、教师探讨宏观和微观的教育政策问题。我们之所以能够做到这一点是因为我们在进入教科文组织之前都有从事教育工作的实践经验。由于联合国系统的人事体制，我无法将年轻官员派到会员国的教育体系中去工作一段时间以取得经验。我最终也没有能找到一个好的解决办法，这是我的一个遗憾。

处事之道：温良恭俭不能让

在国际组织中为官并不容易，经常碰到很多不合理的事情。例如，我们的总部中央服务部门有时会出台一些新政策，出发点常常是方便它们的管理，但是给我们业务部门实施项目活动带来很多麻烦与不便。遇到这种事，我总要据常理去力争。其实无论制定政策还是用人，只要依常理的逻辑去考虑问题、去办事，十有八九错不了。同理，在判断其他人的做法、制定的政策、规章时，也要依常理的逻辑分析。在教科文组织中我常常讲，我们其实什么都不缺，唯一缺少的是常理思维。

我们业务部门每天要与总部的中央服务部门打交道，教育部门是教科文组织最大、最重要的业务部门，是“龙头老大”。这个实力有利于我与其他部门打交道。在这方面，我遵循的是我们的东方传统文化的处世哲学，有实力但仍然坦诚待人，因而效果很好。其实联合国机构与许多国家的政府一样，本应是为业务部门服务的中央服务（综合协调）部门却成了业务部门的“婆婆”，他们制定的规矩、政策并不总是从业务部门的实际需要出发，这就造成了业务部门与综合部门之间经常性的矛盾和博弈，这些矛盾有时候要闹到总干事那里裁决。对待这一问题，我的做法是“软硬兼施”。

“软”的一面是主动与这些强势部门的局长沟通。举例来说，总部人事局有很大权力，我们的人事工作若无人事局的配合就很难做。我与前后三任局长都建立了非常好的工作关系。有的部门首长在人事工作上总是直接找总干事，总干事最后还是要征求人事局局长的意见。这样一是耽误时间，二是让人事局不快，为以后的工作造成很大不便。我从一开始就与人事局局长定下“君子协议”，但凡需要总干事审批的人事案我都通过人事局上报，绝不绕行。八年三任局长，我都坚持如此。同时，每个月我都会带着我的人事处长与人事局局长碰一次头，把所有需要解决的人事案与局长当面讨论，取得她的理解与支持，然后再正式行文给人事局。这样做的结果是我们的所有人事安排都能够很快得到支持与批准，大大提高了人事工作和团队建设的效率。

为了避免中央服务部门出台不利于我们工作的政策和规定，我会尽量把工作做到前面。当了解到他们的一些想法时，我们会主动去提出我们的建议。我几次在总干事主持下的高管会上说，我愿意让他们在我的教育部门做试点，试验他们的想法。教育部门是最大的业务部门，如果他们的政策在我们这里行得通，那么在整个教科文组织里实施自然就没有问题了，当然我们也可以通过他们的试验加入我们的意见。

另外，教科文组织中有一条不成文的惯例，不同部门的同事因工作需要进行双边会见时，级别低的官员要到级别高的官员的办公室去。有些人还是很在意这一点的。那些综合协调部门的局长比我级别低，但是我并不介意这些规矩形式，有时会主动到他们的办公室去谈事，让他们挺感动的。

不过如果中央服务部门不听我们的合理意见而一意孤行，我就不得不“露出牙齿”了。在总干事主持的高管会上，我会据理力争，态度强硬，坚决与不利于业务部门工作的不合理提议进行斗争。在这种场合，我总能够得到其他业务部门助理总干事的支持，因为我占理，最终能够让总干事站到我们这一边。

我的管理风格深受东方传统文化的影响，但也不是所有东方文化在国际组织的管理原则中都适用。“温良恭俭让”是中国传统美德，中国人从小就被教育凡事要谦让，不出头。我们又有许多像“木秀于林，风必摧之”这样的警句，告诉你出头不宜。被这样的文化熏陶的人做起事情来难免谨小慎微，瞻前顾后。相形之下西方文化与我们大不相同，从小教育孩子的就是争第一，当英雄。在国际组织中，你不争，别人要争，你要让，别人不让。结果就会是你总是被欺负，永无出头之日。“温良恭俭”尚可，但是绝不能“让”。这一点我深有体会。

不同文化的碰撞：沟通的艺术

教科文组织的官员来自各会员国，我们曾经做过统计，教育部门的人员来自 94 个国家。这些人有不同的文化背景，要把他们团结在一起，形成一个目标一致的团队，沟通是关键。从就任助理总干事之初我就开始采取不同形式在教育部门内大力促进沟通。

首先是通过定期的管理人员会议来上传下达，统一认识。每年我会召集一到两次教育部门的高管团队会议，让分散在世界各地的成员聚集于巴黎，讨论部门的大事。这种会议上我都会安排半天时间“务虚”，大家可以畅所欲言，对全球教育的发展趋势，对教育部门的大政方针展开讨论。我还建立了一个领导团队的电子邮件群，每次我接到总干事或总部综合协调部门的重要文件和通知，都会及时与领导团队分享。在巴黎总部我两周召开一次司长会，事先通知与会人员要讨论的事项，我还规定每次会议不超过一小时，准时开始。在这类会议上，我会传达总干事的指示。在高管会议上讨论情况，就部门内的大事讨论并做出决定。各司长也在会上通报自己的主要工作，大家互相通气。我同时要求各司长也同样定期召开自己司内的处长会。我发现，对我来说本是很正常的工作方式在教科文组织里并不是常态。

教育部门在总部有十几位处长，这些人其实是保证我们的战略与计划实施的关键。我自己以前当过处长，理解他们希望经常得到高层信息和直接了解教科文组织高层战略思考的心情。我每个季度召开一次部门内的处长会，给他们机会与我这个助理总干事直接对话，听他们反映问题，为他们解答或解决问题，这个做法让他们很满意。

我的前任们在当政时曾在有要紧事时才召开总部教育部门的全体人员会，我上任之后把全体会变为定期，每年在夏天休假高峰之前的六七月和圣诞节休假高峰前的十二月中旬各召开一次。每次开会我们还会通知在总部外各研究所和各国办事处工作的隶属教育部门的员工，他们可以通过内部互联网远距离看到实况转播并可以提问。在会上，我会通报近期教科文组织和教育部门的大事，总干事和会员国对我们的要求，我们实施改革的情况，我对同事们提出的要求，等等。然后是对话环节，任何人可以问任何问题，我都会给出回答。

在我刚刚开始做助理总干事时的全体员工会上，还是会有一些情绪化的问题被提出，主要是因为当时一些同事对以前他们没有机会与领导对话不满。后来几年，随着各种沟通形式的付诸实践，同事们的不满情绪消散，全体员工会上的气氛一直很和谐。我们的全体会出席人数很多，所以都是在总部大楼的一个会议厅开会。这些会议厅的广播系统可以连接总部大楼各办公室和各国常驻代表团的办公室。有一年 12 月的会上，总部负责会场音响系统的技术员错把我们那天开会的会议厅的话筒连到了各国代表团的办公室。后来有几位大使告诉我，他们偶然在办公室听到了我对教育部门人员的讲话。我忙问，我没有说什么不合时宜的话吧？他们都说没有，反倒是说听到我告诫我的部下要重视会员国代表团的意见与要求，让他们很满意。倒是“歪打正着”了。

领导教育部门这么庞大的队伍，信息分享也是很重要的一环。我的一位前任丹尼尔当年担任助理总干事时，他有时会自己写一两页纸的非正式的“内部通讯”发给部门的全体人员。我觉得这个做法很好，在我担任助理总干事之后，我开始每个季度写一份“内部通讯季刊”，以电子邮件的形式发给教育部门在总部和总部外机构的所有人。“内部通讯季刊”通常有 3~4 页，这个形式的一个重要目的是使我们的员工，特别是那些在总部外机构工作的同事了解教育部门的大事，使他们对教育部门的总体形势有所了解，也了解他们的助理总干事的工作，感到他们没有被遗忘。我在助理总干事任上八年，一共发出了 32 份内部通讯，受到教育部门同事尤其是总部外同事的欢迎。

在教科文组织担任助理总干事经常要到世界各国出差，每年要出差 20 次以上。我每到一国，只要当地设有教科文组织的办事处，一定会抽出时间去办事处的驻地访问。因为我不仅是教育部门的最高负责人，而且还是教科文组织高管团队的一员。我利用这个机会，代表总干事慰问全体人员，肯定他们的工作，向他们介绍教科文组织和总部近期的大事，听取他们的意见，进行坦诚的对话。每次见面会上我都会对他们说，你们的工作直接面对会员国，是教科文组织的脸面，你们的工作直接影响到教科文组织的声誉。你们在前方打拼，我们总部的人在后方应该为你们提供支援。这些话都是我们的同事愿意听却又难得听到的。他们提出的问题，能够当场解决的，我都会当场拍板决定。这些同事总是对总部一些中央服务部门的官僚作风颇有微词，这些在我的权力范围之外，但我都会向相关部门转达他们的意见。我的看望每次都受到总部外机构同事们的极热烈欢迎。

看望驻古巴哈瓦那办事处的同事们（2012 年）

联合国教科文组织总部地处法国，假期安排也是随着法国的习惯。每年的 7 月下旬到 8 月底是法国人放假享受生活的日子，巴黎就成了游客的天下。教科文组织的员工每年可以享受 30 个工作日的带薪假期，30 个工作日相当于 6 周。绝大多数员工都会在七八月休假。另外一个休假的集中时间是圣诞节和元旦，绝大多数人会休两周的假期。每年 9 月初和 1 月初，当同事们在休假后回来上班时，我都会花上几个半天的时间到教育部门的每一个办公室走访一遍，与大家打招呼，聊聊天，问问他们的工作情况，颇受部下欢迎。

我们的同事来自不同的文化背景，对待他们要有不同的方法。但是有一点是共同的，就是要尊重他们。尤其是那些秘书、辅助行政人员。通常对来自欧美国家的同事，讲话应该客气但直爽，他们认为这才是对他们的尊重。发展中国家来的同事自尊心更强一些，说话更要注意方式方法。我的方式应该说是东西方文化的结合，既有亲切的一面，也有明白坚定的一面。如果不注意，不同的文化背景常常会造成一些误会与误解。

我当办公厅主任时有这样一件事。我们的一位高管来自发达国家，有英美的文化背景，给他安排的秘书是非裔法国人，双方文化背景差异甚大。工作一段时间后高管反映秘书听不懂他的指示，耽误事儿。我去提醒秘书，但她浑然不觉，自我感觉良好，认为领导很满意她的工作，还要求给她提级。不久，这位高管实在无法凑合了，要我们通过人事局把秘书调到其他部门。秘书不服，向有关部门申诉，认为遭到了种族歧视。有关部门来向我了解情况，我实话实说，不是种族歧视，纯粹是不同文化背景导致的沟通障碍。可见这种事处理不好也很容易引起不必要的麻烦。

与会员国打交道：儒雅与霸气

联合国教科文组织有 190 多个会员国，其中大部分国家在巴黎设有常驻代表团，有大使衔的常驻代表。我们平时与会员国打交道最多的就是这些大使和他们手下的外交官们。我的经验是对待会员国的代表们一定要以诚相待。每次的执行局会议和全体大会上，我作为教育助理总干事都要面对会员国代表介绍我们的提议，接受他们的质询。我的原则是有一说一，简明扼要。在回复他们的要求时，我一定是实事求是，能做到的说能做到，做不到的我也会讲明理由，说明不可能做到。好在执行局成员大都是通情达理的，只要我讲得有道理，自会有代表出来为我们说话。

不止一个国家的教育部长对我说过，教育部长难当。在各国议会里，议员们都认为自己懂教育，对教育部长指手画脚。在教科文组织中也是一样，每当执行局讨论教育议题时，几乎每位委员都会发言，表达他们的看法。在代表们发言后，我要做答辩说明。我在就各种意见做说明的时候通常会一一点到提出意见的国家，让他们感觉到我确实在认真听取他们的意见，表现出对他们的尊重。有时候执行局成员的问题会很尖锐，我也从来不会做出情绪化的回答，总是心平气和地做出解释。

萨尔瓦多的索尔德普是一位在巴黎任职多年的资深大使，她几次在执行局会议结束后问我：“唐先生你是如何做到永远保持风度，脸上总带着中国式的微笑的？”英国大使苏德斯是一位极其敬业且语言犀利的代表，每次执行局会议上他对所有要讨论的文件都会事先研究透彻，所以只要他张口，就一定会问到点上，秘书处许多人都怕他提问。但是他曾经在 2015 年春季的执行局会议上主持联组会时公开说：“如果我们设立一个在执行局会上能够诚实、正确而又简洁地回答我们问题的奖项，那么这个奖非教育助理总干事唐先生莫属……”

个别时候我们秘书处的同事在执行局会议上回答问题时会耍些小聪明，想“糊弄”过去，通常他们都会被“捉住”，造成极大的被动。有过这样的情

与美国大使科林恩在会上交谈（2011 年）

况之后，这些同事就失去了会员国的信任，以后他们再回答质询时就总会被刨根问底。我在我们的高管会上几次说，我们千万不可耍花招，以为别人都是傻子。那些大使都是精英，把他们当傻子的人才是傻子。

在我就任助理总干事之后不久，在执行局会议上有过一次面对所有国家代表的质询，让我至今印象颇深。当时教科文组织的外聘审计员对教育部门的基础教育司进行了一次审计，审计报告提交给了 2012 年 5 月的第 186 次执行局会议审议。报告提到了基础教育司的几个问题，其实大都是以前“改革”留下的后遗症，我们已经做了必要的改进。审计过程中我们就提了意见，可惜没有被审计员采纳。这份报告给人的印象是这些问题在教育部门一直存在。因为当时还有一些会员国代表对几年前教育部门的那次改革耿耿于怀，所以这份报告的审议吸引了众多会员国代表的目光。那天，可以容纳 400 人的 2 号会议厅座无虚席，许多国家的大使都亲自到场。总部各部门的许多同事也来“观战”。执行局两个委员会的主席在主席台上共同主持会议，我作为总干事的代表坐在他们旁边。我刚落座，法国驻教科文组织的女大使就走到我面前，后面跟着一位身材瘦高，满头白发，颇有风度的长者。大使笑着给我介绍说，这是法国国家审计署的署长。为教科文组织做外部审计的单位是法国国家审计署，署长大人亲自驾到来做审计报告！

署长用了 20 分钟介绍了审计报告的内容、结论和整改建议。随后有 20 多个执行局委员发言，对审计报告提出的问题表示关切。之后由我做解释性答辩。在会前我带领教育部门同事对这次答辩做了精心准备，因为我们经过一年多的努力，已经做了大量工作，报告提出的那些问题基本已经得到解决，绝不能给会员国留下错误的印象。同时我把这次答辩看作是向执行局和所有会员国宣传我们为应对美国停止缴纳会费造成的财务危机采取的一系列改革措施的机会。

我首先感谢外部审计员的工作，随后我力陈在审计前我们就已经认识到了这些问题，而且已经开始整改工作，我一一列举了已经采取的措施和取得的改变。

我的发言举出事实，摆出道理，尽管我不认同审计结论，但是我充分肯定了审计员出于良好愿望的努力。在我发言时，全场鸦雀无声。发言结束，坐在我旁边的法国政府审计长对我说：“非常好！非常有力！”接着丹麦、法国、德国、中国、美国等重要国家的代表都发言，明确肯定教育部门所做的工作。丹麦代表说，助理总干事的发言非常有说服力。他还提出在决议中加上一句“注意到教育部门的努力”。决议最后获得通过，对我们基础教育司审计的问题终于画上了句号。主席台上法国审计署的署长和两个委员会的主席都来与我握手，都说你讲的真好。离开会场的路上我们总部内部审计办公室主任凑过来对我说，“你的回答一条一条的，讲得很清楚，有理也有力，我们的人都应该像你这样面对执行局。”第二天副总干事见到我也说：“我从内部转播系统听了你的发言，非常有力，掌握的尺度也恰到好处，要是我们的高级官员都能这样做就好了。”后来一些国家的代表团的人告诉我，这场质询给很多代表团的大使留下了深刻印象，为我的名声奠定了基础。

对待各国的大使和他们手下的外交官，我总是非常尊重。大使约见，我一定尽快安排。有时候大使有急事，没有预约就突然来访，我也是马上接待。他们的要求，尽量满足，给他们面子。他们要求我去他们的国家访问，我会尽量安排时间。面子都是互相给的，我尊重他们，他们也会尊重我，支持我的工作。在每次的执行局会议和全体大会上都要审议与教育有关的议题。当了助理总干事之后，在每次执行局会议之前，我都会按不同的地区组为各国大使举行通气会。在这些会上，我亲自出席，介绍即将举行的执行局会会议上的教育议题。我是唯一这样做的助理总干事。

在执行局会上，由于时间有限，我不可能做详细介绍，但是在通气会上我可以做全面介绍，并且解答大使们提出的问题。大使们对我们的议题有所了解，问题也得到了答复，所以到执行局正式开会时，我们的议题总能够非常顺利地获得支持。

在我当助理总干事那几年，执行局里面有几个出了名“难缠”的大使，英国大使苏德斯算一个，印度女大使穆克吉算一个，还有一个就是萨尔瓦多的女大使索尔德普。他们的共同特点是当大使的时间长，了解情况，用心研究文件，而且脑子特别好，还特别会说话。他们提问题总是能够问到关键之处，秘书处的高官们如果不真正掌握自己的业务，一旦被他们问住会很难堪。但我一直对他们礼遇有加，常常主动去征求他们的意见，听取他们的建议。再加上我对自己的工作很熟悉，每次执行局会议对我质询时我都能够正确而简要地回答问题，所以他们对我都很客气。有一次英国大使请我吃饭，这三位大使都在座。萨尔瓦多大使对我说：“你的冷静在我们大使的圈子里是出了名的。你每次在执行局会议上回答问题都如此镇定，而且不回避任何问题，即使是难题也会回答。”其他两位大使都说同意她的说法。

与各国的大使和外交官打交道除了对他们有足够的尊重，还要用对方听得懂的语言直接说。我们中国人有一个习惯，为了面子或者为了客气，常常说话不直接，拐弯抹角地去“点”别人，而且想当然地认为别人应该听得懂。外国人与我们的文化不同，要么真听不懂，要么装听不懂，最后吃亏的还是我们自己。

我在教科文组织这些年来曾经多次主持与会员国或者其他国际组织 / 机构的谈判。这些谈判的过程通常是非常艰难的，有的旷日持久，反复无常，非有双方的诚意与妥协不能成功。它考验你的外交技巧，也考验你的耐心。不过，通过这些谈判，可以看到会员国既要对教科文组织做出贡献，同时也要使自己国家利益最大化的心态；可以学到如何在教科文组织的利益与会员国的利益之间争取最大公约数；还可以看到不同国家的不同文化在谈判桌上反映出来的不同风格，特别是还有政治因素的考量，常常让人有眼界大开的感觉。我通过这些谈判所获的心得是，一定要以诚相待，以教科文组织与会员国的利益为出发点。不要手腕，不要小聪明，一个“诚”字，寻找双方利益的共同点。很幸运，我主持的这些谈判都取得了成功。也正是这些谈判的成功，为我赢得了会员国的尊重，也赢得了三任总干事对我的信任。

190多个会员国，每个会员国都有自己的利益诉求，而教科文组织的所有事情原则上要经过协商一致来决定。这就使教科文组织的所有决定都是190多个国家利益的妥协，很难做出黑白分明、最符合常理的决定，我们作为秘书处能够做到的不过是追求所有会员国利益的最大公约数而已。另外，教科文组织虽然是个联合国的专业机构，但是政治却无处不在，在许多事情上政治考量常常占上风，这也是让人不得不接受的现实，毕竟会员国的意志才是最终的决定，我们作为秘书处成员时常有爱莫能助的感觉。出于政治考量的事情以及两个或多个会员国之间的政治矛盾掺进教科文组织的业务活动之中，在这种情况下，如何保持中立，不选边站队，不干涉会员国内政也是我们不时会面对的挑战。

在国际组织中工作，常常要面对内部和外部的各种矛盾。这些事是不以人的意志为转移的，“树欲静而风不止”。这时候，能用中国传统的“柔性”招数是一种办法，但是有时候还是“该亮剑就亮剑”，不然你会被认为软弱可欺，这一条对内对外都适用。像我这样知识分子家庭出身的人通常儒雅的气质会多一些，忍让不争、戒急用忍似乎都是骨子里的东西。从上学念书到走上社会，甚至在国内从政都深受其影响。当初来到教科文组织工作，一开始总要谦虚谨慎，所以我请中国书法家协会副主席陆石老先生为我写了一幅“忍”字挂在我的办公室墙上。几年以后我的一位老朋友、时任中国国家计划生育委

我和我的“老虎”(2016年)

员会主任的张维庆来访，他在我办公室看到这幅字后对我说："老弟，你不能再忍了！"

我觉得他的话颇有道理，也符合我在教科文组织工作数年的感悟。后来我换上了一幅老虎的国画，挂在我办公桌后面的墙上。这幅画上的老虎颇具霸气，所有到我办公室来的人，无论是同事还是访客，最先关注的都是这只虎。许多人会问我挂一幅老虎的画是什么意思，当年到我办公室来过的澳大利亚女总督昆廷·布莱斯和荷兰王室的劳伦廷王妃都曾这样问过。我总是回答这是我的生肖属相。但是萨尔瓦多的女大使索尔德普对我说："你在执行局会议上回答质询的时候我一直在观察你，你就像老虎一样，冷静地在那里观察，然后不慌不忙地回答问题。"

总干事博科娃当初在介绍她的高管团队的大会上说起我属虎，让许多人包括许多大使都知道了我这只"虎"，他们常常会在正式和非正式的场合提起。要在国际组织中求生存和发展，霸气是必需的。当年在"弱国无外交"的时代，李鸿章尚且认识到，"洋人论势不论理"，这个大趋势今天也没有改变多少。当然，霸气不是骄狂，气势要建立在有理、有利、有节的基础之上。只要目的正确，该出头就要出头，得理就不让人，绝不让人感觉东方人、中国人好欺负。办公室墙上的这只老虎就是我在教科文组织中生存的信条。如果用"中西合璧"这个词来说，就是既要有东方文化"柔软"的一面，也要有西方文化"霸气"的一面，对内管理和对外工作都是这样，如此才能得到别人的尊重。我很欣赏胡雪岩那句话，无事不可生事，有事不可怕事。

我做助理总干事八年，与许多国家的大使和外交官建立了非常好的工作关系。2017 年 11 月，我最后一次以教育助理总干事身份出席教科文组织第 39 届大会，在大会的教育委员会结束最后一次全体会议之前，委员会主席肯尼亚驻教科文组织大使伊姆班加在致闭幕词时说："唐博士作为我们的教育助理总干事，在他八年的任期中一直是一位不知疲倦的领导者。威廉·莎士比亚说过，人生就是一个舞台，我们来扮演我们的角色，然后离开。我相信唐博士尽了他最大的努力来扮演他的角色。他做到了马丁·路德·金所说的，无论你是什么，都要做到最好。”得此评价，也不枉我八年的努力。

我认识的三位总干事

我在联合国教科文组织的 25 年曾经在四位总干事领导下工作。不过我与最后一位，也就是现任总干事法国的阿祖莱女士只共事了三个月，接触有限。至于前三位，他们每个人都有自己的风格与特点，非常不同。这里根据我与他们的接触和对他们的观察，谈谈对他们每个人的印象。

费德里科·马约尔（任期 1987—1999 年）

我在 1993 年加入教科文组织时，总干事是西班牙人费德里科·马约尔。马约尔 1934 年出生于巴塞罗那，有药剂学博士学位，担任过西班牙的教育与科学部长。1978—1981 年任教科文组织副总干事，1987 年竞选成功，开始担任教科文组织第八任总干事。

我第一次见到马约尔是在 1993 年春节期间，当时马约尔来中国访问，国家教育委员会滕藤副主任安排我见了马约尔一面。马约尔满面笑容，热情地与我握手，说他十分高兴以后能够与我共事。与马约尔的初次见面，他的风度与幽默给我留下了很深的印象。

我进入教科文组织工作之后，作为中层官员有机会在不同场合见到总干事，不过真正有机会与他一对一面谈却是五年以后的事了。1998 年 2 月，总干事办公室通知我去见马约尔，此时我已经是职业技术教育处的处长了。在此之前的 1997 年秋天，我为化解教科文组织与中国之间的紧张关系出了些力，帮助马约尔摆脱僵局。所以我一到马约尔的办公室，他起身与我握手之后就连连对我在那次危机处理中起到的作用表示感谢。[①] 马约尔和松浦两位总干事在接见下属时的习惯都是人来时在办公桌后面起身握手表示欢迎，会见结束时握手，但不起身，也不送出。后来我当了助理总干事，因为与总干事博科娃关系很近，见面时就随意多了，此是后话。

马约尔说，他曾经多次访问中国，与中国有长期友好合作关系，李鹏总理是他的老朋友。他接着提起 1993 年他发起“九个发展中国家人口大国全民教育计划”，得到了中国政府的大力支持。九个国家的第一次首脑峰会当年在印度的新德里举行，时任中国国务院副总理李岚清代表中国政府出席了会议。这一计划的《宣言》要由九国的国家元首或政府首脑签署，所以会上李岚清没有签字。次年马约尔访华，受到李鹏总理的接见。马约尔说：“我是带着《宣言》原件去北京的，要请李鹏总理在文件上代表中国政府签字。我原来还想先解释一番中国签署《宣言》的重要意义，没想到一见面，没等我提出要求，李鹏总理已经在《宣言》上签好字了。”说到此事，马约尔的兴奋之情溢于言表。

UNESCO/Michel Claude. Collection of UNESCO Archives

联合国教科文组织第八任总干事
费德里科·马约尔（1987 年）

马约尔问起我进入教科文组织工作以前的经历，我告诉他，在加拿大获得博士学位后我曾经作为外交官在加拿大工作。他马上说，原来如此，怪不得你能提出这样双方都能接受的好建议，使我们与中国的关系得以恢复。马约尔又说，教科文组织的官员都应该像你一样，既要懂业务，也要懂得外交策略。

这次见面我给马约尔留下了很好的印象，其实这也是他对我的一次面试。在马约尔时代，教科文组织所有官员的提升都要由他亲自审批。官员从 P5 级晋升到

① 关于那次危机，详见后文第 13 章。

D1 级是一个大台阶，还需要由总干事向执行局通报。曾经有中国政府派来任职的高级官员在教科文组织中未能站住脚，给马约尔留下了中国人不大能干的负面印象，所以自 1992 年到 1998 年的六年间，没有一个中国人在教科文组织内担任 D 级以上的高级职务，这与中国的大国地位很不相称。虽然中国方面曾多次向教科文组织推荐高级职位的人选，但是马约尔从未给过面子。这一方面是因为那一时期教科文组织与中国的关系并不特别热络，另一方面也是因为中方推荐的人选无论是业务水平还是语言能力，都还不适应在国际组织中工作的要求。另外在争取职位上，中方也不如其他一些国家那样竭尽全力。这些都是中国长期在教科文组织内没有高级官员的原因。我当时很希望能够扭转这种局面。

后来教育助理总干事鲍尔告诉我，马约尔在召见之后对我很满意，决定晋升我至 D1 级。鲍尔对我说，总干事这一决定既是对我的表彰，也是他对中国示好的一个姿态。5 月，执行局举行闭门会议，审议总干事提交的晋升官员名单。在讨论到我的晋升时，沙特阿拉伯、韩国和中国的代表发言表示支持。在此之前我曾经应沙特政府邀请去利亚德访问，对他们的职教体系做了详细考察，回来后撰写了一份报告对该体系做出评估并提出一些建议，沙特政府非常满意。韩国则是因为我近两年来一直在筹备将在汉城举行的第二次国际职教大会，与韩国官方合作甚好，所以给我说了不少好话。1998 年 7 月，马约尔签署文件，我被晋升为 D1 级官员。时隔六年，中国在教科文组织内终于有了一位 D 级的高级官员。

我带领我的团队从 1997 年开始就在筹备将在韩国汉城举行的第二届国际职业技术教育大会。马约尔对这次大会很重视，决定亲自赴韩国出席大会的开幕式。1999 年初，马约尔再次单独召见我，了解大会的筹备工作进展。在我做了汇报之后，马约尔说，基础教育和扫盲教育传授人们识字和计算能力固然重要，但是职业教育传授给人们可以致富的一技之长更有价值。马约尔作为科学家出身的总干事居然能够对职业技术教育有如此认识，让我感到有些意外。马约尔最后对我说：

“我对你的工作一直非常满意，我是非常认真地这样讲的。”会见时马约尔自始至终精力充沛，对我的态度较上次见面更为可亲。大概是工作中对我更了解，更信任的缘故吧。

马约尔自 1987 年开始担任总干事，到 1998 年已经两任近 12 年。他已经六十多岁，但精力过人。他的秘书告诉我，总干事每天晚上都要工作到 8 点多，周末也来办公室工作。他还经常出差到世界各国访问，永远是精力充沛的样子。马约尔总是穿一身剪裁考究的深色西装，身板笔挺，头发向后梳去，一丝不乱。他的办公桌上文件堆积如山，我见他时已经是晚上 7 点半，此前从 5 点开始他已经会见过三拨访客，还到楼下大厅出席了一个展览会的开幕式。但他在与我谈话的半小时中未露出丝毫倦意。他有极好的记忆力，说过的话没有不兑现的。十年后我曾有机会在巴黎与他一起出席一个关于“和平教育”的会议，他仍然记得我，也记得我们之间的一些谈话！

马约尔有着极强的个人魅力，是一位天生的政治家，讲话极其富有感染力。当他与人握手时总是直视着对方的眼睛，让人感到他在全心全意地关注你。尽管人们对他的内部管理风格褒贬不一，但他作为一名国际政治家的风度还是很迷人的。马约尔确有许多过人之处，这大概也是他成为教科文组织历史上任职时间最长的总干事的原因吧。

松浦晃一郎（任期 1999—2009 年）

松浦晃一郎是教科文组织历史上第一位来自外交界而不是来自知识界的总干事。松浦出生于 1937 年，早年毕业于东京大学法律系，后进入日本外务省工作。20 世纪 80 年代曾任驻香港总领事，此后曾先后担任外务省经济合作局局长和北美事务局局长，有丰富的外交经验。松浦 1992 年起任日本副外相，1994 年开始任驻法国大使，还担任过联合国教科文组织世界遗产委员会的主席。

当初人们对由非知识界出身的总干事执掌这样一个以推动智力领导力为根本的国际组织会有什么样的负面影响颇有担心，但是我国长期研究教科文组织的学者谢喆平却指出这样一个有趣的现象，“在知识分子担任总干事期间，教科文组织建立在理想主义或功能主义理论之上的目标或是未能实现，或是很浅层地实现，反而是在高层领导政治化之后，实现了业务领域对政治化的超越和功能主义目标的回归”。[②] 她举出的证据是“在职业外交官松浦晃一郎担任总干事期间，教科文组织在世界范围内推广文化遗产保护并取得了巨大的成就。正是在他任内，该组织起草和通过了《保护水下文化遗产公约》、《保护非物质文化遗产公约》、《保护和促进文化表现形式多样性公约》和《反对在体育运动中使用兴奋剂国际公约》这四份重要的国际公约”。她因此得出的结论是，在一定意义上，“政治化的领导层和执行层的专家学术化反而更有益于该组织工作的效率”。如果松浦先生知道这个评价，我想他一定会觉得找到了知音。因为我知道，这四份公约正是他引以为傲的成就。

在教育领域，尽管松浦不是专家，但是他紧紧抓住了“全民教育”这个关键。在上任之初就经过艰苦的努力，在世界银行和联合国儿童基金会等友邻机构的“围剿”中为教科文组织保住了作为全民教育的全球协调与监测机构的功能。在他任内的十年，他对教育的关注一直没有减少。

作为一名职业外交官，松浦之所以具有这样的眼界，我认为是来自他对国际政治与全球事务的熟悉。在松浦上任之初，人们常常拿他的前任马约尔与他对比。松浦不具有马约尔那样的个人魅力，但是人们逐渐发现松浦确实有他的许多长项。多年的日本外交官生涯，让他在东西方世界都建立了广泛的人脉关系，他对国际地缘政治有丰富的知识和敏锐的直觉。他曾经很骄傲地告诉我，在他任内，除了索马里，他访问了教科文组织的所有会员国。我曾经几次有机会陪同他到会员

② 谢喆平 . 中国与联合国教科文组织的关系演进：关于国际组织对会员国影响的一项经验研究［M］. 北京：教育科学出版社，2010 年 .

国访问，看到在与东道主接触时，无论是国家元首、部长或者基层官员，他都会努力倾听他们对教科文组织的诉求。所以尽管有些官员抱怨他出差太多，在总部办公时间少，但是他通过这些访问了解了会员国的想法。

在政治层面，松浦颇感骄傲的一个成就是他说服了美国总统小布什，让美国在外游离 19 年后于 2002 年重返教科文组织，使这个组织的普遍代表性得到了恢复。为此他对美国和美国的盟友国家做了大量游说工作。

作为日本政府提名的总干事，日本政府在他当选之后对他的支持是不遗余力的。例如，日本政府提供资金建立了一个特别账户，完全由松浦支配。松浦用这些资金资助会员国中的发展中国家，特别是回应这些国家的领导人向他提出的要求，这对于他取得会员国的支持是很有效的。同时作为日本人，他确实很照顾日本的利益。在他当选之初，日本在教科文组织中任职人数大大偏低（由于日本所缴会费比例甚高，理想数字幅度相当高）。在他任上，他不遗余力地为日本职员进入教科文组织而努力。到他卸任时，日本人的任职人数已经达到理想水平。

在内部管理上，松浦对细节的注意和了解达到了惊人的程度。我在教育部门担任行政办公厅主任时，为了完善人事安排，松浦曾经多次把我找到他的办公室，我和他手里各有一份教育部门在总部、总部外的办事处和研究所几百人的名单，我们讨论人事调整，最后他做决定。我惊讶于他对教育部门的职位和人员的了解竟然与我这个办公厅主任接近，他说他从不出席几乎每天都有的各国代表团各种名义的招待会，而是把时间用在看文件上。像马约尔一样，松浦记事，他说过的话没有不兑现的。他做决定前的思考时间很长，一旦做出决定就绝不再改。他知道人们对他的“微观管理”模式多有抱怨，但是他用“魔鬼藏在细节里”这句话来强调“细节决定成败”。教科文组织有些高管很不适应松浦的这一行事风格，对此褒贬不一。但是有一点很清楚，他了解各个单位的具体事项甚至细节，要糊弄他很不容易。他对整个教科文组织的掌控确实是很有效的。

陪同松浦总干事（左）出席活动（2009 年）

松浦的管理很有日本特色，即使不同意下属的意见他也很少直接反驳。我作为一个对东方文化有了解的中国人知道日本人这个特点。但许多来自其他文化背景的同事却是好久之后才慢慢明白，如果松浦对你说的话不表态，或者把上报给他的文件“留中不发”，那就是他不同意，你再催也没有用。日本的官僚体系是一种很特殊的“精英”体制，尤其是松浦那一代人，他本人并没有显赫的家庭背景，却能够做到文官的最高层——副外相，必然有他的过人之处。在松浦以前，教科文组织的管理模式一直是非常法国式的，高管团队开月会基本上用法语。自他开始，高管团队开会有一半时间甚至更多是讲英语，这也标志着教科文组织内的管理文化也开始向英美式的盎格鲁－撒克逊风格转变。许多人都说，这是松浦带来的积极变化。到了博科娃时代，高管团队开会基本上都讲英语了。

由于偶然的机会，我在松浦竞选总干事时对他提供了一点帮助，由此与他建立了一种互信的关系，这也使我 10 年中多次有机会近距离观察他。在他身上，可以看到日本人那种专注、锲而不舍、重视团队精神的特质。在后来的日子里，他欣赏我的能力，也信任我的人品。我常常敢于对他说一些别人不敢说的实话，他也能够听进我的意见，专业意见如此，小事上的意见也是如此。我陪他出差去会员国，看到他手里总提着一个布口袋，里面装着文件，见会员国的高官时他也提着。我觉得总干事提个布袋不大像样，就提出帮他提，他坚持自己提。我对他说，总干事拿个布口袋不好看。他却说没关系，还解释说布袋好，自重轻，方便。后来他改了这个习惯。他的办公厅的几位年轻助理跑来感谢我，说他们都觉得总干事拿个布袋子不雅观，但是谁也不敢对他说。

据我观察，松浦作为老一代的日本人对中国传统文化理解很深。我曾经送给他一部中英文对照的《论语》，他非常喜欢。我们谈话时，他经常会引用中国成语，并且在纸上写下汉字给我看。他对我讲，他小的时候在中国天津住过一年半，他的父亲在天津的一家日本公司工作，他在当地的日本小学上学，学过汉语。日本战败前父亲将他和母亲送回日本。他还告诉我，20 世纪 80 年代他作为日本外务省经济合作发展局局长访华时，在日本大使陪同下到天津，居然找到了当年的旧居，并受到热情招待。松浦的夫人出生在中国济南，2008 年他们夫妇应中国政府邀请出席北京奥运会开幕式后，曾经到济南去探访夫人的出生地。这些都是他与中国和中国文化的一种纽带。作为一名有丰富经验的日本外交官，松浦对中国在国际舞台上的大国地位有很清楚的认识。在松浦任上的 10 年间，联合国教科文组织与中国的关系一直很平稳，没有出现影响双边关系与合作的政治事件。

伊琳娜・博科娃（任期 2009—2017 年）

教科文组织第十任总干事伊琳娜・博科娃 1952 年出生于保加利亚，父亲是位老资格的共产党员，曾经担任保加利亚共产党机关报《工人事业报》的总编辑，博科娃算是一个“红二代”。她早年到苏联留学，毕业于有“外交官摇篮”之称的莫斯科国际关系学院，后来还到美国的大学进修。博科娃一辈子做外交官，当过大使、外交部长。她语言天赋甚高，可以讲联合国六种工作语言中的四种——英、法、西、俄，而且都讲得相当好。

博科娃作为第一个执掌教科文组织的女性总干事，她首先是一个政治家。她对国际地缘政治与博弈有丰富的经验和敏锐的感觉，处理会员国之间的矛盾手法非常纯熟。记得有一次她对我们所有助理总干事提出她的忠告：（1）不要与会员国争论；（2）不要表达个人立场；（3）保持冷静，有时甚至要“冷血”。但是她本人并不是那种铁石心肠的“女强人”，相反，她风度优雅，极具亲和力，非常有人情味。我曾有机会多次陪同她会见各色人物，从总统、总理、部长，到专家学者、学生和普通民众，她都给人很亲切的感觉。

博科娃本来可以带领教科文组织做更多的事情，可惜她当选总干事不过一年，美国就因教科文组织接纳巴勒斯坦为会员国而宣布停止向教科文组织缴纳会费。由于美国的会费占教科文组织近 1/4 的正常预算，这让博科娃上任后不久就不得不实行紧缩政策，影响了教科文组织能发挥的作用。后来几年她做了大量努力以争取美国改变立场，但那些年美国的共和党在国会占据多数，即便奥巴马政府曾经有段时间有缴费的想法，最终还是因无法得到共和党占多数的国会的支持而作罢。不过博科娃总干事还是借此机会推动了教科文组织的不少改革。

博科娃当政时她的高管团队由 20 人组成，包括她和下属的副总干事、负责业务部门的助理总干事和总部各综合协调部门的局长，外加总干事办公厅主任。博科娃竞选时就强调教科文组织内部的性别平等，承诺要提高女性高管的比例。这方面她做得很成功，我们高管团队开会时我数过，20 人中的女性官员，包括博科娃自己，占了 13 席！难怪在高管团队开会时，我们这些男性官员有时会

与博科娃总干事一起出席会议（2011 年）

自嘲为“弱势群体”。

博科娃待人比较宽厚，我们这些高管团队的成员都能畅所欲言。高管团队每月开一次会，每年总会有一两次到外面去做一次所谓“retreat”（也就是现在国内企业或单位也很时兴的“团建活动”）。在巴黎郊外找一家酒店，在周末把团队拉到那里，闭门开上两天会。会议的形式类似于我们中国的“理论务虚会”，与会者对组织内部一些大事、大方向畅所欲言，进行讨论。在这些会上，尽管大家意见经常相左，一些人之间在工作上也有不少矛盾，但是博科娃总是能够掌控局面，让大家把话说出来，并且达成一定共识。到了晚上，要让大家放松下来，组织一场舞会，大跳迪斯科。这个时候博科娃总是一马当先，活跃气氛。所以在她治下的高管团队的工作风气很正，有一种团结的氛围。

博科娃能够听进不同意见，我曾经在高管会上带领业务部门的几位助理总干事向综合协调部门就一些不合理政策发问，博科娃都能让我们把话讲完。有几次她已经做了支持综合协调部门的决定，一旦觉得我们的意见有道理，她也会改变决定，做到“从善如流”。她这个人比较厚道。有时个别高管由于对政治嗅觉不够敏感，捅了娄子，她要为他们善后，事后也就是说说他们，要他们以后注意不要再犯错误。还有人背地讲她的坏话，她也能容忍。有人建议她采取纪律措施，她又会考虑到当事人家里有困难，不忍严肃处理。结果有时她会被这些人所累，引起一些会员国的不满。所以也有人评论说她“不够狠”。当然，这是见仁见智的看法。

我一直认为我遇到博科娃这样的领导很幸运，她为人正派，非常好相处。她有识人之明，对我有知遇之恩。她一上任就让我代理助理总干事是因为她听到内部人员对我的赞誉。但是在代理三个月后她感觉到我提出的战略思维与她极为合拍，我提出的重振教育部门，让教科文组织恢复全球教育的领导地位正是她的想法。我领导教育部门团队提出的战略重点、方向和据此为她起草的在全球全民教育高层会议上的讲话非常符合她的心意。她看到了我的能力与格局，加之中国常驻教科文组织代表团和国内的支持，后来又经过面试的激烈竞争，我成了她第一个正式任命的助理总干事，也结束了这个职位几十年为欧美人垄断的局面。

我上任助理总干事之初，曾经非常坦率地问博科娃她是否真的重视教育，是否真的要把教育作为教科文组织的第一重点。她的回答是明确而坚定的，她要求我带领教育部门使教科文组织重新回到主导全球教育方向的中心地位。在以后的八年我一直把她的这个要求贯穿于各项工作之中。当教育部门面对严重的财务危机时，我在博科娃的支持下，调整战略，开源节流，缩短战线，集中资源保重点。几年中我们从捐助国、各类基金、企业得到的“预算外资金”持续增长。在博科娃卸任的时候，教育部门每年获得的预算外资金达到3倍于正常预算的水平，在教科文组织的各个业务部门中占据着绝对的龙头地位。

在国际社会确立2015年后可持续发展议程的过程中，我们抓住了时机，联手联合国儿童基金会主导了会员国磋商，最终在2015年仁川“世界教育论坛”提出了建议与行动框架，对教育2030目标的最后确立与以后的实施做出了关键的贡献。教科文组织在这一过程中的主导作用使它重新回到全球教育发展的中心地位，我也完成了博科娃当年交给我的任务。博科娃总干事曾经几次在教科文组织的高管会议上谈及我们取得的成就时，不无骄傲地提及当年我的提问和她的回答。

在博科娃手下工作，凡大事我都会事先把我的想法向总干事通报，事后做出报告。一旦得到博科娃首肯，我可以全权执行，不再事事请示，博科娃也不再过问。她这个人的风格是，一旦她信任你，就会放手让你自己去发挥，而且有事的话她会替你挡着。我的原则是对总干事只帮忙，不添乱。帮忙是做好自己的教育领域的工作，为教科文组织也为总干事“争气长脸”；不添乱是从不给总干事在政治上或业务上惹麻烦。

工作中有时难免我与总干事有不同看法，每次尽管我知道她的想法，也一定会把我的意见讲出来与她讨论。有时她会被我说服，如果说服不了她，一旦她做出决定，我就一定坚决执行。2015年底挪威王储哈康·马格努斯王子访问教科文组织总部，总干事为他举行了一个招待会，招待会由我主持。我们与挪威的关系很好，所以招待会的气氛很轻松。我在讲台上介绍说："下面请我的'老板'、博科娃总干事讲话。"听到我称呼总干事为"老板"，大家都报以笑声。总干事一上台就说："在我的这个组织中，虔是唯一称我为'老板'的人。通常在我们讨论事情有不同意见时，我会坚持我的看法，他会坚持他的看法。争执半天到最后他会说，是，老板！当他称呼我为老板时，我就知道他的意思是尽管不同意我的看法，但是他一定会执行我的决定。"她的话引起全场大笑。哈康王储手持一杯香槟酒在我旁边对我说："有这样的老板真是幸运。"

2015年和2017年，教科文组织两个关键部门战略规划局和人事局的局长出缺，博科娃非常罕见地任命我在担任教育助理总干事的同时，兼任战略规划局代理局长9个月，兼任人事局代理局长4个月，她对我的信任可见一斑。

由于她的出身与经历背景，博科娃对中国有一种天然的亲近感。在她的八年任期内教科文组织与中国的关系非常好，她每年都会不止一次到中国访问。这期间教科文组织与中国在教育、科学和文化领域开展了大量双方都受益的合作，使合作达到了历史最高水平，堪称"黄金八年"。

博科娃不是那种所谓的"强势"领导人。在我认识的三位总干事中，马约尔算得上是这样的人。他在任12年，到任期的最后两年甚至可以说是十分"任性"，不大在意会员国对他的批评，我行我素，还任命了许多"个人晋升"的官员，造成100多个D级职位却有200名D级官员的怪现象，这使松浦晃一郎上任后先要为马约尔"收拾残局"，让他抱怨了很长时间。会员国对马约尔长期执政的不满最后还导致在松浦当选后教科文组织的执行局通过决议，把总干事每一任的任期从

6 年减到了 4 年。

松浦总干事的作风是属于东方文化柔性治理，他从不与会员国发生正面冲突，他的有利条件是日本能够给予他政治与经济的有力支持。他手中有经济杠杆来影响会员国支持他的想法。博科娃总干事在她主政的八年除了第一年外，整整七年没有从美国收到一分会费，她自己的国家在政治上和经济上也难以给予她很大的支持，所以她要依靠她的外交手段和个人魅力来说服会员国。强势和柔性之间有个度，博科娃的风格应该是在马约尔和松浦之间，当然除了性格外，她那些年所处的外部的大环境也决定了她只能采取这样的领导策略，从而在外部环境相当不利的情况下，保持了联合国教科文组织对世界和平与可持续发展应该起到的作用与贡献。换了任何其他人，都难以做到比她更好。

第二篇

在全球教育的舞台上

本篇择要叙述了在我的领导下，联合国教科文组织的教育部门对全球教育的发展与合作做出的主要贡献，特别是我们主导了国际社会就《2030年可持续发展议程》中教育目标的磋商，最终通过成功举办“2015世界教育论坛”，确立了以后15年全球教育的发展方向。这里还包括了我多年来在助力各国教育的发展与改革以及推动各国教育界之间的合作的过程中亲身经历的一些重要事件台前幕后的故事。

第 7 章

2030 教育发展议程：那些台前幕后的故事

为了应对如今人类面临的愈加严峻的挑战，联合国 193 个会员国在 2015 年 9 月举行的历史性的首脑会议上一致通过了《2030 年可持续发展议程》。这一包括 17 项可持续发展目标（SDG）和 169 项具体目标的纲领性文件，用联合国秘书长潘基文的话来说，是“人类的共同愿景”，“既是一份造福人类和地球的行动清单，也是谋求取得成功的一幅蓝图”。意义何其重大！

议程的 17 个目标几乎覆盖了从人类福祉到环境发展的每个方面，其中第四个目标（SDG4）是“确保包容和公平的优质教育，让全民终身享有学习机会”。这个目标和其涵盖的 10 个具体目标指明了以后 15 年全球教育的发展方向，后来也被国际教育界称为“2030 教育发展议程”。教育是可持续发展的主要推动力之一，这个目标的实现对全部可持续发展目标的实现具有关键的意义。

联合国及其专门机构在 2013—2015 年就这个议程组织了堪称联合国历史上最为复杂的一次集体磋商。我有幸作为联合国教科文组织负责教育工作的助理总干事亲身参与并主导了“可持续发展目标 4”的全球磋商。这一过程历时两年多，充满了来自不同国家、联合国机构和非政府组织为表达不同诉求的有时甚至很激烈的博弈。不过在所有“利益相关者”的共同努力下最终达成了妥协，堪称制定国际规则的教科书式的典型案例。

历史的回顾

可以说，影响当代教育最重要的理念莫过于“全民教育”了。顾名思义，全民教育（Education for All，简称 EFA）是指对社会全体民众所提供的教育。1948 年联合国《世界人权宣言》提出，人人都有受教育的权利。教科文组织从来就认为，教育是基本人权的一个组成部分。不过，真正在全球范围将全民教育付诸行动还要追溯到 30 年前的世界全民教育大会。

1990 年 3 月，联合国教科文组织、联合国儿童基金会、联合国开发计划署和世界银行在泰国的宗滴恩联合主办了首次世界全民教育大会。出席大会的有 155 个国家和地区的代表共 1 500 多人。大会通过了《世界全民教育宣言》（以下简称《宣言》）和《满足基本学习需求的行动框架》（以下简称《行动框架》）两份文件。两份文件特别强调了基础教育的重要性，并将为女童与妇女提供教育机会作为优先考虑。

《宣言》从社会发展角度提出了全民教育的理念，即每个人，包括儿童、青年和成年人，都有权得到受教育的机会，以满足基本学习需求。《行动框架》鼓励各国政府围绕六个领域制定本国应于 2000 年达到的全民教育目标：（1）扩大早期幼儿教育；（2）普及小学教育；（3）改善学习成果；（4）将成年人文盲比例降低一半；（5）扩大基本技能的教育与培训；（6）为更好的生活与可持续的发展，以全部教育手段传授知识、技能与价值观。这次会议是人类历史上首次由国际组织、各国政府以及非政府组织组成一个全球联盟，在同一个行动框架下采取行动以满足人民的学习需求。宗滴恩大会算得上是世界教育史上的一个里程碑。

这次大会最早是教科文组织作为联合国系统内负责推动全球教育的专门机构倡议召开的，但是会上却出现了谁将作为全球全民教育的“牵头机构”的争论。我的一位前任、时任教科文组织教育助理总干事的科林·鲍尔当时负责大会的组织工作。他后来回忆说，与会的美国代表约翰·博尔顿（此人就是后来担任美国总统特朗普的国家安全事务助理又被解职的那位著名的鹰派人物，当时他是美国国务院负责国际组织事务的助理国务卿）在会上提出，应该由世界银行牵头。不过，与会的绝大多数代表认为，教科文组织是联合国系统中负责教育的专门机构，是它协调其他三个联合国机构成功地举办了这次大会，因此没有必要改变这个格局。美国代表的提议最终未被采纳。

宗滴恩大会之后，全民教育的理念为越来越多的国家所接受，许多国家制定了国家全民教育战略和目标。教科文组织会同其他三个主办大会的联合国机构建立了一个“全民教育指导委员会”（EFA Steering Committee），秘书处设在教科文组织，旨在协调各国及各机构之间推动全民教育的努力。

在之后的十年中，教科文组织牵头对全球全民教育的进展做了两次评估。1995 年的“中期评估”结果表明，全球小学入学人数增长很快，失学儿童的数量减少了，逾 100 个国家制定了全民教育的计划。1999 年做的有 180 个国家参与的第二次评估的结论是，全球成人文盲率从 24% 降到了 18%，文盲总数在十年间减少了 1.16 亿。这个成就的主要贡献者是中国！在此期间，中国的成人文盲减少了 8 000 万。全球全民教育十年成果甚丰，但是与 1990 年设立的目标仍然有很大差距。评估的结果一言以蔽之：革命尚未成功，同志仍需努力。在这个认知的基础上，第二次全球性的全民教育大会应运而生。

2000 年 4 月，“世界教育论坛”在塞内加尔首都达喀尔召开。这次会议不叫“大会”（Conference）而改称“论坛”（Forum）了，联合国人口基金的加入使联合主办机构增加到五个。与会者包括来自 164 个国家的代表逾 1 100 人。此次会议通过的最终文件是《达喀尔行动纲领——全民教育：实现我们的集体承诺》（以下简称《行动纲领》）。

文件中确立了六个新的全民教育目标，包括：推动儿童早期发展与学前教育；普及优质的小学教育；培养学习与生活技能；成人文盲数字减半；消除小学与中学阶段的性别差距；提高教育质量。人们意识到，实现全民教育远比原来设想的要艰巨得多，所以这次的《行动纲领》给了国际社会 15 年的时间，即争取到 2015 年实现这些目标。

十年前发生过的“领导权”之争在达喀尔再次上演。据科林·鲍尔回忆，刚刚上任的教科文组织的新任总干事松浦晃一郎在会上过分强调教科文组织的“牵头”作用，让其他几个机构领导人颇为不悦，鲍尔不得不去安抚这些“姊妹机构”的高官，向他们保证大家都是平等的。不过后来松浦总干事告诉我，达喀尔论坛是他就任总干事后出席的第一次大型联合国会议，让他没有想到的是，会上五个联合国机构间就谁来牵头协调落实达喀尔《行动纲领》会有那么大的分歧，让他这个新人领教了联合国系统内部的政治博弈。松浦为了“捍卫”教科文组织在全球教育的领导地位，他不得不亲自出面做参会的许多国家的教育部长的工作。最后由于这些部长在会上的力挺，会议最终确认由教科文组织负责“协调”全民教育的所有合作伙伴。《行动纲领》还要求教科文组织作为秘书处监测全民教育在各国的进展，并且每年负责召开一次全球全民教育会议和一次全民教育高级别会议。

达喀尔论坛之后的最初两年，教科文组织协助 150 个会员国制定了“国家全民教育战略规划”，并且从 2002 年开始每年出版一份《全民教育全球监测报告》。这份报告由一个独立的编写小组根据教科文组织下属的统计研究所每年收集的各会员国交来的国家教育发展数据独立撰写，后来成了教科文组织最具影响力的年度出版物。

2000 年 9 月，就在达喀尔论坛结束之后不到半年，联合国在纽约召开了联合国千年首脑会议，与会的 189 个国家的领导人就消除贫困、饥饿、疾病、文盲、环境恶化和对妇女的歧视，商定了八项有时限的目标，统称为“千年发展目标”（MDG），所有目标的完成时限也定在 2015 年。检视这八项目标后可以看到，关于普及初等教育的第二项目标（MDG2）和在基础教育阶段消除两性差距的第三项目标（MDG3）基本上是达喀尔全民教育目标的“复制品”。

联合国“千年发展目标”对实现全民教育目标也是一个很大的推动，不过由于“千年发展目标”只包括了六个全民教育目标中的两个，这样就造成了国际教育援助过于集中在小学教育和女童教育，往往忽视了贫困国家对其他教育领域的需求。

在这十多年中，发达国家和一些联合国机构的这种援助偏向非常明显，一些国家对此很有意见。2014 年我在南非约翰内斯堡出席全球教师组织“教育国际”召开的代表大会，主办国南非的高等教育部长致开幕辞时就公开讲：“我们是需要进一步完善小学教育，但是我们也需要提高我们高等教育的水平，我们要培养人才发展我们的科学技术。我们的教育不应只为产业发展提供廉价劳动力。”在与我的私下谈话中，这位部长甚至点了世界银行和一些国家的名字。

发展教育是一个整体任务，需要教育体系各层次各领域的综合平衡发展。尽管在不同阶段可以有不同的发展重点，但是如果只注重某一领域的发展而不顾其他，将无法达到目的。教科文组织在这十多年中一直在宣扬这种“全方位 / 整体性”思维。

全民教育运动焉能半途而废

2015 年是全球全民教育发展的一个时间节点。这一年是联合国“千年发展目标”的收官之年，也是实现达喀尔全民教育六个目标的最后一年。尽管多年来各国取得的成就不小，但是全民教育目标并未完全实现，特别是在那些最不发达国家。全球全民教育运动总不能半途而废吧。

早在 2012 年国际教育界就已经在谈论，为继续全民教育运动的未竟事业，有必要制定一个新的、2015 年以后实施的“议程”，包括一系列新的目标以便继续努力，当时人们称之为“后 2015 全球教育发展议程”。同时我们已经认识到，在达喀尔制定的目标对发达国家和那些在教育方面已经取得重大进步的中等收入国家缺乏吸引力。我去智利访问时教育部长就对我说："普及小学教育、扫盲等目标早已不是我们的问题了。将来你们在制定新的目标时，能不能考虑到我们中等收入国家的挑战，设立一些与我们相关的目标，比如高等教育？"好几位来自中等收入国家的教育部长都向我表达过类似的看法，因此新目标应该适用于更多国家的诉求。

与此同时，联合国系统也在考虑 2015 年以后"千年目标"怎么办。2012 年 6 月在巴西里约热内卢举行的联合国可持续发展大会（亦称"里约 + 20"峰会）提出了制定一系列"可持续发展目标"，在 2015 年接棒"千年发展目标"的重要建议。会议提出，这些目标应该是"数目不多，具有雄心，具有全球性，普遍适用于所有国家而又考虑到各国国情、能力和发展水平，同时尊重国家政策和发展目标"。

会见阿根廷教育部长西里欧尼（2010 年）

以前人们在提到"可持续发展"时通常会狭义地理解为对环境问题和气候变化的考虑。但是"里约 + 20"峰会提出，这一新的目标体系"应与 2015 年后的联合国发展议程连贯一致，并纳入其中……"，而这个新的磋商过程"要与审议 2015 年后的发展议程的进程一致"。这一立场颇为重要，实际上将原来以消除贫困为主要目标的联合国后 2015 年"发展议程"的讨论与确立这个新的全球"可持续发展"议程的磋商过程合二为一。也就是说，2015 年之后在联合国的框架下，全球将只有一个单一的既注重消除贫困又要应对气候环境变化挑战的"可持续发展议程"。那么我们计划中的"后 2015 全球教育发展议程"也势必应该成为这个全球议程的一部分，引领世界各国在 2015 年以后的教育发展方向。

“里约 + 20”峰会之后，联合国启动了一个成员国、各主要发展伙伴、公民社会等利益相关方广泛参与的磋商过程。磋商机制主要包括负责协调联合国各机构工作的“2015 年后发展议程联合国系统工作组”，还有秘书长任命的一个“2015 年后发展议程高级别知名人士小组”。联合国大会则于 2013 年初建立了一个有 30 个席位、70 个国家参加的“可持续发展目标开放工作组”。

这一次联合国成员国提出，确立议程与目标的工作应该由联合国成员国主导，联合国及各专门机构的任务只是提供专业技术咨询。但是新的发展议程对于联合国各机构的生存却是“性命攸关”的，因此所有机构都使出浑身解数，竭力游说成员国，争取将自己的专业领域纳入新的可持续发展目标中。联合国秘书长潘基文的特别顾问阿米娜·穆罕默德（现在是联合国的二把手，常务副秘书长）有一次告诉我，最初各联合国机构还有各种国际组织建议的新的可持续发展目标加起来有 400 多个！

作为人类可持续发展的支柱，国际教育界当然也迫切希望看到教育被纳入将来的议程，成为一个单独的“可持续发展目标”。2013 年 6 月，联合国秘书长根据初步咨询的结果向联合国大会提交了一份关于 2015 年后发展议程的报告。报告提出制定一组“广泛适用于所有国家的、单一的、平衡的、全面的目标”，致力于“消除贫困和推动可持续发展”。这份报告列出了十多个应采取行动的领域，其中一个是“提供优质教育和终身学习机会”。

主导全球磋商

联合国系统对“里约 + 20”峰会之后启动的“可持续发展议程”的磋商过程做了分工，对于议程中教育领域的专题磋商由教科文组织和联合国儿童基金会负责组织。这是上天赐给我们的机会，它让我们有可能实现双重目标：一是以教科文组织“教育以育人为本”的人文主义理念影响将来的全球教育发展方向，二是让教科文组织重新发挥在推动全球教育发展中的主导作用。

在磋商之前，我的团队多次深入地讨论了 2015 年后的全球教育发展方向。我们界定了 2015 年后的教育议程应该考虑到的一些基本原则，通过制定“后 2015 年全球教育发展议程”作为各国政府今后 15 年发展教育的指导方针：

- 教育是一项最基本的人权，也是实现社会经济所有领域发展的基础；
- 教育是一项公益事业，各国政府应当负起责任向人民提供免费和义务的教育，使人民享有平等的接受教育的机会；
- 教育的最终目的是造就一代能够承担社会责任、在经济全球化的背景下促进和平与可持续发展的“全球公民”；
- 教育应该是包容的，要努力确保性别平等，尤其关注那些弱势群体和那些受战乱或自然灾害影响的地区的儿童；
- 发展教育不但要关注入学机会，更要关注教育质量，确保学生在学校学到知识、技能与正确的价值观；
- 发展教育需要整体的教育观，推动各层次教育的协调发展，落实终身学习的理念。

主持美国教育部长邓肯的报告会（2010 年）

我们的原则立场确定之后，我就开始考虑组织磋商的战略手段，即如何能够将我们的原则立场变为会员国的共识。在联合国系统内推动教育发展最有影响力的机构有三个，即教科文组织、儿童基金会和世界银行。在我们的内部讨论中，我提出，我们这三家机构首先要对新的可持续发展议程框架内的教育目标有一个共识。只要我们三家联手，向联合国成员国推荐我们共同的专业建议，被各国接受的可能性就会大大增加。另外，我们还必须要动员重要的同盟军接受我们的共识，加入我们的战线共同战斗，包括代表发达国家的经济合作与发展组织、代表全球 3 500 万教师的“教育国际”。全球众多与教科文组织有合作关系的教育领域的非政府组织当然也是我们的伙伴。

不过，与儿童基金会和世界银行合作并不是件容易的事，自 20 世纪 90 年代全民教育运动兴起后，许多联合国机构都开始做教育项目。儿童基金会关注儿童早期保育 / 学前教育和小学教育，特别是女童教育。世界银行则开始组织自己的教育团队，在受援国执行教育贷款或赠款项目，不再假手他人。这形成了它们与教科文组织的竞争关系。

我任助理总干事之后就马上采取了行动，提议建立一个教科文组织、儿童基金会和世界银行三家机构主管教育的负责人的定期磋商机制。当时儿童基金会主管教育的最高负责人是副执行主任印度人姬塔 · 库帕塔，世界银行负责教育项目的最高官员是教育主管伊丽莎白 · 金，她是位华裔菲律宾人，资深教育专家。我的建议在两位女士那里一拍即合。于是从 2011 年开始，我们三个人每年都会利用出席各种会议的机会举行一到两次三方会谈，坚持了好几年。联合国机构之间由于竞争关系，合作通常不是很容易，而我们三人之间的合作却非常顺利，对三家机构的教育合作起到了非常积极的作用。我倡导的这个合作模式极有益于后来的全球磋商，得到了博科娃总干事的大力支持，也多次得到会员国的赞赏。

2013 年 9 月，我们三个人在纽约的儿童基金会总部开了一个会。会上大家都同意以教科文组织为主，利用现有的全民教育协调机制，组织有会员国代表（特别是教育部长）和各利益相关方的代表参加的在全球和五个地区（亚太、非洲、阿拉伯、拉美与加勒比、欧洲与北美）的磋商会。

"全民教育指导委员会"是我们一个重要的领导与协调机制。当时委员会有近30个席位，会员国的代表占半数，另外有五个联合国机构等国际组织和非政府组织的代表。我任助理总干事这八年一直是这个委员会的两个联合主席之一。这个委员会在仁川2015世界教育论坛期间还成了文件起草工作组，对"2030全球教育发展议程"的制定起了关键的作用。

作为第一步，我们聚焦于推动会员国争取将教育在2015年后的"可持续发展议程"的总体框架内单独列为一个目标。不过即使教育最终被作为一个单独的目标确立，考虑到教育多层次和多领域的特点，这个目标恐怕也只能是一个很笼统的口号。当时想到的一种解决办法是在"可持续发展议程"的框架确立之后，国际教育界根据议程中的教育目标，另外确立一组并行的、量化的、涵盖必要的教育层次与领域的"子目标体系"，作为对教育总目标的补充。

但在讨论中，儿童基金会的库帕塔坚持，不应当再出现既有"达喀尔全民教育目标"又有"千年发展目标"这样的"双轨制"。这个意见很有道理，"双轨制"会造成混乱，不利于国际社会的集体努力。我和世界银行的金女士都同意这个意见。为此我们商定，三家机构都利用自己的影响分头说服联合国的成员国，推动单一教育发展目标的框架，最终确立一个单一的、普遍适用于所有国家的2015年后的教育发展议程，将其纳入国际社会将要制定的2015年后的可持续发展总体议程中。这也就意味着，在努力使教育成为一个单一可持续发展目标的同时，在同一框架内推动确立一些"子目标"，以涵盖那些不同层次的教育和相关领域。

从2012年10月到2013年2月，我们与儿童基金会共同组织了阿拉伯、非洲、拉美和加勒比以及亚太地区的四次专业咨询会议。磋商建议将"全民享受公平优质的教育和终身学习"作为将来可持续发展议程中的教育总目标。与会的各国专家还达成共识，有必要确立一系列反映教育中优先领域的具体目标（子目标）和可量度的指标体系使总目标具体化。新的议程的雏形开始显现。

在我的教育部门，一直是由 20 多人的全民教育协调司负责后 2015 全球教育发展议程的工作，司长是来自挪威外交部的奥勒夫·森姆，此人很有经验，对我的帮助很大。但他是由挪威政府“借调”来帮助我们工作的，到 2013 年底协议期满回国。他离开后，博科娃总干事说现在是关键时期，要我亲自兼任这个司的代理司长。在以后的 16 个月里，我以助理总干事和代理司长的双重身份，领导并且直接参与了协助会员国确立新教育发展议程和目标的全过程。

迈出第一步

在上述磋商的基础上，我们在教科文组织第 37 届大会（2013 年 11 月）上提交了一份题为“2015 年后的教育”的文件，这是有关 2015 年以后的教育议程的“概念说明”。我们在文件中明确表示，“教科文组织倡导一个单一的、界定明确的全球教育议程，该议程应该是更广泛的国际发展议程框架不可分割的一部分”。在这份文件中，我们首次提出，教科文组织建议其会员国以“确保到 2030 年实现全民享受公平、优质的教育和终身学习”作为一个可能的全球总体教育目标，并建议将这一整体目标转化为五个“优先领域”，包括：（1）完整、高质量的基础教育，包括幼儿保育和学前教育；（2）优质的高中及高等教育；（3）切合实际的学习环境与可衡量的学习成果；（4）扫盲，包括阅读、运算等基本能力与技能；（5）终身学习的机会，培养生活与工作技能。事实上，这五个“优先领域”就是以后的“具体目标”的雏形。我们还提出，将来的全球教育议程还应该包括一个具体而详细的“行动框架”文件。我们的目标是“2015 年后全球教育议程”的建议能够得到于 2015 年 9 月在纽约举行的国家元首和政府首脑会议的赞同，使其成为新的“可持续发展议程”的一部分。

不过在这次大会上，有一些国家尤其是拉美国家的代表可能是出于对将来的“可持续发展议程”的不信任，倾向于让新的教育议程作为一个单独的框架，独立于“可持续发展议程”之外。这样将会给教育议程的实施带来极大问题。我不得不在会上多次解释“双轨制”已经造成的和将来会造成的困扰，还专门找到几个持此意见国家的大使做解释工作。在多数代表的支持下，最后我们才说服这些国家不再坚持意见。

像往常一样，教科文组织的全体大会吸引了众多出席者。这一年，超过 100 个国家的教育部长带团来巴黎参会。这是我最忙碌的时候，因为在持续三天的大会教育委员会的会议上，我作为总干事的代表要从始至终坐在主席台上。每个议题都要由我介绍内容、倾听意见、解答疑问，最后还要与各国代表讨论决议草案。与此同时，我的办公室接到几十个国家的常驻代表团的电话，为他们国家的教育部长约见我。而总干事在会见一些重要国家的教育部长时又常常会要我参加，这样我与教育部长们的会见只能尽量安排在早上开会前的 8 时到 10 时、中午 1 时到 3 时的休会期间或者晚上 6 时会议结束之后。

尽管平时我经常会在办公室接待来访的各国教育部长，在去各国访问时也都会去拜访教育部长，但在大会期间是见部长们最集中的时候。这也是我这些年来有机会会见 150 多个国家的教育部长的原因。有些国家的教育部长更换很勤，我见过好几任，像俄罗斯、韩国的教育部长我都见过六七任。许多部长来访时会带来有其国家特色的礼物，所以我的办公室里总会轮流摆放这些礼品。有的部长任期很长，每次大会必到。记得巴林的教育部长曾经送给我一个帆船模型，几年后他又来开会看到他的礼物还摆在我办公室的书架上，因此很高兴。

在第 37 届大会期间，我正式会见了 40 位部长，还不包括在会场上打招呼寒暄与简短交谈的。2015 年后教育议程是我与部长们讨论的主要话题，从他们的反应中可以看到发达国家和发展中国家面对的相同的和不同的挑战，这也让我更深刻地认识到，各个国家国情有别，不可能有一条简单的、“万能的”发展教育的途径。不过，部长们对新的全球教育议程的期望相当高。几乎所有发展中国家的部长都告诉我，教师是他们最担忧的短板，而资金短缺则是他们最为关注的挑战。他们特别希望在议程中对各国政府对教育的投入规定一个底线。他们说得很直白，有一个国际社会认可的底线，他们就可以在内阁会议上据此要求政府首脑和财政部长增加对教育的投入！

我的团队在 2013 年底到 2014 年初这段时间进行了多次内部讨论，根据各地区与全球的专家咨询结果初步提出 10 个“具体目标”，建议会员国在 2030 年：（1）实现 10 年义务教育（1 年学前教育+9 年基础教育）；（2）提高高中入学比例；（3）扩大高等教育规模；（4）扫除青年与成人文盲；（5）增加青年持有专业与职业技能比例；（6）增加成人非正规培训比例；（7）培养 / 招募足够数量的合格教师；（8）创造良好学习环境；（9）各国政府将国内生产总值的 6% 和政府公共预算的 20% 用于教育；（10）所有援助国将官方发展援助的 20% 分配给教育。

数月后，总干事向 2014 年 4 月举行的教科文组织第 194 届执行局会议提交了一份介绍教科文组织对于 2015 年后全球教育议程的更具体的“立场文件”，包括了新的 10 个具体目标的初步建议。文件进一步明确，新的全球教育议程“应当以一个综合总体目标为框架，并将这一总体目标转化为一系列可衡量的具体目标和相关指标”。这里提出的由总目标、具体目标和指标体系组成的三个层次的构架后来被最终通过的“可持续发展议程”采纳。

与古巴教育部长贝拉斯克斯交谈（2015 年）

在这届执行局会议上，我代表总干事对这份文件做了解释。执行局共有代表会员国的 58 位委员，当天有 40 位委员发言。他们对我们的建议表示支持，也提出了一些有见地的建议。拉美国家的代表提出，建议的总目标除了已经有所体现的公平、质量和完整性的概念，还应体现“包容”的理念，以表达对弱势群体的关注。这个议题的讨论持续了两个半小时，气氛从始至终极为积极与和谐。我坐在总干事代表的主位上与 58 个国家的大使共商全球教育的发展方向与战略，这可不是一个常有的机会啊。

我在最后的总结发言中特别向各国代表强调，这次的新议程磋商是由联合国成员国主导的，所以最后的决定将在纽约联合国总部做出。我说，我知道你们驻纽约的代表都是外交官，不是教育专家。所以请你们一定要把这个信息传送到你们在纽约的同事那里，让他们将此框架作为国家的立场来表达。委员们纷纷点头表示同意我的看法。很多国家真正这样做了，为后来教育目标在“可持续发展议程”中的形成起了重要作用。

随后，我们向全民教育指导委员会提交了《教科文组织关于 2015 年后教育的立场文件》。在 2014 年 3 月召开的全民教育指导委员会的会议上，我代表教科文组织介绍了文件的产生背景和教科文组织执行局的决议。会议开了三天，讨论极为热烈，时有激烈的争辩。会后我们根据会上的讨论结果，起草了一份《全民教育指导委员会关于 2015 年后教育的联合提案》(以下简称《联合提案》)。这份《联合提案》重申了制定教育议程的基本考虑和原则，强调议程有必要包括一个“行动框架”以指导各国政府制定国家目标和衡量指标以及建立必要的全球协调与监测机制。对总体目标，拉美国家的代表在会议上再次提出要加上“包容性”，这一建议得到了委员们的一致支持。这样，在这份文件中，我们建议的全球教育总体目标就修正为“确保到 2030 年实现包容和公平的全民优质教育和终身学习”。

与会者对“立场文件”建议的“优先领域”与 10 个“具体目标”进行了详细讨论，最终将它们归纳为 7 个具体目标，其中 5 个属于教育的产出目标，2 个属于对教育的投入目标。以产出衡量的 5 个目标是：

（1）提高幼儿保育与学前教育比例，包括提供至少 1 年的免费义务学前教育；（2）所有儿童接受 9 年免费义务基础教育；（3）提高成人掌握阅读和运算能力的比例；（4）通过职业教育、高中和高中后教育提高青年和成人掌握职业知识和技能的比例；（5）通过“全球公民教育”和“可持续发展教育”使学生获得建立可持续的和平社会所需的知识、技能与价值观。2 个衡量教育投入的具体目标是：（1）提供足够数量的合格的、经过专业培训的教师；（2）所有国家将至少 4%~6% 的 GDP（国内生产总值）或者至少 15%~20% 的公共开支用于教育。

尽管在大的原则上各方分歧不大，但在具体目标上的制定上各方都在为自己利益而坚持，有几个问题经过了长时间的讨论甚至激辩才取得共识。我作为联合主席在主持讨论时要不时建议折中方案，深感寻求使各方都能接受的妥协之不易。

“青史留名”的马斯喀特会议

2014 年 5 月 12 日—5 月 14 日，由阿曼苏丹国承办的 2014 年全球全民教育会议在首都马斯喀特举行。这是在确立 2015 年后教育议程过程中一次至为关键的会议。

2010 年我被任命为教育助理总干事后，第一个来拜访我的会员国常驻代表就是刚到任的阿曼女大使沙巴尼博士。她原在大学当教授，被苏丹（国家元首）派来常驻教科文组织。由于同是学者出身，我们有很多共同语言，谈起发展中国家如何兴办教育我们的看法很一致。她当大使时间不长就被苏丹召回过国当了教育部长，上任后推行了一系列大胆的改

访问阿曼会见阿曼教育部长沙巴尼（2011 年）

革。沙巴尼部长听说我们要开会，马上打电话给我，说阿曼愿意承办，希望我促成此事。在阿拉伯世界，特别是在海湾地区，女性教育部长并不多，我们当然愿意支持她。况且我们的全球全民教育会议还从来没有在海湾国家开过。阿曼也提出了对我们十分有利的条件。于是我建议总干事在马斯喀特开这个会，一贯注重为性别平等而努力的博科娃总干事对此非常支持。

马斯喀特会议开得很隆重，教育部长沙巴尼博士和博科娃总干事致开幕辞，刚果民主共和国总理受邀做主旨讲话。来自 50 多个国家的逾 200 名高官与会。会议的大部分时间用于讨论全民教育指导委员会的"联合提案"，与会代表对我们建议的 2015 年后教育议程的框架表示强烈支持。我亲自主持了文件起草小组，会上一致通过的最后文件《马斯喀特协议（草案）》确认了总体目标和七个具体目标。尤为重要的是与会各国承诺，将以此文件建议的教育议程框架和目标作为它们参与制定全球 2015 年后"可持续发展议程"协商的立场。

两周后，我们在巴黎召开了一次全民教育指导委员会的特别会议，审议《马斯喀特协议（草案）》。会议再一次讨论了我们建议的总体目标和七个具体目标，做了一些必要的微调，《马斯喀特协议》随之最后定稿。这份文件是教科文组织、儿童基金会和世界银行联合推动的会员国磋商的结果和对"2030 可持续发展议程"教育目标的正式建议。

建议有了，但是这次全球协商是联合国所有成员国主导的，最主要建议要由 2013 年初建立的"联合国可持续发展目标开放工作组"（以下简称"开放工作组"）做出，但是成员国在纽约参加工作组的代表都是外交官，并不是教育专家。为此我们必须组织一场协调一致的战役，通过各种渠道向成员国和它们在纽约的代表施加影响，促使代表们在纽约按照我们的建议制定教育目标。

首先我们将这份文件以博科娃总干事的名义通过所有驻教科文组织的常驻代表团送交各国教育部长，另外还单独送给了联合国秘书长潘基文和"开放工作组"的联合主席。在全民教育指导委员会中除了会员国代表，我们的主要伙伴联合国儿童基金会、世界银行、联合国妇女组织、经济合作与发展组织，还有教师工会“教育国际”的代表都是成员。他们都分别通过自己的组织系统将《马斯喀特协议》向自己的会员国或成员机构推介，平行施加影响。

其次我们与儿童基金会商定，利用它的总部在纽约的便利，向“开放工作组”成员国代表通报和解释《马斯喀特协议》的各项目标，教科文组织则在巴黎向会员国代表团通报《马斯喀特协议》内容和各项磋商的进展。“开放工作组”下面有一个联合国机构技术支持小组，教科文组织和儿童基金会都是小组成员。我们两家一直默契地根据《马斯喀特协议》的框架向“开放工作组”提供技术建议。

除此之外，我们还通过其他不同渠道对会员国施加影响。总干事博科娃在联合国一系列重大活动场合大力宣传《马斯喀特协议》提出的教育议程。在“开放工作组”第 12 次会议在纽约举行期间（2014 年 6 月），我们和儿童基金会在联合国总部举办了一场《马斯喀特协议》通报会，向各国常驻联合国代表介绍情况。

2014 年 7 月，金砖国家首脑第六次会晤在巴西的福塔莱萨举行。我找到巴西驻教科文组织大使商量，建议巴西作为东道国争取金砖国家集团支持我们提出的新议程的总体目标。大使很机敏，立即意识到这可以提高教科文组织在巴西和在金砖国家的地位。不久之后，大使来告诉我，他已经通过巴西外交部，将我们建议的新教育议程的总体目标加入首脑声明的草案当中。我随后向其他四个金砖国家驻教科文组织的大使通报了此事，建议他们向各自政府报告，在首脑会议上支持巴西建议的文字。后来我们高兴地看到，首脑会晤后发表的《福塔莱萨宣言》第 56 段说，2015 年后发展议程应“确保人人享有公平、包容和良好的教育及终身学习机会”。这无疑是对我们建议的有力支持。同时我也注意到，习近平主席在那次首脑会议上的讲话中有这样一段话：“金砖国家主持公道、弘扬正义，致力于建设公平公正的美好世界，是国际关系中的正能量。我们应该放大这种正能量，在国际事务中共同提出方案，伸张正义，践行平等。”

我们这场有组织、协调一致的战役显现出了战果。我们在纽约的代表处向我报告，在“开放工作组”讨论期间他们发现，会员国代表为拟议中的教育总体目标和具体目标使用的措辞越来越符合《马斯喀特协议》建议的语言，说明我们的专业建议正在被各个国家接受！

“议程”的初步建议出炉

2014 年 7 月，联合国“开放工作组”发布了一份有 17 项可持续发展目标和 169 个具体目标的成果文件，其中包括了“可持续发展目标 4”——为所有人确保包容、公平的优质教育并促进终身学习机会。这个总体目标与我们在《联合提案》和《马斯喀特协议》中提出的几乎完全一致！《马斯喀特协议》建议的四个要素——公平、包容、优质和教育的整体性（即终身学习）都被包括在内，只是顺序略有不同。显然，全球磋商的结果被采纳。在“可持续发展目标 4”之下，“开放工作组”的文件建议了七个具体目标和三个所谓“实施方式”。

《马斯喀特协议》建议的七个具体目标除了“财政投入”这一条，其他全部被“开放工作组”的建议所包含，只是在标准的高低方面不尽一致。我们建议从学前到初中毕业共 10 年免费义务教育，而“开放工作组”建议了更高的标准——基础教育加中等教育共 12 年的免费教育！我们建议性别平等在三个具体目标中分别规定，而“开放工作组”建议性别平等作为一个单独的具体目标存在。“开放工作组”把教师的表述定位为一个实施手段而不是一个核心目标，引起教师工会组织“教育国际”的不满，不过这也不算是太大问题。“开放工作组”建议学习环境和奖学金作为两个“实施方式”，我们从专业角度认为学习环境很难量化，不过加上也无妨。“奖学金”作为一项“实施方式”有点牵强，主要是反映了一些发展中国家的愿望。唯一的不足是“开放工作组”的建议没有将“教育的资源投入”列为一个具体目标，让众多发展中国家的教育决策者感到非常失望。

在 2014 年 10 月举行的教科文组织执行局第 195 届会议上，我代表总干事报告了国际社会制定 2015 年后教育议程的进展。会员国代表对我们建议的总目标和绝大多数具体目标被反映在“开放工作组”文件中感到非常满意，赞扬了我们与儿童基金会共同领导各级磋商的努力和成果。

评论具体目标时，许多发展中国家代表对“教育资源投入”未被列入目标表示强烈不满。也有发达国家的代表质疑 12 年免费教育是否有必要，认为教科文组织建议的到 2015 年各国都达到 10 年免费义务教育的目标是比较实际可行的。“开放工作组”提出的两点原则值得注意：一是只有世界上所有国家都达标了才算最终达标；二是目标的设立应该大胆一些，目标定高一点可以达到鼓舞人更努力的目的。我提醒执行局代表，这两个原则是矛盾的，恐怕会增加达标的难度。

在技术层面，为了使将来的教育议程目标可以度量和监测，联合国统计委员会需要为各个“可持续发展目标”建立一个指标体系。承担为教育目标及其具体目标建立指标体系这项任务我们教科文组织责无旁贷。早在 2014 年初我们就成立了一个技术咨询小组，由教科文组织的统计研究所牵头，邀请儿童基金会、世界银行、经合组织的专家参与，负责拟定各项指标。这个小组编写了一份文件，初步审查了各项具体目标的潜在指标，提交全民教育指导委员会和联合国经社事务部。当时联合国经社事务部是由中国籍的联合国副秘书长吴红波主持，我曾利用去纽约出差的机会专门去他的办公室向他通报教育议

与联合国秘书长潘基文（右）和博科娃总干事（中）共同出席“教育第一”倡议行动会议（2015 年）

程的磋商进展。

联合国“开放工作组”在“可持续发展议程”初步建议中“可持续发展目标 4（教育）”的内容表明教科文组织与儿童基金会和世界银行共同推动的全球教育议程的磋商结果成功地被会员国接受，我们取得了阶段性的成功。下一步将是组织会员国和国际社会对初步建议进行具体审议，推动议程在 2015 年 9 月获得世界各国首脑批准，做出将来议程批准后在各国实施的政治承诺。这些就是 2015 年“世界教育论坛”要达到的目的。

第8章

巅峰之作：2015 世界教育论坛

需要一次“全球教育峰会”

从 2012 年开始，教科文组织和儿童基金会合作，在世界银行和其他伙伴机构的支持下，主导了“2015 年后全球教育发展议程”的磋商，2014 年“开放工作组”提出的联合国可持续发展目标初步建议中的目标 4（教育）反映了这场磋商达成的共识。教科文组织的人文主义理念得到了充分的反映，在教育不断受到“功利化”侵蚀的今天，这个结果来之不易。国际教育界对建议的目标基本上是满意的。但是要将这个以后 15 年指导全球教育发展方向的目标落到实处，关键是全世界各国政府必须对实施“议程”以及到 2030 年达标做出政治承诺。为了达到这个目的，我们很早就开始计划在 2015 年召开一次类似 2000 年达喀尔“世界教育论坛”那样的全球教育峰会，邀请世界各国决策者与会，要他们做出政治表态。2014 年初，我们就开始了为举办“2015 世界教育论坛”的一系列准备工作。

从 2014 年下半年到 2015 年初这半年时间里，我们与儿童基金会合作，密集召开了五个地区部长级磋商会和九个人口大国教育部长会议，讨论建议的新议程。会员国积极性非常高，总共有 90 多个国家的教育部长或副部长出席了这些磋商会。每个会我都亲自到场并且在会上介绍《马斯喀特协议》建议的总体目标和七个具体目标，以及“开放工作组”建议的七个具体目标和三个实施方式。新议程的框架、总体目标和具体目标得到了所有参会的会员国代表的认可和支持。

在国际教育界活跃着众多非政府组织，它们除了协助官方办教育外，还有监督各国政府落实向国民提供教育机会的责任，因此许多政府对这把“双刃剑”常常是又爱又恨。在这次磋商过程中，我要求团队务必为非政府组织发声提供条件与支持。教科文组织早就有一个“全民教育非政府组织集体咨询机制”，囊括了教育领域最有影响的全球、地区和国家一级的 400 多个非政府组织。2014 年 5 月我们在智利首都圣地亚哥召开了一次非政府组织集体磋商会议，会议发表的宣言明确支持教科文组织的立场。我们邀请非政府组织的代表列席了所有地区部长级会议，我们对他们的重视与善意得到这些非政府组织的热烈回应。在会上，他们的发言往往比官方代表的表态更为积极进取，常常会出现在会议上他们“逼迫”部长们做出更多承诺的有趣现象。

从 2014 年下半年开始，我的团队开始起草世界教育论坛的两份主要文件——《2015 世界教育论坛宣言》和《2030 教育议程行动框架》。《2015 世界教育论坛宣言》（后来被称为《仁川宣言》）是最重要的政治文件，要表达所有与会国政府实施议程并在 2030 年实现所有目标的政治承诺。这种文件切忌冗长，我对团队说文字不能超过 20 段。《2030 教育议程行动框架》（以下简称《行动框架》）则是为了协助会员国将来在国家层面实施议程，详细阐述议程的总体目标和愿景，并“解析”各项具体目标，描述具体目标涉及的概念的技术性文件。两份文件的初稿完成后交给“全民教育指导委员会”审议。

我与挪威的威德勒担任委员会的联合主席，两位副主席是来自日本的吉田和来自巴西的卡米拉·科若苏。我们为指导委员会选择这三位“领导成员”也很费了一番心思。除了他们的能力出众，威德勒来自会员国政府，吉田是大学教授，卡米拉则是一个有很大影响力的国际非政府组织“全球教育运动”的主席，他们代表了官方、教育界和民间的不同立场，同时他们分别来自欧洲、亚洲和拉美，有着不同的地域视角。会员国，无论是发展中国家还是发达国家，对委员会的成员来自何方都非常敏感。他们需要有“自己人”以确保自己的利益与诉求在文件中得到反映。在国际组织办事，这样的细心考虑、寻求平衡是获得预期成果的保障，断不可掉以轻心。

《仁川宣言》的起草工作很顺利，我的团队将文件长度控制在 20 段。随后我以教科文组织的代表和委员会联合主席的双重身份主持了两次指导委员会会议，对《仁川宣言（草案）》文本逐段推敲。

起草《行动框架》文件以“开放工作组”建议的可持续发展目标 4（教育）下面的七个具体目标加三个实施方式为框架，进展也比较顺利。此时在联合国方面“可持续发展目标 4（教育）”及其具体目标仍然没有最后定稿。它们不定稿，我们也不好在论坛上通过《行动框架》文件。因此指导委员会决定《行动框架》文本将只作为建议草案提交论坛讨论。论坛之后将建立一个起草工作组继续修订这个文件。待 2015 年 9 月联合国峰会正式通过可持续发展议程之后，在 2015 年 11 月召开一次有各国政府代表、有关国际组织和非政府组织代表出席的“特别高层会议”，最后批准《行动框架》。

煞费苦心选择韩国

“2015 世界教育论坛”将是各国政府和其他所有利益相关方在会上宣示它们实施新的全球教育发展议程的“政治承诺”的关键性集会，我们必须让它成为全球教育界的最高层次的盛会。

首先是出席人的层次要高，主体当然是各国政府主管教育的最高官员——教育部长率领的政府代表团，再加上所有与教育发展有关的各方代表。其次是谁来参与主办，15 年前的达喀尔“世界教育论坛”有五家联合国机构作为联合主办方，那么这次应该争取更多的联合国机构加入并且争取它们的一把手出席以彰显联合国协助各国实施议程的承诺，多多益善。既然是联合国系统的会议，秘书长潘基文就必须在场，他若不在，哪能算得上是最高层会议呢？当然，承办国的国家元首也应该作为东道主主持论坛的开幕式，不然论坛的层次也要打折扣。不过，游说这些“大人物”来参会，还要把他们在同一天聚在同一个地方可绝不是一件容易的事情。我们需要下一盘环环相扣的大棋！

这个论坛的东道国应该是一个可以向世界展示全民教育的样板，这个国家要有意愿也有能力承办这样的大型全球性会议。根据这两个条件，在众多选择之中我几乎没有犹豫地就将韩国列为首选。在与韩国政府高层的多年合作与接触中我感受到，韩国政府渴望在国际社会展示过去 30 年间教育在韩国经济腾飞中的关键作用。世界教育论坛当然是一个极好机会，国家元首出席也是顺理成章的事了。再说，韩国举办大型国际会议的经济实力和组织能力也是毋庸置疑的。韩国教育部里有十几位官员都有在教科文组织或常驻代表团工作的经历，这些人如今都在关键岗位上。

选择韩国的另外一个重要考量是联合国秘书长潘基文来自韩国。每年联合国的各种会议多如牛毛，但凡有点名目的会议都想请秘书长出席，以示隆重。而秘书长工作繁忙，分身乏术，不可能出席太多会议。但是如果我们在他的祖国开会，韩国政府必然会千方百计地去请他出席，且不说会议的重要性，作为韩国政府的前外交部长，他怎能不给自己的国家捧场呢？一旦秘书长出席，那么其他联合国机构的一把手同框的概率就会增加。世界银行是长期以来我们在全球教育领域的重要合作伙伴，当时的世界银行行长金镛是韩裔美国人，若韩国政府力邀他，他怎么好拒绝呢？况且博科娃总干事给我讲过，在联合国系统中金镛是一贯很给他的“半个老乡”潘基文面子的。

在亚洲金融危机的时候，韩国受到很大冲击，政府为了节约，一度取消了韩国派驻教科文组织大使衔代表的职位。后来经济好转，韩国恢复了这个职位，结果这次来的是我的一位老熟人张基元大使。1993 年我刚到教科文组织工作时，张基元是韩国教育部派来工作的

“借调人员”。那时我们是同一个处的同事，关系挺好。他后来回国后几次升官，当了教育部助理部长。看来我的运气很好，我找到张基元大使，把我的想法说给他听。他听完非常兴奋，说他可以直接向教育部长汇报，而且他认为韩方会非常欢迎这个建议。他还说如果在韩国开会，潘基文肯定会出席。他又提起，当年教科文组织在汉城举办第二届国际职教大会就是我们两个人“里应外合”促成的。看来命中注定要我们再合作一次。

与推动韩国政府承办大会的张基元大使合影（2012 年）

得到韩国大使的积极支持，我将争取在韩国办世界教育论坛的想法报告了博科娃总干事。她非常喜欢这个把潘基文一干人都“算计”进去的想法，认为十分有道理也十分有创意。指示我马上开始行动。

我们马上准备了一份总干事致韩国教育科技部长李周浩的信件交给张基元大使，这是 2012 年 5 月的事。总干事在信中强调了 2015 世界教育论坛的重要性和历史意义，并说，“教科文组织希望韩国能承办这一盛会，向全世界展示教育在过去数十年间韩国的经济发展奇迹中所起的关键作用”。我相信韩国很难拒绝这样一个有如此吸引力的建议。果然，李周浩部长很快复信总干事，表示这是一个非常好的建议。不过他说韩国将在当年年底举行总统大选，当选总统将于 2013 年初组建新政府，故此事需由新政府做出决定。

韩国新政府在 2013 年 3 月成立。新任韩国大使对我说，新总统一定会支持在韩国举行这样一个全球性高层教育大会。不过教育部长换人了，请总干事再给新任教育部长徐南洙写封信，重提此事。于是总干事签署了给徐的信，信中提及前任教育部长对承办 2015 年世界教育论坛的积极态度，希望新政府尽早做出正式决定。不出一个月我们就收到了徐南洙的复函，他在信中表示，“如果 2015 世界教育论坛能够在韩国举行，将会是对国际教育发展的鼓舞和激励”。2013 年底，徐南洙部长致信博科娃总干事，正式宣布韩国政府承办“2015 世界教育论坛”。尽管韩国政府用了一年半的时间才做出最后决定，但是我的预判很准确，首战告捷！

2014 年春，我们与韩国方面建立了一个联合筹备工作组展开工作。同时韩国政府告诉我们，论坛将在离首尔不远的仁川市举行。仁川这个地名相信中国读者都不陌生。在我出生那年（1950 年）朝鲜半岛爆发了战争，这年 9 月，美军在仁川登陆，改变了战场态势，这也成了军事史上有名的案例。谁能想到，仁川登陆 65 年之后，将在这里召开促进世界教育发展与合作的世界教育论坛，还要发表《仁川宣言》，世界发生这样的变化实在是一个可喜的现象。韩国政府邀请我去仁川考察了一次，我印象深刻。今天的仁川已经看不到当年的战争痕迹，它现在是韩国第二大港口，第三大城市，人口达到了 300 万。韩国最大的机场仁川国际机场就在仁川市西面的永宗岛上。这里旅游设施齐全，有会展中心，附近有各种档次的酒店，离机场近，交通方便。这些都是韩方选择仁川来举办世界教育论坛的理由。2014 年 9 月韩国还在仁川举办了亚运会，为当地组织大型国际活动积累了经验。

韩国方面成立了一个跨部委的大会筹备秘书处。这个团队里年轻人居多，干劲很足，但组织大型国际会议的经验不足，许多事需要我们去提醒他们。韩国人办事踏实，有一股“轴”劲，认真有余但灵活性略显不足。与他们谈判很不容易，许多细节纠缠了很久才最终达成一致。不过一旦双方达成协议，韩国方面会不折不扣地执行，不必我们去操心。

在第一次与韩方的谈判中我就直接提出两条：一是希望韩国总统作为东道主出席论坛开幕式并致欢迎辞。二是要求韩国方面配合，确保潘基文到场出席开幕式。韩方答应得很痛快，说这样的盛会总统作为东道主是一定要出席的。他们同时承诺会尽最大努力邀请潘基文秘书长到会。

我的研判没有错，在博科娃总干事向潘基文发出邀请的同时，据说青瓦台（韩国总统府）也直接联系了联合国秘书长办公室。不久我们从联合国总部和韩国政府两处同时得到消息，联合国秘书长办公厅已经将这次会议列入潘基文 2015 年的日程！后来有一次我在联合国总部参加一个活动，在会场上见到了潘基文。我当面向他求证，他说很高兴去仁川参会，这也让我放了心。韩国大使也告诉我，总统出席开幕式“没有悬念”。我们“又下一城”。

我的团队与总干事办公厅、联合国秘书长办公厅和韩国教育部沟通了很多次才将会期定在2015年5月下旬。在讨论会议的日程安排时，我告诉韩方代表，我们可以安排一次全体大会，请韩国的教育部长做一个介绍韩国发展教育经验的专题演讲。另外还可以安排出半天时间，让韩方组织代表们参观当地的各类教育机构。我还建议韩方利用一个晚上的时间安排代表们到首尔市内游览，也为代表们的夫人安排一些文化活动。后来韩方将这些建议都付诸实施了，颇受各国代表的欢迎。

为了扩大新的教育议程的影响，我认为有必要在联合国系统内争取更多的同盟军加入我们的队伍作为联合主办机构。博科娃总干事非常支持我的这个想法。除了原有的五个联合国机构，我提出争取与我们在教育领域有合作关系的联合国妇女署、联合国难民署和国际劳工组织参加 2015 世界教育论坛的筹备工作并成为共同主办机构。

我们采取的是公私关系并进的方法。妇女署执行主任普希莉・兰博库卡来自非洲，她是一位教育新技术应用方面的专家，所以过去与我在工作中有不少来往。我直接给她打电话相邀，她马上说，“教育是我的老本行”，表示非常愿意加入我们成为共同主办机构，而且她本人愿意亲自去仁川出席大会。难民署的执行主任是后来当了联合国秘书长的古特雷斯，我们向他发出了总干事博科娃签署的正式邀请，古特雷斯回应，难民署愿意成为仁川论坛的共同主办机构。遗憾的是不知出于什么原因，与我们在职业技术教育领域有长期合作的劳工组织谢绝了我们的邀请（劳工组织在仁川论坛之后加入了我们的行列，这是后话）。这样，2015 世界教育论坛的主办机构就从达喀尔论坛的五个增加到了七个。又进了一步！

会见联合国儿童基金会执行主任安东尼·雷克（2017 年）

与此同时，在新教育发展议程磋商中与我密切合作的联合国儿童基金会的副执行主任库普塔和世界银行教育项目主管伊丽莎白·金两位女士都向我保证，她们各自的最高首长，联合国儿童基金会执行主任安东尼·雷克和世界银行行长金镛都会出现在仁川。古特雷斯因事不能到场，将送来视频讲话。2014 年诺贝尔和平奖得主、印度儿童人权活动家萨蒂亚尔希和教科文组织基础教育与高等教育特使卡塔尔莫扎王妃也接受了我们的邀请将出席开幕式并讲话。

2015 年 2 月我们在巴黎召开了一次联合国系统共同召集人会议，七个联合国机构都派人来参加。我们向他们通报了会议的准备情况和日程安排，在 2015 年 4 月的教科文组织第 196 届执行局会上，我代表总干事向各国代表报告，仁川 2015 世界教育论坛的所有准备工作在韩国政府的支持下都如期完成。我还记得那次执行局会议上，在听取我的准备工作报告时，气氛轻松热烈，委员们对 2015 世界教育论坛极为期待。万事俱备了。

开幕式隆重但《仁川宣言》起草艰难

2015 年 5 月 17 日，我在会前两天飞抵仁川。当晚，我去会展中心大会秘书处视察准备工作。开幕式前一天晚上，我召开所有来参会的教科文组织官员与工作人员会议。用中国话讲，就是做“战前动员”。此时博科娃总干事还没有到，她当天在中亚国家阿塞拜疆访问，计划当晚从迪拜转机，第二天上午抵达韩国，出席下午的开幕式。

我刚刚开完“动员会”，手下一位官员慌慌张张地跑来向我报告，说韩国方面通报，总干事在迪拜没有赶上来韩国的航班！下一班来韩国的飞机第二天晚上才能抵达。这个消息引起了我们所有在场的教科文组织同事的恐慌。这个大会是教科文组织的重头戏，15 年才开一次，如果开幕式上教科文组织总干事没有出现，那将是何等尴尬！我让部下联络巴黎总部问情况，但是总部方面说也不知道总干事此时在何处，为什么误了航班。我要大家不要慌，继续手头的工作，再等等消息。晚上 11 点才传来消息，博科娃总干事在结束访问后，阿塞拜疆第一夫人阿利耶娃将总统的公务机提供给她，直接飞来韩国，明天一早抵达仁川机场。大家这才放下了心，还好有惊无险。

5 月 19 日一早，刚刚抵达仁川的总干事打来电话，召我与她共进早餐。我向她汇报了各项准备工作并且告诉她，她的航班变更让我们都出了一身冷汗。随后我陪同总干事出席了“2015 非政府组织教育论坛”的闭幕式。一到会场就见到穿着白色印度传统服装的 2014 年诺贝尔和平奖得主、印度儿童人权活动家萨蒂亚尔希，他满面笑容地与总干事和我拥抱。萨蒂亚尔希数十年专注于解救童工和保护儿童权益，虽然屡遭打压，还曾被捕入狱，但他依旧执着于自己的追求，终于得到世人的认可与支持。他与教科文组织合作多年，为儿童的教育权益奔走。这是一位令人尊敬的来自底层的社会活动家，我认识他多年，与他有过多次合作，这次终于有机会当面祝贺他获得诺贝尔和平奖。

这个有 130 多个非政府组织的 300 名领导人出席的论坛通过了一个宣言，表达了国际公民社会对新的教育议程的坚定支持。在这些非政府组织的代表中我有很多熟人，他们纷纷上前来与我打招呼，都对即将开幕的世界教育论坛极为期待。

“2015世界教育论坛”开幕式于5月19日下午2时30分举行。开幕式由东道国的副总理兼教育部长黄祐吕主持。发表讲话的贵宾依次为：联合国教科文组织总干事博科娃、韩国总统朴槿惠、联合国秘书长潘基文、世界银行行长金墉、联合国儿童基金会执行主任雷克、联合国妇女署执行主任兰博库卡、教科文组织基础教育与高等教育特使卡塔尔莫扎王妃、2014年诺贝尔和平奖得主萨蒂亚尔希。

2015世界教育论坛会场

台下是来自160个国家的1 300名代表，包括120位教育部长或副部长。毫无疑问，这是国际教育界15年一次的最高级别的聚会。博科娃总干事在开幕致辞中回顾了全民教育25年来的历程、成就和现今国际社会面临的挑战。她呼吁世界各国以确立2015年后全球教育发展议程为契机，继续自宗滴恩开始的全球协作，为在2030年实现全民教育的宏伟目标而努力。潘基文在讲话中强调每个人都应该享有受教育的机会，敦促国际社会为促进女性、儿童、少数民族、残疾人等群体的教育改善和教育平等而努力。他还特别称赞了教科文组织的努力。

当晚韩国教育部长举行了一个盛大的欢迎宴会，我没有参加。教科文组织亚太地区教育局局长金光祚和亚太国际理解教育中心主任郑雨倬两位韩国朋友请我到首尔市内的餐馆吃狗肉。两位东道主说吃狗肉是韩国的传统，但自1988年汉城奥运会开始这些狗肉馆就被转移到不显眼的地方去了，避免引起外国游客的注意。但是狗肉的生意并没有断，虽然餐馆在小巷子里，但是生意仍然很红火。

5 月 20 日上午第一次全体大会，我代表教科文组织和全民教育指导委员会向各国代表就 2030 教育议程和《行动框架》的理念、原则和各种考量做了说明，还介绍了此前的两年时间里国际教育界的磋商结果，为会议的讨论定下基调。为期三天的大会将就相关主题进行 4 次全体会议及 20 次分组会议。在此基础上审定今后 15 年的新的教育发展目标及实施方案，最终通过《仁川宣言》以“昭告天下”。

大会成功地开幕，每个人都很兴奋，没想到文件起草工作却出了问题。20 日一早，工作组联合主席威德勒找到我，说文件工作进展不顺利。有些工作组成员关注太多细节，讨论一下午连前言部分都没有审议完。照此进度，怕是一周时间也通不过《仁川宣言》正式稿。威德勒认为我必须参加讨论，利用我的联合主席和教科文组织助理总干事的双重身份说明情况，施加压力，以加快进度。

这个起草工作组是在原来全民教育指导委员会的基础上增加了会员国的代表而组成的。不过原来的会员国代表这次不少换了人，他们并不了解当初指导委员会会议上的讨论情况。结果那些在指导委员会上有争议的议题被再一次放在台面上争论。鉴于此，我听从了威德勒的建议，于 20 日上午参加并主持了起草工作组的讨论。没想到这一参加就再没能脱身，直到 21 日中午文件定稿，我一直“泡”在工作组会上，这期间大会会场和分会场的讨论我竟一次都没能去听。

我同意威德勒的建议，必须以强势促妥协。文件起草工作组在一个可容纳 40 人并有同声传译设备的小会议厅开会，我一到会就做了一番强势讲话。我对大家说，第一，我们有时间限制，必须于 26 个小时之内，也就是明日中午 12：00 前完成《宣言》的最后修订，因为英、法语两种文本必须于明日 14：30 提交最后一次全体大会审议通过，我们别无选择。第二，全民教育指导委员会提交的这份草案是根据《马斯喀特协议》撰写，又经过了五个地区教育部长会议、九个人口大国教育部长会议和仁川论坛前会员国的多次审议与磋商，收集了不同意见并达成基本共识后才提交审议的。议题可以进一步讨论，但基本内容不能推倒重来。第三,《仁川宣言》的架构是经过仔细推敲的，有其整体性、逻辑性和连贯性，不能随意更改。第四，这是一个宣示各国政府与所有利益相关方对实施教育议程的政治承诺的文件，注重大原则，而细节可以包括在将来的《行动框架》文件中。第五，这毕竟不是一个具有法律约束力的文件，会员国应该展现出必要的灵活性，对那些有争议的议题达成妥协，使这个对今后 15 年全球教育发展具有重大历史意义的文件能够被所有国家的代表批准。

我的语气客气而坚定，不容置疑。威德勒和其他几位原来的指导委员会委员立即发言附和，最后工作组成员同意了我的原则意见，集中讨论有争议的几个关键问题，其他语言修辞方面的问题留给秘书处解决。在这种国际场合，这种强势引导是必需的，如果任由大家自由讨论，最后可能一事无成。

其实有争议的问题仍然是那几个在全民教育指导委员会的讨论中就有不同看法的问题。我在别人提出问题之前，先把在指导委员会上表达过的不同意见放到桌面上，然后再告诉大家，当时指导委员会是如何讨论的。这样，尽管仍有人提不同意见，但我的说明有助于他们理解，加快进度。耗时最多的四个问题是：（1）义务教育的年限；（2）对教育投入的标准；（3）要求发达国家将对外援助的一定比例分配给教育；（4）是否提及教育中顾及宗教的多样性。

与我们的合作伙伴“全球教育伙伴”理事会主席澳大利亚前总理吉拉德（左）和首席执行官奥尔布莱特（右）合影（2014 年）

“开放工作组”建议将提供十二年免费教育作为一个具体目标，但是并没有提及义务教育的理念，所以指导委员会的《仁川宣言》建议稿中提出："确保提供十二年免费、公立、公平、优质、学有所获的中小学教育，其中至少九年为义务教育和至少一年的免费、义务和优质的学前教育。"这样，既未偏离"开放工作组"的建议，又对不足之处做了补充。在起草小组的讨论中绝大多数成员同意这个九年加一年的义务教育年限，但是有几个国家的代表认为政府提供一共十年义务教育的目标困难太大。尽管我和其他一些代表反复讲，他们还有 15 年的时间来达到这个目标，希望说服他们接受，但是他们态度坚决，拒不妥协。最后大家只好同意，维持中小学教育中"至少九年为义务教育"，对学前教育的说法改为"我们还鼓励提供至少一年的免费、义务、优质的学前教育……"。

对于发展中国家的教育部长来说，手中"差钱"与"不差钱"区别太大了。所以许多发展中国家对"开放工作组"的建议没有将对教育的资源投入标准列为一项具体目标而极度不满。为了满足他们的需要，我们在《仁川宣言（草案）》中专门写了一段，"我们决心根据各国的具体情况，增加对教育的公共支出，敦促遵守国际和地区基准，即将国内生产总值的至少 4%~6% 和 / 或公共总支出的至少 15%~20% 用于教育，作为世界各国的集体承诺"。这一条在指导委员会中曾经反复讨论，发展中国家对这一条特别欢迎，但是一些发达国家的代表对这一条的意见有一定保留。不过，他们的关切也可以理解，他们的高国内生产总值水平和低人口生育率使其教育公共支出占国内生产总值比例未必有必要达到 4%~6% 的水平。我在讨论中强调了这个具体数字对发展中国家的巨大意义，要求其他国家特别是发达国家的代表予以理解。而且我们的文字中也强调了"根据各国的具体情况"，给各个国家以足够的灵活性。文字中的"至少"也引起许多辩论，多数国家坚持保留。有几个国家的代表，包括代表教师的"教育国际"提出就高不就低，建议用 6% 的国内生产总值和 20% 公共开支作为标准，但最终达成的妥协仍然是 4%~6% 和 15%~20% 的区间，不过保留了"至少”。这实在可以说是一大进步，历史上第一次在全球教育的纲领性文件中提出政府应该对教育投入的最低比例。这段文字经过妥协后通过，几乎所有起草工作组成员都鼓掌庆贺。

《仁川宣言》稿呼吁发达国家兑现向发展中国家提供其国内生产总值的 0.7% 作为官方发展援助的承诺。发达国家代表原则上没有异议，但在措辞上很谨慎。最后落实在文字上是“我们敦促尚未采取行动的发达国家按其承诺做出进一步努力，实现向发展中国家提供占国内生产总值的 0.7% 的官方发展援助的目标”。

讨论中一位来自非洲国家的代表提出，2030 年新的愿景的基础应该加上“宗教的多样性”。欧洲国家的代表对这个提法非常敏感，马上提出，在各国教育体系中如何处理宗教的多样性是一个很有争议的事情，目前并未定论，故反对在《仁川宣言》文件中包括这个提法。

从字面上看，“宗教的多样性”似乎没有什么不妥，但我与许多国家的教育部长经常接触，对各国的教育政策的多元化还是很清楚的。就在仁川论坛前不久，我曾应欧洲理事会的邀请在布鲁塞尔出席了欧洲教育部长会议，在午宴上我与六七位来自西欧和东欧的教育部长在一桌吃饭。这些国家大都面对大量外来移民涌入的挑战，他们对我说，他们的政策是希望通过教育让外来移民特别是儿童融入当地社会，因此对移民原有宗教的影响非常警觉，要求这些儿童在国家的教育体系中接受教育，而不愿看到儿童家庭所属宗教办学对儿童融入当地社会产生负面影响。在起草工作组的讨论中，欧洲国家代表坚决反对“宗教多样化”的提法。我作为联合主席，建议不加这句话，避免产生不可调和的分歧。原来提出建议的代表在我的劝说下，不再坚持。

《仁川宣言》代表国际社会赋予教科文组织在各国实施 2015 年后的全球教育发展议程时应担负起的一系列领导与协调的责任，包括建立一个“全球协调机制”；“继续履行其牵头和协调 2030 教育议程的职责”；将现有的《全民教育全球监测报告》修订为《全球教育监测报告》。宣言还宣布，《行动框架》的最终版本将在 2015 年 9 月的联合国峰会正式通过 2015 年后可持续发展议程后，在 2015 年 11 月教科文组织第 38 届大会平行举行的一次“特别高层会议”上审议通过。这些内容在讨论中都得到了工作组中各国代表的支持。

5 月 20 日一整天我都没能够离开文件起草工作组的会议厅，工作组的午饭和晚饭都是送到会议厅的。会议一直开到晚上 10 时，之后我和我的团队又用了 4 个小时的时间做文字修改，终于在凌晨 2 时完成并即时传送英文文本到我们的巴黎总部做文字润色并翻译。5 月 21 日一早我再次主持文件起草组讨论从总部传回来的经过润色和翻译后的不同语言的文本。上午 10 时最终通过文本，随后由我的团队最后整理并定稿英、法文文本，交给大会秘书处韩国团队复印分发所有代表。

教科文组织使用联合国的六种官方语言，多种语言的翻译通常是我们召开国际会议的一大开销。文件起草工作组会议按惯例使用英语和法语，会上提供这两种语言的同声传译，讨论英语文本。但是在会前，教科文组织总部的拉美国家代表组来找我，强烈要求文件起草工作组除英语、法语外还提供西班牙语同声传译，说不然拉美国家的代表参与讨论有困难。

拉美国家代表组在教科文组织从来都享有一种特殊地位，要求最多，十分团结，在会议上常常集体发声且音量最大。考虑到他们的要求，尽管费用不菲，我还是同意了。联合国系统使用的同声传译员按规定每天只能工作 6 个小时，超时后即使付加班费也不干，这些都限制了讨论时间，给了我们很大压力。有一位南美某国参加文件起草工作的代表是来自外交部的大使，不懂教育，然而属他发言最积极，几乎在讨论文本的每一段话时他都要提问。而他的问题多数不靠谱，别的代表不得不给他做解释，像给一个小学生上课。而且他讲西班牙语，经过同传，意思常常变了味，让每个人都不胜其烦。工作组完成所有讨论后，他忽然讲起流利的英语，让每个人都气不打一处来。有几位代表对我抱怨说，如若没有他的“积极参与”，我们至少可以提前两个小时结束工作！但是他代表会员国，你能有什么办法？我也只能以苦笑回答其他代表一肚子的抱怨。

2015 年 5 月 21 日下午 2 时 30 分，“世界教育论坛”举行最后一次全体大会，由文件起草小组的威德勒和我共同主持，我做关于《仁川宣言》最后文本的说明。随后有十几个来自不同地区的国家的代表发言，都对提交的文本表示支持。这之后，有几个国家的代表要求做解释性发言，声明对文件中的个别观点持保留态度。但是他们都很顾全大局，只是声明他们的立场，并未反对大会通过建议的文本。

解释性发言完毕之后我松了一口气，准备请大会鼓掌通过《仁川宣言》。没想到此时非洲某国一位教育部副部长举手要求发言，他提出在文件的第五段增加“语言、种族和宗教的多样性”。我们都没有料到，文件起草工作组已经解决了的“宗教多样性”这个有争议的问题又在最后一次全体大会的最后阶段被提了出来。我了解这个问题的敏感程度，如果这位代表坚持，其他一些国家一定会站出来反对，若争执起来，很可能收不了场。我与坐在旁边的威德勒商量，我说他建议的前两项（语言与种族的多样性）没有什么争议，不妨接受，以此换取他撤回第三项。威德勒同意我的策略，并建议用“民族”这个词代替“种族”。

于是我代表文件起草工作组，也代表教科文组织发言，首先感谢这位代表为完善《仁川宣言》文本提出的宝贵建议。然后我说，我们同意在文本中加上“语言多样性”，同时建议不用“种族（racial）多样性”而是用“民族(ethnic)多样性”的提法。至于“宗教多样性”，我解释说这个提法已经在文件起

大会全体会议通过《仁川宣言》，右为文件起草组联合主席威德勒（2015 年）

草工作组中进行了长时间的讨论，鉴于一些国家由于国情不同，对此有不同看法，所以建议还是根据起草工作组的意见，不将这个提法加入文本。我讲得很清楚，可以看到台下许多代表在频频点头。不过这位代表似乎不为所动，再次要求发言，感谢我同意前两个建议，但是仍然坚持要加上“宗教多样性”。我知道在这种下面坐着上千位各国代表的大场合，一定要沉住气，心平气和地对话，不能激化对立的意见，毕竟每个国家的代表都有权利表明自己的立场。我面带笑容，再次做了解释，说我理解代表对此事的关切，但是请你考虑到其他国家的不同情况与立场，以通过《仁川宣言》的大局为重，我们可在大会的最后报告中记录你的立场，但在《仁川宣言》的文本中就不要加了，希望能得到你的理解。这位代表虽然看上去仍然不满意，不过他没有再举牌要求发言。我马上笑着说，我们非常感谢你的理解与支持！

终于，经过 1 小时 45 分钟的审议，《仁川宣言》于当地时间 16：15 分在长时间的热烈掌声中通过！我坐在主席台上，望着台下上千名代表的笑脸，心中非常不平静。经过两年多的努力，我们终于在这个有 160 多个国家代表出席的大会上通过了具有历史意义的《仁川宣言》，这份文件必将对全球教育未来的发展产生深刻与深远的影响。我也为联合国教科文组织感到骄傲，因为我们的工作有助于改变世界，促进和平与可持续发展，让亿万人民受益。

会后我特意走到那位提议加入“宗教多样性”的非洲某国副部长席位前与他打招呼。因为之前我们相识，我一边与他握手一边半开玩笑地说：“阁下可真固执啊！”这位副部长满面笑容地说：“我们总得表明自己的立场啊。”

经过半小时的休息，大会在 16 时 45 分举行闭幕式，由我主持。博科娃总干事在其他贵宾之后最后一个讲话，她高度评价了 2015 世界教育论坛所取得的成果及其在世界教育史上的里程碑意义，感谢所有与会人员对会议成功做出的贡献。最后她在热烈的掌声中宣布，2015 世界教育论坛闭幕！许多国家的部长、代表走到主席台前，与参会的贵宾握手。各国代表散去后，我的团队聚集在主席台上，所有人脸上都展露出多日不见的轻松愉快的表情。我对他们表示感谢，然后一起合影，留下一张有意义的照片。

5 月 22 日上午我陪总干事从仁川机场起飞离开韩国。在飞机上回想这一周的紧张工作和两年多的历程，心中感慨万千。博科娃总干事告诉我，从昨天晚上到今天早上，许多国家的部长见到她时都对她和教科文组织表示祝贺，说这是一个具有里程碑意义的大会，商定了下一个 15 年的教育的发展方向。大会宣言和各国部长所做的政治承诺必将对将来的教育议程的最终通过与实施产生深远影响。

大会结束后教科文组织的同事们合影（2015 年）

总干事又一次提起 2010 年她刚任命我为助理总干事时我们的谈话，我当时问她是否真的重视教育，她给了我肯定的答复，并且许诺将全力支持我的工作，让教科文组织重新发挥全球教育的领导作用。在这次论坛成功举办之后，我们可以说实现了五年前我们的共同承诺。博科娃总干事笑容满面，举起香槟，我们一起庆贺成功！

未尽的挑战

仁川 2015 世界教育论坛之后我们没能喘息，在接下来的六个月中继续完成了几项相关任务：起草工作组将《行动框架》最后定稿并提交 11 月由教科文组织主办的“特别高层会议”通过；建立了一个实施新议程的全球协调机制；建议了一个指标体系，用于对实施议程进行监测；将现有《全民教育全球监测报告》修订为《全球教育监测报告》。

新的“可持续发展议程”在 9 月的联合国首脑峰会上最终获得通过。我们的起草工作组根据最终版本的目标 4（教育）及其七个具体目标和三个实施方式对《行动框架》的文字内容做了适当调整。自此，我们将“可持续发展目标 4”命名为“可持续发展目标 4——2030 教育议程”。

《2030 教育议程行动框架》的目的是协助会员国在国家层面具体实施议程。根据在仁川论坛达成的共识，我们在原有的“全民教育全球指导委员会”的基础上，加上仁川 2015 世界教育论坛的文件起草工作组成员，组成了一个“《行动框架》起草工作组”。工作组两次开会讨论将《行动框架》定稿。

《行动框架》授权教科文组织建立一个全球协调机制，称为“可持续发展目标——2030 教育指导委员会”。在名称上，我们有意不提“目标 4”，以彰显教育是为实施所有 17 个可持续发展目标的基础与保障。起草工作组经过长时间的讨论达成共识，这个新的指导委员会由 34 名成员组成，会员国代表占多数。这个机制取代了已经完成其历史使命的“全民教育全球指导委员会”。

在仁川论坛结束之后，我想乘胜扩大影响，壮大我们的同盟军队伍。于是我们又联系国际劳工组织，邀请它和其他七个联合国机构一起，成为实施“2030 教育议程”的联合召集机构。我们的邀请得到了劳工组织的积极响应，毕竟他们也看到了仁川论坛的盛况，这样我们的联合召集机构就变成了八个！后来我们用联合国六种文字正式出版的《2030 教育议程行动框架》封面上就有了八个联合国机构的图标。史上还从来没有出现过八个联合国机构正式联手推动全球教育事业的事。应该说，这也是联合国教科文组织在发展全球教育的领导力的体现。

任何目标的实施必须有相应的指标体系作为参照以衡量其进程。“可持续发展议程”的 17 个目标和 169 个具体目标也必须有各自的指标体系。为此，联合国统计委员会于 2015 年 3 月建立了一个“跨机构专家组”来制定指标体系。在《行动框架》中，我们建议为“2030 教育议程”（也就是可持续发展目标 4）建立一个有 4 个层次的指标体系，即全球指标、专题指标、地区指标和国家指标。由教科文组织的统计研究所牵头的技术咨询小组经过 18 个月的工作，向“跨机构专家组”提交了用于“可持续发展目标 4”的一个指标体系，包括 11 个全球指标和 32 个专题指标。专家组将这个建议包含在他们于 2016 年 2 月向联合国统计委员会提交的所有 17 个可持续发展目标的指标体系的建议中。建议最终于 2016 年 3 月得到统计委员会的批准，2016 年 6 月得到联合国经社理事会批准并于 2016 年 9 月获得联合国大会的最终通过。这已经是联合国首脑峰会通过新的发展议程一年之后的事情了，可见其难度。在所有 17 个可持续发展目标中，我们为目标 4 建立的指标体系是最早提出，也是最全面的。

教科文组织原来出版的《全民教育全球监测报告》更名为《全球教育监测报告》，撰写组的负责人对我说，报告的顾问委员会的主席任期两年，现任主席尼日利亚的环境部长阿米娜 · 穆罕默德任期期满，他建议邀请美国哥伦比亚大学教授杰弗里 · 萨克斯担任下一任主席。萨克斯教授是可持续发展理念的一位著名的重要推动者。这当然是个好主意，总干事博科娃也很喜欢这个想法，她亲自写了一封信给萨克斯教授，向他发出邀请。不久，萨克斯教授回函同意接受邀请。不过他说自己很忙，不一定每次开会都能来。尽管如此，后来他还是每年都来参加一次顾问委员会会议，会上他也积极贡献意见。每次开会，我感觉萨克斯教授总能够跳出教育的范畴来谈可持续发展问题，使监测报告有更宽的视野。萨克斯每次来巴黎开会，我都有机会和他聊一聊。他还送了我一本他的著作《可持续发展的时代》，挺有意思的一本书。

2015 年 10 月，我们将起草工作组最后修订的《行动框架》文本送交所有会员国和我们的合作伙伴做最后审阅。按照《仁川宣言》的决定，在 2015 年 11 月教科文组织第 38 届大会期间，召开一次“特别高层会议”，最后批准《行动框架》。选择这个时机是因为教科文组织每两年举行一次的全体大会通常都会有逾百名教育部长来到巴黎，便于他们作为政府代表出席这个特别高层会议。教科文组织的这次大会的开幕日期是 11 月 5 日，我们将“特别高层会议”安排在前一天的 11 月 4 日。这个高层会议由八个联合国机构作为“2030 教育议程”的联合召集人共同主办。

2015 年 11 月 4 日会议开幕，八个联合国机构都派来高级代表与会，184 个会员国的代表，包括 120 位教育部长及非政府组织组织和其他合作伙伴的代表出席了会议。近 60 位代表在会上发言，支持《2030 教育议程》并对《行动框架》草案表示肯定与支持。最重要的是，这些代表都表达了本国在今后 15 年实施 2030 教育议程的承诺和达到既定目标的政治决心。下午 5 时，总干事博科娃来到会场并发表了讲话，并在全场热烈的掌声中宣布，《2030 教育议程行动框架》获得所有国家代表的支持而通过！此时全场起立，大家长时间地热烈鼓掌，互致祝贺。

特别高层会议通过《2030 教育议程行动框架》（2015 年）

经过三年的努力，终于确立了今后 15 年全球发展教育的议程和目标，建立了指标体系，通过了《行动框架》，为今后 15 年全球教育的发展指明了方向。在场的所有人都非常兴奋。我和我的团队的每一个人都激动万分。我们在付出之后终于看到了结果，也看到教科文组织终于再次出现在全球教育发展的舞台中心！

2015年10月，在教科文组织第197届执行局会议上，我代表总干事向执行局报告了仁川2015世界教育论坛的成果和教科文组织在国际教育界确立新的“2030教育议程”的过程中起到的领导作用。执行局的委员们对我们的工作予以高度评价。英国代表苏德尔斯大使通常对教科文组织秘书处的工作总是持批评的态度，但这次他在会上发言，高度肯定了我们教育部门在国际社会确立新的全球教育议程的过程中的出色工作。

在随后举行的教科文组织第38届大会的教育委员会会议上，“2030教育议程”和它的《行动框架》自然成了讨论的中心话题。同往常一样，我在主席台代表总干事回答各国代表提出的问题。一位来自北欧国家的代表提出了一个非常坦率的问题。他说：“助理总干事先生，你能不能非常坦率地告诉我，你对到2030年时所有国家实现‘可持续发展目标4’有没有信心？你对教科文组织继续发挥领导作用有没有信心？”

我的回答同样直接而坦率。

到2030年能不能达标要问你的国家和其他会员国，因为“2030教育议程”是会员国主导制定的，你们在仁川和纽约做出了政治承诺。坦率地说，目标4的标准定得比较高，会员国面临的挑战是巨大的。所以要有新思路、新办法。

至于教科文组织，从《仁川宣言》通过那一刻起，我就意识到，我们在议程的实施阶段将会面临更严重的挑战。在确立议程阶段，作为全球智力合作机构的教科文组织是当然的领导者。到了议程的实施阶段，教科文组织在人力/财力资源上无法与其他一些联合国机构和国际组织相比。因此，在国家层面提供财务援助和资金的任务主要还是属于其他那些比我们“富有”的机构和组织。教科文组织的主要职责应该还是在全球和地区层面上的协调作用和对议程实施进展的监测作用。

在这些方面我们有我们的优势。我们与会员国政府有极好的互信关系；我们可以继续利用在全球和地区层面上推动全民教育的协调合作机制；我们每年出版《全球教育监测报告》提供信息；我们有很强的对会员国提供政策指导和能力建设的能力。我们可以帮助会员国找到实施议程的新思路、新办法。

由教科文组织主导的"可持续发展目标——2030 教育指导委员会"是全球实施新议程的唯一协调合作的平台，如果各个国家、相关组织和机构根据我们的监测报告提供的信息，利用这个平台讨论全球教育的进展情况，总结经验，做出集体政治承诺，这也就是我们的领导作用的继续体现。所以，我个人对教科文组织发挥其应有的作用很有信心。

尽管我有信心，但是在"2030 教育发展议程"的实施阶段，教科文组织将面临更多的竞争者和更大的挑战。它能否继续起主导作用，不被其他机构或机制边缘化，考验着教科文组织下一届领导人和我的继任者的决心与智慧。

时光流逝，仁川 2015 世界教育论坛已经过去四年多了。不少人问过我，你在教科文组织这么多年最让你感到自豪的事情是什么？每次我都会毫不犹豫地说，是我们主导的确立"可持续发展目标 4（教育）"的磋商和成功主办仁川"2015 世界教育论坛"。由于我们的不懈努力，最终为国际社会所接受的"可持续发展目标 4"和那些分目标反映了会员国的需求。仁川"世界教育论坛"彰显了国际社会推动这些目标的实现做出的庄严承诺。教科文组织为推动在全球实现全民教育，造就世界和平与可持续发展，从而为实现人类摆脱贫困过上幸福生活的宏愿做出贡献。同时教科文组织通过这一行动，成功地站到了主导全球教育发展的舞台中央。

教科文组织的人力与财力都有限，我们之所以能够完成使命，得益于总干事博科娃坚定支持我们的工作并亲自在政治层面上予以有力推动。我有一个能干、肯干、可靠、高效的团队，我带领他们发挥了集体的力量。我们执行了正确的战略战术，团结了一切可以团结的力量，动员其他联合国机构、国际组织、非政府组织与我们共同努力。我们诚心支持会员国，为它们的利益与需求着想，得到了它们的信任、支持和配合，最终也赢得了它们的尊敬。

历史给了我们一个机遇，我们没有放过它。

第9章

推动合作：为全球教育指方向、定规则、寻支持

以“知识/智力领导力”在全球推动教育国际合作，引导全球未来教育的发展方向是联合国教科文组织的重要职责。长久以来，教科文组织利用其召集能力，建立了一些促进跨国别、跨地区的会员国合作机制与平台。例如，已有多年历史的“九个人口大国教育合作机制”和在我任内推动建立的“金砖国家教育部长会晤机制”。

教科文组织定期召开教育领域不同专题的大型国际会议，为会员国总结经验，梳理挑战，确立方向，提供合作与交流的平台。在我任教育助理总干事期间，教科文组织有计划地举办了四个重要的全球性会议：

- 世界幼儿保育与教育大会（莫斯科，2010年）
- 第三届国际职业技术教育与培训大会（上海，2012年）
- 世界可持续发展教育大会（名古屋，2014年）
- 2015世界教育论坛（仁川，2015年）

区域性的国际会议则达数十场之多。值得一提的是，在此期间，中国政府为了支持教科文组织的工作，出资在中国举办了一次世界语言大会（苏州，2014年）和一次国际教育信息化大会（青岛，2015年）。

开展前瞻性研究是教科文组织的悠久传统。利用主导国际教育界就2015年后教育议程磋商的契机，我们组织一个资深国际专家组撰写并出版了一份题为“反思教育：向‘全球共同利益’的理念转变？”

的报告，试图对 21 世纪以来国际社会面临的教育领域的挑战进行梳理和思考，总结出尚在萌芽阶段的新理念。与此同时，我们的教育部门出版了包括五本分别涉及大学排名、职业技术教育改革、教育与艾滋病的对策、可持续发展教育和早期幼儿保育专著的一套《教育在前进丛书》，为国际社会制定教育发展议程和会员国制定教育战略与政策提供了理论基础。

作为联合国系统中最重要的负责教育领域的专门机构，制定国际规则一向是教科文组织对国际教育界的重要贡献，它也是国际教育界唯一具有这样的功能与责任的国际机构。在对教育领域各项“公约”与“建议”的实施进行监督的同时，我们制定了《全球高等教育学历学位互认公约》，为全球化大潮之中人才的跨国流动以及发展中国家高等教育的质量保障提供了一个重要工具。

实现全民教育需要动员一切社会力量，在与教科文组织共同推动全球教育发展的合作伙伴中，还有一个特殊群体——国家元首的夫人们。这里我将向读者介绍几位我接触过的热心教育事业的第一夫人。

潮起潮落的“九个人口大国全民教育计划”

在“全民教育”计划启动之后，联合国教科文组织、联合国儿童基金会和联合国人口基金倡导的“九个人口大国全民教育首脑会议”于 1993 年 12 月在印度首都新德里召开，启动了“九个人口大国全民教育计划”，简称 E-9 计划。这九国包括九个人口超过一亿的发展中国家，有亚洲的中国、印度、巴基斯坦、孟加拉和印度尼西亚，非洲的尼日利亚和埃及，拉美的墨西哥和巴西。当年的想法是，这九个国家的人口总和超过世界总人口的一半，而文盲人口占世界文盲总数的 70%，如果这些国家都实现了全民教育目标，那么实现全球达标也就指日可待了。在那次会议上，与会的各国政府首脑签署了《德里宣言》，宣布九个国家将展开教育领域合作，交流经验，共同面对挑战。

中国作为世界上人口最多的发展中国家从一开始就对这项计划予以积极支持。时任中国国务院副总理李岚清代表中国政府出席了首脑会议。

按照当初定下的规则，在这个计划下，每两年举行一次九国教育部长会议，每次会议关注一个主题，交流经验，促进合作。九个国家轮流担任轮值主席，每一任两年，主办一次部长会议。这个计划在实施的最初几年进展顺利，各国有兴趣轮流坐庄，主办部长级会议。但是时间久了，如果没有新意，难免使人产生疲劳。

2003 年，教育部门对这个计划做过一个正式评估。评估报告肯定了 E–9 计划的积极意义与贡献，同时列出了近年来它面临的各种挑战。由于缺乏共同的资金投入，也由于一些国家之间的地理距离，多年来除了两年一度的部长会议，基本上没有落实任何具体的合作项目。同时，仅限于部长会议上的讨论使一些国家逐渐失去了兴趣。报告称，从效果来看，不如通过其他全球或地区的合作机制来推动这九个国家之间的教育合作。我私下里向几个比较熟悉的大使吹了吹风，他们都不赞同报告的建议，反对停止这个计划。松浦总干事决定，政治考量第一。E–9 计划可以改进，但不能取消！

又过了 10 年，到了 2014 年，当我们在考虑 2015 年后教育议程可以利用的实施机制时，又谈到如何更好地发挥 E–9 计划的作用。此时 E–9 国家教育部长会的情况与 10 年前相比并没有好转。与此同时，协助轮值主席国主办教育部长会需要人力与财力投入，我们的负担很重。我知道停止 E–9 计划不可为。不过，我们不妨让 E–9 国家讨论一下如何改进。巴基斯坦应该在 2014 年底接任 E–9 轮值主席国。这个国家的教育部长拉赫曼告诉我，希望与我们配合，发挥 E–9 国家的作用。

我邀请九个国家的大使来教育部门开会，我在会上提出，教科文组织正在主导国际社会对 2015 年后的教育议程进行磋商，希望九国在磋商过程中集体发声表达共同立场，我们希望当年年底在巴基斯坦举行的下一届 E–9 教育部长会议上各国部长就我们建议的新议程进行磋商，同时利用这个机会讨论 E–9 机制的前景。对于 E–9 的前景，我们提出两个选择：一是考虑到相比 20 年前，今天国际社会已经有许多全球性和地区性的教育合作机制，如果参与国家兴趣不再，可以考虑结束 E–9 计划。二是继续 E–9 机制，但是参与国应该决定具体的合作方式，包括资金的投入，落实合作项目，使参与国受益，实现可持续性。

会见巴基斯坦教育部长拉赫曼谈 E–9 合作机制（2013 年）

我的建议引起了大使们热烈的讨论。几乎所有人都不赞成停掉 E–9 合作机制，而是希望改进它。会上中国大使张秀琴建议每个国家出一定资金，统一使用，以支持国家间的合作项目。这次会议的共识是继续 E–9 合作机制，不过对于中国大使的出资建议，响应者寥寥。

几年的观察使我意识到，当年 E–9 计划开始时，这些国家的国情差不多，20 年后各国发展的程度有了很大差别，面对的挑战已经不尽相同。比如中国和印度发展很快，墨西哥则已经加入经合组织成了中等收入国家。再加上这九个国家分布在三大洲，相距不近，还有语言障碍，这些都不利于具体合作项目的设计与实施。今天国际社会有了更多的全球性和地区性的教育合作机制，可能更适合这些国家之间的合作。但是从政治角度出发，这些国家不会放弃这个机制。因此我们应该改变思路。E–9 是一个很有影响力的发展中国家集团，不如把这个机制定位于代表发展中国家在全球教育发展上的一个重要声音，让它在新教育议程的磋商过程中代表发展中国家的利益发声，也在将来新议程的实施机制中起政治上的带头作用，而不再追求落实国家间的具体合作项目。

第十届 E–9 国家教育部长会议于 2014 年 11 月在巴基斯坦首都伊

斯兰堡举行。与会的各国代表讨论了拟议中的 2015 年后教育议程，在会上通过的《伊斯兰堡声明》中表达了对议程的全力支持和九个国家对将来实施全球议程的政治承诺。在讨论 E–9 的前景时，代表们决定继续 E–9 机制。我在会上强调，教科文组织秘书处会一如既往地提供技术支持。

后来的实践证明，E–9 集团在政治上从发展中国家的角度全力支持我们提出的新的议程的总目标和各项分目标，为新议程的确立做出了贡献，也改变了 E–9 机制趋于边缘化的被动趋势。希望这些国家今后能够充分利用这个机制，作为发展中国家的团体代表，在国际社会实施 2030 教育议程的过程中率先实现“可持续发展目标 4”，对全球实现全民教育的宏伟目标做出贡献。

推动金砖国家教育部长会晤机制

美国高盛公司首席经济师吉姆·奥尼尔于 2001 年首次提出了“金砖四国”的概念，特指巴西、俄罗斯、印度和中国四个前景看好的新兴市场国家。2009 年 6 月，四国领导人在俄罗斯叶卡捷琳堡举行首次首脑会晤。2010 年 12 月又接纳南非加入，成为“金砖五国”，英文名称为 BRICS。到 2017 年，金砖国家的经济体量已经占世界经济总量的 23%，对世界经济增长的贡献达到 50%。金砖国家首脑每年会晤，合作从政治、安全、经济等方面逐渐扩充到其他领域，成为一个在世界舞台上颇有影响力的政治与经济集团。

会见俄罗斯教育与科学部长瓦西里耶娃（2017 年）

当我们在考虑国际社会就 2015 年后的教育议程进行磋商可以利用的合作

机制时，我想到了金砖国家。2013年春，我向博科娃总干事提出，金砖国家除了首脑会晤和最早的外交部长年会机制外，还召开了经贸部长会议和通信部长会议，但是还没有开过教育部长会议。我们是不是可以考虑制造一个机会，促成金砖国家教育部长集体会晤，目的有二：一是他们可以根据自己的需要与诉求，对2015年后教育议程发出集体声音；二是让他们有机会讨论金砖国家之间的教育合作，或许他们在会议之后愿意建立一个部长定期会晤的长期机制，作为五国之间教育合作的一个新的平台。

邀请五国的教育部长专门开一次会不大现实，但是我的主意是利用将于2013年底在巴黎举行的教科文组织第37届大会的机会，总干事出面邀请来参会的五国教育部长坐在一起，促成他们的第一次会晤。博科娃总干事完全理解这个动作对于教科文组织来讲的政治意义，指示我可以马上展开行动，她会给予必要的支持。

我首先向中国驻教科文组织的常驻代表尤少忠大使通报这个建议，请他报告北京，希望中国政府予以支持。当年5月我在北京见到教育部长袁贵仁时，他说这个提议非常有意义，他本人会去巴黎出席教科文组织的第37届大会。

接着在巴黎总部我邀请了金砖五国常驻教科文组织代表来开会，巴西、俄罗斯、印度和中国的大使都来了。南非驻教科文组织的大使由该国驻法国的双边大使兼任，来的是负责教科文组织事务的公使衔参赞。我在会上介绍了我们的想法，强调了这个建议的两个愿景，即对2015年后教育议程集体发声和协助建立金砖国家教育合作的一个平台。大使们的反应相当积极，都认为这是一个非常好的主意，许诺立即向国内报告，争取支持。

很快，我们就得到所有代表团的反馈，五国政府都表示接受教科文组织的建议，将于当年11月在巴黎举行金砖国家教育部长会晤和与教科文组织总干事的对话。在以后的几个月里，我的团队与五国的常驻代表团就会议的内容、形式、时间等具体安排进行了多次磋商。根据金砖国家代表的建议，我们商定，首先以半天时间举行五国教育部长关门会晤，讨论五国之间的教育合作，教科文组织不派人员参加。另外以半天时间举行教科文组织总干事与金砖五国教育部长的对话会，讨论 2015 年后教育议程和今后教科文组织与金砖国家的教育合作。

由于这个会议是教科文组织倡导的，我们原计划由博科娃总干事向五国的教育部长发出邀请函。但是有一天，南非代表团的公使衔参赞来见我。她说南非是 2013 年金砖国家集团的轮值主席国，故这次部长会的邀请也应该由南非发出。同时中国大使告诉我，南非驻中国使馆在北京也向中方表达了同样想法。我觉得这个要求不无道理，我向南非代表建议，邀请函由博科娃总干事和南非教育部长共同签署。南非方面欣然接受了这个提议。

教科文组织第 37 届大会于 2013 年 11 月初在巴黎开幕，有 100 多位教育部长来到巴黎。“首届联合国教科文组织——金砖国家教育部长会议”于 11 月 5 日—11 月 6 日在巴黎教科文组织总部举行。巴西、俄罗斯、中国的教育部长来了，南非政府分设基础教育部和高等教育部，两位部长都来了。印度没有教育部，它的人力资源发展部主管教育，来的是该部负责教育的国务秘书。

11 月 5 日下午，五国部长举行了闭门会晤。据后来公布的消息，教育部长们围绕金砖国家间高等教育和职业教育的合作，建立教育、研究和技术发展领域的伙伴关系以及金砖国家与教科文组织伙伴关系进行了讨论。11 月 6 日上午举行了博科娃总干事与金砖国家教育部长的对话会，会上各国教育部长都对教科文组织主导的 2015 年后教育议程的磋商过程与阶段

会见印度人力资源发展部长（2016 年）

性成果表示支持。袁贵仁部长在会上发言，强调了教育在实现国家富强、人民幸福上的关键作用和中国教育事业创新发展的决心。会上还宣布，金砖国家决定建立教育部长定期协商的机制。我当初设立的两个预期目的都完满地达到了！

第二天我见到博科娃总干事，她对会议结果十分满意。她还告诉我，几位部长都对她表示感谢教科文组织这一具有重大政治意义的倡议与积极行动。我们倡导的 2015 年后教育议程的原则得到了金砖国家的集体支持，我们推动金砖国家建立了教育部长定期协商机制，这些都彰显了教科文组织的影响力。可见只要有心，教科文组织这个平台是可以做很多事情的。

解惑大学排行榜

大学排名近年来很热，不过目前存在的大大小小的世界大学排行榜有许多，每年公布的结果各学校的排名也不尽相同，有的甚至差距很大，让人不知该如何解读。

说到大学排行榜首先要了解它的历史。在 20 世纪 80 年代的美国和 90 年代的英国就已经出现了“大学指南”这类出版物。21 世纪初以来，高等教育在世界各国快速扩张，更多的青年人进入高等教育阶段需要知道哪些大学最符合他们的要求与愿望，世界大学排行榜应运而生。最早的有影响力的排行榜是 2003 年开始由中国上海交通大学世界一流大学研究中心主任刘念才教授主持发布的“世界大学学术排名”，在国际教育界又被称为“上海交大排名”。紧接着这个排行榜出炉的是，英国的《泰晤士高等教育》与 QS 公司（英国一家研究高等教育和升学就业的组织）于 2004 年开始发布的“泰晤士高等教育世界大学排名”，又称“THE 排名”。从 2010 年起，QS 公司与《泰晤士高等教育》分道扬镳，与汤森路透集团合作开始发布“QS 世界大学排名”。在很长一段时间里，上海交大排名、THE 排名和 QS 世界大学排名被认为是三个最具影响力的排行榜。又过了几年，《美国新闻与世界报道》杂志在多年发布美国大学排行榜的基础上于 2014 年开始推出“USNEWS 世界大学排名”，现在被一些人认为是可与上述三个并列的权威排行榜。不过 USNEWS 排名终究历史不长，且过于美国化，人们对它诟病不少，因此它的影响力不及其他三个。

由于采取不同的标准或指标，发布的结果不尽相同，所以经常有人（包括媒体）问我们，教科文组织是全球“最高”的教育组织，它到底认为哪一个排名最好、最客观。当年在回答这个问题时我一直强调，教科文组织不会去评判哪一个世界大学排行榜最好，我们鼓励会员国建立“世界一流”的“高等教育体系”，以培养社会经济发展需要的高水平的人才。尽管教科文组织不会对这几个排行榜再进行“排名”，但是为公众解惑确实是我们的责任。我在担任教育助理总干事之后提议，教科文组织与世界银行和经合组织于 2011 年 5 月在巴黎联合举办了一次高等教育排名全球论坛，邀请了上海交大、《泰晤士高等教育》和 QS 公司的相关负责人到会，分别介绍他们的排行榜是如何生成的：采用何种指标，选择这些指标的考虑，确定指标权重的考量，等等。来自全世界的 400 多名大学校长、专家与高等教育的领导者在会上进行了两天的讨论。我们还邀请了这一领域国际著名的专家、爱尔兰都柏林技术学院的爱伦·哈泽尔科恩教授对不同的排行榜做了点评。在国际教育界，对大学排名也有众多怀疑者和反对者，我们特地邀请了一些持反对意见的学者与会并且安排他们发言，以促成各种观点的交锋。

从几个排行榜负责人的介绍中可以看到，他们采用的指标通常包括学术能力、同行与雇主评估、论文引用数、师生比、国际学生和教师数量、师资水平、产业收入、教育素质、科研成就，教师学术表现，等等。各排行榜之间有重叠的部分，也有各家特有的部分。每个指标的权重在各排行体系中也不尽相同，这样各体系的侧重点就不同。若要解释一个排行榜的意义，一定要研究其指标体系与权重，根据它的侧重点来解读排名的意义，再根据自己的需要得出结论。因此各排行榜只能说是各有千秋。

不过在这次全球论坛上，对大学排名的质疑声量也不小。拉丁美洲国家的大学当时普遍对这几个排行榜“不感冒”，认为指标都体现了美国的研究型大学的模式，强调的是研究，而拉丁美洲的大学更注重教学和为所在社区服务的社会责任，这也是当时鲜有拉美的大学在这几个排行榜中名列前茅的原因。甚至许多欧洲国家的大学也没有像美国那样如此强调精英教育。我去智利、阿根廷等一些拉美国家访问见到那些国家顶尖大学的校长时，他们都对我表达了类似的看法，认为不能用一把尺子衡量不同国家不同功能的大学。

在那次论坛上，爱伦·哈泽尔科恩和世界银行著名的高等教育专家扎米尔·萨尔米都提出了建立“世界一流高等教育体系”的理念。世界银行当时已经开始尝试为全面衡量一个国家高教体系的质量建立一个指标体系。这个全球论坛之后我们邀请与会的发言者分别撰写了文章，于 2013 年出版了一本专著《高等教育的排名与问责：善用与滥用》，这是世界大学排名的理论与实践的一本非常有用的参考书。

又是几年过去了，大学排名非但没有降温，还出现了更多排名体系，在拉美地区也有大学开始为提升排名努力，大有历史潮流不可阻挡之势。在中国，不同意见仍然在激烈交锋。在这些年里我继续有机会与包括萨米尔在内的一些国际顶级专家交换意见。我们不得不承认，我们生活在一个互相攀比的社会，人们用各种指标对许多事情进行比较，例如用 GDP 为世界各国排队等。所以人们给大学排名其实也是不可避免的。大学排行榜之所以受到欢迎首先是因为它的简单与直观，它确实可以帮助学生和家长选择符合自己期望的学校，企业可以用它来寻找合适的合作伙伴，政府可以为增加对高等教育的投入找到理由，也可以将它作为分配资源的参考，大学的领导可以根据它找到自己学校的不足之处以便改进。况且大学参与排名评估也有助于学校的信息向社会公开，对公众自然也是一件好事。毕竟人们不会满足于自我标榜自己是最好的，他们总愿意用参照物突显自己的优势。大学排行榜是有用的，关键在于如何使用它。大学出于功利的目的自然更愿意使用有利于自己名次的指标的排行榜。在中国，还有被舆论诟病的外国留学生比例指标导致不少大学盲目追求留学生规模的现象，这些都背离了排行榜的初衷。

大学排名理论上要反映大学的办学质量，而今天专家的主流看法是，没有一个单一排行机制能够完整地反映一个大学的办学质量的全部情况，评估大学的质量还需结合许多其他信息。从政治角度来说，当一个国家的资源有限时，政府需要做出抉择，是集中资源支持少数精英学校成为“世界一流”的研究型大学，还是分配资源给众多大学建立一个“世界一流”的高教体系？抑或是两者之间寻得一种平衡。这都是对政府的考验。

当然，建设“世界一流”的高教体系不可能离开“世界一流”的大学，大学排行榜的确有助于建设优秀的大学。归根结底，它是反映大学质量的一个重要指标，只不过不应该把它当作唯一的指标。排名通常只包括 200 所大学，最多 500 所大学，这在全世界 17 000 多所大学中不过只占了 1%~3%。作为高等教育的决策者，只关注少数精英大学是有风险的。我们不应该忘记大学的三项基本功能：教学、研究、社会责任。大学应该为国家社会经济的发展培养适用的不同规格的人才。

《反思教育》报告提出人文主义教育理念

联合国教科文组织的五大功能之一是进行前瞻性研究，预测明天的世界需要什么样的教育、科学和文化。在过去的几十年间，教科文组织发表了两个具有里程碑意义的教育报告，对全球教育的发展产生了重大影响。

第一个报告是 1972 年由法国前总理埃德加·富尔主持编写的《学会生存——教育世界的今天和明天》，亦称《富尔报告》。报告提出了“学习化社会”和“终身教育”两个概念。富尔是法国老牌政治家，坚定的戴高乐派。他在 20 世纪 50 年代两次出任法国总理，并担任过教育部长。富尔与中国还颇有渊源，1957 年他曾经作为戴高乐总统的特使访问还没有建立邦交的中国，受到毛泽东主席和周恩来总理的接见。也是他在 1963 年代表戴高乐总统再次访华，与中国领导人就中法建交方案达成协议，是中法建交的一个大功臣。余生也晚，《富尔报告》发表时我还在山西农村插队呢，多年之后我才知道有这样一份报告和“终身教育”的理念。

20 世纪 90 年代初，教科文组织总干事马约尔提名 15 位来自世界各国的教育界人士和专家成立了一个由前欧共体主席雅克·德洛尔为主席的“国际 21 世纪教育委员会”，要求他们撰写一份为 21 世纪的教育指明方向的报告。时任中国教育科学研究所副所长的周南照博士也是委员之一。教科文组织秘书处在近三年的时间里组织了多次委员会会议和广泛的专家磋商，根据这些讨论的结果最终形成了《学习：内在的财富》，亦称《德洛尔报告》。报告提出教育的“四大支柱”：学会认知，学会做事，学会做人，学会共存。我还记得 1996 年德洛尔在教科文组织总部会议厅向教科文组织会员国代表提交报告的情景。德洛尔介绍完报告的内容后会场上响起长时间的掌声，表示了对报告和委员会所做贡献的肯定。

坦白讲，当时在场听德洛尔讲话时，不只是我，还有不少同事都觉得报告谈的是理论，好像也没有觉得有很“震撼性”的内容。不过后来在多年的工作中，尤其是当我有机会与许多国家的教育决策者对全球教育的发展方向交换意见时，我越来越觉得《德洛尔报告》提出的教育的“四大支柱”的确代表了当代教育理念的精髓。富尔和德洛尔两位提出的理念数十年后也没有过时，今天也很难找到能够替代它们的完整的新理念。

在我就任助理总干事之后，我和我的高管团队确定的长远战略目标之一就是发挥教科文组织的“知识领导力”作用，主导国际社会对未来教育发展方向的讨论。要做前瞻，首先要回顾。我提出，当年的富尔和德洛尔两位的报告是教科文组织对世界教育的发展做出的巨大理论贡献。《德洛尔报告》谈的是 21 世纪的教育，此时 21 世纪的前十年已经过去，是时候回头对《德洛尔报告》做一次审视和反思了。我的高管团队非常赞同，认为这个审视与反思的总结将是我们引领国际社会就 2015 年后全球教育议程磋商这一前瞻性工作的理论依据。这是在正确的时间我们应该做的一件正确的事情。

我们的想法是分两步走，第一步，先组织一个资深教育专家组，结合全球教育发展的现状对《德洛尔报告》进行评估，判断它当初提出的理念今天是否仍然适用，同时对 21 世纪以来出现的新的挑战予以梳理。如果梳理的结果发现有足够的内容可以升华为新的教育理念，那么就可以进行第二步，组织一个高级委员会，撰写一个新的类似《富尔报告》和《德洛尔报告》那样的文件，作为教科文组织向国际社会贡献的第三份引导全球教育发展理念的报告。我把这个想法与具体计划向博科娃总干事做了详细汇报，她对此完全支持。

这件事的组织工作交给了为加强教科文组织在教育领域的知识领导力而新设立的“研究与前瞻团队”，其负责人是曾经在我的麾下担任高等教育司司长的乔治·哈达特。哈达特在加入教科文组织之前曾经是著名的巴黎索邦大学的校长，让他领导我们的研究团队再合适不过。

我们在 2012 年底邀请 15 位来自各国的资深教育专家以个人身份组成一个专家组，成员的选择既要考虑到地域平衡，又要考虑到性别平等。我要选一个既有能力又有名气的人当主席，当时的首选是时任联合国秘书长潘基文的“2015 年后发展议程问题特别顾问”兼助理秘书长阿米娜·穆罕默德女士。阿米娜在国际教育界很有名，她是尼日利亚人，原来当过我们的《全民教育全球监测报告》国际顾问委员会的主席，后来回到尼日利亚当了环境部长，卸任之后做了潘基文的顾问。我以前在工作中与她挺熟，她觉得这件事很有意义，所以她接受了我的邀请，出任资深专家组主席。但是她告诉我她很忙，大概不会有太多时间放在这件事上。2017 年阿米娜·穆罕默德被现任联合国秘书长古特雷斯任命为常务副秘书长，成了联合国的“二把手”，更忙了。

2013 年 2 月，专家组在巴黎第一次开会，阿米娜来主持。我在会上表示希望专家们特别关注教育的基本目的是培养什么样人的问题，教科文组织奉行的理念是，我们的教育应该培养能够促进和平、贡献可持续发展的有责任感的一代社会公民。这与许多专家的理念是契合的。当时在我们的资料中心还可以找到几本《德洛尔报告》，但是 1972 年出版的《富尔报告》因年代久远，除了保留的样书已经没有多余的了。我指示资料中心将《富尔报告》重印出版。总干事博科娃在《新版说明》中指出：“尽管背景环境已经发生变化，但是《富尔报告》的主旨今天仍然有效。这就是为什么联合国教科文组织决定重印这份报告——以过去的智慧激励新一代教育家。这在我们正在定义 2015 年之后新的全球可持续发展议程的今天尤为重要。”

我们在 2014 年初召开了第二次专家会，此时我的团队与专家组共同感到，尽管 21 世纪以来全球社会经济的发展使教育面临诸多挑战，但是当前尚缺乏足够的可以上升为理论层次的新的革命性理念。《德洛尔报告》关于教育“四大支柱”的基本理念并未过时。因此现在还不具备撰写一份类似《德洛尔报告》那样的全面报告的条件。

在这次会上，我们与专家组共同得出结论，此时可以撰写一份“反思”报告，根据对《德洛尔报告》的反思，辨别当代教育的一些新的挑战。对这些挑战可以提出应对策略，也可以提出问题留给将来时机成熟时撰写一份新的全面报告去回答。换句话说，这份报告可以在《德洛尔报告》和将来的全面的前瞻性报告之间起承上启下的衔接作用。我提出的要求是在

会见伊朗伊斯兰议会议长拉里贾尼（2012 年）

2015 年春天完成报告，提交给将于当年 5 月在韩国仁川举行的“2015 世界教育论坛”，作为教科文组织对国际社会磋商 2015 年后教育议程的理论贡献。

为了撰写这份“反思”报告，我们调整了专家组的成员。此时“研究与前瞻团队”的负责人哈达特从教科文组织退休，我们聘请他加入专家组。专家组秘书的工作由前瞻团队的高级项目专家苏比·塔韦尔担任，他在报告撰写工作中起了重要作用。阿米娜确实工作太忙，因此我决定搞一个双主席制，请专家组成员、英国诺丁汉大学教育学教授约翰·摩根与阿米娜一起担任联合主席。摩根教授那时还担任英国的教科文组织全国委员会主席，他很愉快地接受了邀请，后来主席的工作基本上都是他承担的。摩根教授有深厚的教育研究功底，文字很好。他对中国教育很有研究，与中国的许多大学有合作，还带了好几个来自中国的研究生。2017 年英国著名的爱德华·埃尔加出版公司出版了他主编的一本《中国教育一览》，我还应他之邀写了序言。

报告的撰写工作用了一年时间，专家组对报告的基调有一致的看法，同时也鼓励不同观点的争论。报告指出了进入 21 世纪以来国际社会的核心关切，也就是追求和平与可持续发展。今天发展教育的目的与不同的学习组织方式应该围绕这些关切做出必要的调整。报告强调了以人为本的人文主义的教育精神，注重对人的尊重与包容，呼吁采用开放与灵活的方式为社会的所有群体，尤其是那些弱势群体，提供终身学习的机会，同时列举了今天教育决策者在全球和国家范围内面临的种种挑战与选择，并且提出了重新界定教育与知识的属性的思考。

多年以来，教科文组织的教育理念一直将教育作为一项基本人权或是一项公益事业，要求各国政府承担起向公民提供教育机会的责任。这在基础教育阶段没有异议，但是在高等教育和职业技术教育中，社会其他部门包括私营部门的参与也是早已存在的事实。针对这一现象，报告建议将知识和教育视为一种全社会的“共同利益”，鼓励全社会的参与；而将来的教育方向应该由全社会所有“利益相关方”共同决定。在今日全球化的背景下，教育更可以被认为具有“全球共同利益”的属性，从而促进国家之间的合作。当然，在此“共同利益”之下的各国与全球教育体系的发展中，如何区分其中的“私利”、“公益”和“共同利益”，政府如何调节它们之间的相互关系，如何保障教育质量，保持社会的公平与公正，这些都是国际教育界需要解决的问题。这个概念的提出是对教育理念的一种探索。

2015 年 4 月，《反思教育：向“全球共同利益”的理念转变？》（以下简称《反思教育》）正式出版。我们把它提交给“2015 世界教育论坛”作为参考文件。同年 11 月在教科文组织全体大会期间还举办了一次发布仪式，资深专家组主席摩根教授做了介绍。

《反思教育》在全球教育界引起很大反响，受到广泛的欢迎。教科文组织出版了联合国六种官方语言的版本，后来又被会员国翻译成其他文字，今天共有 14 种文字的版本，它是教科文组织官方网站线上阅读次数最多的出版物之一。我们的研究与前瞻团队应邀在 30 多个国家举行了报告会。教科文组织已经出版了中译本，后来中国教育科学出版社又出版了一个由国家教育发展研究中心熊建辉博士校译的中文版，还在 2017 年 7 月举办了研讨会。

在中国，教育界也对这份报告有很多分析研究，评价很高。中国的研究者尤其重视的是报告提出的人文主义教育精神。教育界前辈顾明远教授认为，《反思教育》提出了教育要培养什么人的问题，它充满了人文主义的精神。教育要尊重生命，尊重人格、和平、平等，尊重人的权益，而且要为可持续发展承担责任。他还评价说，这份报告具有里程碑的意义，与《富尔报告》和《德洛尔报告》一起标志教育发展的三个时代，引领了时代教育的重要方向。顾教授确实抓住了我们想要传递的核心信息。

顾教授认为教科文组织发表的这三个报告代表了教育发展的三个不同的时代，而研究教科文组织历史的谢喆平教授则认为，它们还标志了在教育领域中国与世界的不同关联程度的三个阶段。《富尔报告》发表时，中国刚刚恢复了在教科文组织中的席位，国内仍然在“文革”期间，与世界教育的潮流非常疏远。据顾先生本人回忆，那时他们到教科文组织出席会议，对当时国际教育发展的理念和教科文组织的立场都十分陌生。当《德洛尔报告》在 20 世纪 80 年代中期发表时，中国已经开始了改革开放，开始接触外部世界教育的先进理念。周南照博士作为“国际 21 世纪教育委员会”的一员，参与了《德洛尔报告》的撰写，标志着中国已经开始参与国际教育的主流行动。而 20 年后我作为教科文组织的教育助理总干事直接组织了《反思教育》报告的撰写，或者可以说中国已经有条件有机会进入影响国际教育界教育新理念的核心区域。

历时八年制定“学历学位互认全球公约”

制定国际规则是联合国教科文组织的重要职责之一，多年来它制定了教育领域诸多准则性文件，包括有法律约束力的“国际公约”和没有约束力的“建议”。在我的助理总干事任内，我推动、领导了《全球高等教育学历学位互认公约》的制定工作，从这个过程中可以看到制定国际规则的长期性与复杂性。

教科文组织是唯一负有推动高等教育发展使命的联合国机构，它在 20 世纪 70 年代和 80 年代制定了六个承认高等教育学历的地区性公约。这在当时是一项非常有前瞻性的工作，为后来的经济全球化中人才的跨国流动提供了便利。进入 21 世纪，全球化的迅猛进程使跨国流动的学生、教师、研究人员和技术工人的教育学历得到承认显得尤为重要，许多会员国因此感到有必要对这些地区公约根据新的形势予以补充修订。为顺应这个潮流，教科文组织指导会员国对其中的三个地区公约进行了修订。

在我担任助理总干事之后就开始考虑，恐怕有必要在这些地区公约的基础上尝试制定一个全球性的公约，使会员国在承认外国学历时有全球通用的标准，更加便捷。我的高管团队很同意这个想法，我想还是先看看会员国的意愿如何。2011 年 11 月我率队出席了在日本东京举行的审查亚太地区公约修订的会员国会议。在会上我们专门安排了一场是否需要制定一个全球性公约的自由讨论。结果各国代表一面倒地认为制定一个全球性公约很有必要，建议教科文组织先做一个可行性研究，然后交会员国讨论。

中国自改革开放以来，与国外的广泛学术交流和大量派遣留学生催生了与许多国家签订的互认学历的双边协议，所以中国代表团支持制定一个全球公约的想法，并愿提供资助。摸清了会员国的普遍想法，也有了资金支持，回到巴黎我开始全力推动这件事。我们聘请教育部门已退休的两位高等教育资深专家作为顾问，在向会员国收集意见的基础上写出一份可行性报告。专家们详细分析了全球公约的必要性和可能性，还列出了制定公约的主要目标、基本原则和可能的框架。2012 年 10 月中国方面出资支持我们在南京召开了一个国际专家会议，会上各国的专家高度认可这份可行性报告，建议教科文组织立即启动这项工作。

会见日本文部科学大臣驰浩（2015 年）

我代表总干事向 2013 年春季的教科文组织执行局会议提交了可行性报告。我在会上强调，随着世界经济进一步全球化，有必要在既有的五个地区公约的基础上，建立一个高等教育资历互认的全球公约，旨在形成全球范围学历学位互认的国际规范性文书和监管框架，推动跨地区学历学位互认。执行局大部分委员支持制定公约，但也有部分国家希望先搞一个比较简单但是没有约束力的建议，将来再制定有约束力的公约。我在会上解释说，我们认为有必要也有条件一步到位。最后执行局决定，把可行性报告提交给当年秋季举行的教科文组织第 37 届大会讨论，由大会决定这份准则性文书的形式是建议还是公约。

在第 37 届大会的教育委员会的讨论中，我再次介绍了可行性报告并建议大会批准我们组织会员国磋商并起草公约，提交两年后的第 38 届大会（2015 年秋）审议。绝大多数会员国认为制定一个全球公约有益处也有必要，但是也有少数国家持谨慎态度，认为搞全球公约还不成熟。在教科文组织，会员国讲究“协商一致”，无法“少数服从多数”。尽管多数会员国认为应该马上开始做这件事，但是少数几个国家反对就无法通过，只能退而寻求妥协。有几个国家是坚定主张马上开始做这件事的，挪威最坚定，其代表与我们的团队一起开会，商量如何做那几个持谨慎态度的国家包括德国和美国的工作。大会期间我还会见了这几个国家的代表，向他们做了解释，总算取得了他们的妥协。

最后大会通过决议，促请总干事启动关于互认高等教育资历的全球公约的起草进程。不过，决议要求总干事两年后提交一份进展报告给 2015 年的第 38 届大会，那时再就进一步的行动做出决定。也就是说，我们可以开始工作，但是要等到两年之后会员国才能决定是否开始制定公约的正式程序。这是一个拖延时间的妥协的决定，虽然不理想，但我们总算可以开始行动了。

这中间还有一个插曲。2014 年我们在埃塞俄比亚首都亚的斯亚贝巴组织了对 1981 年《非洲地区公约》的修订审查会议。前一年的 5 月我在北京与当时的教育部长袁贵仁商讨双方合作时，建议作为对非洲高等教育的支持，中方为亚的斯亚贝巴会议提供一些资金，得到了袁部长的支持，落实了资金。后来我专门拜访了挪威常驻教科文组织的代表团，建议他们与中国共同出资支持这次会议。那时候挪威正因为诺贝尔和平奖的事情与中国闹僵，希望找机会与中国缓和关系，我有意在教科文组织为双方制造一个合作机会，改善一下双方关系。

当时我想的是“一箭三雕”：一是为会议找到资助，二是创立一个南、北、南（非洲、挪威、中国）三方合作援助非洲的典范，三是提供一个改善挪威与中国关系的机会。挪威方面很高兴有机会在教科文组织这个平台上与中国合作，中方也没有异议。这样中国和挪威两国联合为这个会议提供了资助，双方都派代表出席了亚的斯亚贝巴会议，我特地安排双方作为资助国代表在开幕式上讲话。这实际上是一个对教科文组织、非洲、挪威和中国都有利的“多赢”结果。在国际组织中“做好事”的机会很多，就看你是否敏感，能不能把握机会。

主持仪式欢迎挪威哈康王储（2015 年）

非洲国家对修改地区公约的热情很高，因为近年来非洲的发展促进了高等教育体系的进步，但是他们缺少高等教育质量的保障机制。在欧美发达国家甚至还有亚洲的许多国家都已建成了国家高等教育的质量评估与保障体系。欧洲各国还通过《里斯本公约》建成了一套很完善的欧洲国家之间的互认体系。公约规定签约国必须在国内建立大学的质量评估标准和国家级的高等教育信息中心，这样才能让其他国家有依据承认你国的学历。而非洲等不少发展中国家都没有这类机构，有的国家有却不能有效工作。制定一个全球公约并推动发展中国家加入公约正是要促使和协助它们建立和完善自己的大学质量评估与保障体系，从而达到提高高等教育质量的目的。

后来我们把中国支持的一笔经费，与我们的正常预算合在一起，在 2016—2017 年开始有计划地在一些非洲国家协助建立国家高等教育评估与信息中心，教科文组织 2015 年在中国南方科技大学建立的国际高等教育创新中心也积极参与了这项工作。我的更长远的想法是帮助非洲地区建立一个像欧洲那样的高等教育质量保障与学历互认体系，并且通过这个体系与其他大洲的体系接轨，从而提升非洲地区各国大学的教育质量。用这样的做法支持非洲的高等教育，花钱不多，事半功倍，这是教科文组织应该做也有能力做的事。

欧洲的《里斯本公约》实施体制非常有效，在欧盟有一个团队负责公约的事务。团队负责人以自身经验对我说，千万不要低估搞一个全球公约的复杂性。当时我们的进展很顺利，又有欧洲的伙伴来帮忙，我和我的团队希望在 2015 年底的教科文组织第 38 届大会上获得会员国授权，两年后在 2017 年底的第 39 届大会上提交公约草案并获得批准。这样从 2012 年算起，有六年的时间可以完成公约的起草工作。我当时还是过于乐观了。

2014—2015 年，我们召开了两次国际专家会议，向会员国送交了一份有关全球公约的初步报告，征集意见，绝大多数会员国和专家认同制定一个全球公约的建议。初步报告先后被提交给 2015 年秋季举行的教科文组织执行局会议和第 38 届大会。本来我们的计划是希望在这次大会上得到会员国的授权，组织起草委员会，两年后向 2017 年底举行的教科文组织第 39 届大会提交公约草案并审议通过。但是没想到在这次会议上，尽管看到公约起草工作的实质进展，那几个持谨慎态度的国家代表还是不松口，说要看到公约的草案之后才能决定是否授权我们开始正式的起草程序。最后全体大会通过的决定是要求总干事继续向会员国征求意见，组织一个起草委员会，两年后（2017 年秋季）将一份进展报告和一份全球公约的初稿提交给教科文组织第 39 届大会审议。如果那届大会认可，我们就可以继续完善公约草案，将最终稿提交给 2019 年底举行的教科文组织第 40 届大会审议。这些会员国的谨慎生生将我们的计划延长了两年。国际政治就是这么复杂。

之后的公约起草工作进展相对顺利。2016 年我们建立了一个由 23 名独立专家组成的起草委员会。我提醒中国方面应争取加入这个委员会，中国一直希望积极参与国际治理与国际规则的制定，这可是个好机会。中方推荐了浙江大学的阚阅博士在委员会中占了一席之地，有了参与制定规则的条件。

我主持了 2016 年春在巴黎举行的起草委员会第一次会议。两年中起草委员会开了四次会议，并在 2017 年 6 月产生了全球公约的初稿。随后教育部门组织了线上协商向会员国征求意见，这份初稿和进展报告被提交给 2017 年 11 月的第 39 届大会讨论，初稿获得了会员国和执行局委员的广泛支持，最后大会决定，要求总干事继续就公约的初稿与会员国的磋商，召开特别委员会会议对公约草案进行审查，并提交一份最终进展报告和公约草案给 2019 年秋的第 40 届大会审议。

2018 年 3 月我从教科文组织退休。当时公约草案已经发给会员国征求意见，随后在 2018 年底教科文组织举行了又一次磋商会议。2019 年 3 月，最后一次政府间磋商会议在巴黎举行，来自 150 个会员国的 260 多名教育与法律专家顺利通过了公约草案，而后又提交给教科文组织的所有会员国做国家审查。2019 年 11 月 14 日，《全球高等教育学历学位互认公约》在教科文组织第 40 届大会上表决通过。数十个国家的代表在会上发言，称颂这个公约的制定顺应了时代的需求，是对建立全球更具包容性的高等教育体系的重大贡献。这个以五个修订后的地区公约为支柱的全球公约体系，对于世界各国高等教育的发展与质量保障和人才的全球流动都是一个福音。

《承认高等教育相关资历全球公约》是过去 30 年中教科文组织在教育领域制定的唯一的国际公约，其制定过程经历了漫长的八年时间。2011 年底，在日本与会员国代表探讨制定一个全球公约的可能性时，我告诉会员国的代表，以过往的经验判断，这个过程要 6~8 年。这些年来，我的部下、教育部门终身学习体系与政策司的司长戴维 · 阿乔莱纳和高等教育处处长彼得 · 威尔斯带领他们的团队为公约的起草做了大量工作。我的作用主要是早期推动立项，之后在宏观方向上给予指导并出面向会员国做协调工作。之所以一直在大力推动这件事，是因为我认为公约不仅对所有国家在高等教育资历跨国互认上有益，而且还能帮助发展中国家建立大学的质量评估与保障体系，让它们“与国际接轨”，从而有利于全球高等教育的均衡发展。对我来说唯一遗憾的是，当初我亲自推动开始的全球公约的起草在我退休一年多之后才最后完成。

不过不是有这样一句话吗？功成不必在我，功成必定有我。

几位热心教育事业的第一夫人

对于联合国教科文组织来说，为每个儿童和成人争取受教育的权利必须动员全社会一切可以利用的力量，最广泛地争取同盟军，国家元首的夫人们就是其中一个有力的群体。她们通常被称为“第一夫人”，在许多国家，她们会利用自己特殊的身份和地位推动社会公益活动，特别是在教育、卫生、妇女儿童权益保护等领域。我在教科文组织工作这些年，有机会近距离地接触过几位热心推动教育事业的第一夫人，与我们的总干事一起争取到她们的合作，借她们之力，呼吁各国政府重视教育，促进在全球实现全民教育的目标。她们的努力与奉献精神给我留下了很深的印象。

推动扫盲事业的“荣誉大使”劳拉·布什

乔治·沃克·布什 2001—2009 年担任美国总统，他的夫人劳拉·布什年轻时当过教师，成为总统夫人后的她非常热心教育事业。2003 年初，松浦总干事授予她“联合国扫盲十年（2003—2012）荣誉大使”的称号，从此她与教科文组织结下了不解之缘。在这之前的 2002 年，布什总统宣布，在离开教科文组织 19 年之后，美国将重返这个联合国专门机构。2003 年 9 月 29 日劳拉·布什出席了在巴黎的教科文组织总部举行的“美国归来”的仪式，见证了星条旗在教科文组织总部广场再次升起。

2004 年 6 月初，松浦总干事召见我和当时代理教育助理总干事职务的艾莎·巴蒂娅露女士。在总干事办公室，松浦告诉我们，劳拉·布什陪同小布什总统来法国参加纪念盟军诺曼底登陆 60 周年活动，临时提出来访问教科文组织总部。小布什夫人还特别提出要与教育部门的官员谈教育。总干事找我们来商量如何做好接待工作。总干事说劳拉·布什对扫盲工作最感兴趣，支持我们在全球的扫盲工作。他要教育部门全民教育司司长辛格先给她介绍全球扫盲的现状与挑战，然后由巴蒂娅露讲“联合国扫盲十年”的进展，最后由我介绍教科文组织关于扫盲的一个“国际行动计划”，每个人讲三分钟。松浦说，重点是争取布什夫人利用她的美国第一夫人与“荣誉大使”的双重身份，帮助我们呼吁世界各国对扫盲的重视。

6 月 5 日下午三时，布什夫人来到教科文组织总部大楼。美国第一夫人出行的阵仗虽然不及总统，但也很有排场。车队有六七辆车，法国警察的两辆警车和三部摩托车护卫。进入总部大楼的陪同工作人员有五六位，另外还有五名戴着耳麦的白宫特勤人员。布什夫人一身粉红色套装，淡妆短发，在一群人的簇拥下来到总干事办公室。她先与松浦单独谈了约 10 分钟，然后教育部门的三名官员——巴蒂娅露、我和辛格——进入总干事办公室。布什夫人看上去气色极好，与我们一一握手，美方陪同她的是美国驻教科文组织的女大使奥利弗。

总干事办公室在教科文组织总部大楼六层的一角，大约有 80 平方米。朝西的一面窗斜对着埃菲尔铁塔，靠东一侧是总干事的办公桌，背对南面窗户的是一张双人沙发，其右首是两张单人沙发，左首是一张三人沙发。三张沙发摆放呈品字形，中间放着一个圆形茶几，这就是总干事的会客区。布什夫人坐在背朝南双人沙发的右侧，坐在同一张沙发左侧的是奥利弗大使。总干事坐在布什夫人右首的单人沙发，再过去是巴蒂娅露。我坐在另一张三人沙发的一端，在奥利弗大使的左首，我的左首是同事辛格。座位的这种摆放是让主人总干事与主宾布什夫人面对的方向互为 90 度角，谈话时稍稍侧过脸就可以很自然地面对对方，不像我们经常看到的主人与主宾坐在并排摆放的两张沙发或椅子上，谈话时要将脖子扭 90 度角才能看到对方，看着都累。

松浦总干事简单地介绍了全球扫盲工作，然后由辛格讲了全球扫盲工作概况，接着是巴蒂娅露介绍“联合国扫盲十年”迄今取得的成就。这位曾经的几内亚教育部长说，她来自非洲，小时候祖母就告诉她，孩子在出生前母亲就应该与之对话，出生后继续对话，这可以算是扫盲工作的第一步。布什夫人非常赞同，说自己也是一位母亲，很知道这一做法的重要性。布什夫人讲话时总是面带笑容，说话很文雅、让人感到很亲切，似乎可以看出她当年当教师的风范。

随后松浦要我向布什夫人介绍教科文组织准备实施的一个新的“国际扫盲行动计划”。我在几分钟内做了讲解，并说我们要鼓励这些国家的政府对扫盲承担更大责任，还要动员国际社会向这些国家提供援助。我接着说：“布什夫人你曾经是教师，一定能理解扫盲比正规教育需要更多的投入、更大的努力，所以需要广泛动员国际社会对贫穷落后国家提供支持。”布什夫人连连点头：“我是教师，知道扫盲工作确实很难。”

此时我想，要争取布什夫人的支持，先要拉近双方的感情。我想到了以前我在中国看到的一件事，说：“总干事的这个新的行动计划恐怕还需要一个比较响亮的口号才好。我来自中国，去年我在中国一个贫困山区考察那里的普及基础教育和扫盲的工作，当地的政府官员十分骄傲地告诉我，他们有一个响亮的口号，叫‘一个都不能少’！”

结果所有人包括劳拉·布什哄然大笑，气氛立时活跃起来，因为这个口号与布什总统推动美国教育改革的著名口号“不让一个孩子掉队”是一样的。

我接着说：“我不敢肯定这个口号的版权所有者是布什总统还是中国的教育工作者，不知道是谁借鉴谁。”在座人士又是一阵笑声。

布什夫人听了我的介绍之后十分高兴，她说：“我当过教师，对教育有特殊的感情。扫盲工作太重要了，尤其是对那些贫穷国家摆脱贫困的意义再怎么强调也不过分。”她又说：“我应该帮助你们做点什么。”之后她想了想，说：“我认识许多国家的第一夫人，也许我可以与她们联系，促请她们在自己的国家对扫盲工作予以政治支持，争取各国政府对扫盲工作的重视。”

松浦总干事顿时眉开眼笑，这就是他想要的结果，他连声感谢布什夫人的这个想法，并且说，教科文组织会全力配合她的努力。

会见结束之后，总干事在总部大楼举行了一个小型酒会，招待布什夫人。劳拉·布什在松浦陪同下与教科文组织的高官一一握手。一看到我她就说：“我要谢谢你今天介绍的情况，我特别喜欢你那个关于教育口号的故事。今天晚上我一定会讲给我丈夫听，他也一定会为在中国的边远山区也有他的知音感到高兴！”

陪同劳拉·布什参观教科文组织总部（2009 年）

布什夫人回到美国后还真的没有忘记她的承诺。2006 年 9 月，由她倡议，美国的国务院、教育部和国际开发署与教科文组织共同在联合国大会期间邀请了 60 多个国家的第一夫人和教育部长在纽约的公共图书馆参加她主持的“白宫全球扫盲会议”。会上劳拉·布什呼吁各国政府在促进国民教育，特别是扫盲和对妇女和儿童的教育方面给予更多的投入，布什总统也到会表示对扫盲活动的重视。布什总统夫妇亲自出马呼吁世界各国予以重视，这对全球扫盲运动和教科文组织的努力都是很大的支持。以后的两年中，美国还支持教科文组织在世界各地组织了六个“全球扫盲地区会议”，讨论应对扫盲工作所面临的挑战。

不少国家的第一夫人出席了这些地区会议，鉴于第一夫人们在各国国内的影响力，这些会议的政治作用不可低估。在布什总统的任期届满之前，在联合国教科文组织的支持下，劳拉·布什于 2008 年 9 月在纽约主持了第二届“白宫全球扫盲会议”，为她倡导的这项工作画上了一个完美的句号。

在劳拉·布什访问教科文组织两周之后，我收到美国大使奥利弗派人送来的一个大信封，里面是劳拉·布什亲笔签名的一张她与松浦总干事和我三个人的照片。

其他几位颇有影响力的第一夫人

2007 年 4 月约旦的拉尼娅王后到访教科文组织总部，我陪同松浦总干事会见她，并代表教科文组织与以她为董事长的约旦河基金会签订了一份教育合作框架协议。拉尼娅王后是约旦国王阿卜杜拉二世的妻子，当时是世界上最年轻的王后，也被认为是世界上最美丽最优雅的王后。她出生于一个巴勒斯坦医生家庭，在科威特长大，29 岁成为约旦王后。约旦国王为她成立了约旦河基金会，她利用这个基金会为保护约旦妇女儿童的利益做了许多工作，深受约旦人民爱戴。基金会与教科文组织一直保持合作关系，对我们的教育活动予以了多方支持。双方签订协议后，拉尼娅王后多次出席教科文组织的活动，并且利用这些场合呼吁世界各国重视教育，为促进实现全球全民教育的目标做出了不懈的努力，成为教科文组织的一位有力的合作伙伴。

签订合作协议后与约旦王后拉尼娅握手（2007 年）

2008 年 9 月我应乌克兰政府的邀请，出席了在克里米亚的阿塔克国际儿童中心举行的一个教育论坛，受到乌克兰总统尤先科的夫人卡特里娜·尤先科的接待。这位第一夫人在自己的国家是一位有争议的人物，人们对她褒贬不一。她在美国出生受教育，还在美国政府中工作过，直到尤先科当选总统以后她才正式加入乌克兰国籍。在成为第一夫人后，卡特里娜·尤先科积极从事慈善事业，她成立了乌克兰 3 000 基金会，支持乌克兰的教育、文化和卫生事业的发展。不过在当地的媒体上总时不时有她卷入腐败丑闻的新闻报道。她特别关注让所有儿童享有平等的受教育的权利。她说自己忧心的是乌克兰许多学校教学设备不足，为此她多次利用第一夫人的身份到财政部去为学校争取拨款，以改善学校的教学环境与条件。我感觉她的确是很诚心地在为乌克兰的儿童做些实事。

与尤先科夫人交谈（2008 年）

尤先科夫人还向我谈起她 2007 年访问中国的情形。那时她率领乌克兰残奥运动员代表团去上海，参加了上海外国语大学开办乌克兰语专业的揭牌仪式。她说她对上海的印象太深刻了，带了九岁的女儿去上海，回来后女儿吵着要学中文。尤先科夫人说这些年中国的变化太大了，她有几分自豪地说："我在中国见到了你们的胡锦涛主席，而我丈夫到现在还没有见过他呢。"无论乌克兰舆论对她评价如何，我所认识的尤先科夫人是一位很有爱心，愿为自己国家和人民做些实事的第一夫人。我看到不少出席会议的女代表来与她打招呼，并送些小礼物给她，看来她的这些社会公益工作还是赢得了不少人心。尤先科夫人送给我一本她亲笔签名的名为"美丽的乌克兰"的画册，说你可以从画册中看到更多乌克兰的美丽景色。她邀请我以后再来乌克兰访问。"你一定要到基辅和其他地方来看看，我们乌克兰有许多美丽的地方呢！”尤先科夫人在与我握别时说。

2011 年 10 月我在总部的办公室接待了来访的加蓬共和国总统邦戈的夫人西维亚·邦戈。这位第一夫人出生在巴黎，一副优雅的法国贵妇模样。她告诉我，她小时候被父母带到喀麦隆，后来又到了突尼斯，1974 年来到加蓬。1989 年她嫁给了后来成为总统的阿里·邦戈，2009 年成为第一夫人。邦戈夫人在加蓬担任红十字会的名誉会长，热心推动妇女儿童的保健与教育事业。会见时她给我带来不少介绍加蓬教育状况的资料，对国家教育面临的挑战侃侃而谈。我印象最深的是她对我说，我是总统夫人，我应该协助总统为我们的妇女和儿童做些事情。我想，有这样一位第一夫人应该是加蓬妇女儿童的幸运吧。邦戈总统近年来多次访华，人们在电视里常常可以见到陪伴在他身旁的西维亚·邦戈。

在办公室接待加蓬总统夫人西维亚·邦戈（左二）（2011 年）

2014 年 6 月我陪同博科娃总干事访问比利时，出席了玛蒂尔德王后在比利时国王的官邸拉肯城堡的一个小范围午宴。这位王后出身于比利时贵族家庭，大学的专业是语言矫正，获得心理学硕士学位，通晓英、法、荷、意四种语言。她多次与联合国儿童基金会和联合国艾滋病规划署合作去非洲探望贫困儿童，呼吁世界各国予以援手。

午宴前玛蒂尔德王后与我们几位客人寒暄，王后身材高挑，比我还要高半头，穿一身蓝色连衣裙，金发，显得雍容华贵。王后态度亲切，英语讲得十分纯正，还向我推荐比利时啤酒。我拿来尝尝，味道果然不错。在饭桌上，博科娃总干事让我向王后介绍了全球教育界对

与比利时玛蒂尔德王后合影。第二排右一是作者（2014年）

2015年后的教育议程磋商的复杂过程，以及建议的总体目标和各个分目标。玛蒂尔德王后不时做笔记，还向在座的比利时外交部官员询问比利时政府的立场。最后王后说："我觉得这些建议的目标很好，反映了我在比利时和其他国家，特别是在非洲国家看到的妇女、儿童等弱势群体获得教育机会面临的挑战。我愿意将来在全球推动这些目标的实现，与教科文组织一起做出努力。"玛蒂德王后说到做到，后来她一直利用自己的身份呼吁国际社会为实现可持续发展目标而尽力。

2014年3月27日，博科娃总干事在教科文组织总部举行仪式，向陪同习近平主席来访的中国第一夫人彭丽媛教授授予"联合国教科文组织促进女童和妇女教育特使"的荣誉称号。

在授予她"特使"荣誉称号的仪式上，彭丽媛说："这是一项崇高的事业，我愿尽我所能，帮助更多孩子，为更多姐妹争取受教育的权利。"尤其感人的是她说"此时此刻，我不禁想起我的父亲。上世纪中叶，中国农村教育条件非常薄弱，很多人特别是大多数妇女还不识字。我父亲曾经是村夜校的校长，专门负责扫盲工作。在他的帮助下，很多人第一次写出了自己的名字，第一次读懂了报纸和书刊，特别是一些母亲把自己学会的字教给她们的儿女，开启了最初的教育。"彭丽媛的这些话后来经过新华社和央视传播到全世界。此后几年，彭丽媛教授两次在中国与博科娃总干事共同颁发"联合国教科文组织女童和妇女教育奖"，并多次以"特使"的身份为推动女童与妇女教育做了大量工作，赢得了国际社会的广泛赞扬。

第 10 章

多彩世界：访问会员国纪事

联合国教科文组织要助力会员国的教育发展，因此到会员国访问是我的一项日常工作。这些年来我去过上百个国家，有发达国家、发展中国家，也有贫穷的最不发达国家，还有那些处于战乱、企盼和平的国家。有些国家因为工作需要还去过多次。有些国家今天已经对外界开放，但我是在当年普通人还不大容易去的时候，应会员国政府之邀到访。由于联合国官员的特殊身份，我有机会去过一些普通人不大容易去的国家，看到一些普通人不大容易看到的地方，接触到一些普通人不大容易见到的人，经历过一些普通人不大容易遇到的事。我对这些国家的访问通常很短暂，很难对它们做深入的观察与分析，但我还是很愿意与读者分享一些印象深刻的经历。

巴勒斯坦和以色列：和平何日到来？

尽管巴勒斯坦一直到 2010 年才成为教科文组织正式会员国，但是我们与巴勒斯坦在教育方面的合作早就开始了。早在 1995 年我就访问过巴勒斯坦，当时我们计划出资在那里举行一个职业技术教育方面的国际专家会议。我在这年 4 月应巴勒斯坦临时权力机构教育部的邀请，去他们的临时首都拉姆安拉商谈会议的准备工作。

巴勒斯坦主张它的首都是耶路撒冷，位于约旦河西岸耶路撒冷以北的拉姆安拉自 1994 年开始是巴勒斯坦的临时首都。我乘法航的航班从巴黎飞往以色列的特拉维夫，那时由于国际恐怖主义活动很猖狂，飞往以色列的航班的安全检查特别严格，所有行李在交运前都要打开检查。到达特拉维夫，教科文组织驻巴勒斯坦办事处的主任来接机，陪我坐汽车到耶路撒冷一家酒店下榻。从耶路撒冷乘汽车北行十几公里，半个多小时的车程就可以到达拉姆安拉，但是中间有全副武装的以色列士兵把守检查站，检查过往行人的证件。我们乘的是办事处涂有 UN（联合国）字样的越野车，但是以色列士兵仍然非常仔细地检查了我的联合国通行证之后才放行。

那时巴勒斯坦临时权力机构的教育部在一栋简陋的三层小楼内办公，接待我的是教育部一位副部长和劳动部的一位官员。他们告诉我，由于巴勒斯坦领土狭小，缺乏自然资源，他们希望将来和平之后像新加坡那样发展高科技产业。因此他们决定首先推动中等职业技术教育的课程改革，为未来经济发展培养技术工人。这样的眼光算得上十分长远了。

主人陪同我参观了拉姆安拉的一所工业中学和希伯伦的一所技术学院。这两所学校代表了当时巴勒斯坦职业教育的状况，设备很简陋，甚至还比不上 20 世纪 80 年代中国的中专与技工学校的条件。但是在与这两所学校的校长和教师交谈的过程中我发现，尽管工作条件很差，但是他们仍然对教师职业感到很自豪。他们对外部世界的技术进步很了解，非常希望赶上别国的步伐，但是对巴以之间持续多年的冲突又流露出一种无力感。毕竟主导和平进程的不是这些教师。

初访耶路撒冷（1995 年）

我很钦佩在当时那样困难的条件下他们对经济发展的长远眼光与目标，不过如果没有巴以冲突的解决，没有中东的和平，他们的经济发展的目标恐将难以实现。

我对那次访问回程时在特拉维夫机场的安检有很深的印象。回巴黎的航班是在清晨起飞，但是被告知要提前 4 小时到机场，我凌晨 1 点就从酒店出发。尽管当时我使用的蓝色联合国通行证在海关免检，但是安检没有豁免，所以排队等了很长时间。一个很年轻的穿制服的以色列姑娘首先要我把托运行李和手提行李打开进行检查，然后开始问我这次来访问的目的，是谁邀请我来的，在拉姆安拉去了哪些地方，见了什么人，谈了什么事，包括那两天的具体活动、大概时间，等等。总之是要你非常详细地回忆这两天都干了什么。由于我去了巴勒斯坦地区，她的问题格外多、格外细。问了约 20 分钟，她说要离开一下让我等候。几分钟之后，又来了一位年轻的姑娘，说要问我一些问题，希望我据实回答。她的问题与第一位姑娘的问题几乎完全一样，只是问题的顺序不同。后来别人告诉我，这是要看我的两次回答有没有自相矛盾的地方。第二位姑娘问完所有问题后对我说，谢谢你的合作，你可以去托运行李了，我这才长舒一口气。不过这两位以色列姑娘都非常专业，提问一丝不苟，态度不卑不亢，脸上表情既无笑容也不张狂，说话很客气，问题很明确，一看就是受过严格训练的。我走过世界各国无数机场，从来没有见过这么严格的安检措施。不过考虑到以色列所处的国际环境，采取这样的安全措施也是可以理解的。

在教科文组织总部迎接以色列前总统佩雷斯（2016 年）

20 年之后我又一次来到特拉维夫，应以色列政府邀请以联合国教科文组织教育助理总干事的身份来访问和出席会议。我到达和离开特拉维夫机场时由以色列官员陪同走专门通道，没有再次体验那样的严格安检。不过当我离开特拉维夫，飞机在跑道上滑行时，忽然听到几位乘客惊呼："看，导弹！"我从飞机舷窗向外望去，远处几个小亮点拖着长长的烟带升起。坐在我旁边的乘客是一位以色列政府官员，他告诉我，这是以军在拦截黎巴嫩真主党向以色列发射的火箭弹。就在前一天晚上，在以色列外交部一位司长在耶路撒冷城内的一家餐厅请我吃饭席间，忽然全城警报声大作，感觉很恐怖。我随主人来到屋外街道旁，不多时远处传来几阵沉闷的爆炸声。我被告知，这是来自黎巴嫩真主党的火箭弹袭击了以色列。

飞机飞离特拉维夫，舷窗外，远处平静的地中海海面反射着夕阳的金色光芒，此时我又回想起当年对拉姆安拉的访问。20 年过去了，巴以双方还在紧张对峙中，和平依然遥遥无期。巴勒斯坦变成新加坡的梦也未能实现，以色列人民还生活在经常遭受袭击的恐惧之中。这实在是巴勒斯坦人民和以色列人民的不幸。

沙特阿拉伯：面纱之后的石油王国

对于我们中国人来说，沙特阿拉伯是一个在西亚大漠中戴着面纱的国度，遥远而神秘。1998 年春天，我在沙特访问了一周。时间不长，但是留下了很深的印象。

我当时任职业技术教育处处长，应沙特政府邀请对它的职业技术教育体系做一次考察和评估。沙特从 20 世纪 80 年代开始逐步建立起一个很完善的职业技术教育体系，包括职业培训中心、中等技术学校、技术学院和一些私立职业技术教育培训学校 / 中心。这个体系由一个跨政府部门的部级机构负责管理。我在沙特逗留期间除了与机构的总裁进行会见，还参观了不同层次的 10 个培训机构、一个大型石化企业、一个乳业公司和一个工业园区。

沙特的职教体系很有特点：一是学校经费充足。沙特向它的公民免费提供教育，学生还有生活补贴。二是设备非常先进，政府每年有大笔预算更新设备，学校设备之先进不逊于我看过的任何发达国家的职教机构。三是教师质量高，许多人曾经到西方国家留学。技术指导教师多来自企业，有丰富的实践经验。四是与企业有紧密的合作与联系，行业协会参与学校的课程设计，企业为学生提供实习机会。五是职教体系很灵活，同时提供正规与非正规培训。六是鼓励私营部门提供职业技术教育与培训。困扰许多国家的职教体系由不同部门参与而难以协调的问题，在沙特很早就通过设立跨政府部门的机构而得到解决。

我们东方人一贯对堪称神秘的阿拉伯世界有着极大的好奇心，所以当主人问我除了学校还想看什么的时候，我说希望有机会了解沙特的文化和人民的生活。一位职业技术学校的校长邀请我去他家用晚餐，让我看到了沙特人的家庭生活。利雅得当时有两百万人口，但是住宅区看不到高层公寓楼，人们都住在两层的小楼内。校长家在利雅得城里的住宅区，占地面积很大，外面是有大概 3 米高的石头砌的围墙。里面院子宽敞，种了很多花。客厅高大宽敞，大约有上百平方米，地上铺的是土耳其地毯。餐厅地面是光亮的大理石，餐厅门外有游泳池。主人告诉我，住宅的总面积是 800 平方米。洗手间可谓豪华，水龙头金光闪闪。晚餐席地而坐，但只有男主人和客人，主妇不出面。我问主人他这样的家庭在沙特属于什么样的阶层，他说他是个校长，算偏上一点的中产阶级。

沙特人戴头巾、穿长袍，与我们东方文化相差甚远，但是他们的热情好客却不在东方人之下。在去外省参观的路上，我们被安排到一位地方教育局局长家用午餐。主人的家在乡村，是平房，但院子相当宽敞。他在家门口欢迎我时说，为远道而来的中国朋友准备了非常简单的午餐。进到院子里才看到，主人“简单”的午餐是正架在火上烤的一只全羊！

我去濒临波斯湾的朱拜勒工业园区访问，路上看到海边有许多大型油罐，主人告诉我，那不是油罐，而是海水淡化厂的储水罐。主人说，沙特气候炎热，淡水资源稀缺，全国 70% 的饮用水来自海水淡化，海水淡化业在世界上首屈一指。晚上从朱拜勒沿着高速公路返回利雅得，路上没有路灯，这里空气干燥，通透性极好，可以看到天空背景漆黑，星光璀璨，头顶上是一条白色的银河。我在那之前从来没有见过这样美丽的夜空。

主人还专门带我去看沙漠，他们安排了两辆丰田越野车“陆地巡洋舰”。这里的沙漠不是平的，而是有高低不同的山包，车咆哮着直接向山包冲去，只见一堵巨大的沙墙扑面而来，让人喘不过气来。加油驶到山顶，然后又直接向下冲去，速度更快。人坐在车里，尽管有安全带，还是要双手抓牢扶手，饶是如此，人在座位上也是东倒西歪，惊魂不定。但是驾车人却无比沉着，一边开车一边给我讲解坐车要领。那个年代他们的越野车里面就装有定位系统，那是我第一次看到这种先进的东西。主人说要是没有它，真会在沙漠里迷路的。

与沙特朋友一起领略大漠风光（1997 年）

考察之后我撰写了一份考察报告提交给沙特王国政府，提出了一些政策性建议。我对 20 年前的这次访问至今记忆犹新。这个国家对职业技术教育的重视、职业技术教育体系的完备程度以及理念的现代化大大超出了我的想象，这都显示出决策者对社会经济发展思路的清醒认识。而我接触到的沙特政府官员和教育界人士都表现出很高的专业素养，同时又热情友好。仅仅用“土豪”形容这个国家就大错特错了。

克里米亚：一个美丽的地方

2008 年 9 月，我以教科文组织教育副助理总干事的身份应乌克兰政府的邀请，出席了在克里米亚半岛黑海之滨的阿塔克国际儿童中心举行的阿塔克教育论坛。乌克兰位于欧洲东南部，领土面积是欧洲第二。它原来是苏联的一个加盟共和国，苏联解体后独立。当时的总统尤先科 2004 年通过“橙色革命”上台，他执行的是亲西方、远俄罗斯的政策，大力推动乌克兰加入北约，不时与俄罗斯交恶。2008 年秋天我去访问时，正值乌克兰出现政治危机，联合执政的支持总统尤先科的党派和支持总理季莫申科的党派发生分裂。矛盾正愈演愈烈。

从巴黎到乌克兰首都基辅乘飞机只需三个半小时。基辅机场的破旧让我很吃惊。飞机抵达时大雨倾盆，人们都淋了个透湿。入境检查只有几个柜台，到达的旅客大排长龙。所幸乌克兰外交部的官员在机场等我，拿了我的外交护照直接将我领入关，省去排队之苦。乌克兰曾经是苏联的工业基地和粮仓，看来它从苏联独立之后的发展不是很好。

从基辅改乘乌克兰航空公司的国内航班飞行一小时到达克里米亚自治共和国的首府辛菲罗波尔，乌克兰教科文组织全委会的秘书长在机场迎接我。我们乘一辆汽车前往阿塔克国际儿童中心。此时天已经黑了，下着雨，路上还要翻一座山，乌方怕不安全，专门派了一辆警车一路闪着警灯在前面开道。一个多小时后到达目的地，此时已经是晚上 10 点多，中心的主任和几位官员还在等着迎接我，主人的好客令我很暖心。主人把我安排在海边一栋三层的建筑里住下，房间很大，设备齐全。站在落地窗外的阳台上可以看到下面的海浪，一夜涛声不断。

第二天是个大晴天，阳台外十几米就是黑海。在早晨的阳光照射下，水的颜色非常深，不愧是“黑”海。这个阿塔克国际儿童中心是 20 世纪 20 年代苏联建立的当时最大也是最著名的儿童疗养中心，占地 70 公顷。在苏联时代，每年夏天都有来自全国各地的儿童来这里参加夏令营。

“阿塔克教育论坛”是由乌克兰部长会议和联合国教科文组织支持的一个活动，有来自乌克兰各地的三百多位教育工作者和二十多位来自东欧国家的代表参加。论坛在中心的礼堂举行。这也是苏联时代的建筑，高大宽敞，天花板上和墙上仍然保留着镰刀斧头的苏联的印记。乌克兰总统尤先科的夫人卡特里娜·尤先科出席会议的开幕式。我代表教科文组织致辞，尤先科夫人也发表了讲话。

下午乌克兰教科文组织全委会的秘书长陪我到海边，此时海面上风平浪静，天空蔚蓝，偶尔飘过几朵白云。海面上露出几块大岩石，远处可以见到一个不大的港湾，岸边矗立着几栋小房子。主人告诉我，那几座小房子是作家契诃夫和诗人普希金住过的地方，美丽的海湾景色应该是作家和诗人创作的源泉吧。主人介绍说，克里米亚在沙皇时代就是皇家和贵族的避暑胜地，沙皇每年夏天会来这里避暑。之后的苏联又在这里为领导人建了不少别墅，斯大林、赫鲁晓夫、勃列日涅夫、戈尔巴乔夫等都经常到这里来避暑。克里米亚还发生过不少历史事件。离这里约 30 公里就是雅尔塔，以第二次世界大战结束前举行的雅尔塔会议而闻名于世。1991 年著名的“8·19 事件”中，戈尔巴乔夫就是被软禁在克里米亚的别墅中。有趣的是，乌克兰独立后，虽然几任总统都来这里度假，但是无人再入住戈尔巴乔夫住过的那栋国家别墅，据说是觉得那里“不吉利”。看来外国人也讲究这些。

站在美丽的克里米亚黑海之滨，背景为著名的熊山（2008 年）

我只在克里米亚待了一天半，没有机会更多地领略这里的美丽风光。在离去的飞机上，透过机窗望着美丽的克里米亚半岛的山川河流，我思索着这两天看到的乌克兰。在来克里米亚之前就知道乌克兰与俄罗斯的关系对于乌克兰的国家命运是个绕不开的因素。在克里米亚我接触了不少乌克兰人，我的感觉是他们对俄罗斯的感情十分复杂。一方面这两个民族在苏联的同一旗帜下已经相互交融到很深的程度，在乌克兰有许多俄罗斯人，在俄罗斯也有许多乌克兰人，许多乌克兰人在俄罗斯政府中是级别很高的官员。但是另一方面，从历史上看，乌克兰总在惧怕俄罗斯的影响。陪同我的乌克兰外交部的一位职业外交官说起俄罗斯感情就很复杂。

乌克兰在近代史上曾多次被外国占领，现在它东有俄罗斯，西有欧洲列强，恐怕最明智的做法就是像瑞士那样保持中立，避免陷入俄罗斯与西方的争端中，如此才能营造一个和平的环境以利自身的发展。陪同我的外交部官员就持这样的看法，他说，在俄罗斯和北约之间投靠一方当别人的棋子终究要吃亏的。不幸的是，他的话一语成谶，几年后，乌克兰与俄罗斯的矛盾越来越深，最终让乌克兰丢掉了美丽的克里米亚半岛。

阿富汗：聚焦战后重建

2001 年 10 月 7 日的晚上，松浦总干事在教科文组织总部的餐厅宴请海湾国家的一位部长，我作陪。晚宴刚开始不久，大家还没有吃完前盘，忽然部长和他的随行人员都起立向总干事告辞，之后匆匆离席，一下子人就走得干干净净。我们这些陪同人员正在疑惑不知发生了什么事，有人传过话来，美国和它的盟国组织的联军刚刚在阿富汗轰炸了塔利班和基地组织，阿富汗战争就此开始。由于事关伊斯兰世界，这位部长立即赶往布尔歇机场搭乘公务机赶回国内商议海湾国家的对策。

这是阿富汗自 19 世纪以来遭遇的第三次外国入侵，在 1979 年起的苏联的 10 年占领后又一次被外国势力侵略。阿富汗其实是一个贫瘠的伊斯兰国家，奈何它在东亚、南亚、西亚、中亚交汇处的战略地位太过重要，让这个国家两百年来饱受外来势力的蹂躏。不过我有一位当过教育部长的非洲朋友告诉我，她认识许多阿富汗人，阿富汗人桀骜不驯，没有外来人能够驾驭他们。历史上占据阿富汗的外来侵略者最终都不得不丢脸地离开，英国人和苏联人都是如此。果然，虽然美国人通过战争推翻了塔利班政权，打死了本·拉登，但是阿富汗陷入长期的战乱，美国也深陷阿富汗战争这个泥潭，最终不得不想方设法离开。

2012 年 6 月我应阿富汗政府教育部长法鲁克·瓦尔达克的邀请对阿富汗进行了为期三天的访问。那时阿富汗的安全形势依然堪忧，外国人无事不会到这里来。从飞机上看，阿富汗大部分是山地，一片土黄，非常贫瘠。偶尔可以看到几个村落，低矮的房屋散布在黄土地上。飞机落地后，教科文组织驻阿富汗办事处主任和教育部一位礼宾官来接我。这里是传统的伊斯兰国家，入乡随俗，跟着我来的女助理艾尔斯贝斯拿出早已准备好的头巾围在头上。一出候机楼，一股热浪扑面而来。办事处派来接我的车是涂上 UN 标记的丰田越野车，同时看到前面有一辆皮卡，上面坐了 5 个穿蓝灰色军装手持 AK-47 冲锋枪的士兵在向我敬礼。礼宾官告诉我，目前治安形势严峻，阿富汗政府特地配备了武装警察保护我，在喀布尔逗留期间，我到哪里他们就会跟到哪里。

与保护我的阿富汗警察合影（2011 年）

喀布尔的市容残破不堪，市区的主路倒还平坦，也有一些楼房，一进入支路或者街巷就是坑洼不平、烟尘四起的土路了，越野车在市区也非常适用。街上的小轿车很多，但绝大部分都很破旧，穿着黄背心的警察手拿指挥棒吹着哨子指挥交通。许多房子破旧不堪，广告到处都是。街上人很多，男人不少穿半长的白色袍子，下面是长裤。妇女都穿遮住全身的长袍，戴头巾，有的还蒙住脸。

车队直接驶到联合国开发计划署的驻地，由联合国驻阿富汗机构的安全官为我做安全简报。简报内容包括阿富汗的安全形势、联合国官员注意事项，紧急状况如何应对，等等。这是每一位到访这里的联合国官员的“必修课”。实际上在我们离开巴黎总部之前，就已经做过安全培训，联合国在对待其工作人员的安全问题上是不会掉以轻心的。办事处安排我们在喀布尔市区的塞雷娜酒店下榻，当时这是阿富汗唯一符合联合国安全标准的酒店，所有来访的联合国官员按规定只能在此处落脚。这个五星级酒店内部设备十分现代化，非常舒适，还有宽敞的院子可以散步。但是外面看起来像个防守坚固的堡垒。大门外有几层大块水泥的隔离墩，进门只有一条狭窄的通路，所有车辆都要进行安全检查，打开后备厢，用镜子检查车底是否有爆炸物。人员行李都像进入机场那样通过 X 光进行安检。

这次访问的主要活动是与教育部长瓦尔达克一起出席一个会议，审议教科文组织与阿富汗教育部共同完成的对阿富汗教育体系的评估报告。报告做得很好，对阿富汗的教育体系现状、政府实施的政策、存在的问题和建议的解决办法都有详细的分析。当时北约已经宣布将在 2014 年底撤出十几万军人的大部分，只留一些部队训练阿富汗的军队和警察以维护安全。同时在经过十多年的战争之后，国际援助的热点已经开始逐渐转到其他地方，例如缅甸。但是阿富汗的治安情况仍然不乐观，在没有充分安全保障和国际援助逐渐减少的形势下，阿富汗的教育已经取得不小的进步，但是距离实现全民教育的目标仍然十分遥远。我们计划增进联合国各机构之间的协调和与阿富汗政府教育主管部门的合作。瓦尔达克部长对我应他的邀请亲自出席会议非常高兴，我们还商讨了在教育的国际合作舞台上如何为阿富汗创造更多机会以获取其他国家的援助。

联合国教科文组织当时利用日本提供的捐款在阿富汗的地方各省执行了两期扫盲项目，包括成人妇女扫盲和针对阿富汗警察的扫盲项目。在喀布尔期间我分别拜访了阿富汗的劳动部长和教育部副部长，总结了两期项目的经验和第三期项目的内容。为此我还专门去日本大使馆拜访了日本驻阿富汗大使，敦促日本方面早日批准第三期项目款。日本大使馆也戒备森严，进大门要经过长长的两边摆满水泥墩的路。日本大使对教科文组织执行的项目很满意，不过他也指出了当时国际社会援助的注意力逐渐离开阿富汗的趋势，这无疑对资金仍然拮据的阿富汗政府来说不是一个好消息。

我这次访问阿富汗还有一个目的是，处理教科文组织驻阿富汗办事处的内部人事纠纷，所以我两次到办事处去与工作人员谈话。联合国官员并非人人都很风光，在阿富汗工作的这些同事就非常不容易。这里属于联合国认定的“不安定地区”，国际官员不可以带家属，只是每六个星期可以到本地区附近的安全的国家去休假一周。平时非公务不能出行，所有同事都集中在办事处这一栋有武装警察全天候守卫的建筑里办公、居住。紧张的环境使我们在这里的工作人员饱受压力，大家工作生活都在一栋楼里，抬头不见低头见，若有些小矛盾也很容易被扩大。我与有关的同事谈话，召集全体工作人员开会，听取他们的工作汇报，肯定并鼓励他们在困难条件下的工作，让他们感到他们的工作有价值。同事们对我的到来非常高兴，热情欢迎。毕竟由于安全局势，这里很少有教科文组织的高级官员到访。他们邀请我用餐，还送我一件阿富汗男人穿的长袍和一顶船形毛皮帽。

我在喀布尔停留时间很短，但是通过与阿富汗政府官员和一些教育界人士的接触，可以感受到他们渴望在和平环境下重建国家和教育体系的急迫心情。他们希望得到更多国际援助，但是他们坚决地要求以他们自己为主决定计划的制定与项目的实施，决定国家未来的发展方向。

利比里亚：埃博拉疫情之后

人们知道利比里亚这个国家恐怕大多是因为 2014 年的埃博拉疫

情。人口不到 500 万，人均 GDP 500 多美元的利比里亚是世界上最不发达国家之一，因此在教科文组织的教育援助项目上我们对它予以了特别的关注。我们支持了那里的职教发展项目，将它纳入“中国援助非洲教育信托基金项目”，为它培训教师。不过由于 2014 年的埃博拉疫情，这两个项目都受到影响，直到疫情过去才开始加速实施。2015 年底我在巴黎接待了利比里亚教育部长乔治·威纳，讨论了项目实施中的一些问题。威纳部长邀请我去访问，说已经有好几年没有教科文组织的高级官员到访利比里亚了。为了表示对这个刚刚经历了埃博拉病毒肆虐的国家的支持，我们商定，待由中国信托基金项目资助的计算机培训中心落成时我去访问利比里亚。

总干事博科娃对我说，她与利比里亚的女总统埃伦·约翰逊－瑟利夫很熟，她很不容易，我应该去利比里亚访问，向她表示教科文组织和博科娃总干事对她的支持。2016 年 7 月，中国信托基金项目支持的计算机培训中心在利比里亚首都蒙罗维亚的一个师范学院建成，我应利比里亚政府的邀请出席计算机培训中心的落成仪式。

利比里亚政府对我的访问非常重视，政府高官来蒙罗维亚机场接机，在候机室外还有几十位青年穿着鲜艳的红绿色的民族服装，敲鼓跳舞欢迎我。在候机室外，利比里亚驻教科文组织的大使指着一辆汽车说这是为我访问配备的专车，我觉得很眼熟，仔细一看，竟然是中国的“红旗”轿车！大使说，这是中国送给他们的，属于外交部的国宾车队。我以前在国内坐过老式的防弹“红旗”座驾，第一次坐新型“红旗”车竟是在非洲。车内很舒服，各种设备也很现代，车前有警车开道。大使说为安全起见，利方为我派了一位贴身警卫，是一位身手很敏捷的黑人小伙，西装里面有手枪，他是总统卫队的一员。

当天下午我在教育部长威纳的陪同下拜会了约翰逊－瑟利夫总统。约翰逊－瑟利夫 2006 年当选利比里亚总统，是非洲历史上第一位女总统，颇有几分传奇色彩。她因维护妇女权益获得了 2011 年诺贝尔和平奖。会见时总统穿着蓝底白条的非洲传统服装，头上是同样花式的头巾，与她在照片上的样子没有很大区别，但是看上去很疲惫。毕竟此时她已经在总统任上 10 年，在这样一个世界上最不发达国家当总统绝不是一件容易的事，特别是前两年利比里亚又经受了埃博拉病毒的侵袭。

我告诉约翰逊－瑟利夫总统，我在教科文组织多年来一直关注着利比里亚的发展与变化，对她和她的国家取得的进步，尤其是成功地处理了埃博拉疫情，表达了我的敬意。我转达了博科娃总干事对她的问候，表示教科文组织愿尽力对利比里亚的教育发展提供帮助，我还向她介绍了教科文组织在教育方面对利比里亚的两个支持项目。约翰逊－瑟利夫总统询问了项目的实施情况，说教育是发展的基础，她的政府把教育放在重要地位，很感谢教科文组织提供的指导与协助。我还告诉总统，我来自中国，很高兴注意到不久前总统访问了中国。总统笑了，说访问很成功，中国对利比里亚帮助很大。

我与教育部长威纳进行了会谈，当时我们支持利比里亚教育的两个项目，其中一个是职业技术教育方面协助利比里亚改进课程设计。中国信托基金项目旨在提高利比里亚培养教师的能力，为重点师范学院培养师资、提供教学设备。这些都是利比里亚很需要的帮助。

与利比里亚教育部长威纳（左二）出席计算机培训中心启动仪式（2016 年）

第二天我与教育部长威纳和中国大使张越一起出席了计算机培训中心的启动仪式。这个培训中心有 60 台计算机和联网的电教设备供教师使用，在一座新的五层大楼内。我看到楼内的结构非常眼熟，正在疑惑间张大使告诉我，这是不久前刚刚完工的中国援建项目。难怪！教育部长威纳在讲话中感谢教科文组织也感谢中国政府对利比里亚发展教育的有力支持。学院的学员也参加了仪式，他们对这些崭新的计算机欢喜不已，院长一个劲儿地表示感谢，说一定会好好利用这些设备。随后在下榻的酒店，教育部长威纳为我举办了欢迎宴会，还赠给我一套利比里亚的传统服装，包括一顶圆形帽子。

我这次是访问只在首都蒙罗维亚待了两天，首都的市容看起来确实是相当落后，很多地方还是土路。我去师范学院出席仪式，有机会从郊区走过，一路上房屋破旧，在我去过的二十多个非洲国家的首都中算是非常落后的。利比里亚在非洲是个很特殊的国家，虽然穷，但是它的资源丰富，自然条件优越，在非洲算是条件好的地方。这个国家最另类的是其他非洲国家当初都是欧洲国家的殖民地，非洲黑人被贩运到世界各地，利比里亚却把美国黑人运回非洲。原来在 19 世纪初，美国政府不愿意在解放黑奴运动之后让大量获得自由的黑人留在美国，他们中的许多人被送到了利比里亚，在这里建立了多块殖民地。1838 年这些殖民地组建了联邦，利比里亚就这样建国了。

由于人民多来自美国，这个国家采用了美国模式，从法律到政体，甚至国旗全都效仿美国。不过这种完全的美式民主并没有给这个国家带来稳定与繁荣，长期的内战让这个国家成了最不发达国家之一。当然美国对利比里亚还是给予特殊照顾的，它提供援助，甚至在这里设军事基地。利比里亚政府派给我的贴身警卫就告诉我，他是总统卫队的成员，他们都曾在美国受训。而接待我的教育部长威纳就是美国公民，原来在美国的大学教书，他根据合同到利比里亚工作几年，之后将返回美国继续他的教书生涯。他说内阁里还有几位部长也是这种情况，可见这个国家受美国的影响之深。不过，公允地说，我接触到的这个国家的教育决策者，从总统到部长到学校的校长和教师，对发展教育很有紧迫感，尽管条件不好，但是都在努力寻求适用的教育模式。教科文组织对他们提供了力所能及的援助。我相信在国际社会的协助下，利比里亚的教育将会为这个国家的经济稳定发展起到应有的作用。

叙利亚：祈盼和平

自 2011 年内战开始，叙利亚和它的人民就一直在战火中煎熬，地缘政治的利益争夺与周边和域外大国介入的角力使它的苦难持续。数以百万计的叙利亚人民流离失所，许多人作为难民流入周边的阿拉伯国家，给这些国家以沉重的负担，甚至在欧洲引发了难民危机。这些难民的生活堪忧，难民中儿童的教育也堪忧。当我在一些阿拉伯国家访问时，教育部长们都提到他们要为来自叙利亚的难民儿童提供教育，这对于他们本来就不充裕的教育资源是极大的负担。

联合国教科文组织与其他联合国机构和国际社会一样，向叙利亚难民提供了援助。我们在约旦和黎巴嫩这些难民集中的国家协助政府向难民营的儿童提供教育机会，包括职业技能培训。在叙利亚，教科文组织在大马士革和阿勒颇两个城市设了点，利用我们募集的资金，协助当地政府为儿童提供学习机会，提供教师培训，同时还在叙利亚政府教育部的要求下，指导他们编制一套新的全国性学校课程大纲。

从 2015 年开始，叙利亚驻教科文组织的大使就邀请我去叙利亚访问，但当时大国在叙利亚的角力使教科文组织的高级官员的访问成了敏感的事情，因此一时不便成行。直到 2017 年下半年，叙利亚的形势逐渐稳定下来，叙利亚大使代表政府再次对我发出邀请，博科娃总干事批准了我的访问计划。

2017 年 11 月底，我先去了黎巴嫩首都贝鲁特，我们在那里的阿拉伯地区办事处负责整个阿拉伯地区的教育事务包括在叙利亚的活动。办事处主任是来自阿曼苏丹国的哈希姆 · 哈玛米，他也是我的教育部门高管团队的一员。哈玛米告诉我，他们已经与叙方安排好我的访问行程。出于安全考虑，我的访问仅限于一天，会见叙利亚教育部长，出席一个会议的开幕式，还要参观一所学校和一个社区中心。贝鲁特离大马士革不到 100 公里，一个多小时就可以到达，早去晚归。

11 月 28 日一早，我和哈玛米主任还有几位陪同人员分乘两辆涂着 UN 标记的越野车从贝鲁特出发沿公路向东驶往黎叙边界。虽然已经快 12 月了，但是气温并不低，像秋天。从贝鲁特去大马士革要翻过一座山，公路是双向四车道，中间没有隔离墙，公路路面老旧失修，不过路上车不算特别多。边界上黎巴嫩和叙利亚两方分别设有检查站，在叙方检查站的墙上涂有叙利亚的国旗和总统阿萨德的画像，提醒我们已经到了叙利亚。我原以为正处于内战中的叙利亚边界应有大批军人护卫，其实不然，我看到只有警察在执勤。过界的人并不多，所以手续很快办完。驶入叙利亚境内，路上车不如黎巴嫩境内多，但是公路的状况明显好许多，看得出是经常保养的。哈玛米主任对我说，黎巴嫩虽然没有战火，但是政府管理能力不强，而叙利亚这边虽然在打仗，但是当局的管理能力并不弱。

出发不到两小时，我们的车就驶入大马士革郊区，随后进入市区。大马士革是叙利亚第二大城市，也是叙利亚的首都。这是一座历史悠久的文化名城，也是世界上最古老的有人类居住的城市之一。一个关于这个城市最有名的传说是伊斯兰教先知穆罕默德曾来到大马士革的郊外，当他从噶勒尤尼斯山眺望大马士革城时，顿时被城市绚丽多彩的景色所感动，观赏良久后却没有进城，而是转身向后往回走。随从惊讶不已，问其缘由。穆罕默德解释道："人生只能进入天堂一次，大马士革是人间的天堂，如果我现在进了这个天堂，身后怎能再次进入天上的天堂呢？"因此，大马士革城也被称为"人间天堂"。我从车上看去，这里的街上非常热闹，人也多，车也多。建筑的色调与号称"中东小巴黎"的贝鲁特相似。

我们的车直接驶入叙利亚教育部。这是一座很简陋的三层小楼，部长阿瓦兹在他的办公室迎接我和我的随行人员。部长非常高兴，对我说："等了你两年，终于能够在大马士革欢迎你了。"我们谈到教科文组织在叙利亚的几个项目，商定双方通过教科文组织在贝鲁特的地区办事处保持密切沟通。我代表博科娃总干事向部长表示，在叙利亚的战后重建中，教科文组织愿意提供一切可能的援助，特别是在重建教育体系和文化遗产的保护方面。随后在教育部的大厅，我与部长一起出席了由我们的贝鲁特办事处制定的一份教育援助战略框架文件的发布仪式。

仪式之后，在阿瓦兹部长的陪同下，我们到教育部附近的一所小学参观，受到学校的校长、教师和学生的欢迎。学校很简陋，教室是两层楼，只有基本的桌椅黑板。但是学生们与世界上任何国家的孩子一样可爱。部长在教室里问了孩子们几个问题，几个女孩子有些害羞地举手回答问题。部长告诉我，这些孩子是幸运的，还有许多叙利亚的儿童随父母流离失所而没有学习的机会。从与部长和教师的谈话中，我可以感觉到叙利亚人民对和平的渴望，能够对这些儿童有所帮助也是联合国教科文组织存在的意义。

参观结束临别时我对阿瓦兹部长说，我知道大马士革是“人间天堂”，可很遗憾我这次访问只有一天时间，无缘细细领略这天堂的风光了。部长说：“相信不久我们的国家就能够盼来和平，那时希望你再来叙利亚，看看我们的‘天堂’，还要去其他地方看看我们的古迹遗址。别忘了，我们有好几处被你们教科文组织认定的世界文化遗产呢！”

午饭后我们又去参观了附近的一个社区中心，这里为青年提供服装裁剪等几个专业的职业培训，目的是让这些青年有一技之长，融入社会。他们使用的设备都相当简陋，不过在这种环境下，教师们仍然在努力工作，其精神令人敬佩。

在叙利亚教育部长阿瓦兹（右一）陪同下参观
大马士革一所小学（2017 年）

下午四点，我们启程离开大马士革，到达叙黎边界时天色已晚。在离开叙利亚领土之后，我与随行的同事们回望身后的叙利亚，商量着如何更有效地执行我们在叙利亚的教育项目，为这个国家的战后重建提供援助，在叙利亚实现全民教育的目标。我也确实盼望在叙利亚实现和平之后再来这个国家，再来仔细看看大马士革这个“人间天堂”。

俄罗斯：不容小觑的伟大国家

从 1999 年到 2017 年的近 20 年间，我曾经十多次到访俄罗斯。印象最深的是第一次到莫斯科的访问。那是在 1999 年 3 月，我从巴黎乘法航航班抵达莫斯科伏努科沃机场。俄罗斯对中国的外交护照免签，所以边防与海关官员没有问任何问题就放行了。我那时是教科文组织职业技术教育处的处长，应俄罗斯教育部邀请来访问。在机场迎接我的是教科文组织教育信息技术研究所的所长基尼列夫和俄罗斯联邦教育部的职教司司长布托科。

我们乘基尼列夫的专车去市区，路两旁都是白皑皑的积雪和桦树林，让人联想到俄罗斯画家笔下的雪景。在莫斯科市区，我们的车驶入一条安静的小街道，一栋六层的建筑就是我下榻的宾馆，叫作 APBAT。基尼列夫告诉我，在苏联时代，这里是苏共中央的内部招待所，现在改成了宾馆，只有政府的客人才能安排在这里住宿。宾馆很像北京的民族饭店那种建筑风格，房间很高很宽敞，家具不奢华但是很舒适。工作人员态度亲切但是不讲英语。价钱给了优惠但是仍然不便宜，130 美元一晚。

入住之后天色将晚，基尼列夫和布托科邀我去观赏莫斯科的夜景。虽然外面寒风凛冽，但是初次来到莫斯科的我兴致极高。我们乘车来到克里姆林宫后面，下车步行，先经过刚刚开张的世界贸易中心，这是个地下商城，名牌店应有尽有，但是价格比巴黎还高。我看到名牌店里似乎都没有什么顾客，我问谁会在这里买东西，回答是新富起来的俄罗斯人。穿过一个小教堂，眼前豁然开朗，这就是红场了。此时天色已黑，寒风刺骨，但是难掩心中的兴奋之情。这是我从小在电影电视和照片中多次见过的地方，今天终于亲身来到这里。红场看上去没有想象中那样大，地面不是平的，石砖铺地，高低不平，不能想象红场阅兵时官兵们在这种坑洼不平的地面上是如何踢正步的。

从红场上看去，列宁墓就在南侧，没有想象中那么雄伟，后面克里姆林宫塔尖上的红星在夜幕的衬托下闪烁发光。在之后的一次访问中，主人为我安排拜谒了列宁墓，看到了躺在水晶棺中的列宁。当时俄罗斯已经有舆论要求让列宁“入土为安”，无论列宁遗体的最终命运如何，我终究是有机会亲眼看到了这位曾经改变历史的伟大人物。我们沿着克里姆林宫墙走去，墙下是苏联时代的名人墓。这里不让人们走近，远远望去有一排半身雕像。基尼列夫指着中间的一尊说那是斯大林墓。宫墙下是一排松树，基尼列夫说这些松树不是一般松树的绿色，而是蓝色，是来自高加索的特殊树种。

看过红场，我们乘车在城里看街景，路过了原来的克格勃总部，原来叫作捷尔任斯基广场，现在改了名。我们还经过了联邦政府所在地著名的“白宫”，1991 年“8・19”事件时叶利钦在这里大出风头。沿莫斯科河河畔的公路向郊外驶去，我们来到世界闻名的莫斯科大学。这是俄罗斯规模最大的大学，学校占地广阔，主楼是有高高的中央塔楼的所谓斯大林建筑风格。这种建筑在莫斯科有七栋。我们的北京展览馆就是这种风格。

与俄罗斯联邦教育部长福尔契科（右一）交谈（2009 年）

我们来到莫斯科大学附近的一处高岗上的一个餐厅用晚餐。从这里看去，远处的莫斯科灯火辉煌，下面是莫斯科河，河岸上一片积雪，还有成排的桦树林。基尼列夫这个人的经历很有意思，他毕业于著名的莫斯科鲍曼工学院，然后留校教物理，还当过副校长。他后来从政，当过教育部长，叶利钦时代做过政府副总理。他曾几次去中国访问，到过北京、上海和深圳，对中国的发展印象深刻。基尼列夫告诉我，他曾经在 1995 年 6 月陪同访俄的时任中国国务院总理李鹏到母校莫斯科动力学院接受名誉博士学位。他说那是一次令人感动的同学与老师的聚会，李鹏的俄语好得让他惊讶。

在莫斯科期间，我在俄罗斯政府教育部一位副部长波罗托夫的陪同下考察了几所职业技术教育学校。一所是在莫斯科郊区的莫斯科旅游服务职业学校，学校设备一流，实习餐厅布置得像五星级酒店的餐厅，厨房设备先进，一尘不染，是我参观过的同类职教学校中最为上乘的。我还去了莫斯科技术学院，学生初中毕业后入学，专业有经济管理、广告设计和服装设计。学校为我们专门组织了一场服装设计表演，学生们穿着自己设计的服装走 T 台，一个个年轻漂亮，绝不亚于专业模特。还有一所技工学校，十分之一的学生是聋哑学生。学校教他们掌握技术，并且鼓励他们与普通学生交往。这种关怀弱势群体的特殊教育在俄罗斯是被政府和社会支持与鼓励的。这些参观给我的印象是，在经济非常困难的条件下，政府仍然重视教育，教师仍然非常敬业。

我首次访问俄罗斯时正值叶利钦总统任期的最后一年，普京总统尚未上台，国家经济相当困难。教育部的官员告诉我，俄罗斯处于社会转型期，旧的体制被遗弃，新的体制尚未建立起来，国家财政困难，教育拨款严重不足。苏联解体之后那十年，领导人推行的所谓“改革”并不成功，经济糟糕，人民的生活很困难。

教育部为我配备的英文翻译是一位中年女士，她告诉我，此时人们的平均工资不过每个月 1 000 卢布，合 50 美元，仅够糊口，那些领养老金的人尤为可怜。年轻人在莫斯科还可以找到工作，在外地更加困难。她说，人们普遍怀疑，这种使 90% 的人生活水平大幅度下降的“改革”到底是否有益于国家和人民。

在这次访问中，我接触到的俄罗斯人都对中国很有好感，尤其是我这一代经历过中苏友好那个时代的人。布托科司长与我岁数差不多，人热情且十分健谈。他告诉我，他上小学时正是苏联与中国的“蜜月期”，他和同班同学给中国的小学生写过信。我告诉他，我那时也在上小学，我们也给苏联的小学生写过信呢！这一下就拉近了我们的关系，共同回忆起那个中苏友好的时代。我出席了在“莫斯科教师之家”举行的一个有来自俄罗斯和独联体国家 300 多名代表出席的会议。在致辞时我说：“作为一个中国人，我从少年时代起就向往着有一天能够来到莫斯科，看看红场，看看克里姆林宫，今天我终于实现了我的梦想。”我告诉大家，在北京上小学时，我学过俄文，至今仍然记得“老师”这个俄文单词，我至今仍然记得《莫斯科－北京》这首歌。翻译刚把我的话翻成俄语，全场响起热烈的掌声，大家都很激动。如今中国强大了，让俄罗斯人另眼相看。我访问的几所职业学校的校长都希望与中国的职业学校建立合作关系，要我从中帮忙联系搭桥。主人对我说，我在莫斯科受到的高规格接待，一方面因为我是教科文组织官员，另一方面因为我来自中国。

接受俄罗斯人民友谊大学校长、俄罗斯前教育部长菲利波夫授予的荣誉博士学位（2014 年）

我第一次访问莫斯科时结识了时任俄罗斯教育部长的弗拉基米尔·菲利波夫，菲利波夫原来是著名的俄罗斯人民友谊大学的校长，在担任了多年教育部长后他又回到友谊大学继续担任校长。后来经俄罗斯政府推荐，他担任了教科文组织主持的全民教育全球指导委员会委员并被选为委员会的首届联合主席，他对指导委员会的工作做出了很大贡献。

2014 年为表彰我对“推动国际学术合作的突出贡献”，由菲利波夫推荐，俄罗斯人民友谊大学学术委员会批准，我被授予该校的荣誉博士学位。俄罗斯人民友谊大学始建于 1960 年，被称为“世界政治家的摇篮”，为全世界特别是第三世界国家培养了大量人才，毕业生包括十几位国家元首和几十位部长，这在世界上也是绝无仅有的。有人开玩笑说，从这个学校毕业后不混个部长都不好意思回来。被该校授予荣誉博士学位的还有南非前总统姆贝基、尼日利亚前总统奥巴桑乔、俄罗斯前总理普列马可夫这些著名人物，能够与这些人物为伍荣幸甚焉。

俄罗斯的艺术举世闻名。在我初次访问莫斯科时布托科司长陪同我去莫斯科大剧院观看芭蕾舞。那天晚上是俄罗斯几个最著名的芭蕾舞团的精选节目，包括《天鹅湖》第一幕。这是世界上顶尖的芭蕾舞表演，男女主角的技巧和展现的美感令人叹为观止，32 只小天鹅之美让人感到震撼。布托科说，这些演员收入极低，倒是唱流行歌曲的歌星可以赚大钱。世界闻名的莫斯科大剧院始建于 18 世纪后期，19 世纪曾经改建，有六层观众席和包厢，可容纳 2 000 名观众。从外面看既雄伟壮丽，又朴素典雅，里面金碧辉煌，设施完备，音响效果极佳。著名的舞蹈家乌兰诺娃就出自这里。从我的座位上看，舞台上的大幕是描金的，仔细看上面还有苏联时期的镰刀斧头标志，包厢上也有苏联描金的国徽，据说剧院没钱更换，也就将就了。幕间休息时我们特地到顶层楼座去看，屋顶是油画但是似乎年久失修，有些地方都剥落了。但是从顶层向下看，剧院确实雄伟。布托科告诉我，尽管经济不好，但是剧院天天有演出，每天都座无虚席。俄罗斯人的文化素养、对艺术的热爱和鉴赏水平之高可见一斑。

后来我再去俄罗斯时多次有机会观赏俄罗斯的各种艺术表演。2008 年我访问圣彼得堡时，曾有机会在主人的安排下在马林斯基剧院的“沙皇包厢”观看芭蕾舞剧《胡桃夹子》，那也是一种不同的享受。至于莫斯科大剧院，后来待俄罗斯经济好转之后，政府投入巨资于

2005年开始对大剧院进行了“闭门改造”。2017年初我访问俄罗斯时在教育部副部长卡冈诺夫的陪同下在莫斯科大剧院的二层包厢观看了芭蕾舞《舞姬》，这一次我看到大剧院的外观仍然保持了原貌，但是内部设施非常现代化，屋顶上的油画已经修葺一新。能够在俄罗斯欣赏世界闻名的芭蕾舞确实是终生难忘的享受经历。

从1999年我第一次访问莫斯科开始，我有幸在近20年中12次访问俄罗斯。我看到这个国家从叶利钦时代的经济衰退到普京第一个总统任期的力挽狂澜，看到21世纪以来国家的经济复苏，也看到它在普京总统的领导下面对欧美国家制裁的霸气抗争。20年间这个国家的变化是巨大的，它走的道路也是曲折的。尽管我没有在这个国家长期居住，但是从这些访问中我看到了它百折不挠的精神。我有机会接触了许多政府高官和普通民众，我看到这个国家和人民对教育的重视，赞叹俄罗斯民族令人尊敬的文化素养与文明程度，我也能感受到人们内心和骨子里的大国情怀。这是一个蕴藏着巨大的潜力且不屈于人下的民族。辽阔的国土，丰富的自然资源，有大国情怀的高素质的人民，还有有作为的领导人，这个国家再现辉煌只是时间问题。

日本：皇太子德仁夫妇印象

2014年11月，教科文组织在日本名古屋举办了世界可持续发展教育大会。在这次大会期间我有机会两次近距离地接触了尚未登上天皇之位的皇太子德仁和太子妃雅子。

在大会开幕的前一天晚上，日本政府在名古屋城堡酒店为大会举行招待会。招待会之前皇太子和太子妃会见了博科娃总干事，我和在日本东京的联合国大学的校长戴维·马隆陪同总干事参加了会见。宾主握手，礼宾官将我们一一介绍给主人。德仁皇太子这位未来的日本天皇温文尔雅，说话轻声细语。太子妃雅子是未来的皇后，优雅大方，自带一种富贵之气。

谈话进行了 15 分钟，用的是英语。德仁在英国留过学，雅子是外交官出身，他们的英语都讲得非常好，没有那种日本人常有的口音。总干事博科娃先介绍了教科文组织推动可持续发展教育的情况和这次大会的内容。随后马隆简单介绍了一下联合国大学的情况，我则简单补充了国际社会磋商“2015 年后全球可持续发展议程”的概况。皇太子夫妇基本不说话，不提问题，但是听得很认真，满面笑容地频频点头。日本的礼宾官事先就告诉我们，皇室成员不会对我们讲的内容表态，这是皇室的规矩。博科娃总干事说，我听说名古屋大学出了六位诺贝尔奖得主，原因是这个大学是第七所也就是最后一所帝国大学。因为新，框框少，陈规少，所以能够出人才。大家听了都笑了，我乘势问德仁皇太子这个说法对不对，他笑着说：“也许。”真是惜字如金。在我们告别时，我对太子妃说，博科娃总干事对你能够出席明天的大会开幕式非常高兴。总干事马上接着说，“是啊，我到处对别人讲你要出席”。皇太子妃的回答也很简单：“谢谢。”

皇太子妃原名小和田雅子，出身于一个传统的外交官家庭，哈佛大学毕业后进入日本外务省工作（我们的前任总干事松浦晃一郎对我说过，那时雅子还在他的手下工作过，是个很能干的年轻外交官），可以讲多种语言。她于 1993 年与德仁成婚，但是在生了女儿之后，身体欠佳，2003 年开始进行疗养。

我们在准备这个大会时曾经与日本政府举行过多轮谈判，以前日方告知我们，德仁皇太子将出席开幕式。直到会前几天才说太子妃也可能会出席，这在日本可是一个大新闻！雅子从 2003 年到此时的 11 年间一直在养病，鲜少露面。在大会之前一个月，雅子出席了迎接荷兰国王来访的国宴，出席我们的大会将是她多年来第一次在公开场合现身。

第二天上午是大会的开幕式，皇太子夫妇出席。我看到了大批日本媒体记者出现在会场，后来的统计数字是有 250 名记者来进行报道。坐在我旁边的日本文部科学大臣下村博文对我说，通常国际会议不会来那么多记者，他们是为太子妃来的。他还说这样也好，可以大大提高会议的知名度。开幕式上皇太子致辞，博科娃总干事和日本文部科学大臣讲话。在大会期间，我们与日本文部科学省在会场外的大厅内举办了一个全球可持续发展教育展览，介绍了25个国家推动可持续发展教育的模式。按照日程安排，在德仁皇太子致辞后，他和皇太子妃雅子将用20分钟参观这个展览，日方希望我陪同皇太子夫妇并向他们介绍展览内容。

日本皇室的活动有一套严格的礼宾程序，我被告知，普通日本人是不能与皇太子夫妇握手的，外国客人也不能先伸出手要求握手，如果皇太子夫妇主动伸出手则可以握手。我提前5分钟来到展览场地，发现这里已经全部清场，所有展台空无一人，只留下展板。文部科学省副大臣率领几个官员站在我身后，另外还有十几位文字记者在他们后面，数十名摄影记者都在展台区域外，远远拿着相机等候。

德仁皇太子和太子妃雅子乘电梯到来，我迎上前去，因为前一天晚上刚刚见过，所以不用介绍。他们都主动伸出手来与我握手，我们互致问候。我对皇太子说他刚才的开幕致辞很好，很鼓舞人心。对太子妃说她的出席对我们的大会是极大的支持。他们都笑着说谢谢。随后我引导他们一个一个展台参观，那位副大臣和所有官员及记者与我们保持3米以上的距离，所以只有我与皇太子夫妇在展台前。他们还是与前一天晚上会见时一样，保持微笑，全神贯注地听我介绍，不时点头。可以看得出来，皇太子夫妇对展板上显示的非洲和拉美的可持续发展教育的不同模式很感兴趣，但也只听，不提问。我告诉他们，可持续发展教育在学校里算是一门新的课程，但是现在中小学学生的负担已经很重了，如何增加新学科又不增加学生负担是个挑战。我告诉德仁，中国和日本的学校都在想方设法“减负”，他问我：“有可能吗？”我说：“不容易，我们两国都有‘望子成龙’的文化。”德仁夫妇笑了，连连点头。

最后看的是日本展台，由那位文部科学省副大臣介绍，冈山市的市长大森雅夫和四名小学生在那里迎接皇太子夫妇，他们简单交谈了几句。参观结束，我送他们到电梯那里，并代表博科娃总干事对他们出席大会开幕式表示感谢。已经握手告别了，他们忽然又转身回来。皇太子对我说，请向博科娃总干事转达谢意。我也说，欢迎他们有机会到教科文组织总部来做客。夫妻两人都表示如有机会将会很高兴去访问。他们总是那样温文尔雅，彬彬有礼，亲切客气。我当时一边与他们告别，一边想，他们将来一定会是受日本人民爱戴的天皇和皇后。

2019 年 5 月 1 日，59 岁的德仁继位日本天皇，开启了“令和”时代，雅子也成为皇后，我祝他们一切顺利。

古巴：我的朋友当了国家主席

2011 年 10 月，教科文组织第 36 届大会在巴黎召开，会员国一百多位教育部长前来出席。每到此时我的日程都会非常紧张，来访的许多教育部长都希望与我这个主管教育的助理总干事见个面，谈合作。古巴常驻教科文组织的安东尼奥大使早早就来找我，说古巴高等教育部长米格尔·迪亚斯－卡内尔要来出席大会，这是他第一次参加教科文组织的活动，要我无论如何安排时间与这位部长见一面。安东尼奥大使是我的好朋友，对我的工作一直非常支持，这个面子当然要给。

迪亚斯－卡内尔部长和他的代表团共五六个人一起来到我的办公室，他身材高大，一头灰发，非常随和。他可以听懂英语，但不大能说，所以带来一个译员，我们通过翻译交谈。我们谈到高等教育的发展趋势、面临的挑战，还有大学排名和质量保障，我发现他对这些都有很深刻的理解。他还向我介绍了古巴高等教育的现状、问题和以后的发展方向，思路非常清晰。我问他的经历，他说自己是工科出身，后来从政，做过党务工作，两年前当了高教部长。在教育这个大题目下我们有很多共同语言，谈得十分愉快。部长说古巴每年 2 月在哈瓦那举办一个教育领域的大型国际会议，旨在吸收外国经验和推动国际交流。他邀请我 2012 年 2 月去哈瓦那出席会议并做主旨发言，以显示教科文组织对古巴教育工作的支持。他还希望我利用这个机会看看古巴和它的教育体系，一切活动由他来安排。我表示尽力安排时间成行，他马上说："那我们就说好，我在哈瓦那等你。"

后来安东尼奥大使对我说，迪亚斯－卡内尔从政后做共青团工作和党务工作，十年中当过两个省的省委第一书记。他为人开明，踏实肯干，口碑非常好。那年他 51 岁，是古共中央政治局里最年轻的委员。当时古巴的最高领导层的成员基本都是卡斯特罗时代的革命家，年龄都很大了，所以迪亚斯－卡内尔很有前途。我把这次会见的情况告诉了博科娃总干事，她说，古巴很不容易，在困难的条件下积极发展教育，也支持教科文组织的工作，要我一定安排时间出席会议，以示支持。后来我四次去古巴出席他们的大型教育国际会议，每次都受到古方的热情款待。

第一次到古巴是 2012 年 2 月中旬出席在哈瓦那举行的第八届国际高等教育大会。它的规模让我吃惊，有来自 60 多个国家的 2 700 人参加，主题是"高等教育与可持续发展"，在会议中心还有同样主题的展览。尽管古巴的经济情况不是很好，但是每年都出资举办一次这样规模的教育国际会议说明政府对教育国际交流的重视。开幕式由迪亚斯－卡内尔部长主持，我被邀请坐在主席台他的旁边，并且做了题为"大学在推动可持续发展中的关键作用"的主旨发言。主席台上我的另一边坐的是一位老人，迪亚斯－卡内尔介绍说这是古巴部长会议的副主席何塞・雷蒙・费尔南德斯，是菲德尔・卡斯特罗的老战友，今年已经 88 岁了，我肃然起敬。老人腰板笔直还很健谈，通过翻译交谈，发现他对教科文组织很了解，原来他在 20 世纪 70 年代当过教育部长，与教科文组织打过交道。老人还提起那时教科文组织出版的《富尔报告》，真让我吃惊。

在会议中心，我与迪亚斯－卡内尔部长和古巴教育部的女部长埃娜・柯比埃拉分别举行了正式会谈，听取了他们对于古巴高等教育和普通教育的体制介绍，探讨了双方今后合作的一些主意。柯比埃拉部长告诉我，每年举行的教育国际会议是高等教育与普通教育轮流作为主题，所以 2013 年的主题将是普通教育，她说时间已经定了，要我到时一定再来古巴出席。她半开玩笑地说，教科文组织不能只重视高等教育不重视普通教育啊！迪亚斯－卡内尔部长也为她说项，说我来年必须再来，我答应他们一定来。

古巴教科文组织全国委员会的秘书长和教科文组织驻哈瓦那办事处主任陪同我们在哈瓦那参观，秘书长说部长指示，要让我看看古巴的教育机构，还要参观哈瓦那。因为我的时间不多，每次来访都是两三天，所以基本上每次参观三所学校，最后算下来我到哈瓦那四次共参观了十几个教育机构，从小学到中学到大学各个层次还有职业教育和特殊教育都看过了。古巴为人民提供免费受教育的机会，政府的投入很大。我看到的那些学校设备条件都不错，教师的质量很高。我与教师进行座谈，发现他们对现代教育理念很熟悉，像可持续发展教育这样的新理念他们都有引入教学中。

哈瓦那是一个非常美丽的城市，它的老城区保持了传统的西班牙风格，被教科文组织认定为世界文化遗产。在我的要求下，主人带我们到自由市场去看了一下。由于美国的封锁，古巴的经济不太好，普通人的收入很低，许多东西是定量供应的。但是这里有自由市场，肉、蛋和蔬菜品种很丰富。后来从 2013 年开始，古巴逐渐采取了一些刺激经济的松绑措施，允许私人开餐馆，允许私人买卖房屋，食品供应也有很大的改善。

我们从古巴回来不到一个月就看到媒体上的消息，迪亚斯－卡内尔被任命为古巴部长会议的第一副主席，也就是第一副总理。我问安东尼奥大使，你的部长是不是要成为劳尔的接班人了？大使说有这个趋势，他还说："我们都希望他成为接班人，因为我们了解他，知道他是一个值得人民信赖的领导人。"

一年后的 2013 年 2 月我再次来到哈瓦那，出席 2013 国际教育大会，还是在哈瓦那会议中心，还是那么大的规模（2 600 人参会），不过这次会议主席是古巴教育部的女部长柯比埃拉。我在会议开幕时做了题为“青年与技能培养”的主旨报告。原来的高教部副部长奥尔梯兹接替迪亚斯－卡内尔做了高教部长。迪亚斯－卡内尔知道我来了，专门邀请我去见他。这时他作为部长会议第一副主席的办公室已经搬到古巴共产党中央委员会的办公大楼里去了。古共中央的办公大楼在哈瓦那革命广场旁边，这个广场号称是世界上最大的广场之一，面积有 72 000 平方米，当年是菲德尔·卡斯特罗经常做长篇演讲的地方。广场中间是高 109 米的何塞·马蒂纪念碑，对面的内政部大楼的墙上有巨幅的切·格瓦拉的画像。网上的“古巴旅游攻略”说古共中央大楼戒备森严，但是我连围墙也没有看到，除了门口的警卫并没有过多安全措施。

我们的会见在一个非常朴素的小会客室里进行，楼道中摆放了不少绿植，一点也不豪华。迪亚斯－卡内尔说，老朋友来了要见一面，我祝贺他荣升部长会议第一副主席，他说责任更重了。谈话很轻松，我谈了访问哈瓦那大学和其他几所学校的观感。当时美国还维持着对古巴的经济制裁，我问他古巴的对美政策。他说，古巴的现行外交政策将继续下去，原则是不可以讨论的，古巴不会在主权和独立问题上让步。他还说，我们不愿意与美国对抗，希望缓和关系，但是我们也不怕制裁。我的感觉是他既有原则，也有灵活性。迪亚斯－卡内尔说，明年的国际会议又轮到高等教育为主题了，还要请你来，再多看几所学校。陪同会见的几位官员原来都是迪亚斯－卡内尔副主席的下属，我看到他对这些老部下非常亲切，一点架子也没有。难怪他有那么好的口碑。

从哈瓦那回到巴黎之后又是不到一个月的时间，2013 年 3 月迪亚斯－卡内尔被任命为古巴国务委员会第一副主席兼部长会议第一副主席，成为劳尔·卡斯特罗的副手，真的像是接班人了。这年年底，古巴驻教科文组织的大使找到我，说高教部长邀请我出席 2014 年的国际高等教育大会。大使还说：“你的老朋友迪亚斯－卡内尔副主席将出席大会，他让我转达希望你能够一起出席。”这样我于 2014 年 2 月第三次来到古巴。这次我分别会见了教育部长、高教部长和外交部长。我向古巴外长布鲁诺·罗德里格斯表示了我的敬意，他在联合国和各种国际舞台上捍卫古巴利益，发出正义之声，是一位传奇人物。我告诉外长，将近 100 年前，我的祖父担任过中国驻古巴公使馆的三等秘书，让他吃惊不小。

我因为在巴黎的工作繁忙，只赶上出席在哈瓦那会议中心的大会闭幕式，并且做了以“大学与社会责任”为主题的演讲。迪亚斯－卡内尔在主席台上欢迎我，我们又聊了许多关于高等教育的事情。我问他访问中国的情况，他说很圆满，他最后说，你以后还要来。我开玩笑回答说：“我来一次你就升一次官，我希望以后继续这个规律。”他光笑不说话。五年后的 2018 年 4 月，我在电视中看到，就在我们开会的这个会场，就在这个主席台上，古巴全国人民政权代表大会选举 58 岁的迪亚斯－卡内尔为古巴国务委员会主席，接替劳尔·卡斯特罗成为古巴新一届国家领导人。他也是第一位 1959 年古巴革命胜利后出生的古巴领导人。2019 年 10 月，迪亚斯－卡内尔又当选为新宪法生效后的首任古巴共和国主席。

2016 年初古巴国务委员会主席劳尔·卡斯特罗对法国进行国事访问，在巴黎会见了博科娃总干事。在会见中，劳尔主席邀请博科娃出席即将在哈瓦那举行的高等教育国际大会。总干事因已经有其他安排无法分身，她告诉劳尔主席，她将派主管教育的副手代表她出席。此时离会议开幕只有 10 天，我还是安排好其他工作腾出时间，第四次来到哈瓦那出席国际教育大会。这届大会

拜会古巴外长罗德里格斯（2014 年）

有 4 000 人参加，开幕式在哈瓦那的卡尔·马克思剧院举行。古巴的高教部长、教育部长、文化部长和我都在主席台上，迪亚斯－卡内尔副主席作为主宾出席，他看到我马上来了个热情的拥抱，说你能来参会是对我们的极大支持。

2015 年 9 月应中国政府邀请，我陪同博科娃总干事来北京参加了中国人民抗日战争胜利 70 周年的庆祝活动。9 月 3 日晚上我到人民大会堂观看习近平主席为招待国内外来宾举办的大型文艺演出《胜利与和平》。演出结束后离场，在门厅内忽然看到迪亚斯－卡内尔副主席和他的夫人。迪亚斯－卡内尔身材高大，一头灰发在人群中很显眼。他一看到我就马上走过来和我握手拥抱，还把他的夫人介绍给我。我知道他来参加这个活动，但是我们都没有想到会在大会堂见面。我们一起合影，他一再对我说："你来古巴，作为我的朋友什么时候来都欢迎。"我也希望有一天去看看他领导下的古巴。

我虽然四次去古巴，但是每次时间都很短，所看到的东西和所接触到的人都有限，因此很难对这个国家做出全面评论。记得有人说过，古巴的三大特点是优质的教育和医疗加上人民的幸福指数高。医疗和幸福指数我不了解不敢说，但就我亲眼所见的古巴的教育体系确实可以说是优质的，它体现在为社会各阶层提供公平的教育机会、保持对教育的投入、贯彻先进的教育理念和对弱势群体的重视。从我与古巴的教育决策者的多次接触和讨论中，我可以感受到他们对教育的激情和改进自己的工作的渴望。他们的思想很开放，非常重视国际交流，希望从其他国家的经验中吸取有用的东西。尽

在北京人民大会堂出席庆祝中国人民抗日战争胜利 70 周年活动巧遇迪亚斯－卡内尔（2015 年）

管他们的经济状况并不是很好，但是愿意在教育、在开放上做出投入。他们每年组织教育议题的大型国际会议，并积极地参与教科文组织的各类国际交流与合作活动。

在我到访古巴的几年中，我可以看到古巴发生的变化。我看到古巴人有了手机并且可以上网了，我看到越来越多的外国游客出现在古巴各大景点，还有一排排中国产的宇通牌旅游大巴。古巴的官员向我谈及中国的改革开放的成就，给我介绍离哈瓦那不远的滨海城市马列尔的“自贸区”，指给我看为自贸区修建的公路。当然，变化并非易事，古巴的地理位置决定了古巴与美国关系对古巴的影响，而这种关系又总是变化无常的。现在，古巴有了新一代的领导人迪亚斯－卡内尔，古巴人民对他寄予希望。我对他的印象是思路清楚，了解国际事务，坚持原则但是又有灵活性。记得迪亚斯－卡内尔在 2013 年刚刚被任命为劳尔的副手时，我看到《纽约时报》说，“他是个十分忠诚的追随者，他看上去就像更年轻、更随和的劳尔”。我衷心祝福我这位朋友，相信他会继续劳尔的稳健风格，一步一步地推进古巴的经济发展，不会辜负古巴人民对他的期待。

第11章

三八线上：为了朝鲜半岛的和平

我在联合国教科文组织工作这些年来与朝鲜半岛非常有缘分，从1995年开始，我曾访问朝鲜5次，去过韩国14次，这在教科文组织的官员中怕是绝无仅有的。

我们的近邻朝鲜半岛对每一个中国人来说都不陌生。我出生那年朝鲜战争正酣，后来停战了，朝鲜半岛南北被一条“三八线”一分就是六十多年，实在是这个民族的不幸。自21世纪初以来，朝韩双方都做了不少努力来改善关系。但数十年来的敌对造成的不信任感加之大国之间地缘政治角力的影响使双方的关系总是一阵缓和，一阵紧张。我从小就听说过许多朝鲜战争的故事，我当年在山西插队时的生产队长就曾经当过志愿军在朝鲜打仗，用亲身经历给我讲过战场上的许多事。却没有想到有一天我会作为联合国官员踏上半岛的土地，且有机会在朝韩之间为促成双方的教育交流而奔走。

我第一次访问朝鲜半岛是1997年7月在韩国首都汉城出席一次国际研讨会，然后又在1999年去汉城组织了第二届国际职业技术教育大会。我作为大会的秘书长与韩国教育部的官员共同工作了两年，保证了大会的成功举行，也与韩国教育界人士和政府官员建立了互信和合作关系。大会的主席是当时韩国的教育部长李海瓒，我们配合十分默契。他后来一直活跃在韩国政坛，担任过执政党的主席和政府总理。这种信任为我后来奔走于朝韩之间斡旋双方的教育交流奠定了基础。

1999年初教科文组织教育助理总干事科林·鲍尔访问朝鲜，回来后他告诉我，朝鲜迫切希望改善其职业技术教育，他要我这个负责职业技术教育的处长考虑在这一领域向朝鲜提供帮助的可能性。我当时提出，从政治考虑可以争取韩国方面的参与，借机促进朝韩双方合作。这是因为在这之前我在与韩国教育界学人和政府官员的接触中，能够感觉到他们对朝鲜半岛北部人民有很深厚的民族感情。作为联合国官员，作为中国人，我总希望有机会为双方的和解做些什么。当时恰值朝韩之间关系出现缓和，特别是 1998 年 2 月金大中担任韩国总统后积极推动对朝鲜半岛北部的“阳光政策”，降低了双方的敌意。教科文组织的宗旨本就是通过教育、科学和文化的交流与合作推动和平，防止战争发生。这是我以后数年间助力朝韩之间教育交流与合作的缘由。

1999 年 10 月，我起草了一封由鲍尔署名的致韩国常驻教科文组织大使的信，表示希望探讨教科文组织与韩国联手在职教领域向朝鲜提供援助的可能性。信中特别提到，我们愿意起到韩朝双方教育合作的桥梁作用。一个月后，我在办公室接待了到访的韩国教科文组织全国委员会的秘书长康博士。他说韩国政府积极评价鲍尔的信，愿意与教科文组织合作，在职教领域向朝鲜提供援助，而且他的全委会有专门的款项可用于援助朝鲜。不过康博士也承认，韩朝之间的接触与交往具有高度的政治敏感性。他认为目前的主要困难是朝鲜方面对韩方的不信任感，迄今不接受韩国官方的援助，只接受一些非政府组织的捐赠。我们最后同意，先由教科文组织出面与朝方接触，看看可能性如何。如果朝鲜方面接受，韩方再加入。

不久，我请朝鲜常驻教科文组织的金副代表来我的办公室。我向他通报，我们准备在职教方面向朝鲜提供援助。作为第一步，我建议由教科文组织出资，在朝鲜举办一个专家研讨会，请几位外国专家向朝鲜教育界人士介绍世界各国不同的职教模式。我希望通过这种方式，使朝鲜的教育工作者能够了解其他国家的情况与经验，就像中国在改革开放初期那样。另外这种方式简单，作为第一步应该不难。果然，两周之后金副代表来见我，说已经收到平壤方面的回应，感谢我们的善意，赞同在平壤举办职教研讨会的主意。同时朝鲜方面又提出，希望我们提供资助，建立一个计算机培训中心，为朝鲜教师提供培训机会以提高他们的专业素质。朝方邀请我次年春天访问朝鲜，实地考察朝鲜职教的现状和需求，并与朝鲜官员就上述两项建议进行磋商。

我询问金副代表朝鲜对于接受外部援助的立场，他说，来自教科文组织或者其他邻国如中国、日本的援助都不存在问题，但接受韩国官方援助依然是个敏感问题。不过他并没有将门关死，建议我在访问朝鲜的时候提出这个问题来讨论。不久，我收到了朝鲜常驻教科文组织代表李大使的信函，正式邀请我于 2000 年 3 月初访问朝鲜。鲍尔对这个进展很满意，立即批准了我的访朝计划。

初访平壤揭开神秘的面纱

21 世纪初的朝鲜还很封闭，颇有些中国改革开放之前的样子。外国人访问这个堪称“神秘”的国家的机会并不多。我有幸作为朝鲜政府的客人在那几年几次到访，在那神秘的面纱之后看到了一个真实的朝鲜，也接触到了许多热情好客的朝鲜朋友。多年后的今天，这个国家已经发生了很大的变化，但是十几年前的这段经历仍然给我留下了深刻的印象。

2000 年 3 月 14 日上午，我从首都国际机场搭乘朝鲜高丽航空 JS152 航班飞往平壤。这是当时沟通朝鲜与外界的唯一的国际航班，每周二和六各有一班往返于平壤与北京。飞机是苏联制造的图 –154，这种飞机的安全记录不大好，坐上去让人有几分担心。不过机上的朝鲜空姐都年轻漂亮，态度也很热情，只是都不大能讲英文。坐在我旁边的是一位官员模样的朝鲜中年人，很友善，几次帮助我与空姐沟通。他的胸前戴一枚徽章，细看是以朝鲜国旗为背景的金日成像章。

北京到平壤的飞行距离只有 1 000 公里，飞行时间 1 小时 30 分钟。黄海上空有云，待云层散去，飞机已经进入朝鲜领空。从机窗望出去，下面一片黄色，细看有田地、河流和山脉。时值冬末春初，一点绿色也见不到。朝鲜的飞机不新，飞行员技术却不差，落地非常轻盈。飞机滑行到候机楼前停下，没有廊桥，旅客从舷梯下机。那时的平壤顺安国际机场的候机楼很像首都国际机场那栋老候机楼，上面有英文和朝文的平壤字样。此时风和日丽，阳光灿烂，气温 7 摄氏度，阳光下一点不觉得冷。但是一进候机楼就觉得寒气逼人，因为没有暖气。我此次来访，用的是中国的外交护照，免签证。朝鲜的边防警察对我很客气，护照检查很快放行。等行李的地方很窄小，一共只有两条很短的传送带，但是此时只有我们一架飞机的旅客，倒也不大拥挤。朝鲜海关对行李查得非常严，所有旅客的行李都要过 X 光机检查，还有旅客被要求打开行李箱检查。轮到我时，海关穿制服的女官员看看我的红色护照，似乎认得“外交”两个字，念叨了几句，然后叫来一位男官员，像是个负责人。他用英语问我是不是中国外交官，我说是。他一挥手就放行了，X 光机检查也免了。

在平壤顺安国际机场（2005 年）

出了海关，朝鲜教科文组织全国委员会的秘书宋世日先生和翻译许南姬小姐已经在等我了。寒暄之后，我们坐上一辆老式奔驰轿车去市区。去市区的路是水泥路面，双向四车道，路上车很少。道路两侧是田地，看到有农民在用牛拉犁耕田。还有一些人沿着公路侧面步行，其中不少是穿黄色军装的军人，但是都没有带武器。去市区的路上有检查站，我们的车几次被持枪站岗的人民军士兵拦住，陪同人员摇下车窗说了几句就得以放行了。20 分钟后车进入平壤市区，开始见到比较现代的建筑，不过高楼并不多。一路上翻译许小姐给我介绍经过的各种建筑，有金日成体育场、主体思想塔等。汽车经过最高人民会议大厦后驶上一个小山坡，来到一座巨大的金日成主席的塑像之前。塑像约有 20 多米高，金日成以人们熟悉的挥手姿势站立，两旁是红旗与工农兵的塑像，背景画是白头山。这里地势很高，塑像坐西朝东，向东望去是平壤的一部分，脚下是一条河。许小姐问我知不知道河的名字，我随口答道："知道，汉江。"说完才觉得不对劲，汉江是流经韩国首都汉城的那条河，翻译忙纠正道："是大同江！"我赶快表示了歉意。宋秘书从车的后备厢里拿出一束鲜花给我，我恭敬地把花放在金日成主席塑像脚下，然后退后几步，与陪同人员一起鞠躬致意。据宋秘书说，外国人或外地人到平壤来，习惯上都要先来这里向领袖献花。我看到还有两对年轻人，女的穿鲜艳的朝鲜长裙，男的穿深色西装，也来献花，旁边还有人在录像。一问是新婚夫妇来向领袖致敬。

平壤街头的女交警（2000 年）

献过花之后我们继续前往平壤市中心，路上经过平壤学生少年宫、人民大学习堂等早有耳闻的建筑。路上行人不多，车也不多，不过有无轨电车和有轨电车这样的公共交通工具。据说市民主要的公共交通出行还是靠地铁。给人印象最深的是每个路口都站着一个英姿飒爽的女警察指挥交通。她们身穿毛皮领天蓝色制服，脚下一双高筒靴，毛帽子。一个个身板笔直，手执指挥棒，很漂亮也很帅。不愧是平壤的一道亮丽的风景线。

我下榻的酒店叫高丽饭店，当时是平壤能够接待外国人的两个酒店之一。后来朝韩双方举办离散人员家属探亲，韩国方面来朝鲜的人员就住在这个酒店。酒店是一栋 30 层高的建筑，里面的房间不大，但很干净，有暖气有热水，24 小时不停电，每晚 105 美元。房间内有电视机，不过只有一个朝语频道。当时是朝鲜的经济困难时期，粮食与能源短缺，酒店餐厅的食物很简单。我问酒店是否有保险箱为客人保管贵重物品，回答是没有这项服务。“贵重物品放在房间里就可以了，绝无问题。这里是平壤！”许小姐略有不满地说。

晚餐后按我的习惯要出门散散步。宋秘书要翻译许小姐陪我去，说不然我会迷路。我说不用，但宋秘书坚持。八点钟出门，我立时傻了眼，街上漆黑一片，没有一盏路灯，我一个人出去散步怕真会找不到回来的路。在偶尔的汽车灯光照耀下可以看到街上有许多人在快步疾走，许小姐说是下班的人正在往家里赶。附近楼群也是漆黑，没见灯光。据许小姐说，由于能源紧张，平壤的路灯只在节日的晚上才亮，住宅楼分区轮流限电。她说在平壤都是国家提供住房，政府这些年盖了许多高层住宅楼，这些都可以看到。但是目前能源短缺，住房内不供暖，不供热水，大家只有自己解决。从我酒店房间窗户向外望去，大部分市区不见灯火，这次算是见识到朝鲜面对的困难了。

在平壤的第二天我来到朝鲜外务省大楼与朝鲜联合国教科文组织全国委员会官员举行会谈。这个机构实际上是外务省国际司的多边国际合作处，一个机构两块牌子，处长就是全委会的秘书长。当时秘书长在国外出差，接待我的是位姓李的副秘书长。会谈中他说，朝鲜目前最优先考虑的项目是希望教科文组织帮助他们建立一个计算机教师培训中心。他说，考虑到信息技术在社会经济发展中的作用，有必要在全国学校开设计算机课程，当然首先要培训教师。朝方想在位于平壤市中心的人民大学习堂辟出一间大教室，建立一个培训中心，希望教科文组织提供数十台 PC（个人计算机）及相关设备。这里要说一句，我们的另一项建议——组织研讨会请国外专家来介绍国际教育发展趋势——最终也实现了，不过是在几年以后。

我觉得这确实是朝方发展教育迫切需要的援助，尽管 PC 机在当时已经不是什么先进设备，但是当你亲眼看到朝鲜面临的经济困难，就可以想象到他们教学设备的匮乏。我告诉副秘书长，我们会积极考虑这个要求。然后我问他，如果我们找到其他资金来源用以购买设备，特别是如果资金来自韩国，朝方是否可以接受。回答是直接接受来自韩国的资金不方便，但是如果韩国的资金转给教科文组织，然后教科文组织用这笔钱在第三国购买设备，可以认为设备是教科文组织提供的，那样就不成问题了。这很令人鼓舞，看来朝方政策还是有一定灵活性的。

会谈后，副秘书长说人民大学习堂离外务省很近，建议我去看看。外务省大楼出了门就是著名的金日成广场，广场的北端就是人民大学习堂了。这是一座具有鲜明朝鲜民族风格的宫殿式的十层建筑，灰墙绿瓦大屋顶，每一面都有数十根大理石立柱，看上去很雄伟。在负责人的陪同下，我看了可容纳800人的报告厅，还有二十多间大小不等的会议室、阅览室，许多人在这里看书学习。不过由于能源短缺，室内和宽敞的走廊都没有开灯，所以光线很暗。这里的图书检索设备也很落后，只有几台老式的台式计算机。尽管光线昏暗，没有暖气，但是建筑里面干净整洁。随后我被引导到朝南的大阳台上，这里的景观十分震撼。下面是金日成广场，对面是大同江，这里其实就是朝鲜举办国庆阅兵式和群众游行时朝鲜领导人站立的检阅台，相当于中国北京的天安门。负责人向我介绍说，当年朝鲜战争中平壤被夷为平地，战后金日成回到平壤，有人建议在市中心建设一座政府大厦。金日成没有同意，他说平壤是人民的平壤，朝鲜劳动党和政府是为朝鲜人民服务的，市中心这块宝地也应该用来为人民服务，于是他下令在此地建设这个人民大学习堂。据负责人说，这里的建筑面积有10万平方米，有600多个房间，它实际上也是朝鲜的国家图书馆，藏书3 000万册，每天平均有8 000人来此参加各种学习活动。我当时就想，如果能把教科文组织援助的培训中心设在这里是个很不错的选择，方便许多人使用，对教科文组织也是很好的公关宣传。主人答应，如果在这里建培训中心，可以在门外挂个牌子，说明是教科文组织援建的中心。

在平壤的三天，主人安排我访问了朝鲜的各级教育机构，幼儿园、小学、中学、大学和职业技术学校都看了。朝鲜一直以来由国家提供免费教育，所以人民的受教育程度是比较高的。但是当时恰逢朝鲜经济发展的困难时期，连年受灾，所以各类学校的设备条件都很旧。朝鲜的三月仍然很冷，但是所有学校都没有暖气，唯有幼儿园例外。我所到之处，包括在政府机关的办公室里都不能脱下我的厚大衣。不过我接触到的那些教师和校长们精神面貌都很积极，饶有兴致地与我探讨各种教育教学问题，对外部世界教育的发展趋势也非常感兴趣。看到他们，再看到那些在困难的环境下仍然渴望学到更多知识的学生，这让我更感到教科文组织有责任向他们提供力所能及的援助。

在金日成广场上，背景是人民大学习堂（2005 年）

我提出想看看平壤的地铁，陪同官员就让司机把车停在一个地铁站外面，下车后让司机把车开到下一站去等我们。我们进到站内，陪同官员对女检票员说这是中国来的外宾，要看看我们的地铁。检票员笑了，说不用买票了，进去吧。我们先乘下行扶梯，极深，据说深度是 100 米，是世界上最深的地铁。站台不豪华，有些像北京地铁 1 号线的站台，开的灯很少，所以光线很暗。我们坐了一站地铁，车型也类似北京的地铁，人很多很拥挤。由于不通风，车厢里面气味不大好。这也是一次不同的体验。

在平壤几天印象最深刻的活动是主人安排的去锦绣山纪念宫瞻仰金日成主席的遗容。纪念宫在平壤东北郊，原来叫作锦绣山议事堂，是金日成生前办公的地方。1994 年金日成去世后，朝鲜第二代领导人金正日宣布将其父亲的遗体永久保存在这里，并改名为纪念宫。2011 年金正日去世后，他的遗体也保存在这里，2012 年纪念宫更名为锦绣山太阳宫。

我去的那一天天气晴朗，但感觉很冷。我们乘车来此，在很远的地方就下了车。从远处看去，纪念宫像个大殿堂，主建筑共三层，外面是灰白色的大理石，雄伟壮观，屋顶上飘扬着朝鲜国旗。纪念宫前的大广场据说是后来扩建的，陪同官员说有 10 万平方米，用了 70 万块小花岗石。纪念宫的围墙是花岗岩的石柱和石板，石板上都雕刻有飞翔的仙鹤。围墙大门尤为壮观，巨大的门环是黄铜的，在阳光下熠熠生辉。我们通过的在侧面的入口是后来专为参观者修建的，经过金属探测门，进入一个长长的走廊，脚下是平行电梯，长达数百米。从各地来平壤拜谒的朝鲜群众排着长队，我和我的陪同人员不必排队，可直接进入。走过长廊进入一个大厅，登上约上百级台阶后就可以从边门进入位于纪念宫顶层的瞻仰大厅了。大厅宽阔，墙和地面均为暗红色的大理石镶嵌，每个角落都有人民军礼兵。厅内四周没有灯光，只有中央灵台上鲜花簇拥的水晶棺中有灯光，灵台前刻有发亮的 1912—1994 字样。厅内播放着军乐《金日成将军之歌》，棺内金日成主席身着西服，覆盖着朝鲜劳动党党旗。周围的人，尤其是妇女，多在低声抽泣。我随着人流绕棺一周，鞠躬三次。走出纪念宫，外面阳光灿烂，回望殿堂，甚为感慨。无论金日成生前身后如何，他毕竟是一位曾经改变历史进程的人。

在平壤锦绣山纪念宫（2000 年）

平壤计算机教师培训中心

回到巴黎后我向助理总干事鲍尔做了汇报，他要我想办法推进这个计算机教师培训中心的项目。装备一个培训中心要购买 30 台 PC 机和相关设备，加上运费大约需要 35 000 美元。我当年的项目经费下只有 10 000 美元可以用在这里，所以还需要找其他资源。此时教科文组织的总干事已经是松浦晃一郎，松浦总干事原来做过日本的外务副大臣，当然极为关注朝鲜半岛的形势，马上就意识到这件事的政治意义。他说我们能加强与朝鲜的合作是件大好事，指示我要积极促成这个项目。很幸运，不久之后朝鲜半岛形势进一步缓和，2000 年 6 月韩国总统金大中对朝鲜进行了历史性的访问，与金正日主席举行了高峰会谈。同年 8 月，松浦总干事也正式访问了朝鲜。在平壤，朝鲜的教育相和外务相都向他提出希望尽快落实计算机教师培训中心这一项目，另外还提出希望得到一些纸张用于印制教科书。松浦回到巴黎后就问我项目进展如何，我说我仍然在寻找财源。

这年 10 月，我去韩国访问，会见了教育部副部长金相权，我建议他考虑韩国与教科文组织合作，共同援助朝鲜的教育发展。我对他说，这是教科文组织支持发展中国家发展教育的责任，对于韩国来说，可以利用教科文组织这个平台对朝鲜提供援助，达到增加南北双方的合作与互信，促进半岛和平的目的。虽然韩国对与朝鲜的交往与援助有很多限制，但教育应属于人道主义援助的范畴。当时正是韩国总统金大中积极推行对北方的“阳光政策”的时代，韩国方面对南北合作热情甚高，但是朝鲜方面比较谨慎，双方在教育方面还没有什么直接的官方接触与合作，因此韩方官员在听到我的建议后非常感兴趣。我告诉金副部长，朝鲜方面希望帮助他们建立一个计算机培训中心、提供教科书印刷用纸和资助教师到国外访问学习。他要我提交一份书面建议，以便他们研究。

回到巴黎后，我联系了朝鲜常驻教科文组织代表团，请他们提供了一份清单和计划书，他们提出了三个项目要求：（1）提供 500 吨教科书印刷用纸，计 55 万美元；（2）装备一个计算机教师培训中心，购买奔腾 III 型 PC 机 50 台、打印机 10 台及相关设备，计 7 万美元；（3）支持教师短期国外考察 50 人次，计 19 万美元。我将这份计划书正式转交给了韩国教育部。

2001 年初，韩国方面最先反馈回来给我的意见是关于计算机的，说计算机属敏感物资，尽管奔腾 III 型 PC 机是到处可以买到的普通个人用计算机，韩方仍然担心朝鲜会将 PC 机移做军事用途，因此负责对朝关系的韩国统一部不予批准。我又问日本代表团的意见，他们见韩国不支持，也表示要与韩国立场保持一致，因此爱莫能助。资金来源难以落实，这个项目有可能搁浅。

2001 年 2 月，事情突然有了转机。在一次活动中我见到了松浦总干事，他问起计算机培训中心进展如何，我说进了死胡同。我们自己的预算不够，韩国又因为有对朝鲜军事禁运的条例，不能为我们的项目出钱。松浦问我联合国有关条例怎么说，我说了解过了，联合国没有禁止 PC 机出口到朝鲜的规定，但是美国有，而韩国须与美国保持一致。松浦说既然联合国没有禁运的规定，资金上他再想想办法，让我等他的消息。3 月初，我接到总部负责管理会员国信托基金项目的一位日本同事的电子邮件，说接到松浦总干事指示，鉴于韩国不能支持这个项目，他决定让我先用我手中职业技术教育项目的正常预算下的款项 60 000 美元实施这个项目，包括购买设备和培训活动。之后把由松浦总干事掌握的日本信托基金下的等额资金转给我们，用于执行原定的职业技术教育项目的活动。这是一个非常巧妙的办法，既为我们解决了资金问题，也避免了将日本的信托基金直接用于对朝鲜的援助。

有了总干事的支持，项目立刻启动。4 月，我向来访的朝鲜教科文组织全委会秘书长李宏锡通报，松浦总干事决定实施计算机教师培训中心项目，购买 30 台 PC 机及相关设备，海运到朝鲜的南浦港，由朝方负责通关和安装调试，届时我会去朝鲜出席中心的启动仪式。李宏锡听到这个消息非常兴奋，连声表示感谢，保证负责将设备安装好并投入使用。很快，隶属总部行政管理部门的采购处通过招标在新加坡采购了 30 台奔腾 III 型 PC 机、9 台打印机和 2 台扫描仪（加上运费共 35 000 美元），由商家直接海运到朝鲜。

2001 年 8 月我第二次来到平壤。我在朝鲜教育省和全委会官员的陪同下来到人民大学习堂，三楼一间大教室被改作培训中心，30 台计算机和其他设备就安装在这里。教室大门的门楣上安装了一个木制横匾，上面写着"UNESCO 职业技术教育教师计算机培训中心"。这里举行了一个简短的仪式，中心就算是正式启动了。

那天最兴奋的莫过于那位中心的主任了，他说自计算机中心投入使用以来，每天都有很多教师来接受基本的计算机培训，他们不得不每天上下午开两班课才能满足需求。这批 PC 机当时在朝鲜的教育界是最先进的了，大学里都不多见，难怪人民大学习堂的官员那么高兴。在平壤期间我与全委会的李秘书长举行了工作会谈，他对松浦总干事和我多次表示感谢。他同时提出，现有的 30 台计算机实在不能满足教师们学习掌握计算机技能的需要，因此希望原定项目第二阶段用于举办培训活动的 25 000 美元改为用于再购买一批计算机。亲眼看到培训中心人满为患的样子，我觉得这个要求合理，答应尽量争取。

我回到巴黎后，一封朝鲜副外相兼全委会主席崔寿宪签署的信件也送到了松浦总干事的办公室。信中感谢松浦对朝鲜计算机培训中心的支持，同时希望总干事同意将原定用于组织培训活动的 25 000 美元用于购置更多的计算机。我也向松浦总干事做了汇报，建议他批准朝鲜的要求。总干事同意了。2001 年 11 月，教科文组织从中国的一家公司采购了 25 台奔腾 III 型 PC 机及一些辅助设备并运往朝鲜。年底，松浦总干事收到朝鲜全委会主席的信，告知 25 台计算机已经投入使用，大大提高了中心的培训能力，再次对松浦总干事和我表示感谢。

教科文组织援建的计算机教师培训中心（2002 年）

从 1999 年 10 月我们致

信朝鲜方面提出援助意愿开始至 2001 年底项目实施完毕，在两年的时间里我两次访问朝鲜，经过多方努力，最后终于在松浦总干事的支持下在平壤建立了计算机教师培训中心，使朝鲜的教师可以利用这些先进设备学习掌握计算机的基本技能。这对于朝鲜的教育事业应该是雪中送炭之举。通过实施这个项目，我与朝鲜教育领导层建立了互信，为以后进一步促进朝韩之间的教育合作与交流打下基础。三年后的 2004 年我又一次访朝时还曾专门去人民大学习堂看这个培训中心，那些计算机都还在被使用，只是显得老旧了，看来这些年很多人使用过。

穿梭外交，韩国捐赠教科书印刷纸

2000 年我两次去平壤访问时都参观了一些学校，当时朝鲜经济处于困难时期，学校各方面的条件都比较差。我特别注意到中小学生使用的课本，纸张薄而发黑，很容易损坏。即便如此，据校长说，每本书都还要给下一年的学生重复使用。这让我理解了为什么朝方把提供教科书印刷用纸列在他们交来的需求清单的首位。虽然韩国方面表示无法为计算机项目提供支持，但对提供印刷纸却表示了兴趣。

2001 年 3 月，我收到韩国教科文组织全国委员会的一封信，说韩方愿意考虑从该机构掌控的“三星集团 / 韩国教科文组织全委会教育基金”中拨款 10 万美元，以向教科文组织提供信托基金的方式购买印刷用纸赠给朝鲜用于印制教科书。不过韩国方面同时提出了四项条件：（1）提供的纸张必须用来印制中学英语教科书；（2）纸张必须从韩国购买并直接从韩国运往朝鲜；（3）教科文组织免除会员国提供信托基金的管理费；（4）根据与三星集团的协议，每本教科书上要印上“由三星集团 / 韩国教科文组织全委会教育基金会捐助”的朝文和英文字样。

不久，韩国全委会的秘书长金丽寿教授来巴黎开会，我们详细讨论了韩国方面的条件。至于为什么要求捐赠的纸张只能够用于印刷英语课本，金秘书长解释说，现在韩朝之间的不信任度仍然很高，在韩国有人担心这些纸会被朝方用来印刷政治宣传品。即使是印制教科书，有人认为朝鲜的教科书中也有许多意识形态的内容，相对而言，英语课本中意识形态的内容会少一些。向教科文组织提供信托基金的方式是指韩国方面要与教科文组织签个协议，把它的 10 万美元作为信托基金交给教科文组织，然后我们再把这笔资金转回到韩国，由韩国全委会用来在韩国购买纸张。因为当初朝鲜方面告诉我，直接接受韩方的援助，无论是钱还是物，都不方便。如果通过教科文组织就没有问题了。韩方的这笔款经过教科文组织，成为教科文组织所有的信托基金，再用来购买纸张就可以理解为这是教科文组织的捐赠了。不过按照教科文组织的规定，对信托基金通常要收取 13% 的管理费，韩国方面认为钱只是从教科文组织过一下，不应该收取管理费。我认为这个要求合理，不过豁免管理费的权力在总干事，因此还要向松浦总干事报告。

不久，朝鲜教科文组织全委会的秘书长李宏锡来巴黎开会，我告诉他，韩国方面考虑提供 10 万美元来向朝鲜提供印刷纸，这笔钱大约可以买 100 吨纸。同时我也告诉他，这件事要在韩国方面的几个条件得到满足之后才能办成。李宏锡对这个好消息有些意外，非常高兴。他说，纸从韩国直接运往朝鲜没有问题，韩国的仁川港和朝鲜的南浦港之间有定期货轮航班。至于其他条件，他要回平壤向上级报告才能决定。

当时金丽寿秘书长也在巴黎出席教科文组织的春季执行局会议，我很想安排朝韩两位秘书长在我的办公室礼节性地见一面。但是朝鲜方面比较谨慎，李宏锡秘书长说："现在还是通过你唐先生联系吧。朝鲜和中国有深厚的友谊，我们百分之百地信任你。"

两个月后，朝鲜常驻教科文组织的副代表来拜访我，带来了朝鲜方面的官方回复。朝方表示同意韩方的建议，接受将纸张全部用于印制中学英语课本；接受以教科文组织信托基金方式在韩国购买纸张并直接运往朝鲜的南浦港，但相关手续请教科文组织办理。不过朝方表示，在每一本教科书上都印上“由三星集团 / 韩国教科文组织全委会教育基金会捐助”的字样有困难，建议韩方在每一卷纸的外包装上印上这句话。副代表说，朝鲜方面认为，这个项目如果能够实现，将是朝韩教育合作的首次，具有里程碑意义，因此希望谈妥双方都能够接受的条件。朝鲜方面的立场还是很令人鼓舞的！

会见后，我立即致信金丽寿秘书长，向他转达了朝方的答复。三周后，金秘书长回函给我，表示非常高兴地看到朝鲜方面的积极态度。他认为，既然是里程碑式的合作，还是“非常期待”能在每一本课本上都印上那行字。不过他也表示，会与出资人三星集团会商，看能否让他们改变要求。韩方提出，将来在教科文组织与朝鲜官方签订的协议中，要有条款保证朝方把纸用于印制中学英语课本是“可验证”的。

2001 年 8 月下旬，我为出席平壤的职业技术教育计算机教师培训中心的启动仪式再次访问朝鲜。在与朝鲜副外相崔寿宪会见时得到朝方的积极回应，他对我表示，接受韩方提出的条件，希望项目能够早日落实。访问结束后，朝鲜全委会李宏锡秘书长给我发来一封信，表示朝方同意在印刷纸的外包装上印“三星集团 / 韩国全委会捐赠”，在每本英语课本上印“联合国教科文组织信托基金捐助”的字样。据李私下向我讲，这已经是他们能够做到的最大的让步了，拜托我向韩国方面做些解释。我把朝方的信件转给了韩国的金丽寿秘书长，又私下向他说明了我的客观看法。他倒也能够理解，接受了朝方的建议。毕竟他还是希望把这件“里程碑式”的大好事办成。到此，双方终于达成了共识。随后，金秘书长正式致函松浦总干事，宣布韩国方面将以信托基金的方式向教科文组织捐赠 10 万美元，用于向朝鲜提供中学英语教科书印刷用纸。信中特别提到，“唐先生一直起着在韩国和朝鲜两个全委会之间干练的谈判中间人的作用，从而成功地促成了这一合作”。

韩国的纸运到朝鲜使用还涉及纸的规格要与朝鲜的印刷机匹配。恰好我之前在访问朝鲜时曾经去在平壤的联合国开发计划署驻朝鲜的代表处做礼节性拜访，于是我马上用电子邮件联系他们，请他们查一下朝鲜用的印刷纸的规格。那边很愿意帮忙，马上查了规格并告知我。我再把这些信息转给韩国全委会，以确保纸到朝鲜后可以用。对于韩国方面提出的豁免 13% 的管理费，我很同意他们的看法，我们怎么能为一点小利而阻挠这样一个有意义的项目实施呢？我起草了一份备忘录给总部的预算局和松浦总干事，说明韩方的理由站得住脚。备忘录强调“收取管理费可能会给韩国全委会在国内造成政治困扰，从而损害教科文组织实施这样一个高度敏感却又有极大政治意义的促进韩国和朝鲜教育合作的项目”。但是预算局却不愿意减少收入，只同意将管理费从 13% 减到 8%。我同预算局负责人多次争执无果，最后我不得不向松浦总干事解释了韩国方面的立场和我认为应该完全豁免的理由。松浦认为我说的有道理，他直接下达指示，完全豁免管理费。这事最后弄得预算局对我很有意见，我不在乎，此事政治意义重大，不应为了增加教科文组织的一点收入而阻挠。官僚机构总是这样行事，所幸松浦总干事还是有政治头脑、有大局意识的领导人。

2002 年 1 月，韩国全委会金秘书长给我来信，说协议已经签字生效，10 万美元也已经转入教科文组织账户。同时他还告诉我一个令人意外的好消息：他们准备购买印刷纸的韩国纸业公司决定另外无偿捐赠 100 吨印刷纸一同运往朝鲜！信中还提出了一些更加具体的关于纸张的技术规格问题。由于双方不见面，这些具体技术问题还要进一步沟通，我决定再去朝鲜半岛做一次访问，协助双方的沟通，时间定在 2002 年的 1 月底。

这应该说是一次“穿梭外交”，路线是巴黎—北京—汉城—北京—平壤—北京—巴黎，因为去平壤只能经过北京，所以只能选择以北京为轴心。在汉城我拜访了关键人物金丽寿秘书长。他非常高兴他最初的倡议将得以实现，他说如果这个项目实施顺利，以后可以筹得更多的资源来对朝鲜提供援助。金秘书长还非常想借此机会访问朝鲜，我能够体会他的心情，答应他我去朝鲜访问时一定为他说项。

随后他陪我去韩国纸业公司参观，受到董事长田元重的热情接待。董事长说他的老家就在北方，早就想为家乡做点事，但苦于无机会。这次韩国全委会在他的公司买 100 吨纸给朝鲜，正好让他有机会搭上教科文组织项目的车，另外无偿向朝鲜捐赠 100 吨纸。亲眼看到这样的南北亲情，如何不让人感动万分呢？公司的工程师还交给我一份关于纸张的技术规格、运输条件等一系列技术问题的清单，请我在访问平壤时带给朝方。在汉城期间我还访问了三星电子集团总部，受到公司一位高级副总裁的接待。我向他表达了教科文组织对三星集团提供教育基金援助朝鲜教育事业这一善举的感谢。

之后我经北京飞往平壤。朝鲜全委会秘书长对将要接收 200 吨印刷纸非常高兴，他说朝鲜教育省计划用这些纸印制 65 万册中学二到三年级的英语课本。随后我去参观了朝鲜教育省下属的教育图书印刷厂，受到厂长的热情接待。这个印刷厂 1949 年就有了，设备非常老旧，由于缺少印刷纸，只能保持 20% 的产能。他们用的纸是（每平方米）55 克的薄纸，质量很差。厂长说，韩国准备捐赠的 70 克的纸用来印教科书非常适合，印出的书可以反复用 2~3 次。我把韩国纸业公司的技术问题清单交给厂长，请他们尽早给我答复。厂长和干部们非常热情，尽管条件简陋还是摆了茶和一些糖果招待我。厂长年龄与我相仿，反复强调朝鲜与中国之间的“战斗友谊”。

参观平壤的小学（2000 年）

在平壤的最后一天，我再次会见了朝鲜副外相崔寿宪。他很有名气，那些年常常可以在新闻报道中看到他在联合国大会和其他国际场合代表朝鲜发表措辞强硬的讲话。副外相对我很客气，对松浦总干事和我本人为促成这个项目做出的努力予以高度评价，说这是对朝鲜教育的巨大支持，对正在逐步缓和的朝鲜半岛政治形势也有正面影响。我借此机会向他提出，韩国全委会秘书长金丽寿对这一项目做出了很大贡献，他希望能在印刷纸抵达时在朝鲜搞一个仪式，请他来参加。副外相面露难色，说目前形势之下恐怕有困难，如果项目进展顺利，希望将来有机会邀请金先生来朝鲜访问。这是外交辞令了。回到巴黎后，我告诉金丽寿秘书长，现在朝鲜方面邀请他去访问似乎有困难，以后再争取吧。很遗憾我这次没能为他争取到访朝的机会。

2002 年 4 月，10 万美元的款项转回到韩国由韩国全委会购纸。终于，7 月 24 日收到韩方传真，200 吨纸共 260 卷，分 12 个集装箱已于当日从韩国仁川港启运，预计次日下午抵达朝鲜南浦港。随之传来相关海运提货文件，请我转交朝鲜方面。我当天就向朝鲜驻教科文组织大使转交了海运提货文件。大使非常高兴，说这是对朝鲜教育事业的有力援助，感谢我在朝韩之间穿针引线起到的中间人作用。

8 月底，我让教科文组织北京办事处派了一个评估小组去朝鲜，到印刷厂实地考察了 200 吨纸的使用情况。他们报告说，这批纸的质量非常好，工厂方面非常高兴。65 万册英语课本将于九月初新学年开始前印制完毕。每册书的背面都印上了“教科文组织信托基金捐赠”的字样。这是朝鲜首次在教科书上标明捐助来源。随后朝鲜全委会秘书长给我来信，附上他们准备的项目实施报告。报告中说，印好的课本已经于 9 月中旬发往朝鲜十个省和两个市的学校，还有学生在教室使用这些课本的照片以及六本样书。我把这份报告和样书转给了韩国全委会。

2002 年 9 月底，松浦总干事收到朝鲜副外相崔寿宪的一封信，通知他用 200 吨纸印刷英语课本的项目已经顺利完成。信中说，这些课本是对朝鲜中学生学习英语的有效帮助。信中还有这样一句话，“我借此机会向你、教科文组织有关官员和项目资金的提供者为实施这项援助所做出的真诚努力表示感谢”。朝鲜方面没有公开提到韩国，但至少对“资金提供者”表示了谢意。我当即把这封信传真给韩国全委会金丽寿秘书长，并且附上一句，“相信你一定会注意到，信中对项目资金的提供者表示了感谢”。

经过一年半的努力，中间两访朝鲜，两访韩国，几经斡旋，终于促成了韩国捐赠 200 吨印刷纸给朝鲜印制英语教科书。其实这 200 吨纸数量并不大，对于朝鲜的教育发展来说也是杯水车薪。不过这件事的政治意义重大。通过这个项目，南方对北方展示了善意，北方也接受了南方的善意。且双方通过我，通过联合国教科文组织有了间接的接触，这无疑为以后双方在教育方面进一步交流打下了一个良好基础。无论影响大小，这对于缓和半岛的紧张局势毕竟也是一个正能量的推动。我做这些事情，遵循的本就是教科文组织“筑起保卫和平之屏障”的初衷。

纸的故事还没有完。六年后的 2008 年 9 月，总干事松浦又一次访问朝鲜，他在平壤宣布，教科文组织将再次向朝鲜提供 150 吨教科书印刷用纸。回到巴黎后，松浦召见我，说他在朝鲜看到教育仍然面临许多困难，教科书用纸仍然极度短缺，所以他要为他们提供帮助。松浦对我说，你六年前安排了韩国向朝鲜捐赠 200 吨纸，双方都非常满意，所以我要你这次再负责这项任务。六年前的纸是韩国捐赠的，这次是用教科文组织自有的预算外资金来买纸，运往朝鲜。我向总干事建议，不要在其他地方买纸，仍然沿用上次的渠道，委托韩国教科文组织全委会在韩国纸业公司购买纸张，然后直接运往朝鲜。好处是照顾这家公司的生意，利用他们以前的经验，轻车熟路。更重要的是从政治上讲，可以增加韩朝双方接触的机会。另外也许还能借机从韩国方面“化些缘”，加大援助力度。

我根据总干事的授权，与朝韩双方常驻教科文组织代表团进行了正式沟通。不久，韩国政府表示赞赏总干事向朝鲜提供教科书印刷纸的举措，认为此举有益于半岛的和平，建议由韩国教科文组织全委会协助我们在韩国买纸。朝鲜方面则表示，感谢总干事的提议，愿意接受从韩国购买的印刷纸。时任韩国全委会秘书长李三悦先生向我表示，愿意全力协助，而且说他们近年来也有与朝鲜的教科文组织全委会打交道的经验。

根据教科文组织的财务规定，超过 10 万美元的采购都要通过招标进行。而这批 150 吨纸需耗资 16 万美元，但我从此事的政治意义考虑不希望招标，而是直接委托韩国全委会从韩国纸业公司购买。为此我特地向教科文组织行政管理部门说明我的理由，这次我们的中央服务部门很明事理，很快批准豁免招标程序。不出所料，韩国全委会在采购过程中还向企业募资，另外购买了 50 吨纸一并捐赠给朝鲜。由于汇率变动，我们的 16 万美元最后买到了 170 吨纸。最终共有 220 吨印刷纸从韩国运到朝鲜。2009 年 8 月底，我应朝鲜教育省的邀请又一次访问朝鲜，在平壤的教育图书印刷厂，我与教育省和外务省的官员共同见证了这批纸张从南浦港由卡车运抵印刷厂的时刻。朝鲜教育相金勇进邀我到教育省见面，他对我说："我知道这是唐先生第二次帮助我们获得教科书印刷纸了。我代表朝鲜的儿童和学生感谢联合国教科文组织，感谢松浦总干事，也感谢你唐先生。"此时此刻，想到当年我参观朝鲜的学校时看到的那些在困难环境下仍然坚持学习的孩子们，还有什么比这更令人感到满足呢？这种感觉也是作为一个联合国官员所能够得到的最好回报。

会见朝鲜教育相金勇进（2009 年）

韩国赠送印刷机，促成朝韩直接接触

2004 年底，接替金丽寿教授担任韩国教科文组织全国委员会秘书长的李三悦先生告诉我，韩国的大韩教科书出版公司因为要更新设备，有一台印刷机将要报废，但是这台机器状态还很好，完全可以使用。他与我商量，想通过教科文组织问一问朝鲜方面愿不愿意接收这台机器印教科书。如果要，韩国方面可以无偿赠送，而且还可以承担运费。李三悦刚刚接任秘书长不久，与他的前任金丽寿一样，十分热衷于为改善韩朝关系而做些实事。他告诉我，那台印刷机是捷克生产的，当初花了 500 万美元买进，目前仍然值 40 万美元。该机体积巨大，印刷速度非常快，除了年龄大，没有任何毛病。我想，这是件大好事啊，我去过平壤的教育图书印刷厂，那里的机器设备非常老旧，这台机器肯定比他们现有的设备要强得多。而且我马上意识到，运一台印刷机过去可是个非常复杂的工程，如果双方不直接接触，那一定做不好这件事。或许这是一个“迫使”双方直接接触的契机？直接接触与合作必然对改善韩朝双方的关系有益，政治意义远大于经济意义。

2005 年初，在得到松浦总干事批准之后，我再次开始在韩国和朝鲜之间斡旋。我首先邀请朝鲜常驻教科文组织的金副代表到我的办公室，告诉他韩国方面有这个赠送愿望。我说韩国方面很有诚意，建议朝方予以积极考虑。我交给他一封致大使的信，在信中我写道：“教科文组织的一个会员国愿向朝鲜捐赠一台价值 40 万美元的二手印刷机用于印制教科书。并且捐赠者愿意承担机器分解、运输与安装的费用（约为 25 000 美元）。希望大使阁下将此项建议转报平壤予以考虑。”这里我有意没有提及是韩国的捐赠，以便给朝鲜方面回旋的余地。

不久，我收到朝鲜教育省的复函，表示非常愿意接受印刷机，并且询问设备的技术规格和何时可以运到朝鲜。我通过电子邮件向韩方的李秘书长询问有关信息。他很快传来印刷机的具体数据、尺寸等。这台机器是个 4 吨重的大家伙，需要用 4~5 个集装箱装运，因此韩国方面建议通过陆路运到朝鲜。他们还建议先派出几个工程师去平壤实地考察印刷厂的情况，并且以后与印刷机一起抵达平壤，帮助朝方人员进行组装。我向朝鲜的金副代表通报了韩国方面的建议，但是他表示韩方的工程师不必来，朝鲜自己的技术人员可以把机器组装起来，韩方只要提供所有技术资料就好了。显然朝方还是非常谨慎，避免双方的直接接触。我把他的这个表态告知韩国的李秘书长。他很快复信给我，说这台印刷机所属的大韩教材出版公司认为，朝鲜的操作技术人员需要培训，因为这台机器很复杂，拆卸需要 3~5 天，重新组装需要 20~25 天。如果韩国的工程师不能去朝鲜，他们可以邀请朝方人员到韩国来考察和培训，韩方可以承担费用。

会见韩国教育部长李周浩（2010 年）

我能够理解朝方的谨慎态度，估计他们也不会派人到韩国去考察。经过仔细考虑，我再次请朝鲜的金副代表来商谈。我告诉他，既然你们相信我，那么我就坦率地向你们提出建议，希望你们慎重考虑韩方的建议。毕竟拆装印刷机很复杂，若双方能够直接协商，效果可能更好。我摆出事实，也希望施加一点压力，促使双方直接会面。金副代表感谢我的坦诚相告，说我一直是他们充分信任的人，一定会把我的态度报告平壤。

不久金副代表来告，平壤非常感谢我的坦诚建议，正在认真考虑与韩方直接接触继续关于印刷机的谈判。这让我感到很欣慰，我告诉他，促成韩朝双方直接接触是我从一开始就希望达到的目的，如果双方直接见面谈判，我就算“功德圆满”了。我理解你们会保持低调，我也就不再过问。这是 2005 年 6 月的事情，此后数月我没有再听到任何消息。我想，没有消息就是好消息。

2005 年 11 月下旬，我第四次访问朝鲜。较前几次访问，此时朝鲜经济已经有了很大改善，晚上可见市区建筑的灯光，平壤街头的汽车也多了起来。我会见了朝鲜教育相金勇进和副外相崔寿宪，还再次到教育省的教育图书印刷厂去参观。朝方人员上至部长下至厂长都对我几年来对朝鲜教育的支持反复表示感谢。在与朝鲜全委会李秘书长会谈时他告诉我，朝韩双方根据我的建议从 6 月开始了直接接触，11 月初双方全委会代表和大韩教材出版公司的人员在朝鲜的金刚山举行了面对面会谈并就印刷机的捐赠达成了协议。印刷机将于 12 月运往平壤，朝方同意韩方的三名工程师随行并提供技术指导。这真是个好消息，双方终于坐下来面对面地谈了，而且谈成了！秘书长也非常高兴，说特别感谢我的帮助和当初直率的建议。

12 月初，我刚刚回到巴黎，又收到韩国李三悦秘书长的来信，他高兴地通知我，印刷机即将启运。2006 年 4 月，李秘书长来巴黎出席教科文组织执行局会议，特地到我办公室来向我表示感谢。他告诉我，印刷机 2005 年底运到平壤，韩国的工程师也到平壤帮助培训朝方的技术人员。目前印刷机已经组装完毕，投入生产。他特别高兴地说，为了感谢他在捐赠印刷机一事上的贡献，朝鲜方面将邀请他去平壤访问！兴奋之情溢于言表。我知道这是他多年的愿望，也很为他高兴。

韩国捐赠的这台印刷机对朝鲜的教育事业很有帮助，但是我更高兴也更有成就感的是我终于通过此事促使朝韩双方坐到一起，在教育合作的领域中迈出了一大步。这无疑算是对促进朝鲜半岛和平的一个贡献吧。

三八线上的感慨

朝鲜战争 1950 年爆发，三年后停战，板门店作为停战谈判和签署停战协议的地点从此扬名世界。令人遗憾的是近七十年过去了，朝鲜半岛仍然被那条“北纬 38 度线”分隔为两个国家。不过，以我与朝韩两方人民接触的亲身体验，我感到他们都深切盼望国家能够和平统一。只是分裂日久，双方的不信任感非一日能消除。但我总认为，朝鲜半岛的统一是大势所趋，恐怕不是任何人能够阻挡的。因此我在对韩朝两方进行访问时，一直想亲眼看一看这条“三八线”。韩朝双方都把我当作他们的好朋友，以这种特殊身份，我希望从南北两个方向去看看这条分界线。从韩国一面去“三八线”很容易，韩国的许多旅行社都有探访“非军事区”的一日游。但此前我多次到韩国访问，都因公务繁忙而未能如愿。一直到 2004 年我才有机会在韩国官方安排下实现从南方一侧探访“三八线”的愿望。

那时从朝鲜一侧去“三八线”并不容易，需要经过特殊安排。2002 年 1 月我第三次访问平壤，离开巴黎前我向朝鲜常驻团提出想去参观板门店。副代表说去板门店要向军方提出申请，通常需要一定时间，不过他表示会尽力而为。当我到达平壤的时候，接机的朝鲜官员就告诉我，已经获得军方特批，可以去板门店。他说，一般这个程序需要 20 天，但外务省告诉军方我是特殊客人，所以在一周之内就获得了许可。

访问非军事区韩国一侧与军警合影（2004 年）

2002 年 1 月 28 日是个星期一，早上八点我在外务省一位处长和一位翻译的陪同下乘小车从平壤出发向南方驶去。出了市区，汽车驶上一条朝向南方的高速公路，路很宽，每个方向可以三辆车并行，中间是半人高的松墙作为隔离带。路面有些失修，不十分平整，但是在绝大多数路段司机都可以开到时速 100 公里。整条路空空荡荡，只有我们这一辆轿车在跑，大约每 15 分钟可以遇到一辆对面方向驶来的车。

陪同的朝方官员告诉我，朝鲜半岛北方山地占了 80%，可耕地很少，故粮食自给有困难。南方 70% 是平地，故农业发达。我仔细观察路旁的山地，山上有稀稀拉拉的明显是人工栽种的小树，不到一人高。

远一些的山上都光秃秃的，只有一些荒草。陪同官员说，朝鲜费了很大力气绿化荒山，但成效不彰，主要是因为山上实在不适合植物生长。公路旁偶尔可见一些村落，通常是两层楼，墙壁刷成白色，据说朝鲜人喜爱白色。朝鲜农村传统的房子只有一层，近年来许多改造成两层，有个名称是“农村文化屋”。至于为什么叫这个名字，我没有追问。村子外面的山上总是树立着朝文的标语，和中国的农村有几分相似。

大约走到一半的路程，司机忽然减速停车，原来是有一个路障挡住去路，一个朝鲜人民军的哨兵挎着冲锋枪从路旁的哨所走出来。这是一个 20 岁左右的年轻士兵，面孔风吹日晒成紫红色。陪同的处长打开车窗说了几句话，我隐约听到“代表团”和“板门店”几个字，因为朝鲜语有些词与中文很相似。士兵向车后座上的我望了望，脸上露出很淳朴的笑容，点点头，把路障移开，然后向我敬了一个军礼。我问处长他刚才说了什么，处长说，我告诉他这是去板门店参观的外国代表团，他就放行了。我们的车越靠近板门店，这种检查哨就越多，检查也越仔细，由此可以感受到越来越接近军事分界线的紧张气氛。

平壤到板门店的距离是 168 公里，我们的车开了近两小时，先经过开城郊区，然后停在板门店大门外。这是一座水泥的大门，有持枪的人民军岗哨。处长说约的时间是 10 点，我们到早了。我走下车，四周极其安静，听不到一点声音，谁又能想到再往前两公里就是当年战火纷飞的“三八线”呢。10 点差一分，一辆三菱越野吉普车突然出现在我们面前，车门打开，下来三个军人。陪同的官员迎上去与他们握手寒暄，然后将其中一人引到我面前，介绍说这位军官姓赵，中校军衔，是军方派来的陪同人员。军官上前与我热情握手，用朝鲜语表示欢迎。另外两个军人都很年轻，每人腰间都佩有手枪，是警卫战士。陪同的官员解释说，军方十分重视我的来访，故派来一位中校和两名警卫陪同，是很特殊的礼遇。

我们首先被引入路旁的一栋建筑。这是一间展览室，中间是板门店和周围地域的模型，墙上是一幅朝鲜地图。中校介绍了朝鲜战争和

“三八线”的历史，说如今这条军事分界线仍将朝鲜半岛分为两个国家，它切断了 150 多条公路和 3 条铁路。在南北双方沿线有两公里的非军事区，按照停战协议，在此区域内双方不得部署任何重型武器。在朝方一侧，非军事区内还有一个村庄，住着 150 户农民，从事农业活动，以示朝方的和平诚意。他指着模型内的两栋建筑说，我们将先参观当年停战谈判的会议室和停战协议签字的旧址，这两栋建筑都在北方境内。

在板门店与陪同参观的朝鲜人民军军官合影（2002 年）

赵中校陪同我们进入板门店的大门，哨兵一一检查了随行的朝鲜官员的证件。随后一名警卫上了我们的车，跟随着三菱吉普驶上一段仅可容两辆车并行的柏油路。路面不大好，两旁是长满杂草的荒地，这就是非军事区。据说双方都在非军事区埋有大量地雷，以防范对方的攻击。在明媚的阳光下，非军事区一片寂静，让人感到一种莫名的肃杀之气。通过一个检查哨，两辆车前后驶入一个院落。院子收拾得干净整洁，低矮的松树球修剪得十分整齐。先参观一间简易房，这是当年朝鲜停战谈判的会场。房间不大，中间是一张铺有绿呢台布的长桌，两侧各摆有四把椅子。赵中校让我坐在北侧中间的位子上，说这是当年朝中方面首席谈判代表朝鲜人民军南日大将的座位。中校介绍说，当年的停战谈判从 1951 年开始，最初在开城谈，美军方面每次过界车上要插白旗，感觉很不爽，所以后来改在板门店的这间房子里谈。中间打打谈谈，历时两年，直到 1953 年 7 月才达成停战协议。赵中校特别提到：“我们在朝鲜战争期间得到中国人民和中国人民志愿军的有力支援，毛泽东主席的儿子毛岸英就牺牲在朝鲜，我们朝鲜人民永远不会忘记中国人民以鲜血与生命的支持。”听到这些话，我心中感到几分激动，也感到几分欣慰。

从谈判会场出来，旁边是一座朝鲜风格的平房建筑，长约数十米。中校说这就是当年停战协议签字的大厅。走进去，空落落的大厅里，只在中间摆着一排三张桌子，上面都铺着绿呢台布，两边的桌子后面各有一把椅子，桌上各有一面小旗，一面是朝鲜国旗，一面是联合国旗，都用一个有机玻璃罩罩住。赵中校介绍说这是当年的原物。经过近 50 年时间，蓝色的联合国旗帜已经完全褪色，变成了淡黄色。朝鲜国旗却鲜艳如初，想必是常常更换。桌上还摆着停战协议的复制本。赵中校介绍说，当年为停战协议签字，美方提出搭一个帐篷作为会场。但金日成指示说，停战协议签字的地方应该永远保留下去，于是命令朝鲜的工兵突击五天，在 1953 年 7 月 27 日停战协议签字之前建起了这座签字大厅。

其实分割朝鲜半岛的被称为三八线的军事分界线并非一条沿北纬 38 度线的笔直的界线，而是当初停战时以双方的军事实力控制的界线为基础划定的，西部向南深入，东部向北偏移，是与北纬 38 度线相交的 S 型界线。板门店就在北纬 38 度线以南 5 公里处，不过这里的军事分界线仍然习惯上被称为三八线。

随后我们驱车驶向板门店纵深。这一段路的路况很好，车停在一栋三层建筑的后面。下车后一个身体健壮腰佩手枪的人民军军官来迎接我们，先敬礼，后握手。赵中校介绍说他是这里的中尉警卫队长，特来陪同我参观。在几位军人的陪同下，我们先来到楼西侧，这里竖立着一面大理石墙，墙上雕刻的是金日成主席的签名，落款的日期是 1994 年 7 月 7 日。赵中校介绍说，金日成生前批阅的最后一个文件是关于“朝鲜统一”的，大理石墙上刻的就是他在那份文件上的签字和日期。数小时之后，他就与世长辞了。说到此处，中校声音哽咽，眼含泪水。据说金正日接班后曾几次来到这里，亲自选定这个地方树立了这个纪念碑，这是 1995 年的事了。

这座楼的周围环境整洁，许多松柏树在冬天还有几分绿色。西面还有一座小楼，名为“统一阁”，赵中校说，前几年在这里举行了多次南北会谈。随后他带领我们从西侧转到南侧，他用手向下一指说，看，“三八线”！我们所在的这栋坐北朝南的小楼叫作“板门阁”，站在朝南的阳台上看去，往下走二十几级台阶是一排小平房，中间三座为蓝色，两边几座是灰色。横穿这几座平房的中间地上有一条线，中校说那就是“三八线”了。“三八线”其实就是一条水泥线，再往南是一座五六层高的玻璃大厦，在阳光下闪闪发光，是韩国方面的对等建筑。在平房的北侧和南侧都有军人在站岗。北边的朝鲜人民军士兵身穿黄呢军装，腰挎手枪，在“三八线”北侧和蓝色板房北侧门口站岗，约有六七人，都是立正姿势，显得十分严肃。南侧有六七名韩国军人，身穿天蓝色军服，腰扎武装带，佩带手枪，头戴白色宪兵钢盔，足蹬牛皮战靴，最显眼的是每人一副反光墨镜。他们显得比较随便，有人双手后背，两腿开列站立，有人四处晃来晃去。我们这群人一出现在板门阁阳台上，立刻引起韩国一侧哨兵的注意。这天只有我一个人在此参观，但朝鲜方面有两位官员、两位军官和两名警卫簇拥着我。对方大概觉得是一位特殊人物，他们的一个哨兵拿起对讲机讲话，同时用望远镜观察我们。赵中校说，对面大楼里有许多摄像镜头监视着这边的一举一动。美军士兵在楼内，外面是韩军士兵站岗。我想对面的韩国军警一定在观察我，说不定已经把我的照片传到汉城去核查我的身份了。或许他们能够发现，我前几天刚刚作为韩国政府的客人访问了汉城。

赵中校指着正中间那座蓝色板房说，这个房间双方都可以进入，他邀请我进去看一看。我们走下台阶，两位守在门口的人民军哨兵立即把门打开让我们进去。一进门就感觉暖风扑面，房间显然是供暖的。里面就像一个简陋的工棚，中间放着一张桌子，正好骑在“三八线”上。中校让我坐在北方一侧的一把椅子上，开始为我讲解。他说一直到 1991 年这里都是双方军事人员进行磋商的场所，桌上南北两侧都有话筒，电线横穿而过，这实际上也是“三八线”的一部分。在这个房间里，南半边实际上就是韩国的土地了。朝方人员可以走到南侧门口，但是不能出去。赵中校说，这个房间是唯一我们能够越过三八线 10 米的地方。当时我虽然已经去过韩国 5 次，但还是忍不住到南侧走了几步，也算是越过“三八线”到韩国领土上走了一遭。从窗子向外望去，可以看到地上的水泥筑成的军事分界线。北纬 38 度线是 1945 年为了便于日军向北面的苏军和南面的美军投降而划定的一条临时军事分界线，当时谁会想到它竟然在朝鲜战争之后固化为一条延续半个多世纪的边界线，将一个国家分成了两个呢。赵中校说，这条 50 厘米宽的水泥线将他的祖国分成两半。望着这条分界线，听着中校沉重的话语，我对一个民族被人为分割的痛苦有了更深刻的感受。我们在屋里逗留期间，韩国方面的哨兵几次从窗外向屋内张望，还用照相机为我拍照。

从平房出来，中校邀我到板门阁的阳台上，眺望韩国一侧的景色。此时阳光灿烂，天空蔚蓝，山峦起伏，一时间竟想起“三千里锦绣江山”这句话来。中校请我在贵宾留言簿上写点什么，我是联合国官员，又是朝韩双方的朋友，来朝鲜半岛访问是为了促进双方的教育合作与交流，因此写些什么合适不得不仔细斟酌。最后我提笔写了这样一句话：我坚信，一个统一的朝鲜半岛一定会在不久的将来出现在世界的东方。临别时，赵中校紧紧握着我的手，希望我再来。我说，希望早日看到这条线可以自由跨越，你们的国家不再被一分为二。中校给我敬了一个标准的军礼。

在回平壤的路上，我心里感到有些沉重，一种感受到民族分裂的痛苦的沉重。但同时也让我感到几分欣慰的是，我正在做一件促进朝韩教育交流与合作的工作。促进和平本是联合国教科文组织的宗旨，而我作为一个中国人，能有机会对朝鲜半岛的和平统一做一点贡献也是莫大的荣幸。

在我探访“三八线”16 年后的 2018 年 4 月 27 日，韩国总统文在寅与朝鲜最高领导人金正恩在板门店举行历史性会晤。在巴黎的我特意凌晨起床观看电视转播，当我看到韩朝两位领导人携手跨过那条水泥筑成的分界线时，我的思绪又回到了 16 年前。今天我更加相信，“三八线”终有一天会消失。

朝鲜民族绝不是一个可以轻视的民族，以我的亲身接触，无论在南方还是北方，在他们身上，人们可以感到一种强烈的民族自尊心与国家统一的愿望。他们做事有一种执着的精神，正是这种精神，使韩国在 30 年间发展成为亚洲的一个发达国家。朝鲜的潜力亦不可忽视，韩国三星电子集团的高级副总裁就曾当着我的面对朝鲜工人的文化与技术素质赞不绝口。朝鲜民族的勤劳作为他们的天然禀赋，一旦国家统一，将会得到充分发挥，造就一个统一的现代化国家。世界应当对此有所准备。

第 12 章

国际谈判：一个研究所的前世今生

德国北部的工业重镇汉堡是仅次于阿姆斯特丹的欧洲第二大港口。“二战”期间，这座城市几乎被炸弹夷为平地，战后勤劳的德国人又将汉堡建成了一座美丽的城市。“联合国教科文组织教育研究所”就设在汉堡市内的一个安静的街区。这是一座外形像城堡的由大石砌成的两层楼建筑，大门外是罗马式的大立柱，它已有近百年的历史，“二战”中侥幸躲过了盟军的炸弹。研究所建立于 1952 年。那时德国正处于战后重建时期，建立一个新的教育体系是国家重建的优先任务。德国政府与教科文组织达成协议，由双方提供资金在汉堡建立一个教育研究所，汉堡市政府提供一座建筑供研究所无偿使用。经过五十年的努力，教育研究所已经具有一定规模，成为在扫盲、非正规教育和成人教育领域中享有国际声望的研究机构。

研究所原来是个德国的基金会

2004 年 5 月，助理总干事丹尼尔对时任教育部门行政办公厅主任的我说，又有一件麻烦事要交给我，要我主持与德国政府关于汉堡教育研究所前途的谈判。原来，这个已经存在了半个世纪的研究所从法律地位上讲一直不是教科文组织的分支机构，而是一个受德国法律管辖的基金会。通常国际组织设立类似的机构都是与东道国政府签订一项东道国协议，明确该机构的法律地位及其工作人员应享受的外交特权。汉堡的这个研究所完全没有这样一项协议，在德国没有外交保护，不知道当年教科文组织是如何与当时的西德政府商量的。教科文组织执行局在 2002 年做出决议，要求总干事与德国政府签订东道国协议，明确汉堡研究所的正式地位，使其与教科文组织在世界其他国家的研究所具有相同的法律地位与外交保护。但是后来发现，这并不是一件很简单的事，除了法律方面的谈判，这个研究所本身还有悬而未解的财务与人事方面的问题。

原来，德国政府自该所成立之初就一直提供相当数量的经济支持，使该所雇用了二十几名当地工作人员。但是德国议会 1999 年通过了一项法案，禁止联邦政府向德国所有基金会提供固定的人事费，只能根据需要提供项目活动费用，这项法律当然也适用于我们这个研究所。德国外交部于 2000 年通知教科文组织，德国政府将于五年后终止向研究所提供固定的人事费，而以后的项目经费则要由研究所每年提出申请，由外交部酌情予以审批。德国政府要求研究所根据这一变化提出方案，做出必要的结构调整。

按理说，汉堡研究所应该在 2000 年开始的以后五年中，调整结构，逐步减少常设人员的编制，同时扩充其他资源，在德国最终停止支付固定人事费的决定生效之前完成这一调整。但是研究所的领导层和董事会一直不相信德国方面会真的撒手不管，所以没有采取任何行动，德方对此很恼火。到了 2004 年，看到研究所仍然不理不睬，岿然不动，德方向松浦总干事提出，直接与总部对话解决该所的前途问题。总部直到此时才意识到事情的严重性，这时离德国减资的实施期限只有一年半了。

在这种背景下，教育助理总干事丹尼尔向松浦总干事建议由我接手。不久，松浦总干事召见我和副总干事巴伯萨。总干事说决定由我领导一个谈判小组在副总干事的指导下负责对德谈判，他还对我说，你是个解决难题的能手（他用了 trouble shooter 这个词），此事非你不可。谈判小组成员还有汉堡研究所的所长阿达玛·乌恩和总部法律办公室的高级律师约翰·唐纳森。

与德国方面谈判之前首先要确定我们的内部方针。我向松浦总干事建议，鉴于德国方面坚持不能提供固定的人事费用，我们只能先将该所的固定人员规模减下来，用教科文组织每年的固定投入作为人事费，设立相应固定职位。除此之外，使用德国政府或来自其他资源的项目经费设立短期人员职位以实施业务活动。

我的建议是，将教科文组织每年提供的 95 万美元固定投入的大部分用作人员费，我们可以设立七个职位，包括所长，四个 P 级专业人员和两个事务类人员的职位。汉堡大学允诺提供两个研究人员在所里工作，加上两个来自会员国的协理专家就是 11 个固定职位，可以组成研究所的基本阵容。另外可以用各种来源的项目经费视需要聘用短期的专家和顾问。这些专家和顾问的合同虽然是短期的，但只要资金不断，他们的合同可以继续延长。松浦总干事认为有道理，要我向阿达玛传达他的指示，按照 11~12 个基本职位这样的设想，在总部人事部门和财务部门的配合下制定一个方案出来。

在这以后的几个月里，我一直在协调研究所与总部教育部门和财务、人事部门之间的协商。这个方案在 2005 年 6 月得到总干事的批准，成为总部方面的基本立场。德国方面表示没有意见，只要教科文组织认为这些职位足以维持研究所的运转即可。

员工遣散补偿金之争

我们提出的方案意味着，汉堡研究所 31 个工作人员中间，只有 7 个人能转成教科文组织的正式工作人员，其他人或者转为临时人员，或者会被解雇。根据德国的劳工法，雇主解雇雇员需要根据雇员服务的年限予以赔偿。这样接下来的问题就是要花多少钱来赔偿那些可能会被解雇的人员和谁来付这笔钱。

在确定研究所以后常设职位的数目时，总干事还收到研究所理事会主席的一封信，对大幅减少常设职位表达不满，说这样将不能保证该所的正常运行。副总干事巴博萨让我替他起草一封信，我也不客气，写得很坚决，指出减少职位是不得不为的举措，说明教科文组织维持研究所的决心。而今天的被动局面正是理事会和研究所未能早在数年前及时采取对策造成的。

德国方面的态度非常有意思，一方面，他们说研究所应该减员，而且是早就该减。但另一方面，却又非常坚决地表示赔偿金不能由他们出，理由是这个基金会不是外交部管的，所以不能出钱。每次谈判中我只要一提这件事，德方所有参加谈判的人都如同被触到了最敏感的神经，马上坚决地声明，德国方面与赔偿义务无关，绝不可能出钱。

在与德国的谈判中，我们曾提出双方共同承担赔偿金，但德国人态度坚决，从不松口。2005 年 10 月，德方通知我们，由外交部文化教育司司长施奈勒大使任德方首席谈判代表。他随后来到巴黎，我与副总干事一起会见了他。会见中提到赔偿金时施奈勒把门关得死死的，他甚至对以后德国方面将向研究所提供项目费的数目也不愿做出任何承诺。

那么这笔赔偿金到底有多大数目呢？按德国的劳工法，每个人工作一年就应付 1~2 个月的工资为解雇赔偿金。另外还规定解雇要有 6 个月的通知期，这笔工资也包括在赔偿金里。研究所按照德国的法律也成立职工工会，赔偿金是由所长及其律师与工会代表在汉堡市劳工法庭的主持下经过数轮谈判确定的一揽子协议，称为“社会计划”。其中规定了对每一个雇员根据其工龄长短确定的赔偿金额度，假设 7 个固定职位之外的所有人都被解雇，协议的总金额为 65 万欧元。当然这是最坏的情况。

与副总干事巴博萨在一起（2010 年）

德国方面铁了心不出这笔钱，我与副总干事巴博萨商量，他考虑为了打破僵局，还是我们先承诺这笔支出，就用那笔每年给研究所的 95 万美元固定资助。我想也是，谈判总要有妥协，先做出承诺，打破僵局，钱的缺口以后可以想其他办法。但是动用这笔钱需要教科文组织每两年一次的全体大会批准才行。这时正好在巴黎召开第 33 届大会，在会上讨论预算时，巴博萨根据我提供的讲稿向大会做了解释，说明与德国政府谈判的情况，提请大会同意我们使用研究所的部分预算支付解雇赔偿金。

在会上德国代表宣读了一项声明，重申德国政府对研究所的支持与重视，宣布了汉堡市政府的决定，指派汉堡大学两名研究员到所里工作，继续提供免费使用设施，提供转型所需资金。最后大会批准了用研究所的预算支付赔偿金，但不得超过 90 万美元。钱总算有着落了。

研究所变身、正名

研究所转型首先要解散基金会，解散它又要由研究所的理事会做出决定。这个理事会共有 12 名成员，每年开一次会。2006 年 2 月，理事会在汉堡举行了一次例会，听取关于教科文组织与德国方面谈判进展的报告。德国方面派了其首席谈判代表施奈勒大使出席，他还带来了外交部的法律顾问。

我代表总部去汉堡参加此次会议。那几天汉堡风雨交加，每天从下榻的酒店打着伞步行十分钟到研究所，还弄得鞋子湿透。汉堡这个地方真怪，我两次来此，次次风雨交加。此时的德国正在准备 2006 年的世界杯足球赛，从机场到市区，到处可见世界杯广告。德国在总理默克尔的新政府领导下，经济已经初见好转，但这并未使德国人在谈判桌上变得更慷慨。我向理事会介绍了与德国政府谈判的情况，我特别代表总干事强调了教科文组织对这个研究所的重视，在我们的预算削减的情况下仍维持对研究所的资助额，而且我们获得大会授权，用教科文组织的预算款项付赔偿金。我说将固定职位减到七个实在是不得已而为之，是在目前条件下最好的方法，只要保留了这些基本的架构，相信研究所会逐步发展壮大起来。经我解释，原本对教科文组织总部有些意见的理事会成员明白了我们的处境，也理解了我们的苦心。原来对我很有意见的理事会主席转而对我十分友好。会上施奈勒大使也介绍了德国方面的立场，表示继续支持研究所今后的发展。

会议快结束时，列席会议的研究所工会代表发言，质疑研究所当局和理事会未能充分照顾员工利益。所长阿达玛脸色变得十分难看，这实际上是对他的责难。我立即说明，“补偿金计划”照顾了各方的利益，已经获各方同意，教科文组织总部会按照承诺对被遣散的雇员按协议做出赔偿。我特别告诉这位代表，所长阿达玛在整个谈判过程中尽了自己最大力量来维护所内员工的利益。我还说按这份协议赔偿是我们的底线，假如工会方面不满意，诉诸法庭（事先知道有 10 名员工，签了获得赔偿的遣散合同，却又在工会的建议下要向当地法院提告，据说是怕研究所不履行协议），提出更高要求，总部将无法满足。那时只能宣布基金会破产，所有员工不会得到一分钱。我讲话时态度十分坚定，内心希望工会不要再节外生枝。

会议之后我回到巴黎，第二天即收到所长阿达玛的一份邮件，说在闭幕会上（我未能参加最后一天的闭幕会），理事会全体成员要求他向我转达谢意，感谢我代表总干事“非常简明而清晰地”说明了教科文组织的立场，极大地帮助了理事会做出决定。他本人则非常真诚地感谢我回答工会代表提出的问题时对他的维护。理事会授权所长在 2006 年 6 月 30 日前解散基金会，为使研究所转成教科文组织的机构扫平了道路。

理事会会议上讨论过新的研究所名称，这个所现在叫教育研究所，侧重于成人教育、终身学习。而其德文名字直译为教育学研究所，是早已不常用的词。为了与原来的研究所有所区别，也为了更准确地反映研究所的工作内容，似乎改个名字为好。当时也有理事会成员愿意保留老名字，毕竟是已经五十年的“老字号”了。理事会最后未做决定，留给教科文组织总干事去考虑。

回到巴黎后，我根据理事会情况和我与施奈勒大使的会谈给松浦总干事写了一份报告，总干事第二天就做了批示。关于新所名称，他同意我的建议，决定改名为“联合国教科文组织终身学习研究所”。过几天我碰到副总干事巴博萨的秘书，她对我说，巴博萨也看了你的报告，说你的报告简洁清晰，不像许多人的报告又长又说不明白。副总干事是个“理工男”，工程师出身，以前做过巴西国家航天局局长，自然欣赏我的风格。

3 月我第三次去汉堡，这次是对那些申请六个教科文正式职位的研究所工作人员面试（所长仍然由阿达玛担任，无须面试）。这六个职位对研究所所有现职人员开放，共有 12 个人申请，为了确保公平竞争，总部人事局特别报请总干事批准成立了一个评审委员会，由我任主席，有所长阿达玛、总部人事局一位处长及总干事办公厅一位官员参加，负责对申请人进行面试。我这次去汉堡天气更差，3 月下起大雪，地上积雪有一尺多深，几乎被困在汉堡。两天时间我们面试了 12 人，每个人时间是一个半小时，我是主席，要时刻全神贯注，每天疲劳不堪。但是结果很让人放心，委员会各位成员对六个选中的人意见十分一致，总算不虚此行。

德国大使气急败坏

总干事决定给研究所改名，按规矩还要得到执行局的批准。我们必须在即将于 4 月初举行的第 174 届执行局会议完成这件事，否则就赶不上签协议了。此时已经是 3 月中旬，我们起草了一份只有一页半纸的短文件，总干事提请执行局批准将该所名称改为“联合国教科文组织终身学习研究所”，使它的名称与其目标和业务领域更加贴近。文件还有一个附件，是该所的《组织章程》，把内容中所有提到该所名称的地方都改为新名字。这一切在三天之内办妥，并且经过了法律顾问办公室的审核。总干事致信执行局主席，要求将本项提议列入会议议程。一切都十分顺利，执行局列入了议程，文件被译成六种语言，散发给执行局成员。

但就在执行局开始全体会议的第二天下午，我忽然接到德国副代表普拉特的电话，他说他们刚收到关于汉堡研究所改名的文件，大使莱德尔对文件措辞十分不满，他现在在执行局会议休息室，希望我能马上去那里面谈。我马上去了休息室。莱德尔大使和普拉特正在那里等我，大使与我握手之后马上说这份文件有一句话是德国政府不能同意的。我问是哪一句，他说是“新的机构（联合国教科文组织终身学习研究所）既不是前基金会的法定继承人，也不对其负有责任”。他说这句话给人的印象是教科文组织不对原基金会负责，那么意思就是万一有事，德国政府要对其负责，这是他们绝不能接受的。我说这是教科文组织的立场，德国政府可以有自己的立场，但这份文件是总干事提交的报告，表示的是教科文组织的立场。大使说绝对不行，文件虽然是在陈述事实，但实际上德国政府不同意。他接着的激动地站起来，问为什么这么重要的文件不与德国代表团商量。我很镇静地说，第一，改名的事你们的施奈勒司长说了德国政府无异议；第二，这是总干事向执行局提交的报告，不是双方的报告，代表的是教科文组织的立场。

莱德尔大使不听我的解释，又提高声调说绝不接受这段文字，说德国承担了教科文组织十分之一的会费，不能受到这样不公平的待遇！但他马上又补充说：“我这不是对你发火，是对总干事，我知道自你接手与德国谈判之后，事情才真正做了起来，我是对总干事不满。”我不愿意与他吵下去，说那咱们总得想个解决办法才行。他要求把这段删去，我说，这是一种可能，另一种可能是我们加上一句“教科文组织认为”，明确这是教科文组织的立场。他考虑了几分钟，说那可以。我说这是我的建议，还要向上请示，但我会尽快给你答复。大使此时已经完全冷静下来，使劲与我握手，再三说“请你不要介意，我发火不是冲你”。

此时已快到下班时间，执行局全体会议还在进行，我拿着文件到会场找到副总干事巴博萨，报告了这件事，说我的建议是加上一句话，表明这是教科文组织的立场。他让我去征求一下坐在旁边的法律顾问优素福的意见。优素福是个经验丰富的律师，后来当了海牙国际法院的院长，他说文件本身就是教科文组织和总干事的立场，这是很明确的呀。我说，可是如果不加上这句话，德国大使死活不干。旁边坐的是执行局的秘书长巴苏，这位德国大使从 2003 年到 2005 年是执行局主席，巴苏天天与他打交道。巴苏听了我说的情况，说要能改最好还是改一下，这位大使很固执。优素福说不能取消这句话，取消的话给人的印象是我们这个立场不对。我说那么就加上“教科文组织认为”吧，他说你看着办吧，我没意见。我问优素福愿不愿签个字表示同意，他说这不是法律问题所以不需要他签，教育部门自己决定。我回到副总干事身边，告诉他这种情况，他说那就加上“教科文组织认为”这句话吧。我当即在文件上加上，然后说你签个字吧，算你批准了。他没有犹豫，写上自己的名字。为了文件上的一句话，几个部门的负责人折腾了半个多小时，国际组织中程序之复杂可见一斑。回到办公室后，我先给德国副代表普拉特打电话，通知他已经得到批准修改了文件，希望德方接受这样一个折中的解决办法。他回答说那就好，我们无异议。

第二天一早，新的文件印了出来，六种语言都改了。我给普拉特电话，告诉他此事，他说又收到柏林方面一份很长的电报。我说我不管柏林说什么，我们考虑了你们的意见，修改了文件，这是我们能做的最大限度了。再多，对不起，没办法，我不会再多改一个字了。普拉特说大概可以了。两天后我在执行局会场上见到他，他说已经说服了柏林不再提新要求。我说：“你们德国人呀，我可真不知说什么好，你们不让研究所搬走，又不做出资助承诺，还纠缠这些小事，太难打交道了。”普拉特苦笑说：“我也是执行上级的指示呀。”德国外交官为了保护自己国家利益的那股认真劲儿真是让我印象深刻。数日后，执行局通过了这份文件，正式同意研究所改用新的名字“联合国教科文组织终身学习研究所”。大概是“不打不相识”，以后德国大使每次见到我都热情地打招呼。

“东道国协议”的波折

2006 年 4 月教科文组织执行局会议通过了该研究所更名的决议之后，剩下的工作就是教科文组织和德国政府双方的法律部门就东道国协议的条文做最后的推敲、定稿，细节由研究所直接与德方谈判。

又过了五个月，在教科文组织第 175 届执行局会议上，一些非洲国家的代表质询，为什么该研究所的东道国协议至今不见动静。会上不少委员发言，要求总干事尽快与德国签订协议，使研究所尽早获得新生。松浦总干事也奇怪为什么协议一直没谈好，此次执行局会议之后，他指示我再次介入，尽快签署协议。

我询问研究所所长阿达玛现在是什么情况，他给我提交了一份书面报告，列举了三个双方有争议的问题。第一个是德方要求，协议的签字方不但有德国政府和教科文组织，还要求联合国作为第三方和汉堡市政府作为第四方加入，理由是可以简化德方立法机构的批准程序。这一点我方不能接受。第二个是该所的清洁工作的费用多年来一直由汉堡市政府负担，在新协议中德方要求这部分费用由教科文组织承担。以研究所的估算，这部分开销每年需 8 万欧元，我方不能接受。第三个是，作为联合国在德国的机构，其

与我的谈判对手施奈勒大使在一起
（2007 年）

所在建筑应符合联合国规定的安全标准，但德方不同意承担安全达标所需的建筑改建费用。

巧的是我收到这份报告的第二天，施奈勒司长就打来电话，说德国政府也对双方关于东道国协议的谈判久拖不决深表不安。我利用这个机会问他德方对于那三个有争议问题的立场。他解释说第一个问题双方法律顾问已经解决，德方不再坚持四方签署协议。关于清洁费用，德方认为，汉堡市政府已经提供了研究所的建筑及其正常维修费用，清洁打扫的费用应该由研究所自己解决。至于提高安全标准，研究所提出的改进之一是为建筑加装防弹玻璃窗，并要求德方负担费用，而德方认为耗资过大且没有必要。施奈勒说，德国是个安全的国家，尽管有恐怖主义的威胁，但他难以想象会有国际恐怖主义组织在德国以教科文组织的一个研究所作为攻击目标。他还半开玩笑地说："汉堡可不是贝鲁特。"最后他要求教科文组织总部介入谈判，避免让一些不合理要求成为签署协议的障碍。我告诉他，松浦总干事已经要我介入，我将尽力而为。

总部的相关部门告诉我，在战乱或危险国家的联合国机构有较高的安全标准。德国的情况与我们在法国的总部一样，东道国警方负责建筑外的安全，建筑内部的安全是我们自己的责任。换句话说，如果研究所的建筑要提高安全标准那也是我们自己买单。阿达玛所长告诉我，他们请当地警方和在德国的联合国协调机构的安全专家对研究所建筑的安全情况做了评估，提出了一系列改进建议，包括建立安全护栏、换装防弹玻璃窗、人员用磁卡出入等。这是一幢汉堡市提供的城堡式的老建筑，非常漂亮。可以理解，所长想利用这次"改制"的契机改善研究所的工作条件。但是把所需费用向东道国摊派就有些不合适了，难怪施奈勒十分不悦。我征求我们的法律顾问的意见，他证实第一个问题早已解决，而清洁费用让德国人负担没有道理。至于防弹玻璃窗，法律顾问对研究所的要求更不屑，说他们是不是还想要武装警卫和防弹汽车？

两天后我收到施奈勒的一封邮件，说他们已经向汉堡方面了解，按当地的清洁费用和汉堡研究所的面积计算，每年的清洁费用是 17 000 欧元，与汉堡研究所提出的 80 000 欧元相距甚远。可以想象德国人是如何不爽。我向副总干事巴伯萨通报了情况并建议，清洁费用我们自己解决，安全标准要实事求是，不应要德方负担，他完全同意我的看法。我于 11 月中旬召开了一次有阿达玛所长和法律顾问唐纳森参加的电话会议，就三个问题意见统一了认识，阿达玛也接受了总部的意见。

在审核最后文本时法律顾问又提出一个问题：协议没有规定德联邦政府在财务上的长期承诺，万一以后德方不提供资助怎么办。法律顾问说，这倒不是一个法律问题，而是个政策问题，取决于教科文组织愿不愿承担这个风险。这其实是一个老问题。德国人从谈判一开始就说，外交部每年的预算要由联邦议会批准，他们每年要拨给研究所的经费也在每年审批之列，所以他们不能在协议中做出任何具体承诺。不过他们反复对我说，以后每年肯定会拨款，只是不能做文字承诺。我说哪怕写得虚一点或者只有意向性的词句也行，但是德国人就是不松口，一点变通精神都没有。这或许是日耳曼民族的执着和严谨，也或许是德国人缺乏灵活性的证明？

我与法律顾问仔细讨论了其中的风险，最后我们共同的研判是风险应该在可以接受的范围之内，毕竟从政治角度看德方不愿意看到将来研究所由于缺钱而倒闭，否则他们现在也不必花这么大的力气与我们谈判了。法律顾问建议，把协议终止的生效期从“双方同意之日后 12 个月”改为“3 个月”。这样万一将来有一天德方不愿意出钱了，我们可以在 3 个月内走人了事。我直接向松浦总干事做了汇报。

为了让最高层做出最后的政治决断，我写了一份备忘录说明情况，把备忘录和我与法律顾问的研判一起送交副总干事巴伯萨。巴伯萨很快就批准了我的建议。随后法律顾问将我们的建议文本发给施奈勒司长，同时建议双方可以就此展开最后一轮谈判。12 月 6 日是个周末，施奈勒直接打电话到我家，说他研究了我们的方案，认为可以接受，因此没有必要再进行一轮谈判了。我们商定，双方通过交换信件对协议的最后文本予以确定。接着我们谈起协议签字的安排。教科文组织总干事与会员国的部长签协议是惯例，所以松浦总干事希望由他本人与德国的外交部长施泰因迈尔签这个协议。我特别强调，在这场旷日持久的谈判中，松浦做了最大的努力，同意我方承担研究所转制的费用，德方至少可以做到让外长签协议吧。施奈勒说，你可真能讨价还价！我说你不是也一样吗？各为其主嘛！施奈勒许诺尽全力争取。

2007 年 1 月初，我再与施奈勒通电话，他说德国外长原则上同意出席签字仪式，但条件是在柏林的外交部而不是在汉堡签字。我们商定 2 月 21 日在柏林签字。随后我接到总干事办公厅主任的电话，要我准备随总干事去柏林出席签字仪式。

2 月 20 日，我先期飞抵柏林，晚餐后施奈勒邀我到他家小坐，品着德国的白葡萄酒，我们聊到东西方文化的碰撞，德国与中国的文化交流对两国关系的影响等。他在外交部负责对外文化交流，曾参与多项与中国的文化合作，包括中国的孔子学院在德国的开设。他还介绍我认识他的夫人和女儿。德国人请你到家里做客是很不容易的，说明他把你当朋友。

2 月 21 日上午，松浦总干事到达柏林，德国方面提供了三辆奔驰车和两辆警车前后护卫，另有五辆警察摩托在前方开道，主车上还插上了蓝色的联合国旗帜。中午德方在洲际酒店由外交部国务秘书为松浦举行欢迎午宴。德国联邦政府每个部设一个部长，两位国务部长，都是政治任命。每个部还有两名国务秘书，是政府公务员的最高级别。宴会上

松浦总干事与施泰因迈尔外长签署协议（2007 年）

国务秘书致辞，欢迎总干事，对双方终于达成协议表示欣慰。他特别提到，“感谢教科文组织的副助理总干事唐先生在谈判过程中所起到的关键作用”。

饭后总干事一行驱车前往联邦政府外交部。随后外交部的礼宾官来告知，会见在下午3时10分开始。很快，施泰因迈尔出现在会见厅。此人是德国资深政治家，两次出任外长，后来在 2016 年当选为德国总统。他一头白发，说话风趣，英文极好。会见中施泰因迈尔和松浦总干事都对双方就研究所转变身份达成协议表示满意，并且同意进一步加强合作，特别是在教育和文化领域。德国是教科文组织最重要的会员国之一，对教科文组织支持的力度相当大，这个协议的签署无论对我们的教育部门还是对整个教科文组织都是一件十分有益的事情。双方来到会见厅外的大厅，松浦和施泰因迈尔在协议上签了字，每个人还讲了几句话，庆贺协议成功。德国方面送上香槟酒，我与施奈勒司长碰杯，互相致意。

第二天我陪同总干事到汉堡视察了研究所，随后前往市政厅，总干事与汉堡市长共同签署了关于该研究所转制的执行协议。至此，所有法律程序完毕，研究所从一个德国基金会正式“变身”为教科文组织教育部门下属的“第一类机构”，更名为“联合国教科文组织终身学习研究所”。从 2004 年 5 月我接手，用了将近三年的时间才完成这场并不轻松的谈判。

后来的事情

该研究所在从一个德国基金会变身为联合国教科文组织的研究所后发展得很好。德国人兑现了承诺，继续对研究所提供支持。所长阿达玛 · 乌恩确实很能干，再加上“终身学习”理念这些年来为世界各国所重视，他从其他渠道和捐助国争取到许多预算外资金。这样一来，除了那六位转为教科文组织正式工作人员外，其他原有的工作人员也没有失业，转为用预算外资金聘用的专家，所以最后我们也没有付多少赔偿金。除了这些人，研究所又雇用了一些短期的专家。加之我在当了教育助理总干事之后对研究所格外关照，研究所并没有因地位变更而有所损失。阿达玛于 2012 年退休，后来担任了法语国家同盟的副秘书长。通过这场谈判，我们成了很好的朋友，一直有联系。2017 年我竞选教科文组织总干事时他给我出了不少好主意，并帮我做了许多非洲国家的工作。

他的继任者是来自丹麦的阿内·卡尔森，他继承了前任的努力，与东道国德国政府建立了良好的合作关系，争取到来自德国方面的很多资助。2018 年初我任内最后一次去汉堡视察，看到研究所有近五十名各类工作人员，一派兴旺景象。我们的努力终究得到了回报！

我在教科文组织这些年参与了许多与德国的合作项目，与德国政府官员打交道甚多。1999—2000 年我主持了与德国政府关于在波恩建立国际职业技术教育与培训中心的谈判；2004—2007 年又主持了在汉堡的“联合国教科文组织终身学习研究所”的改制谈判。德国是我访问次数最多的会员国。德国人的严谨、认真，有时甚至是不通情理的执着给我留下了深刻的印象。德国人是精明的谈判者，但是有一点极好，他们不会在谈判开始时先“漫天要价”，然后再逐渐降低以换取对方的让步。他们开始时是什么立场，到最后还是坚持那个立场。德国政府官员为自己国家争取利益是毫不含糊的，但是他们的认真与一丝不苟又真的让人钦佩。实际上我非常“享受”与德国人的谈判过程，因为我的谈判理念与他们的完全一致。只

视察在汉堡的终身教育研究所时与全体人员合影（2018 年）

要你以诚相待，不要花招，就能够得到对方的信任，也能够通过必要的妥协达到双赢的结果。我与德国政府官员打了那么多次交道，谈判中经常吵架，正可谓不打不相识，我与许多德国官员最后成了好朋友。2018 年 3 月 2 日是我从教科文组织正式退休前的最后一个工作日，这天上午，我收到德国联合国教科文组织全国委员会秘书长通过电子邮件发给我的一封信，代表德国全委会主席和全体人员对我多年来推动教科文组织与德国在教育领域的合作表示感谢。谁说德国人没有人情味儿！

第三篇

中国人与国际组织

本篇以本人的经历为例，讲述了我对于中国人在国际组织中的作用，以及应该如何处理与自己祖国的关系的实践与思考。本章还讲述了2017年我被中国政府提名参选联合国教科文组织总干事职位的全过程。我一直坚定地认为，作为中国籍的官员，维护国际组织与中国这个举足轻重的会员国之间的关系对我来说责无旁贷。在不折不扣地履行国际公职人员的义务的同时，积极推动中国与国际组织之间的合作同样是我应该做的。当然，先决条件是创造对双方都有利的“双赢”。今天的中国在国际组织中越来越引人注目，如何在这个舞台上表现得有声有色我们还需要学习，还有很长的路要走。

第 13 章

还是政治：1997 年的一场风波

联合国教科文组织与中国的关系自中国于 20 世纪 70 年代初恢复了在该组织的合法地位以来一直都是不错的，先后担任联合国教科文组织总干事的塞内加尔人姆博和西班牙人马约尔都很重视与中国这个大国的关系。1989 年 11 月教科文组织在北京举办了一个教育国际会议，教育助理总干事科林 · 鲍尔代表总干事出席了会议。1990 年初，总干事马约尔访华，受到了中国政府很高规格的接待。马约尔的行动应该说在当时的国际环境下是不容易的。马约尔是西班牙人，1987 年起开始担任总干事。尽管他是来自西方国家的政治家，但他对中国这样一个大国在国际舞台上的地位还是清楚的，因此教科文组织与中国总能够保持比较平稳的关系。

“新闻自由奖”激怒中国

然而谁也没有想到，1997 年春天发生的一件事却对教科文组织与中国的关系造成了很大的损害。事情的起因是一个国际非政府组织在 1997 年初发起设立了一个“新闻自由奖”。为了扩大影响，它们找到教科文组织，要求把这个奖作为教科文组织的奖项来颁发，总干事马约尔未经深思就同意了。这个组织的成员多为西方媒体，出于意识形态的立场，也为了获得轰动效应，他们决定将这一年的奖项授给一个因泄露国家机密被法院判刑入狱，此时仍在服刑的中国某报记者，并宣布将于这年 5 月 3 日在西班牙举行授奖仪式，由教科文组织总干事颁奖。

中国常驻教科文组织的代表团得到这个消息后，常驻代表出面与总干事和信息与传播部门的有关官员进行了一系列交涉，要求总干事取消授奖给一名正在服刑的囚犯，指出这是干预中国司法的行为，一旦付诸实施将严重伤害中国人民的感情，也将损害教科文组织与中国的关系。然而为时已晚，始料未及的马约尔向中国常驻代表解释，尽管他事先不知道奖项会授给何人，但他已经答应了那个组织，不好改口，不过他向中方保证授奖仪式将低调举行。马约尔并未充分估计到此事的严重程度。

颁奖仪式如期在西班牙举行，马约尔如他所承诺的，保持低调，在讲话中仅提到“捍卫新闻自由”，没有提到中国。但是那个非政府组织的主席却在讲话中大肆攻击中国，一些西方媒体借机大做文章，抹黑中国。要知道，1997 年的形势已经大大不同于 20 世纪 90 年代初期，中国经济正在迅速发展，国力增强，西方国家也都在加强与中国的政治与经贸关系。中国政府已经反复声明，人权问题上各国有不同观点，应该通过对话而不是对抗来解决。此时教科文组织却作为一个政府间国际组织，不管有意无意，为一个非政府组织提供机会而冒犯一个重要的会员国的做法确实使人难以理解，也是中国政府难以接受的。

中国凌厉反击，总干事马约尔饱受压力

颁奖之后，中国常驻代表团立即发表声明，反对这种干涉会员国内政的做法，并宣布了三条措施以示抗议：（1）停止与教科文组织的高层互访；（2）停止执行教科文组织与中国中央人民广播电台的一项合作协议；（3）不派代表出席教科文组织近期举办的三个大型会议。代表团还宣布保留视情况做进一步反应的权利。这之后，法国及一些国际新闻媒体对此事件做了许多报道，尤其突出了教科文组织与中国

政府的冲突。法新社 5 月初报道说，据他们获得的消息，“中国可能已经考虑宣布退出教科文组织的可能性”，这一消息在教科文组织上下产生了相当大的震动。如果中国这样一个大国退出，对教科文组织的普遍代表性将是一个重大打击。巴黎一家中文报纸的记者向中国常驻代表团求证，得到的回答是“不知道”。这一回答不像是正式的官方反应，倒更像是中国外交官的随口一说，但在见诸报端后更增加了人们对中国政府态度的种种揣测。

中国自恢复在教科文组织的合法席位以来，从未有教育部长来巴黎参加过教科文组织的活动，时任国家教育委员会主任的朱开轩曾经指示委内有关人员安排一次这样的活动，以示中国对教科文组织的重视。1995 年和 1996 年我在国内休假时两次去看他时，他都对我说过他的愿望。经过中方的努力，教科文组织以执行局主席的名义邀请朱开轩主任在将于 1997 年 5 月在巴黎开幕的第 151 次执行局会议上就中国的教育发展做一次特邀发言，以实现中国教育部长对教科文组织总部的首次访问。为了表示对教科文组织不当行动的强烈不满，中方取消了朱开轩主任的这次访问，从中可以感觉到中方的愤怒程度。中国接着缺席了 7 月在德国汉堡召开的国际成人教育大会，9 月在巴基斯坦举行的发展中国家九个人口大国教育部长会议，最大的人口大国中国的席位上空无一人，令教科文组织十分尴尬。

在 5 月底举行的执行局会议上，中国代表在不少发展中国家的支持下，提出了对教科文组织设立奖项规则的修改动议，要求对所有外来的奖项都由执行局做决定。当时不少会员国代表对马约尔第二届任期以来的独断专行不满，中国的立场得到不少执行局成员国家的支持，中国的提案被有条件地接受。这样至少从制度上设法杜绝再次发生一个非政府组织借用教科文组织的名义攻击一个会员国的严重事件。会上，中国代表对教科文组织近年来的过分政治化与“超政府化”和“非政府化”表示了担忧，认为这种倾向影响了该组织在教育、科学和文化领域促进国际合作的原本职责。

从 5 月到 8 月这几个月中，中国与教科文组织的关系处于极为冷淡的状态。教科文组织内部议论纷纷，大多数人对总干事如此开罪一个重要大国的做法表示不可理解，认为有损教科文组织的利益。

教科文组织与中国这样一个在世界上具有越来越重要的影响的国家处于这种“冷战”状态使总干事马约尔在组织内部饱受压力。许多国家的代表支持或者同情中国的立场。从 6 月开始马约尔就做出姿态，试图改善与中国的关系。他曾委托非洲某国总统在访华时向中方转达口信，说这只是“小事一桩，不应影响教科文组织与中国的关系”。但是中国领导人回答说“这不是一桩小事”。7 月初，马约尔派了他的一位顾问到中国，中国教科文组织全国委员会的秘书长接待了他。这位顾问表示希望此事已经过去，秘书长表示中方要求总干事对这件事“有个说法”。

7 月下旬，马约尔要求约见中国常驻代表，但是很可惜，中国代表团认为既然已经宣布了停止高层往来，就不能见总干事，于是以常驻代表这一天不在巴黎为借口予以拒绝。代表团在回绝之前并未请示国内，因此失去了一个了解总干事态度和沟通的机会。事后国内对此很恼火，要求代表团争取安排常驻代表与马约尔会面，但总干事办公厅告之，马约尔将开始他的例行夏季休假一个月，9 月之前见不到他。

提出建议，助双方打破僵局

7 月底我照例回到北京休假，期间中国政府高层向我了解这件事的来龙去脉，因为在中国领导人的印象中，马约尔总干事对中国的态度一直很友好，对他为什么会做这样的事感到奇怪。我向高层提供了我的看法：马约尔当初同意让这个奖项与教科文组织挂钩时并没有预想到那个非政府组织会把奖颁给中国一个在服刑的犯人。后来事情闹大了，西方媒体和非政府组织对他施加很大压力，让他无法再后退，他也有不得已的苦衷。我还表示，虽然马约尔来自西方国家，但他对中国在国际舞台上的大国地位还是有充分认识的，对与中国的关系一直十分重视，闹到今天这一步确实也非其本愿。中方的敲打让马约尔看到了中国的底线，以后他应该不会再让这样的事发生了。因此我的看法是为大局计，逐渐缓和关系，毕竟与教科文组织关系的正常化符合中国改革开放的利益。在北京我还见到中国教科文组织全委会的秘书长于富增，我们是老熟人，他说解铃还须系铃人，这件事还得马约尔先有点具体表示才行。我知道，马约尔已经意识到自己做法的不妥之处，也想有所表示，但是不知从何入手。这时需要有人点拨他一下，方可走出僵局。

我 8 月初结束休假回到巴黎，去见了我的上级、教育助理总干事科林 · 鲍尔。他原来是澳大利亚一位大学教授，自 1988 年开始担任助理总干事。鲍尔对中国一向友好，对教科文组织与中国关系出现的僵局相当不安。他告诉我，马约尔对此事已有悔意，知道中方在等待他采取行动，但是他不知道通过什么途径做什么事，既可以让中方接受，自己又不至于丢面子。于是我向鲍尔讲了我在北京了解到的情况，建议马约尔直接写一封信给中国政府领导人，争取获得中方谅解，给双方均可接受的台阶下。他说这个主意好，要我马上写一份备忘录，通过他交给总干事。

随后我向鲍尔呈交了我通过他致马约尔总干事的一份备忘录，文中向马约尔报告了我在北京了解到的中方的态度和我的解读，建议总干事写信给中国政府领导人，表达这样几点意思：（1）强调教科文组织与中国关系的重要性；（2）对“授奖事件”表示遗憾，表示将不会再次发生类似事件；（3）作为友好表示，邀请中国国家教育委员会朱开轩主任 1997 年 10 月来巴黎出席教科文组织第 29 届大会；（4）表达自己再一次访华的愿望。鲍尔非常高兴，备忘录立即被送到总干事办公室去了。

马约尔致信，中国给了他台阶

后来的几天我按照原计划携妻女到意大利度假。回到巴黎，一上班秘书就告诉我，总干事办公室正急着找我，随后递上一份文件，是我那份致总干事的备忘录的复印件，上面有马约尔的批示。马约尔赞同我的建议，要求对外联络部门和教育部门的两个助理总干事共同落实。批示最后一段是“请向唐先生转达我对他提供的情况与建议的诚挚的感谢”。总干事办公室的指示是要在8月底之前落实此事，起草总干事致中国政府领导人的信。知道我来上班了，外联部门负责对中国关系的亚太地区处的处长日本人冈岛马上出现在我的办公室，给我看了他起草的信件稿，我提了几点建议，并找来总干事办公室负责审核总干事信件的一位官员，三个人一起逐段敲定了最后的文字。

在这封信里，马约尔首先称赞中国政府近年来在普及基础教育和扫除文盲方面取得的巨大成就，称中国为发展中国家的楷模。接着他强调了中国在教育、科技文化等领域对教科文组织所做的重要贡献，并表示期待与中国政府就加深中国与教科文组织之间的相互理解做进一步的对话。信中邀请中国国家教育委员会朱开轩主任出席教科文组织第29届大会并以此为契机寻求加强双方合作关系的新动力。信件最后，马约尔再次重申他对教科文组织与中国之间关系的珍视并希望在不久的将来再次访问中国。马约尔对最终的信稿很满意，于8月30日签署了这封致中国国务院总理李鹏的信件。马约尔为了显示这封信的特殊意义，不愿意通过中国常驻代表团转交，为此他很费了一番斟酌。也是他运气好，正在此时，与中国关系非常好的已卸任的联合国秘书长加利恰好来巴黎，他应中国政府邀请即将于9月上旬访问中国。马约尔大喜过望，特地委托加利将他的信带到北京，转交李鹏总理。

9月初我也按原计划到中国西安出差。一到国内我就写了一封信给高层，对此事件和马约尔的态度做了一个比较全面的介绍，以期为高层收到马约尔的信件后做决策提供参考。后来听说，加利 9 月 6 日到北京，当天就请外交部转交了马约尔致李鹏总理的信。

回到北京，我去看望了国家教育委员会的朱开轩主任。朱主任说已经收到外交部转来的马约尔信件的副本，朱主任还说他与国务院外办刘华秋主任商议此事，已经建议总理给马约尔总干事这个台阶，逐渐恢复关系。朱主任告诉我，中方将以他的名义给马约尔复信，做出正面回应。朱开轩主任是我的老领导，是一位极平易近人的长者。我见完他出来在教委大楼前与碰到的熟人说话，他出来正要坐车去大学看望教职员工（这天是教师节），见我站在那里，马上摇下车窗叫我，问我回家有没有车，如果没有就要秘书打电话去办公厅要辆车送我。我连忙谢绝了他的好意，请他快忙工作，别为我费心了。

9 月 11 日晚，李鹏总理在北京会见了加利先生。

三天后我在离开中国之前，又见到了于富增秘书长。他说，按照总理讲话精神，准备开始逐渐恢复与教科文组织的关系。当然恢复要有一个过程，邀请马约尔总干事访华的事以后再考虑，中国拟先邀请教育助理总干事鲍尔访华，秘书长要我回到巴黎后向鲍尔转达对他的访华邀请。

回到巴黎后，我立即向鲍尔报告了在北京了解到的情况，请他告知总干事。他要我马上为他起草一份备忘录，向总干事通报这些情况并请总干事同意他次年初访问中国，以恢复与中国的全面合作。这份报告马上交给了总干事办公室。马约尔也从加利先生那里得到了中国领导人的口头回复。9 月 30 日，马约尔总干事应约会见了中国常

在教科文组织总部接待原国家教委朱开轩主任（2006 年）

驻代表张崇礼，张通知总干事，中国将派一位副部长出席即将举行的教科文组织第 29 届大会。总干事表示，在他任期的最后两年将加强与中国在各领域中的合作。至此，教科文组织与中国关系的僵局终于被打破，开始了恢复关系的过程。

鲍尔访华，关系终于正常化

1998 年 5 月底至 6 月初，教科文组织教育助理总干事鲍尔夫妇应中国政府邀请访华，我全程陪同。离开巴黎前，鲍尔写了一封信给中国常驻教科文组织代表，他在信中表示：

我已获悉陈至立女士最近被任命为中国新一届政府的教育部长。在我访问中国期间，您如果能安排我与她会见，我将不胜感激。这种接触必将有利于联合国教科文组织与贵国关系的发展。

在以前对中国的几次访问中，我曾很荣幸地受到当时任总理的李鹏阁下的接见。在 1989 年 11 月会见我时和在世界妇女与发展会议（1995 年 1 月）上，李鹏阁下对教育在一个国家的社会经济发展中所发挥和能够发挥的重要作用的远见卓识以及他对中国教育改革的清晰思路给我留下了深刻的印象。如果有机会拜会他以表达我的敬意，我将深感荣幸。

鲍尔告诉我，尽管当时李鹏已经转任中国人大常委会委员长，但是毕竟是他在总理任上决定恢复与教科文组织的关系，因此希望有机会向他表示感谢和敬意。中国教育部对鲍尔的要求很重视，因为自 1995 年以来，没有教科文组织的任何官员受到中国高层领导人的接见。如果此次鲍尔能够见到李鹏委员长，对恢复与进一步发展与教科文组织的关系将十分有利。因此教育部尽力促成。

鲍尔夫妇到中国后先去外地参观访问。我陪同他们先到山东青岛参加教科文组织一个国际会议的开幕式，然后去曲阜参观孔府、孔庙和孔林。从曲阜去济南看大明湖，然后转飞西安看兵马俑，最后回到北京游长城和定陵。中国的古代文明和今天的巨大变化给这位全球教育的“掌门人”和他的夫人留下了深刻印象。他们不止一次对我说，世界的前途在中国。

中国教育部新任部长陈至立在 6 月 1 日会见了鲍尔夫妇，这是我第一次见到这位干练的女部长。以后直到她 2013 年从全国人大常委会副委员长任上退休，我几次有机会见到过她，对她的印象深刻。陈部长欢迎鲍尔来访，感谢他在双方关系处于困难时期对中国的理解与支持，她向鲍尔介绍了中国教育的发展状况和 21 世纪中国教育的愿景与目标，表达了对教科文组织和鲍尔本人多年来支持中国教育发展的赞赏。鲍尔谈及当前世界教育的发展趋势，赞扬中国在扫盲和普及基础教育方面所取得的巨大成就。鲍尔邀请陈至立出席当年将在巴黎教科文组织总部召开的世界高等教育大会，并保证不会再有政治问题发生。

鲍尔与陈至立相谈甚欢，原定 30 分钟的会见持续了 70 分钟。当天晚上，教育部副部长兼中国教科文组织全国委员会主席韦钰宴请鲍尔夫妇。她一见到我就说：“听说今天下午鲍尔在陈部长面前把你大大夸奖了一番，我们都很高兴。”

陪同教育助理总干事鲍尔和夫人在中国访问（1998 年）

鲍尔夫妇访华的高潮是 6 月 2 日在人民大会堂与李鹏委员长和夫人朱琳的会见，韦钰副部长和我陪同在座。会见中双方谈到了中国的文化遗产保护工作，谈到教育在中国面临的巨大挑战，职业技术教育对农村脱贫的作用以及培养更多的大学生以提高人民的素质。鲍尔代表教科文组织对中国在保护文化遗产和普及教育方面的巨大贡献向李鹏委员长表示了敬意，说中国为发展中国家树立了典范。谈话中鲍尔还提到，“我的同事唐先生最近获得晋升，表示我们对他出色的工作感到满意”。

离开人民大会堂，鲍尔对四十分钟的会见依然兴奋不已。他对我说：“现在我们与中国的关系算是完全恢复正常了，你起了关键的作用。”我当然也非常高兴，一年前发生的这场教科文组织与中国关系的风波经过各方努力，终于风流云散。此事让马约尔总干事和联合国教科文组织都得到了一个深刻的教训，不能允许有人利用教科文组织干涉会员国的内政。这对于教科文组织今后与中国和其他会员国的关系的健康发展都是有益的。

直到马约尔卸任总干事，教科文组织与中国之间再没有发生过类似事件。让我欣慰的是，我作为一个中国籍的教科文组织官员，有机会促进双方的沟通与理解，促进事件的妥善解决。毕竟这符合教科文组织和中国双方的利益，也可以说是我应尽的职责。

在人民大会堂南门外的高台阶上，在初夏明媚的阳光下，鲍尔半开玩笑地对我说：“我想我们应该提升你做助理总干事了。”不知他当时是否料到，12 年后我真的坐到了他的位子上。

第 14 章

创造双赢：推动教科文组织与中国的合作

中国人在国际组织中一定是以做好本职工作为第一要务，但在不违背国际公职人员的中立原则之下，促进所在国际组织与中国的合作也是应该的。通过合作确保教科文组织与中国双赢是我多年遵循的原则。另外在必要时还需妥善处理涉及中国核心利益的事情，以避免对教科文组织与中国的关系造成损害，其实这也是在维护教科文组织的核心利益。

中国要当“深度参与者”

中国从 1971 年恢复在教科文组织的合法席位至今已经 40 多年了，中国的参与程度也经历了从被动到积极的几个阶段。有中国学者曾经总结到，1971—1978 年中国是体制内的“旁观者”。这也难怪，那时中国还处在“文革”后期，没有精力在教科文组织中参与事务。1978 年中国开始了改革开放的进程，1979—1998 年中国在教科文组织中是个全面的“学习者”，这也是开放的中国渴望学习国际先进理念的真实写照。可以说，中国在教科文组织的前 30 年是一个纯粹的理念输入国。从 21 世纪初开始，中国在教科文组织中开始了更积极的参与活动，有学者认为中国开始成为“深度参与者”。但以我的观察来看，这个参与也是一个逐渐学习的过程，甚至到今天与“深度参与”仍有差距。

在教科文组织的执行局会议和全体大会上，早期我们的代表多是

“不关己事不张口”，除了在涉台、人权问题上表明中国立场外对其他议题基本不表态。近年来有所改善，积极了许多，但是与中国今天在世界上的地位还不匹配。有些小国代表由于会前认真研究文件，会上积极发言，甚至能够对教科文组织的业务方向产生影响。而作为会费大国的中国代表难得见到“带舆论、带风向”的作为。

在我看来，深度参与有两方面的标志：一是积极参与确定教科文组织在其专业领域战略方向的讨论和国际标准的制定；二是利用教科文组织这个平台，把中国经验介绍分享给国际社会，并且利用这个平台支持发展中国家的教育，这是中国的大国责任。在我担任教育助理总干事的八年中，我一直在努力为中国在这两个方面的“深度参与”创造条件。我认为这对教科文组织、教科文组织的会员国和中国都是“多赢”的局面。

我曾经在中国教育部工作，教育部前后的领导层对我有信任感。国内派驻教科文组织的常驻代表（大使）都是教育部派来的，多是当年的同事，所以与中国常驻代表团的关系也很密切。刚来教科文组织时，有人好意提醒我，应该与中国代表团保持距离，以免影响国际公职人员的中立身份。但是无论你如何保持距离，人家仍然认为你是中国人。其实许多教科文组织官员都愿意显示甚至炫耀与自己国家官方的良好关系与人脉（特别是那些有影响力的大国）。中国历任常驻代表对我都多有支持，让人们知道我的背后有中国。当然能否成事，关键还是看你做事是否符合教科文组织和会员国的整体利益。

当中国积极并逐渐“深度”参与国际组织的活动时，也面对着文化差异甚至是语言差异的挑战。在早期我常常看到国内为高级官员准备的讲话只讲中国的事情，不讲世界的事情。有一年国内一位官员要出席教科文组织的一个全球性大会，我设法为其安排做了主旨讲话。国内问我建议讲什么，我说，主旨讲话通常具有主导会议方向的作用，讲话可以介绍中国的经验、成就与挑战，但是最后要据此归纳几条，上升到如何应对所有发展中国家面对的挑战，实际上是用中国的经验为全球全民教育运动指引方向，名副其实地成为“主旨”讲话。开幕式我不在场，当天晚上我与在场的助理总干事通电话，问他主旨讲话怎么样，他说还可以，可惜通篇只讲中国。他说，你们中国作为一个越来越有影响力的大国不能只看着中国啊！这话说到要害了。

记得某位参加过新加坡“香格里拉对话会”的中国军方代表就说过，中外语言的差异是中国有理说不清的因素之一。“外国人是以讲故事的轻松方式来阐述观点，而中国人的讲话更多的是从理念入手，有时由理念再推导出新的理念。”我在很多的场合听到中国代表的一些发言的确如此，让外国人不知道想要说什么。结果就出现两种情况，一种是外国人真听不懂，还有一种是外国人装听不懂。我们不应该要求外国人总能领悟我们悠久的东方文化，习惯以各种“弦外之音”进行表达的方式。改革开放这么多年，这种现象还存在，实在不利于表达我们的立场。外交辞令是需要的，但是外交辞令也不是让人听不懂。使用外交辞令有时候是因为我们不愿意回答问题，但是中国作为一个正在走近世界舞台中心的大国不能总是不愿意明确地回答问题啊，我们要有自信！

幕后推手

松浦晃一郎在担任总干事的十年间，教科文组织与中国的关系一直比较平稳。那些年他几乎每年都会到中国访问一次，受到过中国领导人朱镕基、温家宝的接见。我那时是教育副助理总干事，多次在幕后协助松浦总干事与中国方面沟通，为成功举办多个重要教育领域的活动发挥作用。松浦也很倚重我这个与中国沟通的非正式渠道。

2005 年，山东省政府为了传播中国传统文化，决定每年捐款 15 万美元设立“联合国教科文组织孔子教育奖”，旨在表彰在农村成人教育和青年扫盲教育方面取得突出成就的政府机构、非政府组织及个人。我在教科文组织内部做了诸多协调工作，使得批准奖项的复杂的内部程序和执行局的讨论过程非常顺利，在执行局会议上获得各国代表的明确支持。“孔子教育奖”从 2006 年开始每年在山东曲阜举行颁奖典礼，我代表教科文组织出席了 2006 年 9 月的第一届和 2009 年 9 月的第四届颁奖仪式。这个奖颇受会员国欢迎。对中国的形象宣传也有很大帮助。在五年协议到期之后，双方同意又延长了协议期。

会见教育部周济部长（2005 年）

中国政府于 2005 年 11 月底在北京主办了第五届全民教育高层会议，主题是“扫盲与农村教育”。来自世界各国的数十位教育部长出席了会议。时任中国总理温家宝在开幕式上致辞，并宣布了中国援助发展中国家教育的一系列措施，其中包括提供 100 万美元支持教科文组织的非洲能力建设国际研究所与女童和妇女教育中心的研究与培训工作。我在教育部门内部协助与中国方面的谈判工作，这两个地处非洲的机构都是教科文组织教育部门的下属单位，中国捐助的 100 万美元项目也是在我领导下的行政办公厅负责实施的。

“联合国扫盲十年（2003—2012）”是由教科文组织负责牵头实施的在全球减少文盲人数的国际合作项目。2007 年教科文组织计划协助会员国在五大洲各举办一次区域性扫盲会议，为全球扫盲工作壮大声势。松浦总干事希望在中国举办亚洲会议，要我去与中国方面商量。我在北京向教育部周济部长介绍了情况，最后国内同意承办。但是这中间松浦总干事又遇到麻烦，此前他对印度大使说过可以在印度办这个会，结果印度政府决定在新德里承办，让松浦夹在了中国和印度两个大国之间。后来是我给他提了一个解决办法：把一个会分两摊开，中国主办东亚和太平洋分地区会，印度主办南亚和西亚分地区会。最后他接受了我的建议。关于会期问题我也在幕后协助总干事与中方做了多次协调，最终我们分别成功地举办了两个地区会议，达到了目的，中国和印度两方也都很满意。

“黄金八年”

博科娃在 2009 年当选总干事之后仅半年就访问了中国。她在八年任期中推动了与中国在教育、科技和文化领域互利共赢的广泛合作。博科娃每年都要到中国访问，先后多次会见中国领导人，她还与第一夫人彭丽媛和国务院副总理刘延东建立了友谊。博科娃总干事在任的八年可以说是双方合作的“黄金八年”。在众多合作中，教育领域的合作更是独占鳌头，我有幸在教育领域的诸多合作中起到了催化剂的作用。这些年我还协助双方解决了其他领域出现的几个棘手的政治问题。

2010 年 5 月我陪同上任不久的博科娃对中国进行首次正式访问，温家宝总理在中南海紫光阁会见了博科娃。当天北京下了一场暴雨，我们到达中南海时雨过天晴。站在紫光阁旁的湖畔，水波荡漾，空气清新宜人。会见中，温总理祝贺博科娃成为教科文组织历史上第一位女性总干事。他介绍了中国政府对教育的重视和中国近年来在教育方面取得的成就和面对的挑战。博科娃赞扬了中国教育的成就和温总理本人对教育的重视。

见过总理，我陪博科娃到北京饭店与国务委员刘延东举行会谈。她们共同签署了双方的《合作谅解备忘录》，为以后几年的合作奠定了基础。当晚刘延东为博科娃举行宴会，席间她们相谈甚欢。这是她们第一次见面，后来这八年她们曾多次见面，互动频繁，建立了互信与很深的友谊，共同推动双赢的合作，这也是教科文组织与中国合作的“黄金八年”的关键因素之一。

刘延东的前任是曾经担任教育部长和国务委员的陈至立，她当年在任内做了许多工作推动与教科文组织的合作。2010 年 5 月，博科娃专门去拜访了已经转任全国人大常委会副委员长的陈至立，向她表达敬意。陈回忆了她前几次出席教科文组织的国际会议和活动，还说起在她做教育部长时中国开始在海外建立“孔子学院”，名字就是她提议的。她说，孔子的思想是“和为贵”，包容不同意见，可见今天不同文明之间的对话与中华民族的传统文化是一致的。对我获任教科文组织教育助理总干事，她表示非常高兴。

2011 年 5 月国内告诉我，准备邀请博科娃总干事出席 8 月在深圳举行的第 26 届世界大学生夏季运动会开幕式和同时举行的世界大学校长论坛，届时还会安排博科娃会见胡锦涛主席。国内要我转告总干事，请她预留时间。

我与在北京的中国全委会的副秘书长杜越达成一个共识，应该争取这次高层会见产生些具体成果。此前不久，我的一位老朋友、中国社科院世界经济研究所的丁一凡教授曾对我提到，中国有大量的双边援助非洲的项目，为什么不切出一块给教科文组织，通过教科文组织援助非洲呢？我当时就想，这是一个绝好主意，如果办成，这些钱既是中国对非洲的援助，可以扩大政治影响，也可以看作对教科文组织的支持。这次高层会见是一个提出这个动议的极好机会。我与杜越商量，在会见时博科娃向胡主席当面建议，邀请中方以信托基金的方式捐资给教科文组织，实施一个援助非洲教育的项目，争取中方做出积极回应。所谓信托基金就是出资国将资金交给教科文组织，由教科文组织根据双方的协议，利用资金在其他会员国执行援助项目。我们说好互相配合，分头努力。

与教育部袁贵仁部长在国际职教大会主席台上（2012 年）

博科娃总干事非常支持这个想法。当我陪同博科娃到深圳后，杜越告诉我，中方已经原则上同意了这个建议。8 月 11 日下午，胡锦涛主席在深圳会见了博科娃总干事，我陪同参加了会见。胡主席一开始就指出了联合国教科文组织的重要性与中国政府支持教科文组织和博科娃总干事的立场。博科娃在感谢中国政府的支持后说，希望胡主席可以考虑在教科文组织设立一个信托基金项目，向发展中国家特别是非洲提供援助，支持其发展教育。她对胡主席说："我们希望看到中国通过教科文组织向发展中国家提供帮助。"胡锦涛主席回答说会对总干事所提的建议予以认真考虑。当天晚上的《新闻联播》在头条新闻播出了对这次会见的报道，博科娃总干事对会见非常兴奋，她在第二天与中国教育部袁贵仁部长会谈时说，得到胡主席的接见对教科文组织和她本人都是"莫大荣幸"。袁部长对她说："昨天你提出设立信托基金的建议，胡主席表示会积极考虑，教育部将与其他有关部门协商。"

这次访华不久，我们协助中方在巴黎的教科文组织总部举办了教科文组织—中国—非洲大学校长论坛。这是中国启动的"中非高校 20+20 合作计划"项目的一部分。来自中国的 20 多所大学和非洲 16 个国家的大学校长出席了这次由中国政府出资举办的会议。我主持了会议开幕式，教育部长袁贵仁和总干事博科娃讲话。会议达成了 20 个中非大学之间的合作计划。这是中国通过教科文组织这个平台推动对非洲的教育援助与合作的又一个范例。

中国政府内部关于提供信托基金的事进行得很顺利，2011 年 12 月，刘延东国务委员在出访非洲的纳米比亚时宣布，中国政府将在 2012—2015 年的四年间，向联合国教科文组织提供 800 万美元作为信托基金，支持非洲国家发展教育。随后教育部门与中方进行了数轮谈判，2012 年 3 月在教科文组织总部签订了信托基金协议。这是中国首次以信托基金的方式通过教科文组织向发展中国家提供援助，具有里程碑意义。

中国通过教科文组织援助非洲教育的全新方式，对非洲国家来说，得到了对教育的援助。对教科文组织来说，弥补了正常预算的不足，从而可以向会员国提供更多的支持。对中国来说，用一笔钱既支持了教科文组织又支持了非洲教育。通过教科文组织这个平台，国际社会了解到原来中国在非洲还支持教育这样的社会民生项目，有力地驳斥了那些说中国在非洲掠夺能源的恶意中伤。中国方面还可以从中学习如何按照国际标准和程序向发展中国家提供援助，是一个多赢的行为。

多年以来，许多非洲国家的教育部长都告诉我，缺乏足够的合乎标准的教师是他们全面实现教育目标的最大挑战。所以我与中方商定，这个信托基金项目将用于支持对非洲国家教师专业能力的培养与培训。双方协商后挑选了八个国家，每个国家平均 100 万美元。在国家的选择上，我们照顾到非洲东部、西部、中部和南部都有国家受援，同时考虑了教科文组织在这些国家的执行能力。根据中方的建议，我们决定在受援国家通过重点支持他们的国家中心师资培养机构，形成培训网络，以提高培养和培训教师的整体能力。

这个信托基金项目从 2012 年到 2016 年由我治下的教育部门实施了五年。由于项目的成功，非洲国家希望中国政府继续支持第二阶段。2016 年刘延东副总理在访问教科文组织总部时宣布，中国政府将提供 400 万美元执行项目的第二阶段。除继续支持现有八个国家的项目，还新增加了两个受援国。项目一开始我就建议中方派官员以“借调人员”的身份加入我们的项目实施团队，一方面监督基金的使用，另一方面也积累按照国际组织的规则管理项目的经验。中方派了一位资深教育官员董建红，作为 P5 级的借调人员跟进了项目五年，对项目的正常运行颇有贡献，也为今后中国实施类似项目积累了经验。促成与实施这项合作也是我当助理总干事八年中的“得意之笔”之一。

这些年博科娃总干事多次访问中国，在会见了胡锦涛主席和温家宝总理之后，她又有机会与中国新一届领导人见面。2013 年 10 月，李克强总理在中南海紫光阁会见了来访的博科娃总干事，我陪同她参加了会见。李总理说，我们优先发展教育，努力让人民享有更公平、更好的教育机会，特别是要让适龄的孩子都有学上，而且一个都不能少。博科娃表示，中国在促进教育公平、减贫、保护文化遗产、推进科技创新等方面成就显著。新华社报道了此次见面的情况。会见中，博科娃总干事也不忘在中国总理面前说我的好话，夸赞我的能力与我对她工作的支持。回到巴黎，见到中国常驻教科文组织大使，他对我说，我们的领导人在会见后还说，我们的唐先生做得很不错，说明我们还是有人才。

那几年中国与教科文组织合作举办的有影响的大型活动很多，在教育领域，中国政府于 2012 年和 2013 年在上海和北京分别承办了教科文组织“第三届国际职业技术教育大会”和“创意城市北京峰会”。2014 年和 2015 年中国政府又出资分别在苏州和青岛举办了“世界语言大会”和“国际教育信息化大会”。

在全球教育舞台上，中国也日趋活跃。联合国秘书长潘基文于 2012 年发起了“教育第一”全球倡议行动。一年后在联合国总部举办的倡议发起一周年的纪念活动中，习近平主席发来的视频贺词在会议开始后第一个播放。2015 年 9 月，教科文组织在联合国总部举办了倡议行动的高级别会议，彭丽媛以“教科文组织促进女童和妇女教育特使”的身份出席了会议并用英语致辞。中国还出资于 2016 年设立了“联合国教科文组织女童和妇女教育奖”。这些都展现了中国的大国责任与形象。

2014 年 3 月 27 日，习近平主席到访联合国教科文组织总部，这是他担任国家主席后访问的第一个联合国机构。我陪同博科娃总干事迎接习主席和夫人的到来并参加了总干事与习主席的会见。随后习主席在总干事陪同下来到总部会议大厅，受到全场上千来宾起立鼓掌欢迎。在博科娃总干事致辞之后，习主席发表了长篇演讲，阐述对文明交流互鉴的看法和主张，强调应推动不同文明相互尊重、和谐共处，让文明交流互鉴成为增进各国人民友谊的桥梁、推动人类进步的动力、维护世界和平的纽带。习主席的讲话赢得阵阵掌声。后来许多同事见到我都说对中国国家主席的演讲印象深刻，看到了中国领导人为促进当今世界的和平与和谐做出巨大努力的决心。习主席的这次访问应该说是“黄金八年”的最高潮。

2015 年 9 月，中国政府在北京举行庆祝中国人民抗日战争胜利 70 周年活动，博科娃总干事夫妇应邀来华登上天安门城楼观看了阅兵式，并且受到习近平主席夫妇的接见。

坚持“一个中国”原则

自联合国大会 1971 年通过恢复中国合法席位的 2758 号决议之后，教科文组织在全体大会上也几次通过决议，声明中华人民共和国是代表中国的唯一合法政权，要求总干事确保教科文组织不与中国台湾有任何关系。后来的几任总干事都有丰富的国际政治经验，很了解中国在这个问题上的敏感程度。加上中国常驻教科文组织代表团的密切关注，教科文组织在执行“一个中国”的原则上是相当认真的。

尽管如此，每年教科文组织自己举办的或与其他组织联合举办的各种活动繁多，再加上教科文组织的官员并非人人都具有相应的政治敏感性，有时免不了出现邀请来自中国台湾的人员参与活动或者中国台湾来“蹭会”“攀附”的情况。这些年中，我曾多次遇到这类情况，每次都在自己的职权范围之内予以妥善处理。这既是维护中国的利益，同时也是维护教科文组织的利益。中国是教科文组织最重要的会员国之一，维护教科文组织与中国的关系与合作对于双方都是有利的。近年来这类问题越来越少了，但完全杜绝也非易事，时不时总会冒出一两件，在此可举一例。

2004 年教科文组织、经济合作与发展组织和澳大利亚政府三家联合在悉尼举办一个关于教育服务业国际贸易的国际论坛，三个主办单位分别对外发出邀请。会前，在澳大利亚主办方发来的出席者名单中，我们发现中国教育部和中国台湾“教育部”的专家都名列其中。随后我接到中国常驻代表张学忠大使的电话，要求教科文组织采取措施，不能让中国台湾代表与会。

第二天我报告了教育部门代理助理总干事巴蒂娅露夫人，她要我们的高教司妥善处理此事。高教司直接办理此事的是处长斯特明卡女士，她告诉我，是澳大利亚方面向中国台湾发出的邀请，我们事前并不知情。我要她立即与澳方联系查明情况。同时我给澳大利亚驻法国大使馆负责教科文组织事务的官员打了电话。当时已经是周五，大使馆官员说将与堪培拉联系，了解情况，下周一告知我结果。中国方面对这件事非常重视，张学忠大使紧急约见了教科文组织外联部门的助理总干事进行交涉，要求教科文组织不能让中国台湾的代表与会，造成违背联合国和教科文组织的“一个中国”政策的情况。

周一我接到澳大利亚使馆官员电话，解释说澳大利亚教育科学培训部向亚太经合组织（APEC）所有成员发出了邀请。中国台湾是这个组织的正式成员（以“中国台北”的名义），所以也得到了邀请。使馆官员还告诉我，澳大利亚方面咨询过北京，中方表示只要中国台湾是以“中国台北”的名义参加就没有问题。我马上意识到这一定是北京负责 APEC 事务的官员的回答，这本来没错，但是他们大概没有意识到会议的组织者还包括教科文组织这个联合国机构。于是我对澳大利亚官员说，这种安排在 APEC 框架内是没有问题的，问题在于教科文组织是三个主办单位之一，在联合国的框架内无论以什么名义让中国台湾参加都不恰当了。对于教科文组织来讲，我们必须严格执行“一个中国”的政策。我告诉她我们只有两个选择：一个是澳大利亚撤销对中国台湾的邀请，另一个是教科文组织撤出大会，当然我们希望看到的是第一种结果，希望澳方妥善处理。这位官员答应向堪培拉转达我们的立场。

随后我联系了中国大使张学忠，请他联络国内负责 APEC 事务的部门，要求他们向澳大利亚方面重新表态。

斯特明卡处长非常紧张，因为总部的外联部门不分青红皂白地认为是我们的高教司惹的祸，致使中国大使找上门来。我让她不要紧张，我说我知道是澳大利亚发的邀请，错不在她。同一天，澳大利亚使馆的另一位官员又给我打电话，说中国台湾的出席人是专家，级别也不高，能否妥协。我十分客气又坚决地解释说，我理解澳方向所有 APEC 成员发出邀请以求扩大影响的好意。台湾以“中国台北”的名义参与 APEC 的活动是可以的，但这个会议有教科文组织这个联合国机构共同主办，是不同的安排，所以中国政府和教科文组织都不会同意中国台湾代表与会。因此还是要请澳方撤销对中国台湾的邀请，这样就可以避免教科文组织的撤出。他答应向堪培拉做解释。我同时告诉他，我已经建议中国大使直接与北京联系，请中国教育部重新向澳大利亚教育科学与培训部表态，这样或许有助于堪培拉做出决定。

隔天一早，这位澳大利亚使馆官员又打来电话，说堪培拉已收到中国教育部的信，声称不同意中国台湾“教育部”与会，如中国台湾与会，他们将撤出。澳大利亚政府有鉴于此，计划撤销对中国台湾的邀请，正式的决定将在第二天（周五）上午在堪培拉举行的外交部与教育科学与培训部的联席会议上做出。他希望教科文组织能于当日将一份表明教科文组织正式立场的信件发到堪培拉，这将有助于澳方做出最后决定。我向他表示感谢，并承诺会在当日下午下班之前将信件传真到堪培拉。堪培拉时间比巴黎早 10 个小时，当日下午 6 时发出我们的信件正好可以赶上堪培拉第二天的会议。

斯特明卡处长起草了教科文组织教育助理总干事致澳大利亚政府教育科学与培训部部长的信稿，我对文稿做了大幅修改。信中详细说明了事情的缘由和教科文组织的立场，最后请澳方撤销对中国台湾的邀请以保证教科文组织作为联合主办单位与会。我很注意把信写得非常客气，澳方已经准备撤销邀请，那我们也应该赞赏他们的合作，“礼多人不怪”。信改完后又送到总部外联部门会签，由于代理教育助理总干事巴蒂娅露出差在外，我经她授权代她签署了信件。在晚 6 点以前秘书将信传真给堪培拉。同时我还写了一封同样内容的信给总部在巴黎的经济合作与发展组织的教育部门负责人，向他们解释教科文组织的立场，寻求他们的理解与支持。我还打电话给澳大利亚使馆官员，告诉他信件已发出，并给他传送一份副本，同时还将一份副本传给中国大使张学忠。

第二天一早，斯特明卡处长喜气洋洋地来到我办公室，拿出两份传真。一份是澳大利亚教育科学与培训部部长的回信，澳大利亚已经告知中国台湾方面，他们的邀请已经被撤销，这样他们将不会以任何名义与会，同时他也向中国教育部通报了这一决定。我们的要求完全达到了。另一份是澳方通知中国教育部这一决定的副本。

我随后给澳大利亚使馆官员打电话，对他们的协助表示衷心的感谢。我说我们将会给教育科学与培训部部长再写一封信，对他的理解与支持表示感谢。我随后给张学忠大使打电话告知他这一结果。他说幸亏有我在内部协调，这件事能很快得到圆满解决，这回算是体会到“朝中有人”的好处了。这种事情实际上做好也很不容易，要有政治敏锐性，又要有外交手段与技巧，知道症结在哪里，建议各方的努力方向。要保护自己的同事，也不能强加于人，最终找到各方都能接受的解决方法。

“强者立规矩，弱者讲包容”

我在加入教科文组织之后一直感觉中国对参与制定各种国际规则的重视不够，而教科文组织的几大功能之一就是当“规则的制定者”。其实规矩在国际政治中是极其重要的，有这样一句话叫“强者立规矩，弱者讲包容”。多年来，教科文组织制定了许多在教育领域具有法律约束力的“国际公约”或者没有法律约束力的“建议”，这些准则性文件影响着全球教育发展的走向。教科文组织的全体大会下面还设有“公约建议委员会”，监督会员国执行公约与建议的情况。制定任何公约或建议因为涉及各国的利益，都是一个长期而且复杂的过程，要经过会员国反复磋商。以我经历的几次磋商过程来观察，中国尽管都受邀参加了磋商，但是在磋商过程中尚称不上活跃。不少国家，包括发达国家和发展中国家都对这种规则制定相当重视，其专家准备充分，在磋商会上积极发言，表达立场，引导规则的方向朝向他们的意愿。而中国的代表多比较谨慎，轻易不表态。

但是当中国已经逐步成为世界舞台上的一个举足重轻的国家，不但要为自己的利益发声，还有责任代表发展中国家的利益发声。所以自我担任教育助理总干事后，我一直建议国内有关部门，对这些磋商过程，一是一定要参加，二是在会上一定要活跃，积极参与讨论。凡有涉及公约或建议制定的磋商，我都会预先通知中方，请他们提前做准备，选派合适人员参会，并且建议他们事先认真研究中方应采取的立场，在会上深度介入讨论。

教科文组织自 20 世纪 70 年代以来制定了一系列高等教育学历互认的地区性公约，2011 年又开始起草一个全球性的公约。这一次中国开始比较积极地介入，在早期出资支持秘书处起草可行性报告，并且提名中国专家加入起草委员会，有了积极参与制定规则的条件。联合国教科文组织与联合国儿童基金会共同主导的“2030 可持续发展议程目标 4（教育）”的磋商也是一个制定国际规则与标准的重要过程。我特别向国内打招呼，一定要争取派合适人选介入。当时中国的常驻代表团做了努力，通过地区组协商，使中国成为“全民教育指导委员会”成员国。在 2015 年仁川“世界教育论坛”上，这个委员会扩大为文件起草工作组，来自中国教育部的展涛作为成员参与了全过程。其实今天的国际社会在全球事务上都很在意中国的立场，中国一直是国际多边体系的维护者，因此中国的积极参与对教科文组织和中国来说也是双赢。

尊重规则也表现在中国与教科文组织的合作中。近年来中国与教科文组织的合作也越来越多，不仅有官方的，也有地方政府、私营企业的参与。它们有时自觉不自觉地表现出任性而为的做派，不按规则办事，遇到这种情况，我都会告诉相关负责人，教科文组织有它的规章制度，不合规矩的事不能办。

国际组织里应该有更多中国人

多年来在国际组织中的中国官员人数一直偏少。近年来由于国家的努力，有了很大进步，获得了几个国际组织总干事的职位。但是其他级别的官员人数依然偏少。会员国人员低于“地理分配名额”下限的就被认为“代表性不足”，在这个范围内的被认为“代表性适中”，高于上限的就是“代表性过高”。其中各国所缴纳的会费是决定这个名额多少的最大因素，也就是说，会费缴得越多，名额也就越多。

教科文组织会员国缴纳会费的分摊比例完全依照联合国的公式。中国在 1971 年恢复在联合国的合法席位后，缴纳的会费比例变化很大，20 世纪 70 年代是 5.5%，进入 21 世纪后逐年上升，2016—2018 年达到 7.92%，2019—2021 年更是达到 15%。由于美国的退出，中国已经成了联合国教科文组织最大的会费国。中国的“地理分配名额”也因会费的影响变化很大，1993 年我加入教科文组织时是 6~9 人。后来逐步增加，到 2018 年已经增加到 23~39 人。不过多年以来中国在教科文组织中一直是“代表性不足”国家，官员人数远少于名额的下限。

中国政府早就认识到在教科文组织中增加中国官员的必要性，中国领导人和高级官员在会见历任总干事时都会提出这个问题。当博科娃总干事 2010 年 5 月首次访华时，中方就向她提出，希望今后以多种形式派人，特别是年轻人，到教科文组织去工作或者短期工作、实习。

与教育部陈宝生部长交谈（2016 年）

在我担任教育部门的行政办公厅主任时曾经与教科文组织人事局局长一起到中国做了一次工作访问。在中国教育部的安排下，我们在北京、西安等城市的一些大学举办了讲座，介绍教科文组织和如何申请到国际组织去工作。中国政府几任教育部长对增加中国在教科文组织的官员人数都很关注。从周济部长、袁贵仁部长一直到陈宝生部长，每当我见到他们时，都会谈到这个话题，也会征求我的意见。我向几位部长都建议过，这件事不能急功近利，要有长远考虑，走不同途径，谋长期效果。我最早的建议是：（1）鼓励所有有志加入国际组织的人申请空缺职位，包括在国外学习或工作的留学生，不必局限于官方推荐这一途经。（2）国家出资，送人到国际组织工作，以获得经验。

国家出资派去国际组织的人又分两种：一种是派出的中级或高级专业人员，叫"借调人员"，无偿为教科文组织工作，以两年为期。在熟悉了教科文组织的工作后，如果内部有职位出缺他们可以就近申请。即使当时没有空缺，将来有机会还可以申请，毕竟这段经历是加分的。另一种是选派一些年轻人，国内出资派他们到教科文组织做"实习生"。这些人虽然不见得能承担重要工作，但也是一种经验积累，时间以一至两年为宜。派"借调人员"的形式韩国用了多年，他们的教育部每年都有一两个官员在教科文组织的教育部门工作，多年下来，韩国教育部有了与教科文组织有渊源的一群人，对韩国与教科文组织的合作很有利，我戏称他们是"教科文组织黑手党"。

在我担任教育助理总干事之后，中国教科文组织全委会与我协商，决定第一批派 5 名"借调人员"到教育部门工作两年。2011 年初我带教育部门的首席人事官到北京，加上教科文组织驻北京代表处的官员组成面试小组，对国内推荐的 17 名候选人进行了面试，最终选出 4 名。半年后他们来到教科文组织的教育部门和下属的研究所，开始了为期两年的工作。后来国内又陆续派来一些"借调人员"，我主管教育部门，所以安排起来也比较容易。中国的借调人员很受欢迎，同时他们自己也取得了工作经验，也算是双赢。

中国自 2014 年开始向教科文组织派遣实习生，在谈判阶段我向总部人事局局长解释了中国派遣实习生的意义，她很支持。从那时起，国内每年向教科文组织派出 20 名实习生，一半以上安排在教育部门，作为对我的支持。为了丰富他们的经验，我把他们分散安排在总部单位、下属的研究所或总部外的地区教育局工作。这些实习生在国内选拔阶段就比较严格，来到教科文组织后大多数表现很好，很受各单位欢迎。有些人在实习期满后还得到了临时合同。当这些实习生到达时，我会请他们来我的办公室与他们见个面，给他们一些鼓励与建议，提些期望。我相信他们以后一定会有所作为，长此以往，不愁我们找不到合适人才进入国际组织。

我当助理总干事那些年国内也几次推荐候选人竞争教育部门高级职位，效果却不理想，只进来一个 D1 级和一个 P5 级官员。可能有些人会问，你是助理总干事，录用中国人到你手下应该是件很容易的事吧，其实不然。教科文组织有它自己的一套人员聘用程序，有遴选委员会，有员工工会的监督，有人事局的审查，并不是一个人能说了算的。教育部门有近 20 个 D 级岗位，这些岗位招聘我当然是遴选委员会主席。但是委员会还有五名委员，是教育部门、其他业务部门和总部综合局的 D 级官员，再加上人事局的一位官员。有时总干事办公室还会派人作为观察员加入委员会实施监督。对每一个候选人的结论都要大家讨论，取得共识。结论报告每个委员都必须同意并签字，然后上报人事局，再送交总干事做出最后决定。如果来自中国的竞争者相对不强是很难过关的。

这些年进人不多还有一个客观原因，就是美国从 2011 年开始停缴会费，教育部门的职位数减少了 20%。这样每年出缺招聘的职位就有限。来自中国的申请人大部分在总部人事局做初选时就被刷下去了，教育部门根本就见不到档案。我向人事局局长问过中国人难过初选关原因，她说，一是语言，普遍除了英语没有第二外语的基础。二是工作经历单一，过往的专业工作经验常与职位要求不符。三是除了国外留学经历，鲜少看到其他国际经验。另外中国申请人通常在过往资历上会吃亏。在西方国家甚至一些小国，二三十岁就能当部长，而在中国，40 多岁能当副部长的凤毛麟角。有一年在国际民航组织担任总干事的柳芳来我办公室，她也对我说起，国内希望多进人，但是送来的人条件欠缺，她也没办法。

早年间中国申请人条件不全面，通常专业人员外语不够好，外语好的人没有一门专业。这些年来情况已经有很大改观。不过虽然中国的合适人才多了，但是国内经济发展很快，高端人才的机会很多，工资待遇也能够与国际水平接轨，国际组织的吸引力不再像以前那样大。这恐怕也是中国人进入国际组织不多的一个新的原因。

近年来，国内有关部门常常会选拔一些优秀人才，提供培训，为他们竞争国际组织职位创造条件。其实这种选苗子“定向培养”的办法或许可以解决一时之需，但从长远来看，还是要期待国内通过改良教育与人才使用机制的“土壤”，培养出专业素质、管理能力与外语水平俱佳的人才群体，到那时我们将不会再为找不到合适人才进入国际组织而忧心。

常常有年轻人问我，如何才能“闯入”国际组织并占有一席之地。我总是会告诉他们，首先，你要具有基本条件：有一门专业和从事这门专业的工作经验；英语（或法语）要很好，最好还能会另外一门外语，哪怕不是很好也没关系；有一定的国际工作经验，职位越高，所要求的经验也越多。其次，从专业角度讲，教科文组织这样的联合国机构的官员主要的工作并不是做研究，更多的是进行教育项目的管理与实施，所以管理经验很重要。我们招人对学历的要求是至少有硕士学位，但是本科和研究生阶段的专业并不局限在教育学，任何社会科学或者自然科学都可以考虑，因为我们把学士和硕士的学历看作是对学生的基本思维训练。

国际组织招人不像国内那样严格要求专业对口。不过工作经验（至少三年）却一定要与所招职位对应。以我自己为例，当年我竞争的职位是职业技术教育的项目专家，我的大学本科是体育专业，硕士是运动生理专业，博士是生物学，虽然与职业教育甚至教育学都不沾边，但是我受过严格的科学思维训练。我的工作经验是在中国教育部的职业技术教育司从事职业教育的宏观管理，所以符合专业要求；而我有当过外交官的经历，这是国际组织需要的；我在中国的中央政府和地方政府中当过处长和副局长，这是管理经验；我在加拿大留过学，自然语言能力合乎标准；这样看来我的“综合竞争力”就非常强了。知道这些基本要求，有志者就可以针对自身条件设法补短板。

除了遇有机会就积极申请外，我总是建议想进入国际组织的人做“长期抗战”的准备。因为这还有一个机会与运气的问题，看适合你的条件的工作岗位是否出缺。机会好的人可能很快就赶上有合适的职位出缺，可以马上申请。机会不好可能很长时间都没有合适的职位招聘，除了等待没有别的办法。所以我经常告诉他们，一边工作积累经验，一边注意招聘情况，要有打持久战的准备。我也曾劝他们，不要在一棵树上吊死，不必只盯着教科文组织，其他联合国机构也有各类职位可供选择。申请了职位之后也有个运气问题，有时一个职位有几个很强的候选人，这时竞争就激烈了，鹿死谁手不好说。但是运气好的话，别的候选人都不强，你就有可能“乘虚而入”。当然，积累足够的经验，补上所有短板成为最强者还是正途。

另外在国际组织中需要不同领域的人才，像在教科文组织，除了教育，还有科学、文化、传播等专业领域。中央服务部门还需要财务管理、人力资源管理、法律、审计等各方面的人才。这些对于有专业背景的人来说都是机会。

至于那些已经有幸进入教科文组织做实习生或者进入教育部门成为我的部下的来自中国的年轻人，我会给他们一些指点，有机会时给他们压一些担子，目的是让他们多做事情，有表现机会，以利于他们的长远发展。我总是告诫他们，无论你的级别高低，在完成好交给你的任务的同时，一定还要尽量要求自己去从大局和比你的级别更高的角度去考虑问题，向自己的上级提出建议。“不谋全局，焉能谋一域”，当然这句话距离年轻、职位尚低的人远了一点，但是道理是一样的。千万不要按照中国传统文化的习惯，只会闷头做事，不发表任何意见。在中国，人们可能会觉得你老成可靠，可是在国际组织中大家会觉得你就是个干活的好劳力。以“国际思维方式”参与“国际竞争”才是正路。

在国际组织工作，国际视野与全球格局不应当只是高级官员需要具备的，每一个官员，无论级别高低，都应该努力从这个角度去看待自己的眼前工作。我看到许多人平时忙忙碌碌，但是很少考虑宏观上的事情，觉得那不关自己的事。所以我经常对我治下的官员尤其是年轻官员讲，尽管你们还不是决策者，尽管你们每天做的工作大都是些具体的事务，但是你们一定要考虑你们手中的工作如何能够与实施教科文组织的全球战略联系起来，如何能够让我们的会员国从你们的具体工作中受益。如果想在国际组织中晋升，就要有意识地去开阔视野，树立全球的观念。

应邀出席抗战胜利 70 周年纪念活动（2015 年）

随着中国在国际舞台上越来越活跃，随着中国社会经济水平的提高和教育的普及，我相信中国会有越来越多的青年人具备在国际组织工作的条件，经过竞争到国际组织中任职。前景总是光明的！

第 15 章

竞选总干事：一场顶级国际政治博弈

博科娃总干事的八年任期至 2017 年 11 月结束，阿拉伯国家早早就开始制造舆论，说下任总干事非阿拉伯国家莫属，卡塔尔提前两年就放出风声要竞选总干事。其实近几次总干事选举阿拉伯国家从未缺席，不过它们最大的挑战来自其内部，因为它们从来没能够达成共识，集体推出一位候选人来竞争。

在 2016 年秋举行的教科文组织执行局第 200 次会议通过了下届总干事的选举办法，决定于 2017 年 10 月投票选举第 11 任总干事。选举办法中有两条新规定。一是以往总干事选举，候选人报名时间不限，直到投票之前都可以加入。新规定则将 2017 年 3 月 15 日，即选举前 7 个月，作为候选人报名的截止日期。这一条是阿拉伯国家提出的。人们认为这有利于早就准备推出候选人的阿拉伯国家，避免在选举后期冒出来有竞争力的人选。二是以往候选人要在执行局闭门会议上阐述竞选纲领并回答问题。新规定则为执行局将对每位候选人做 90 分钟的面试并通过网络对外实况直播，增加选举过程的透明度。公开面试的做法参照了 2016 年联合国遴选秘书长的形式。这一做法显然有利于自身能力强的候选人。

总干事经由执行局成员的 58 个国家代表通过秘密投票产生，然后作为唯一人选推荐给教科文组织的全体大会由所有会员国投票予以确认。截至 2016 年 11 月，已经正式或非正式表态推荐候选人的国家已经有五个，包括埃及、卡塔尔、越南、黎巴嫩、伊拉克，推出的候选人多为现任或前任的政府部长。

顺应期望，中国提名候选人

这一任总干事选举是在教科文组织面临严峻的财务危机这样一个特殊的背景下举行的。最大的会费国美国从 2011 年开始就以巴勒斯坦加入了教科文组织为借口拒绝缴纳会费，而且自特朗普上台后就不断有美国会退出的传闻。第二大会费国日本（缴纳会费占比 12%）又因为对教科文组织将南京大屠杀档案列入“世界记忆”项目并且将“慰安妇”列入讨论而拖延缴纳会费。缺钱让博科娃总干事推动的改革受到种种掣肘。教科文组织近年来的过度政治化让总干事人选回归专业人士的呼声越来越高，人们希望借总干事换届之机进行一次彻底改革。

就我所知，中国政府一开始并没有推荐人选参加总干事竞选的正式计划。从 2016 年 10 月开始，不断有一些国家的大使问我，有没有参与竞选的考虑，中国会不会推荐我参选。我的回答都是，没有想过。这是实话，当时我的确不曾考虑过这种可能，所以连执行局会议关于总干事选举程序的讨论我都没有去旁听。11 月初开始，我几次从中方得到消息，说不少国家常驻教科文组织代表团向他们询问中国会不会推出我竞选总干事。这些人还提及，历史上教科文组织曾经有三位总干事出自内部，当过助理总干事，当选后政绩很好，都是成功的先例。

11 月底的一天，中国常驻教科文组织新任代表沈阳大使请我吃饭，席间问我是否考虑竞选总干事。沈说他日前与美国大使吃早餐，美国大使直接问中国有无推出唐先生竞争的打算。我说，这是国家在战略层面上考虑的问题。随后，中国教育部的两位官员来看我，说国内正在对下届总干事的选举进行评估。国内忧虑的是一年后对中国非常友好的现任总干事博科娃任期将满，同时我作为中国在教科文组织中最高级别并且负责最重要的教育部门的官员也将同时离任，恐怕不利于继续中国与教科文组织近年来卓有成效的合作，尤其是在教育领域。他们征求我的看法，我表示，教科文组织是中国发挥软实力的重要平台，国家应在总体战略上考虑是否推出人选参与竞争。至于我个人，我没有参选的考虑，但如果国家征召我竞选，我不会推辞。

很巧，当天下午博科娃总干事找我到她的办公室。她告诉我，最近一些国家的大使在谈论我竞选总干事的可能性，也有人直接来问她，包括美国大使。她说她仔细想过，我的优势是多年来的工作成就获得了会员国包括欧美国家和内部员工的广泛尊重。她说大家认为我是一个公正的国际官员，有原则而不偏颇，我做教育助理总干事和后来兼任总部战略规划局代理局长的表现都显示出我的全球观念和出色的管理能力。她还说，今天许多人把眼光投向崛起的中国，希望中国能够支持教科文组织渡过财务危机，而我又恰巧是有能力领导教科文组织继续改革的内部人选。她认为如果中国支持我，会有胜算，建议我与北京方面探讨参选的可能性。

既然总干事和中国大使都提到了这种可能性，我也仔细地做了些分析：教科文组织面临着财务危机，使许多人希望中国施以援手；近年来过度政治化对教科文组织的伤害极大，人们希望下一任总干事来自专业人士（前两任总干事均为外交官出身）；诸多管理问题让人们期盼熟悉内情、有出众的管理能力与担当的人出任总干事来主导内部改革。人们都明白，在这样一个政府间国际组织内，任何一任总干事要推动改革，背后必须有一个强大的国家给予政治与经济上的强力支持，否则难有作为。中国恰好符合这个要求，而且许多人认为，中国能够代表发展中国家的利益，而新一任总干事人选理应回归发展中国家。对于中国来说，教科文组织是一个展现软实力的极好平台，尤其是对于推动中国近年来提出的“一带一路”倡议，如果中国能支持教科文组织促进各国在教育、科学和文化方面的合作，将是对经济合作的很好补充。

2016 年 12 月底，我在北京拜访了教育部陈宝生部长。我以前曾有机会与他谈起中国与教科文组织的合作，对这位非教育界出身的教育部长印象很深，感觉他能够从政治层面和战略高度考虑中国应在教科文组织内发挥何种作用，同时我还向他介绍了目前总干事竞选的形势。陈部长强调，在联合国机构内最能展现中国软实力的就是教科文组织，不能只从教育方面看它的重要性。他对我多年来的工作给予了高度肯定，说："你是我们在教科文组织中职位最高、影响最大的人，工作也做得最好。你的工作经验，对国际组织的了解和对敏感问题的处理都非常出色。"陈部长认为中国不应缺席此次总干事竞选，而我是有竞争力的，应该全力支持。他说教育部会就此事会商外交部。

2017 年 1 月初，陈宝生部长安排我向国务院主管领导当面汇报情况。陪同我一起去的是教育部李晓红副部长。去的前一天博科娃总干事从巴黎给我发来短信，要我向中方转达她的口信：一是感谢中国在她任总干事这些年来对她的大力支持；二是建议中国积极参与下届总干事竞选，发挥大国领导作用。我向国务院主管领导详细介绍了当前总干事竞选的形势和我的分析，并且转达了博科娃总干事的口信。领导对此事甚为关心，认真听取了我的报告，要教育部与外交部协商提出建议。领导要我回去后向博科娃转达问候和中国政府对她的工作的高度评价。对我多年来在教科文组织的工作也给予了充分肯定，评价是"行政能力出色，大局意识强，既坚持原则，又能掌握策略。"

3 月初，教育部召我回北京一次，与中国教科文组织全委会和教育部有关司局研究参选的一些具体事务。此时教育部和外交部的领导和下属的有关单位已经做了讨论，已有参选意愿。我拜访了教育部常务副部长沈晓明，他还记得我们 2012 年在上海一起出席过教科文组织召开的第三次国际职教大会闭幕式，那时他还是上海市副市长。沈副部长说他代表陈宝生部长，坚决支持我参选。教育部和外交部关于竞选教科文组织总干事的请示报告于 3 月 11 日获得国务院领导批准。而此时离总干事候选人报名截止日期只有四天了！国内办事效率很高，在短时间内完成了报批手续。不过这略显仓促、准备不足的决策过程也为日后的竞选结果埋下了隐患。

中国常驻代表团在报名截止日期的前一天上午派人去执行局秘书处送交了由中国常驻教科文组织代表签署的提名函，不料秘书处说提名函不符合规定，必须由教育部长签字才有效。此时国内已经是 3 月 14 日下午下班时间之后了！关键时刻出这样的状况，所有人都始料未及。秘书处还算通情达理，说只要 15 日午夜 24 时前送到即有效。中国全委会杜越秘书长很有办法，他利用北京与巴黎有 6 个小时的时差，当晚在国内准备了部长推荐函，15 日一大早请陈宝生部长签了字并立即传真给常驻团。常驻团凌晨收到后于 15 日一早将传真件送交秘书处。不过提名函原件还必须要送到巴黎，也是我们运气好，恰好中国驻法国大使翟隽在国内完成述职后于 15 日从北京返回巴黎。教育部派人将信函送到翟大使家里，托他带回巴黎。航班当晚抵达巴黎，常驻团派人到机场将信从翟隽大使手中取回，20 时 30 分交到执行局秘书处，此时离截止时间仅有三个半小时。至此报名手续完成，总算有惊无险。

第二天（3 月 16 日）中午，教科文组织官方网站公布了九位候选人的名单，其中四位来自阿拉伯国家：

（1）波拉德·布尔布洛格卢先生（阿塞拜疆）：驻俄罗斯大使，曾任文化部部长；

（2）范生朱先生（越南）：越南外交部部长助理兼司长；

（3）穆希拉·哈塔卜女士（埃及）：曾任家庭与人口事务部国务部长；

（4）哈马德·本·阿卜杜勒阿齐兹·库瓦里先生（卡塔尔）：埃米尔顾问，曾任文化、艺术和遗产大臣；

（5）唐虔先生（中国）：联合国教科文组织教育助理总干事；

（6）胡安·阿方索·富恩特斯·索里亚先生（危地马拉）：中美洲大学高级理事会秘书长，曾任副总统；

（7）萨利赫·哈斯纳维先生（伊拉克）：议员，曾任卫生部长；

（8）弗拉·扈利·拉克耶女士（黎巴嫩）：文化部顾问；

（9）奥德丽·阿祖莱女士（法国）：文化与传播部部长。

根据选举办法，每个候选人需提交一份不超过英文2 000字的《愿景陈述》。我精心挑选了长期跟随我也是我最信任的几个下属为我的内部辅选团队，协助我起草这份文件。由于竞选不属于我的公务，因此团队的所有讨论都在午休时间和下班后的业余时间进行。这些铁杆部属都希望我当选，尽心尽力地为我助选。同时国内全委会和常驻团也有一个辅选团队贡献建议和想法。

我把文件的题目定为“新时代，新责任”。文中首先指出人类正面临地缘政治、社会经济、人口以及气候变化等诸多前所未有的挑战，教科文组织有必要肩负起其历史责任，为人类的未来发展指出方向并通过“于人之思想中筑起保卫和平之屏障”发挥其预防性职能。文中强调，教科文组织必须依托其强大的“软实力”，通过各项计划，支持会员国实现2030年可持续发展议程的目标。为此，它应在保护各国民族属性和文化属性的同时，培养富有责任感的新一代全球公民。这里我把培养“全球公民”作为教科文组织促进世界和平与可持续发展的核心愿景。其中一部分的小标题是“为什么是我”，罗列了我符合总干事条件的多种理由，包括：我二十多年来对教科文组织的忠诚服务；七年来领导教育部门的突出成就；兼管教科文组织两个关键部门（战略规划局和人事局）显现出的全局观和管理能力；我的家庭、经历和工作经验使我形成的对不同文化、文明和宗教之间应相互理解、尊重和包容的坚定信念。

我的内部辅选团队

在“我的愿景和行动”部分，我强调，“教科文组织的计划部门和中央机构必须调整。我将高度重视透明和问责”。教科文组织的财务危机无疑产生了严重的后果，因此“有必要重新评估本组织的核心计划，确定其相关性，以便把本组织最具比较优势和重要影响的领域作为我们的重点和核心”。对教科文组织的五个业务领域我都简洁地提出了今后的方向，这些都是我和我的团队私下征求了各个部门的同事的建议之后总结出的。在促进“非洲优先”、“性别平等”、改善工作人员条件、加强多边合作和筹资方面我也都提出了切实可行的想法。毕竟这些挑战是我们每天都要面对的，当了总干事需要做什么也心里有数。

在陈述的结尾，我强调，“教科文组织需要一个全面有序和重点突出的总体改革方案，需要顶层设计和细致的建立共识的工作，从而确保成功实施和理想效果。凭借在教科文组织二十多年的经验，我不仅知道该做什么，而且知道如何化愿景为现实”。“我作为一名有远见的领导者和资深管理者的良好记录证明我是该职位的最佳人选。”在教科文组织内部与国内两个辅选团队的协助下，我用十天时间完成了起草工作，最后三稿都传回国内教育部审阅并修改。最终由中国常驻代表团将这份文件与我的履历和提名信一起交给了执行局秘书处。

候选人名单一公布，我不断收到同事发来的预祝成功的邮件。执行局主席说我的愿景陈述中那段“为什么是我”令人印象深刻。印度女大使坎波吉对我说：“大家的猜测成为事实，你的参选完全改变了这场游戏，现在所有代表团都在谈论你。”她认为我的能力没得说，但是选举大半是国际政治博弈，不能掉以轻心。她说得真对。

无情的竞争

在候选人名单公布之前，西方某国的一位资深大使就提醒我，由于我是个有竞争力的候选人，一定会有人出于打压目的逼我辞去现职，我应该有所准备。我马上对历史上内部人员参选的情况做了一番了解。多年前塞内加尔人姆博是教育助理总干事，他在竞争总干事时没有辞职，最后当了总干事。当时世界卫生组织也在遴选总干事，候选人之一的该组织副总干事也是带职参选。

果不其然，候选人名单公布才十天，会员国中的阿拉伯组就提出，我应该辞去现任职务或者休假六个月直至选举结束，否则就是存在“利益冲突”。据了解，这并非是所有阿拉伯国家的意思，而是在某位候选人及其国家大使的鼓动下达成的意见。阿拉伯某国驻教科文组织大使约见中国大使，要求中国候选人辞职。同时阿拉伯组的主席写了一封信给总干事，说国际公职人员应该保持中立，要求总干事命我辞职或者休假。有人分析说，此次阿拉伯国家推出了四位候选人，志在必得，中国候选人是个大威胁，需要从开始就予以打击，挫其锐气，因此使出这样一着儿。

我与中方团队多次会商对策，我坚持不接受这个无理要求。我的理由是执行局通过的选举办法没有这样的规定，教科文组织以前也有内部人员带职参选的先例，如果我们退却，对方会得寸进尺，我们外交部也是这个立场。经过讨论，我的意见被接受。中国驻教科文组织大使对来“逼宫”的某国大使极其客气，一再强调中国与阿拉伯国家的友好关系，希望友好竞争。但是对方毫不买账。这也难怪，在国际政治中，国家利益总是放在第一位的。这期间我见了几个大国的大使，他们都不认为要我辞职或休假的要求是合理的。他们说，都是因为你太强，对他们构成威胁，所以他们才打压你，你该高兴才是。

这期间我应德国外交部的邀请到柏林参加了一个活动。中午德国外交部国务部长波莫尔女士在外交部的餐厅宴请我，我以为只是礼节性的宴请，为了感谢我专程来参加他们的活动。不想一上桌，这位国务部长就请我介绍我的总干事竞选愿景，而后对方陪同出席宴请的四位官员轮番提出各种问题，还有一位官员全程做笔记。执行局的面试还没有开始，我先在德国被面试了，可见德国人对此事的认真程度。我对所有问题都从容不迫地做了有条理的回答与说明。这倒也好，成了我对日后正式参加面试的一个预演，后来听说德方很满意。午宴长达一个半小时，基本上都是我在讲话，弄得我饭都没有怎么吃。结束时主人开玩笑说，抱歉没让你吃好，下次你当了总干事来访一定弥补。谁说德国人古板不会幽默？

博科娃总干事并不认同阿拉伯组的看法，她复信阿拉伯组主席表示：（1）内部候选人参选有助于保证参选人的质量；（2）教科文组织没有让内部候选人休假的规定；（3）今后六个月有教育方面的重要工作需要唐先生继续履行其助理总干事职责，他也接受了我的要求；（4）唐先生向我保证会将本职工作与竞选工作严格分开，我充分相信他。

尽管总干事已经表态，但是这件事到这里还没有完。在执行局会议上，非洲某国大使不知为何突然发难，提出我继续履行职责是否有利益冲突，要求教科文组织的道德顾问到场解释。他的举动令许多代表非常错愕，因为总干事选举事项并不在执行局的公开会议日程上，他的发问不符合教科文组织的程序规则。总干事叫来道德顾问，道德顾问解释说，秘书处人员行为是否符合本组织利益要由其领导人即总干事判断。这个回答让这位大使很不满意，因为他知道总干事的立场，但也无可奈何。随后执行局举行闭门会议，又有阿拉伯国家大使发难，提出我不休假是"利益冲突"。博科娃总干事重申了她的原则立场，拒绝了这个要求。某些国家逼迫我辞职或休假的努力此时才算告一段落。

这次冲锋陷阵的都是有候选人参选的那些国家的大使，其中有几位平时与我关系很不错，我以前对他们也很关照。后来我见到他们时仍然对他们很客气，就当什么事都没有发生，因为我理解他们，各为其主而已。毫无顾忌地使用一切可以使用的手段打击竞争对手，这是人家的国家利益使然，无可厚非，这也是国际政治游戏的规则。我们中国人通常是不屑于做这种事情的，但是别人并不会因为你的"君子风度"而对你网开一面。

精心准备的面试

2017 年 4 月的最后一周，教科文组织执行局第 201 次会议在巴黎开幕，这次会议将对九名总干事候选人进行面试。总干事选举政治因素是决定因素，但对公开面试也不能掉以轻心。面试表现好未必加分，但表现不好必然减分。面试规程是每位候选人 90 分钟，前 10 分钟本人口头陈述，可以使用教科文组织六种语言中的任何一种，现场有同声传译。然后是问答阶段，执行局委员可以用六种语言中的任何一种提问，时间不超过 2 分钟；候选人只能用英语或法语回答，时间不得超过 5 分钟。会场使用计时器，不允许超时。面试将进行网络直播，人们可以在网上同步观看面试进程。会后录像会发布在教科文网站上。

在内部辅选团队的协助下我用业余时间做了一个月准备工作。中国常驻代表团的同事也来帮助，提出不少很好的建议。开始 10 分钟的陈述是根据我的愿景陈述内容浓缩而成，其中三段用法语。对于可能提出的问题，我们将其归为几类，准备的回答都强调如何改革，包括：各业务领域（教育、科学、文化等）的重点是什么，在内部管理、筹集资金等方面的问题与挑战是什么，具体做法是什么，举什么例子。

@UNESCO/Christelle ALIX

来到面试会场受到执行局主席欢迎

准备工作奉行一个原则：作为唯一的内部人选，要充分发挥我的长项，即我深刻了解教科文组织当今面临的问题与挑战，只有我能够提出切实可行的策略与具体解决办法。而我在教科文组织二十多年的经验，特别是领导教育部门的成功经验说明我有能力实施我提出的战略目标，带领教科文组织走出困境。也就是说要以己之长对他人之短。

教育是我多年来的主业，但是对于教科文组织在科学、文化及信息与传播诸方面的业务工作我的认知并不全面，需要“补课”。因此，我找到其他部门与我比较熟悉的助理总干事或者负责官员，了解他们工作中的挑战和他们的想法。这些同事都希望我获胜，为教科文组织带来改变，所以都倾心相助。我自己还要根据总的策略，提出那些领域将来的发展方向。

其实我真正需要下功夫准备的还不只是这些。尽管我已经作为国际公务员在教科文组织服务多年，但是毕竟我由中国政府提名，欧美国家自然会就我如何看待人权问题提问。另外促进“自由表达”与“保护新闻记者”是教科文组织信息与传播部门的主业，西方国家一定要了解在这些政治敏感领域中我的立场。与我关系很好的几个西方国家的大使就曾私下里善意地提醒我，要做好准备，就这几个政治议题清楚地阐明自己的立场，这在竞选过程中是躲不掉的重点问题。

为了做好充分准备，我请了一位内部的专家同事为我讲解联合国和教科文组织在“自由表达”方面的官方立场和工作，并帮助我准备可能的问题的预案。教科文组织是联合国系统内促进“自由表达”和“保护新闻记者”的主要机构，长久以来通过庆祝“世界新闻自由日”、颁发“世界新闻自由奖”和发布记者安全报告等活动来达到目的。讨论中我逐渐厘清了思路，我告诉这位专家，我认为促进人权与自由表达是联合国的“普世立场”，我当然同意。但是在我们协助会员国促进这一事业时，应该在尊重国家主权，顾及国家历史、文化传统和现实条件的基础上采取平等对话的方式，而不是一味指责的对抗形式，这样才能够取得积极的效果。各国国情与发展程度不一样，所以应该允许各国对人权的认知、保障人权的工作有形式和进展程度的不同。我还用中国自改革开放以来在人权事业和保障人民自由方面的变化来说明只有对话才能产生效果。这位专家来自西方国家，从事此项工作多年，认为我的看法是可以接受的。我们的“补课”常常变成了开诚布公的讨论。这些讨论最后对我的帮助极大，而专家帮助我准备的预案后来在面试、拜票和答记者问时都产生了很好的效果。

教科文组织执行局对我的面试于4月26日下午举行。在做陈述时我重申了培养新一代全球公民是教科文组织对世界寻求和平的未来不可推卸的责任。随后我描绘了如果我担任总干事，四年之后教科文组织将发生的各种改变。我用“让我们培养新一代全球公民，团结我们的全球共同体以达到人类的和平未来”结束了十分钟的口头陈述。我在这里宣扬了“人类命运共同体”的理念。

在问答环节，六个地区组的代表各提了一个问题，之后有六个国家（伊朗、肯尼亚、爱沙尼亚、南非、萨尔瓦多和塞内加尔）的代表经抽签得到了提问的机会，每人提了一个问题。问题基本上没有超出我原先准备的范围，包括如何使教科文组织在教育方面重获领导地位，如何加强对非洲、青年、中等收入国家的支持，如何筹集更多预算外资金改进财务状况，如何在主要业务领域保证重点，如何加强总部外机构网络的建设，等等。开始略有紧张，回答完第一个问题后就越来越自如，其间还有几次幽默发挥，引起全场笑声。法国提了个比较刁钻的关于文化多样性方面的问题，我准备不足只能绕圈子。一共12个问题，我在回答每个问题时都将5分钟用足。

在回答完最后一个问题后，我忽然意识到在第二阶段由于没有西方国家代表通过抽签得到提问的机会，所以“促进性别平等”和“自由表达”这两个西方国家尤为关心且对我心存疑虑的问题没有被提出。我决意采取主动，我特意提到这两个领域的工作非常重要，阐述了我早已准备好的观点。后来有西方国家大使私下对我说，他们没有想到我会主动讲这两个问题，觉得我不回避敏感问题，能够自信地、清楚地表达自己的看法。

最后我有五分钟时间做总结陈述。我回忆起由教科文组织主导，七个联合国机构联合召开的2015年仁川世界教育论坛的盛况，160个国家的 120 位教育部长出席，通过的宣言确定了对推动全球全民教育具有巨大意义的可持续发展目标 4（教育）的方向。我说在那一刻我为教科文组织感到骄傲，因为它的工作改变了亿万人的生活。我也为自己在这一过程中起到的作用感到骄傲。

我的结束语是："我今天在这里，怀着当年在仁川大会闭幕式上同样的心情。我为教科文组织骄傲，我愿意承担更大的责任。你们给我四年的时间，我们一起努力，四年后我们会有一个新的、完全改观的教科文组织，一个能够影响与改变人们生活、指引全球发展方向、培养新一代全球公民的教科文组织，一个今天的世界需要的教科文组织。我希望我们可以做到这些！"这些话发自我的内心，讲得十分动情，连我自己也被感动了。全场响起热烈的掌声。第二天斯里兰卡的副代表对中国代表团的同事讲，她被我最后讲的那几句话的真诚感动到落泪。

会后不少会员国大使走过来与我握手。我们的中国团队特别是几位年轻的成员都非常兴奋，可能是我的表现有些出乎他们意料。回到办公室，我自己的内部团队开香槟祝贺。他们都看了直播，比我还要兴奋，认为十分成功，毕竟我的表现与他们的集体努力是分不开的。

两天的面试，九位候选人都"过了堂"，人人都很努力，不过舆论评价不一。我答辩之后，通过公布在教科文网站上的现场录像粗看了一遍其他候选人的面试情况。就几个舆论看好的人来说，埃及候选人没有预期中那么差；卡塔尔候选人已经准备了两年，但其表现令人失望；法国候选人感觉是受过法国精英教育的，口才很好，但是明显对

@UNESCO/Christelle ALIX

教科文组织执行局面试会场

教科文组织的领域，除了文化（她当过一年文化与传播部部长），缺乏了解。有三位候选人的表现差得太远，有的可以说是“惨不忍睹”。

尽管满意自己的表现，但是我从法国大使的提问中意识到文化领域是我的短板，下一步需要在这方面多做思考，表达出不一样的观点。另外我在回答问题时举了一些具体事例，以证明我具有将愿景变为现实的能力。自然我的例子多是我在担任助理总干事期间在教育方面的成就，虽然很具体，但难免给人过于重视教育，忽略其他领域的感觉。因此有必要注意强调在教科文组织其他领域我的理念和具体的改革设想，其中又属文化领域和信息传播领域最为重要，在这两方面要补上短板。

后来很长一段时间，我在教科文组织总部大楼里总能碰到认识或不认识的同事来打招呼，说希望我竞选成功。毕竟他们都愿意看到一个他们了解同时也了解他们的人来做总干事。不少大使也都是祝贺之意，认为我的表现出色。在一次招待会上碰到法国大使，我对他开玩笑说，你提到关于文化多样性的问题很刁钻啊，不过我会很重视这方面的工作。在外出差的博科娃总干事也发来信息，说她也听到不少反馈，都认为我的面试表现非常好。

迄今在教科文组织的官方网站上仍然可以找到此次执行局面试九位参选人的视频和其他相关资料，有兴趣的读者可以去看一看。网址为：https://en.unesco.org/executive-board/dg-candidates-2017。

难忘的拜票之旅

面试是第一关，下一步我要在继续履行助理总干事职责的同时，开展工作争取执行局各个国家的支持。

教科文组织执行局共有 58 个成员，按地域划分，其票源分布是：非洲 13 票；亚太 12 票；西欧 / 北美 9 票；东欧 / 俄罗斯 7 票；拉美 / 加勒比 10 票；阿拉伯 7 票。当选总干事须得到简单多数票的 30 票，除中国自己有一票，我们要争取到 29 票才行。寻求支持的工作又分为几部分。

一是在巴黎教科文组织总部做各国大使的工作。

二是我去访问执行局成员国，面见这些国家外交部或有关部委的官员，向他们阐述我的执政理念，争取支持，同时也了解各个国家对下一任总干事的期待与诉求。这一举动称之为“拜票”，是总干事选举候选人的通常做法。不过，执行局共有 58 个成员国，而我们的时间有限，不可能去所有国家，因此要有选择地去拜票。

我是带职参选，竞选不属于我的公务，因此去各国首都拜票不能占用工作时间，也不能利用教科文组织的资源。教科文组织有规定，每个工作人员每年可以休假 30 个工作日，当年如果用不完可以攒到以后用。员工退休时如假期没有用完，可以折合成工资领取。我做助理总干事多年，由于工作忙休假少，此时已经积攒了 55 天假，这些假期加上许多周末，最后全被我用来去各国首都拜票了。

三是国家在政治层面的支持。

竞选要有宣传材料，我的内部团队设计了一份 8 页的竞选册页。封面用的口号是“造就新一代全球公民将使我们的未来更加和平更加繁荣”。内中罗列了我的改革理念，配有我在非洲参观学校与儿童和教师在一起的照片，以彰显我对发展中国家的重视。国内还为册页做了一个纸质封套，以淡淡的水墨山水为底，凸显了中国元素，非常雅致。竞选材料用英、法、西、阿拉伯四种语言印刷，在我 5 月开始拜票之旅前送到了巴黎。

对于不同国家和地区组，做工作必须有针对性。我与团队仔细分析了不同国家对未来总干事的诉求，以确定对不同国家采取不同策略。我的内部团队也做了许多工作，通过私人关系，了解有关国家的态度与期待。在 2017 年 5 月到 9 月这段时间，我在竞选团队的支持下，分别对不同群组（法语国家、金砖国家、77 国集团）和不同地区（按教科文组织的六个地区划分）做了大量工作。

特别值得一提的是 6 月下旬我在纽约，联合国 77 国集团主席厄瓜多尔大使邀请我到他的办公室见面。大使说非常希望看到一个来自中国的教科文组织总干事，他表示坚决支持并允诺在 77 国集团内帮助做工作。

2017 年 9 月初，教科文组织 77 国集团在巴黎邀请了四位候选人对话。我在回答问题时介绍了改革的必要性和紧迫性，特别强调改革需要会员国的支持和教科文组织自身员工的理解。最后我说，有你们的支持，我们一定能重振教科文组织。最后竟得到了很热烈的掌声！会见结束后，主持会议的萨尔瓦多大使对我说："你一直是我最推崇的助理总干事，我希望你将来也是我最推崇的总干事。"

非洲国家

2017 年 5 月，我从非洲开始了我的拜票之旅。此前，中国外交部通过驻外使馆向教科文组织执行局成员国发出了外交照会，希望它们支持中国提名的候选人。教育部配备了一个由中国教科文组织全国委员会秘书长杜越领衔，副秘书长周家贵、处长侯健和副处长宗华伟组成的精干的辅选团队，轮流陪同我去会员国访问。

在教科文组织的执行局中，非洲国家有 13 票（喀麦隆、乍得、科特迪瓦、加纳、几内亚、肯尼亚、毛里求斯、莫桑比克、尼日利亚、塞内加尔、南非、多哥、乌干达）。这些国家与中国都有外交关系，中国在这些国家有大量投资和援助，在这些国家的影响力都非常大，自然应该是我们的大票仓。非洲这 13 个国家成了我们争取支持活动的重中之重。

但是争取非洲国家的选票并不那么简单。竞选开始之前埃及利用其既是阿拉伯国家，又是非洲联盟成员国的身份很早就在非洲联盟内活动，促使非洲联盟在 2016 年通过了一个决议，宣布支持埃及作为非洲的候选人竞争教科文组织的总干事职位。尽管非洲国家未必受此约束，但我们仍不能掉以轻心，所以我 5 月下旬去非洲拜票的第一站就去了在埃塞俄比亚首都亚的斯亚贝巴的非盟总部。

我拜访了非盟副主席夸蒂。这位副主席刚刚在中国参加了“一带一路”国际合作高峰论坛，对中国很友好，说非常高兴看到中国提名候选人参选，对非洲和发展中国家都是利好。我在谈话中强调了中国和非洲国家的传统友谊，特别提到 20 世纪 60 年代中国支持非洲国家反殖民主义的斗争，20 世纪 70 年代非洲国家支持中国重返联合国，还有如今在非洲大陆到处可见的中非合作项目，以此说明中非相互支持的历史和现实。我说，你们可以信赖中国人，可以把我当作非洲的候选人。

我们的团队第一轮在非洲拜票是 5 月 23 日至 28 日，去了埃塞俄比亚、肯尼亚和南非。第二轮是 6 月 13 日至 22 日，访问了尼日利亚、加纳、塞内加尔、多哥和乍得。第三轮是 8 月 15 日至 20 日，去了科特迪瓦、乌干达和莫桑比克。在中国大使馆的积极配合下，在肯尼亚和南非，由于有关部级官员不在首都，见到的是司长级官员；在尼日利亚见到外交国务部长和常任秘书；在加纳见到外交部副部长和教育部副部长；在塞内加尔见到外交部长和教育部长。在多哥则在我国大使刘豫锡的安排下拜访了总理、外交部长和高教部长；在乍得见到了外交部长；在科特迪瓦见到代理外长和教育部长；乌干达是外交国务部长；莫桑比克是外交部助理部长和教育部长。

拜会多哥总理克拉苏（右二），中国驻多哥大使刘豫锡（左一）、中国教科文组织全委会秘书长杜越（右一）在座

在这些会见中，我都强调了中非之间的传统友谊和今天的合作。有时我还会加上一些个人的感想，例如在加纳我对主人谈到少年时在北京欢迎加纳总统恩克鲁玛时的情景，五十年后我终于有机会踏上加

纳的土地，对方很爱听，很感动，拉近了双方的距离。针对非洲国家的主要关注点，我还特别提到下列几点：

- 世界需要教科文组织；
- 教科文组织面对内外挑战，需要一个强有力的领导者，推动改革；
- 下一任总干事应来自发展中国家，来自一个可以向教科文组织提供强有力的政治与财政支持的国家；
- 我具备领导能力，熟悉内部管理，能够代表发展中国家利益，也能够代表非洲国家的利益；
- 我成为总干事将为非洲带来机遇。中国的"一带一路"倡议是新的机会，中国会有更多资源通过教科文组织投向非洲。

在非洲这些国家拜票，中国驻这些国家的大使起了关键作用。我们的这些驻外大使都颇有大局观，都理解我国推举我竞争教科文组织总干事的重大意义。他们都说，尽管中非关系友好，但是我的到访仍有必要，表示了对这些国家的尊重。大使们都表态会继续跟进。三次去非洲十个国家拜票，亲眼看到中国在非洲的影响力，所到之处遍地可见中国人在非洲建设基础设施。我到过的非盟总部、加纳外交部大楼和机场、乌干达外交部大楼和多哥新机场都是中国援建的。

西欧 / 北美国家

在教科文组织执行局内，西欧 / 北美共有 9 票（法国、德国、希腊、意大利、荷兰、西班牙、瑞典、英国、美国）。尽管这一群组中的法国提出了候选人，但是在竞选初期，因为一些国家质疑东道国是否可以提出候选人并质疑法国候选人的能力，这九个国家并没有形成统一立场。有一个有利条件可能为我们争取支持：这些国家多是教科文组织缴纳会费比例高、提供预算外财源多的国家，它们对教科文组织改革的要求最为强烈，因为它们不愿看到自己的钱被浪费。我担任教育助理总干事数年间的改革成就令他们对我的能力非常认可，一位北欧国家代表团的官员告诉我，他们知道我是所有候选人中唯一可能真正实施改革的人。当然我们也都明白，将来投票时的政治考量是决定因素，不是我们能左右的。

在巴黎，中国常驻代表分别宴请了北欧四国（瑞典、挪威、丹麦、芬兰）、荷兰、意大利、西班牙和葡萄牙大使。我在这些场合详细阐述了我的改革设想。我与几位私交很好的大使一直保持着私下沟通。我还见了来访的担任"教科文组织扫盲特使"的荷兰王妃劳伦廷，她也很愿意看到我竞选成功，愿意帮助我做些工作。

2017 年 8 月底至 9 月初，我去了挪威、芬兰、瑞典、美国、意大利和英国，9 月中下旬又去了希腊和荷兰。德国因 4 月已经去过，德国大使对我说，在九个候选人中，我们对你是最了解的，不必再跑一趟了。北欧国家和意大利很重视我的来访。在挪威见到外交国务秘书和教育国务秘书；在芬兰会见了外交部长和文化部长；在瑞典见到外交国务秘书；在意大利和希腊都是见到外交部主管副部长。在美国、英国和荷兰则只见到司长级的官员。在这些国家中，我们的重点是北欧国家和意大利。北欧的几个国家虽然不大，但却是教科文组织预算外财源的最大金主，最期待改革。而 2017 年正值中国与北欧几个国家的双边关系升温，几国总理都刚刚去过中国访问，这也是我们可以利用的机会。美国和英国我们则从来没有指望会得到它们的支持，不过还是要去一趟，显示对它们起码的尊重。

出席芬兰外交部长（左一）、文化部长（左三）的午餐会，中国大使陈立（右一）在座

我的准备工作特别注意了这些国家主要关注的两个方面：一是将来教科文组织如何改革的问题。二是西方国家对中国候选人在人权、

自由表达这些敏感政治议题上的态度和立场还是有很大疑虑。这也十分正常，我必须认真准备，清晰地表明我的原则立场。这些国家普遍关心的议题还有性别平等、环境保护、总部外机构的设置与效率等。

在芬兰，外交部长和文化部长一起会见我。会议室布置得非常正式，桌面铺白桌布，有芬兰国旗和联合国旗帜。根据我的内部团队中芬兰同事的建议，我首先对最近发生在芬兰的恐怖事件中的伤亡表示哀悼，对芬兰庆祝建国百年表示祝贺。我还引用外长前两天在芬兰驻外使节会议上的讲话，“芬兰不应做看客，要参与。芬兰外交政策的基本目标是让人听到我们的声音，要发挥我们的影响力”。对方很高兴，对我引用他的话很是意外，这种很人性化的沟通效果甚好。芬兰方面给每人准备了一盘蘑菇派，部长说是芬兰特产，十分美味。会谈结束再看，每个人盘子里都吃得光光的，我却因为忙于说话，一块也没有碰，遗憾！两位部长忙不迭地表示歉意，说下次再来芬兰一定补上。宾主尽欢而散。

瑞典是此行中最具挑战性的一站。瑞典在北欧国家中是老大，很难缠。瑞典方面对我的来访极其重视，我在斯德哥尔摩只停留一天，安排了三场会见。第一场在教育科研部，国务秘书是一位年轻的女士，寒暄几句话后立刻拿出一张问题清单，连续提了十个问题！随后瑞典教科文组织全国委员会主席（一位多次担任内阁部长和议员的资深女政治家）在首相府的餐厅宴请。据中国大使馆教育参赞窦春祥说，宴请原定在我们下榻的酒店举行，但前一天瑞方通知改在首相府内的餐厅，他说这是高规格的礼遇，表现出对中国候选人的重视。

午宴其实是个工作午餐会，席间几位主人轮番提问题，所提问题涉及广泛，又是一轮面试！整个午宴期间，基本是我在说，讲解我的愿景与具体看法和措施，气氛认真、坦诚也很友好。饭后又去附近的瑞典外交部，主人方面的出席者是外交部、教育科研部和文化信息部共七位官员，坐圆桌轮番提问，持续了一小时。我的回答直接坦率，会后集体合影，大家都笑容满面。在瑞典一天下来我的嗓子都说哑了。后来据北欧国家的一位大使和一位教科文全委会秘书长说，北欧这几个国家的官员都对与我的对话感到很满意。

对荷兰的访问也是一次典型质询。在外交部，一位司长领衔，五位来自外交部和教育科学文化部的官员一字排开，从我在现场记录下来的清单可以看出主人所提问题的宽度和广度。

- 我们非常清楚你的能力与公信力，你有多年教科文组织工作的经验，这是其他候选人所不具备的。你的介绍涵盖了我们主要关心的议题。同意你说的改革是极其重要的。但你作为体制内的候选人，能够推动改革吗？
- 你准备如何将教科文的改革与其他联合国机构的工作与改革联系起来？
- 你谈到减少过度政治化，也提到总干事的责任。当然这最终是会员国的决定。请详细介绍一下你建立执行局工作组的想法。
- 你对“世界记忆项目”的看法如何？
- 世界遗产委员会缺少经费，你将如何应对？
- 你对“教育和言论自由项目”的打算是什么？
- 你提到科学方面气候变化、水资源，那么荷兰国际水利环境工程学院（教科文组织下属的一个研究所）应该起什么作用？
- 你将如何推动预防恐怖主义的工作？
- 你将如何解决驻各国办事处数量过多的问题？
- 你将如何发挥各国全委会的作用？

这些问题我之前都有所准备，没有难倒我。我说我不是政客，不会画饼，只讲我能够做到的事情，我的回答非常直率，这是我的本性，希望你们不会介意。司长说，这也是我们荷兰人的性格。他最后补充说：“我们已经接待了来这里拜票的几乎所有候选人，你是唯一不说其他候选人坏话的。”我笑着回答：“我把你的话理解为对我的夸奖。前几天我在日本东京，外务省的官员也是这样对我说的。”

对这些国家的访问同样得到中国使馆的大力协助。在会见这些国家的官员之前，他们都提供了许多信息和建议，使我能够在会见中针对该国的具体情况与想法谈谈我的理念。驻挪威的王民大使有多年多边外交的丰富经验，以前他在纽约做中国常驻联合国副代表时我曾经见过他，这次重逢又给我提了不少建议。驻英国的刘晓明大使详细询问了选情，还提起多年前他在朝鲜当大使，知道我当时促成了韩国向朝鲜捐赠教科书印刷用纸的项目。驻荷兰的吴恳大使对我说，你的竞选是中国参与国际事务的新动力，事关国际社会，是国家交代的任务，使馆一定全力以赴。驻瑞典的桂从友大使、驻芬兰的陈立大使、驻意大利的李瑞宇大使、驻希腊的邹肖力大使亲自陪同我去会见驻在国官员并且代表中国政府明确表态支持。

拜会驻英国大使刘晓明

在几个月时间内，最终在这一组九个执行局成员国中我去了七个，另外还访问了挪威和芬兰两个非执行局会员国。至于拜票的效果，我与我们的大使和其他官员都交换过意见。总的来讲这些国家对我的来访都很重视，在罗马见完意大利的副外长之后，李瑞宇大使在使馆请我吃饭。席间李大使说：“听你讲话，也学到许多东西，你的回答很有针对性，也是对方愿意听到的。”他还告诉我，会谈后副部长私下告诉他，意大利会支持中国。我从罗马给意大利驻教科文组织的大使发短信，告知她会见顺利。大使马上回复，也从罗马的同事那里得到“非常正面的反馈”。

9 月中旬，我应邀与教科文组织中的西欧 / 北美地区国家的常驻代表团在该地区组主席葡萄牙大使的主持下进行了一次对话。此人系资深外交官，他曾经对我说过他对竞选前景的分析，挺有意思。他认为从能力上讲，我是总干事的“不二人选”。但从政治上讲，他认为中法两国会势均力敌，最后共同撤出，让埃及人当选。这也算是他的一家之言。对话之前，意大利大使就告诉我，她会提有关自由表达与人权的问题。会议出席率甚高，主要西方国家的大使或副代表都在场，看来他们对中国提出的候选人相当重视。

我有备而来，对对方提出的问题尤其是那些敏感的政治问题都做了详尽的回答。最后我非常直率地指出，要改革我们必须联手共同努力，特别是西欧和北美国家，多是这个组织的创始国，多是主要的会费国，对改革教科文组织也有不可推卸的责任！会后我刚回到办公室就收到意大利大使发来的一条短信，“Bravo”（好极了）！荷兰大使也发来短信，说赞赏我的坦诚与切中要点的回答，表示祝贺。后来听说他们只邀请了我和法国候选人对话，其他没有受邀的候选人还很有意见。由此可以验证这些国家对中国候选人的重视与期待。

热心帮忙的意大利常驻教科文组织代表罗莫纳柯大使

东欧（包括俄罗斯）国家

东欧地区共有七票（阿尔巴尼亚、爱沙尼亚、立陶宛、俄罗斯、塞尔维亚、斯洛文尼亚、乌克兰）。这其中与我们关系比较近的是俄罗斯和塞尔维亚，这两个国家的大使十分帮忙，给我出了不少主意，我和中国常驻代表团一直与他们保持着密切联系。不过俄罗斯面对一个有几分尴尬的境地：阿塞拜疆提名该国驻俄罗斯大使作为候选人，要求俄罗斯支持。这位候选人已经七十多岁了，做过文化部长，在苏联时期是个有名的歌星。但是他本人英语和法语都说不好，所有人都认为他毫无希望。俄罗斯大使解释说，因为阿塞拜疆是独联体国家，所以俄罗斯有义务至少在第一轮投票中给予支持。

从 2017 年 4 月至 9 月，我访问了其中五个国家：2017 年 4 月去了阿尔巴尼亚，会见了副总理和教育部长；8 月下旬去了爱沙尼亚，在曲喆大使陪同下会见了外交部长和文化部长；同月访问塞尔维亚，在李满长大使陪同下会见了第一副总理兼外长、文化和信息部长、教育与科学部国务秘书；9 月下旬访问了斯洛文尼亚，在叶皓大使陪同下会见了外交国务秘书和教育与科学部长；之后访问了立陶宛，会见了外交部副部长。这些活动都是在我国驻这些国家的大使亲自关照下做出的细致安排。我还到使馆拜访了驻阿尔巴尼亚大使姜瑜和驻立陶宛大使魏瑞兴，他们都给了我不少建议并要求使馆官员跟进，继续对驻在国官员做工作。

我去的这五个国家与中国的双边关系都还不错。最亲近的是塞尔维亚，不愧是中国的“铁杆兄弟”，它的大使在巴黎为我们做了不少助选工作。在贝尔格莱德，它的第一副总理兼外长达契奇见面就说，你不必向我介绍你的竞选理念，中国是我们最好的朋友，你就是最好的候选人。我回答说，你们驻教科文组织的大使就说过，我不来塞尔维亚你们也会支持我，但是我仍然坚持来访，向我们的塞尔维亚朋友表达敬意。我们与李满长大使一起步行从外交部前往教育部，路上路过国防部大楼，大使指点我们看那里还保留着当年北约轰炸造成的半壁废墟。我本来还想去看看中国驻南联盟使馆旧址。但大使告诉我，自 2016 年习近平主席来这

会见塞尔维亚第一副总理兼外长达契奇

里访问后，在使馆旧址上正在建设一个中国文化中心。于是作罢。不过我还是去拜谒了一代伟人铁托总统的墓地。

东欧国家普遍关注的问题是教科文组织如何改革以突出重点和新任总干事要如何避免过度政治化。另外在教科文组织秘书处中来自东欧国家的官员人数太少也是这些国家的关切点。各个国家也都还有自己的一些特殊的诉求，例如，阿尔巴尼亚希望未来的总干事支持科索沃加入教科文组织。立陶宛是我所有拜票行程的最后一站。其副外长问，你来自体制内，到底能否推动改革呢？我说正因为我来自体制内，才真正了解到底需要改革什么和使用何种方法才能将改革付诸实践。我说，你知道在中国，正是来自体制内的邓小平领导了改革开放这一伟大的改革。这位副部长坦率地对我说，我们认为你的能力与经验最适合当此重任，我们也会向上推荐，但是最后决定是要由领导人做出。这基本上也是爱沙尼亚和斯洛文尼亚的态度。这也应该是我们自己努力可能得到的最好结果了。

亚洲国家

亚洲在教科文组织执行局中有 12 票（孟加拉、中国、印度、伊朗、日本、马来西亚、尼泊尔、巴基斯坦、韩国、斯里兰卡、土库曼斯坦、越南），它们的想法与诉求比较分散。这些国家与中国的关系有的很好，有的则很微妙。不过它们中的大多数与我有着多年的合作关系，所以对我都十分了解。在巴黎，我和中国常驻代表团与除了越南（它有自己的候选人与我们竞争）之外的其他 10 位大使都进行了接触。我于 7 月初去亚洲做第一轮拜票，去了孟加拉、尼泊尔和韩国。第二轮 8 月上旬访问了巴基斯坦、斯里兰卡和印度。最后 9 月底去了日本和马来西亚。总计访问了八个国家。

我在各场会见中除了谈改革方略，还特别强调，亚洲是世界经济发展最快的地区，现在是由来自亚洲的发展中国家执掌教科文组织的时候了，我们亚洲国家应该团结起来，以我们的经验帮助其他地区国家的发展。在孟加拉，主人高度评价我多年来对该国教育发展予以的大力协助，说尽管以前对其他国家有承诺，但是愿意重新考虑立场。尼泊尔官员对中国颇有好感。巴基斯坦联邦教育部长与我多年合作成为好朋友，又是中国的“巴铁”，自然表示全力支持。斯里兰卡政府与中国关系极好，部长表示没有理由不支持中国。马来西亚的教育部长也是老朋友了，他说你就是不来，我们也会支持你。

我多年来在工作中与韩国教育部和外交部都有过多次卓有成效的合作。在我宣布竞选之后，韩国大使在第一时间向我表示祝贺与个人的支持。我到首尔后先去中国使馆拜会了邱国洪大使。邱大使是位经验丰富的资深外交官，他为我分析了两国关系现状和韩方可能的关注点，并说将亲自陪同我前往韩国外交部。第二天上午我在邱大使陪同下前往韩国外交部拜会一位助理部长。当我们出现在外交部大厅，马上有几位韩国记者过来与邱大使打招呼。邱大使对我说，他并不常来外交部，此次他出场足以显示中国政府的重视与支持。会见中我回答了助理部长提出的多个问题，特别提及当年我促进韩朝两方教育合作的往事。最后助理部长说将根据三个条件综合考虑。一是候选人的能力，二是看能否在教科文组织中反映韩国的利益与需求，三是双边关系的考量。会谈持续了一小时，气氛非常好。

与驻韩国大使邱国洪在韩国外交部前留影

印度对我竞选的态度有些微妙，毕竟它与中国既有合作又有竞争。印度驻教科文组织的大使在任职的几年里与我的合作很多，她对我的能力很了解，同时我在工作中一直强调要让印度作为一个大的发展中国家在教科文组织的教育领域中发挥作用。她很赞同我的观点，至少从个人角度，她非常支持我，认为我有胜算。

2017 年 8 月我到印度拜票，首先去拜会了中国驻印度大使罗照辉。罗大使仪表堂堂，曾任外交部亚洲司司长、驻加拿大大使。大使一见面就提及我们都曾在中国驻加拿大使馆工作，他为我从两国关系的角度分析了印度方面可能的态度。尽管当时两国有边界摩擦，但他对两国关系的长远走向依然十分乐观。中印应携手引导教科文的发展方向。陪同我会见的使馆官员会后说，印方对这个有战略高度的说法应该是满意的。

在德里，我专门拜访了担任联合国教科文组织执行局委员的克兰·辛格先生。辛格先生已 86 岁高龄，是印度的一位有传奇色彩的资深政治家，国大党的元老。他多次当选议员，担任过联邦政府部长，与英迪拉·甘地家族关系密切。当年印度独立时他是克什米尔的王子，尽管克什米尔伊斯兰教徒占多数，希望并入巴基斯坦，但他随其父坚持并入印度。近年来莫迪政府执政，国大党势衰，但他作为政坛元老仍广受尊重。近几年他受聘担任教科文组织在印度建立的圣雄甘地和平与可持续发展教育研究所理事会的主席，与我在工作中合作非常愉快。据中国使馆同志说，他听说我要来非常高兴，说是老朋友，一定要请我到他的家里见面。老人身体和精神甚好，问了许多问题，包括我对教科文组织改革的具体设想。他对我的能力称赞有加，说我是唯一对教科文有深入了解的候选人。他说会与印度政府有关部门讨论，提出他自己的看法。我们谈得非常高兴，告别时辛格先生一直把我送到门外，并合影留念。这是一位值得尊敬的老人。

拜访印度政坛元老克兰·辛格

日本当时是教科文组织的第一大会费国，在教科文组织中影响非常大。但是当时中日关系的状况确是一道不容易越过的坎儿。当年松浦晃一郎任总干事时对我的能力颇为赏识，当我宣布竞选后，日本驻教科文组织的大使佐藤就来告诉我说，松浦先生希望与我见面。2017 年 5 月，松浦来巴黎，佐藤大使在一家日本餐馆请他和我共进午餐。松浦说他非常高兴看到中国政府提名我竞争总干事。松浦说，从能力上讲我是最强的。他建议我一定要去日本访问一次，最好能持一封中国外交部长的信件。松浦还以他当年竞选总干事的经验给了我不少非常实用的建议。

9 月初松浦又来巴黎，专门到我的办公室看我，再次建议我去日本访问。他告诉我，已经有好几位候选人访问了日本，日本政府指定外交副大臣会见他们，这是对所有来访的候选人一视同仁。他说日本政府仍然在评估形势，要到最后一刻才会做出决定，因此我一定不要缺席。我请他转告日本政府我的三点立场：（1）会对中日两国一视同仁；（2）努力去政治化，多以正能量促进和平；（3）利用教科文组织这一平台，促进中日韩的合作。他认为很好。下午他又给我打来电话，建议我去日本时先讲去政治化，这是日本最关心的问题。

我与国内团队研究后认为，尽管从政治考虑我们对日本这一票并不抱什么希望，但还是应该去一次。但是安排我去访问的过程却颇为曲折。本来计划是 8 月初去，佐藤大使早早就为我办好了去日本的签证。但是恰逢日本政府内阁改组，访问不得不推迟。9 月上旬佐藤大使来电话说已经有六位候选人去过日本，日方建议我 9 月 25 日在东京会见日本政府官员。但是到了 9 月 22 日，佐藤大使说东京迄今还没有接到中国大使馆的正式约见

友好的日本驻教科文组织代表佐藤大使

请求。我们国内涉外事务程序比较复杂，很费周张。当时已经是周五，如果当日联系无果，我 25 日周一在东京的会见就无法安排了。

佐藤大使诚心要促成我的访问，她来到我的办公室，给了我外务省一位官员的电话号码，说她已经做了工作，外务省可以通融，中国使馆打电话就可以，照会可以后补。我马上打电话告知国内，随后大使和我一起在办公室等消息。我让秘书给大使端来咖啡，闲聊中我向大使表示，中日两国有上千年的友好关系，虽然近一百年两国之间有战争和不愉快的历史，但比起两国之间的友好毕竟这是短暂的。中日复交后，两国有几十年的友好关系，中国在改革开放初期得到日本很多支持。目前两国关系有困难，但我相信这是暂时的。我们应把眼光放远，在教科文组织中合作，携手帮助发展中国家，也为中日关系增加正能量。佐藤大使说她已经很久没有听到这样的说法了，并完全同意我的看法。30 分钟后，全委会杜越秘书长给我发来微信，说联系好了，周一下午在东京会见外务省大臣政务官堀井岩。佐藤大使立即打电话给东京，得到了确认。此时大家的心才放下。大使过来给了我一个拥抱，祝我好运。佐藤大使是真心助我成行，无论以后结果如何，她的这份敬业精神与真挚的友情令人难忘！

我周日下午抵达东京。不过由于安排仓促，国内团队本应陪同我来访的辅选团队人员未来得及办理日本签证，这里的一切活动都由中国驻日本大使馆安排并派人陪同。从机场出来我直接去了中国使馆拜访程永华大使。程大使早年到日本留学，后来在使馆工作了几个任期，共在日本 29 年，是真正的知日派。我向他介绍了竞选的整个前因后果，并向他请教。程大使说目前中日双方政治气氛有所好转，日本表示愿参与“一带一路”倡议的多边合作。不知不觉谈了一个半小时。之后由使馆郭燕公使代表大使在外面一家日餐馆请我用晚餐，席间郭公使和律桂军、胡志平两位公使衔参赞给了我不少具体建议。

与日本官方会见分为两场，第一场是外务省主管教科文组织事务的审议官（局长）宫川先生在一家高级餐厅请用工作午餐。宫川对我在教科文组织中多年来的成就了如指掌，甚至提到当年我在朝韩之间斡旋向朝鲜提供印刷教科书用纸的事情（不得不佩服日本人的情报与分析工作）。现在他们最关注的问题是“世界记忆”项目对日本的影响。我强调教科文组织的原则是通过对话达成共识，我作为总干事会尽到责任，在有争议的议题上促使各方充分对话，要促进和平与合作，而不是扩大分歧。我强调教科文要非政治化，回归其原始宗旨，通过教育、科学及文化促进各国之间的和平与合作。我说教科文组织如今面临巨大的危机与挑战，急需改革，我并非谋求一份工作，我是出于对教科文组织的责任接受中国政府的征召参与竞争。

宫川审议官说，他已经接待了七位候选人来访，日本政府将进行全面评估，做出最终决定。他还对我说：“你是唯一不批评其他候选人的人，这大概是我们的东方文明。你也是唯一被其他所有候选人都提到的人。他们都说自己是最棒的，但是都说中国候选人也很有竞争力。”宫川最后说，如果你当选总干事，你可以放心，日本会百分之百地支持你。餐后，中国使馆出席宴请的两位公参都认为我讲得很好，对方的反应积极得有些出乎他们的意料。下午第二场会见前还有些时间，律公参陪我到市内一个公园走走。这里有一家餐厅叫松本楼，一百多年前的 1915 年孙中山与宋庆龄在此结婚。

下午去外务省，会见大臣政务官堀井岩。此人是来自奈良的议员，很年轻但从政时间却不短。谈话的主线与宫川审议官相似，担心教科文组织过度政治化，希望回归其初衷，对待分歧强调对话与沟通。我强调，通过对话达成共识是教科文组织一贯的原则。我作为总干事会坚持这个原则，并采取积极行动，促进对话。会见原定 20 分钟，实际持续了 30 分钟。会见后，与使馆几位官员交换看法，他们均觉得效果不错。我说反正我们自己的立场表达了，最后他们如何决定就不是我们能把握的了。总之这次拜票是应该来的，该传递的信息也传递了，此行目的是达到了。

拉美 / 加勒比国家

拉美与加勒比地区在教科文组织的执行局内共有十个席位（阿根廷、巴西、多米尼加共和国、萨尔瓦多、海地、墨西哥、尼加拉瓜、巴拉圭、圣基茨与尼维斯、特立尼达和多巴哥）。这个地区的国家在教科文组织之内很团结，经常集体就某一议题发声，而且不依不饶。它们对下一任总干事的主要诉求是要教科文组织重视协助中等收入国家的发展。2017 年夏，中国常驻代表团宴请了这些国家的常驻代表，我在席间介绍理念，回答问题。拉美组还组织了一次与总干事候选人的公开对话会，邀请我和其他几位候选人到会对话。

去拉美和加勒比国家拜票我们面临了一个实际问题，10 个国家中的 6 个当时与中国没有外交关系。虽然我可以持联合国通行证访问这些国家，但陪同我的中国政府官员非经特别批准不能去访问。这年 7 月我首次去拉美拜票途经美国休斯敦，中国总领事李强民大使在他的官邸请我吃饭，他给我出了个主意，请中国常驻联合国代表团安排我在纽约拜访那几个无邦交国家常驻联合国的代表，由这些代表向自己的首都报告。这实在是一个好主意，后来国内团队得到外交部的积极支持，做了相应安排。

我在 2017 年七八月间两次去拉美和加勒比地区拜票。第一次去了墨西哥、海地、特立尼达和多巴哥、阿根廷。第二次去了巴西。

作者（左一）与墨西哥官员会谈，中国大使邱小琪在座（左三）

去墨西哥访问因航班延误，晚上 10 点直接前往大使官邸，邱小琪大使仍在等我。邱乃外交部的副部级资深大使，曾任拉美司司长和驻西班牙等国大使。我向他介绍了竞选情况，他当即决定调整次日的日程，亲自陪我去外交部。第二天上午到外交部会谈，墨方有外交部、教育部和文化部的共七位司长级官员出席。邱大使首先介绍我，从教科文组织的重要性，到我的能力经验，从中国的贡献到中墨两国友好合作关系，侃侃而谈并极其到位，不愧是资深大使。我除了介绍我的愿景，指出教科文组织需要改革，需要有能力、来自发展中国家的人领导改革，将来教科文组织改革的具体想法与措施外，我特别强调了文化多样性、遗产保护、不同文化与文明之间的对话等“大文化”概念，这是墨西哥非常关注的。对方提了许多问题，如何协助遗产保护、性别平等、文明对话的具体措施等。讨论很热烈。看来对方是非常认真的，对我的回答也是满意的。

在另一个拉美大国阿根廷，我也是首先前往中国使馆拜访大使杨万明。杨大使有丰富的拉美经验，曾任外交部拉美司司长和驻智利大使。我介绍了情况，大使也客观地谈了阿根廷可能的态度。不少候选人已经来过，但外长只见了法国候选人。大使说这位外长虽然是资深外交官，但是很直率，有些另类，所以谈话时建议我直奔主题。与阿根廷外长福列见面的时间安排在晚上 7 点半，杨大使参加。外长人不高，很活跃、语速快。寒暄后我即切入主题，谈了以下几点：阿根廷是重要拉美国家，我们重视这一票；教科文组织面临挑战，需要一个强有力的领导人领导全面

会见阿根廷外长福列

改革，我作为唯一内部人选，有经验与能力；我得到中国政府强力支持，中阿两国同为 G20（二十国集团）成员，有广阔的合作潜力与前景；我如当选总干事，将全力使拉美国家特别是阿根廷发挥重要作用，尤其是在教育、文化和气候变化等方面。

外长说总干事人选要有利于教科文组织的改革，他们会根据各方面的情况考虑做出决定。会后来到外交部大楼门外，杨大使说，你讲得很好，直率、有分寸。杨又补充道，他们可以看到我们的候选人最具总干事的风度。

巴西是在拉美有重要影响的国家，又是金砖国家，这一票当然要争取，也应该去拜票。但是巴西政坛在 2017 年夏天一直动荡不安，所以我的拜票之旅一直到 8 月底才成行。抵达巴西利亚时，前来接机的中国驻巴西使馆临时代办宋扬公使告诉我，李金章大使回国准备巴西总统访华事宜去了（后来我在厦门见到李大使向他表示感谢），但他已经与巴西外交部长谈了支持我竞选的事，回国前还特别叮嘱这件事。现在的时机很好，巴西总统马上赴中国进行国事访问，随后参加在厦门举办的金砖国家峰会。

巴西政府对我的访问非常重视，两天内安排我拜会了代理外长职务的常务副外长、教育部长、文化部长和科技、创新与通信部长。宋代办陪同我参加了所有四次会见。由于中巴之间的友好关系，几位部长的态度非常友好，谈话中也都强调了巴西与中国的友好合作关系，但是这并不妨碍他们提出许多具体问题来与我讨论，以研究我的看法和理念。例如，如何促进文化多样性的讨论，如何去过度政治化，等等。教育、文化、科技三位部长都说会向外交部表示对我的支持。宋代办告诉我，巴西政府的外交事务严格由外交部统一协调，所以这几位部长要向外交部报告。

科技部长是一位资深政治家，做过七年圣保罗市的市长。圣保罗在整个南美洲是第三大城市，可见其市长的分量。我就他丰富的政治经验恭维了他几句，最后我问他，作为一位资深政治家，你经历过那么多次选举，我如果请你给我一句话的指点，你会说什么？部长想了想，说："坚持不懈！"

后来得知，中国领导人在会见来访的巴西总统时曾经向他表示，希望巴方支持中国提名的教科文组织总干事候选人。

为了做那六个与中国无外交关系国家的工作，外交部指示中国常驻联合国代表团做了周密安排，8 月底我和辅选小组用一整天时间在纽约拜访了这些国家驻联合国的代表，代表不在的，也都约到了大使衔的副代表。中国常驻联合国代表团的同志都说，这真是个好主意，因为这些常驻代表都是资深外交官，与国内外交部长甚至总统都能说上话。这一天共进行了八场会见和一个工作午餐，可谓高效率。

当时特朗普总统刚上台，美国国务院许多高级官员职位尚未任命，致使国务院运作不正常，其驻联合国代表团是更好的沟通渠道。因此在纽约我首先到访美国代表团，拜访副代表西森大使。中国副代表吴海涛大使和姚绍俊参赞陪同。据我国代表团介绍，通常美国代表团都是让其负责选举的中层官员出面，这次由副代表出面十分特殊，显示出对中国候选人的重视。西森大使是职业外交官，很热情。他们明白我的来意。我强调美国不应放弃在全球的领导责任，我讲了我改革教科文组织的计划与坚定决心，希望以后美国会看到一个新的、"有用"的教科文组织。我说，今后 10 年，中美关系处于关键时期，双方都在适应，有合作也会有摩擦，我们应该利用教科文组织这一平台，携手合作，也为中美关系增加正能量。美方对我的提法很感兴趣，提了不少问题，气氛很和谐。说实话，我们并不指望美国会提供支持，但是要向美方传达必要的信息。

随后在吴大使陪同下，我在联合国总部大楼或代表团驻地连续会见了萨尔瓦多大使衔常驻副代表、巴拉圭大使衔常驻代表、海地大使衔常驻代表、多米尼加大使衔常驻代表、尼加拉瓜大使衔常驻副代表、圣基茨和尼维斯大使衔常驻代表。在会见中，我都强调，我如当选总干事会对拉美和加勒比地区予以更多重视，也建议这些国家利用教科文组织的平台，开展与中国的合作。据吴大使讲，这些大使平时与中国常驻联合国代表团的关系都不错，是我们可以争取的对象。吴大使在这些会见中都代表中国政府请他们对我的竞选予以支持。会见气氛都很好，这些大使都说，虽然与中华人民共和国尚无外交关系，但是双方在联合国的合作非常好。他们都许诺会将我的来访情况报告国内。一路陪同的吴大使和姚参赞都认为这些会见达到了目的。

拜会中国常驻联合国代表刘结一大使

中午到中国代表团驻地接受刘结一大使的宴请。久闻刘大使大名，他非常热情，儒雅而智慧，讲话语速不快但条理清晰。我对代表团所做的安排与大力协助向他表示感谢。刘大使有丰富的外交经验，我正好利用这个机会向他请教。关于下一步的竞选方略，他给我提了几条非常实用的建议。另外还特别谈到将来应该如何面对一些政治敏感的问题，刘大使以自己的经验之谈，强调要处于超然地位，支持对话，促进对话；做开通渠道的工作，通过促进各方在教育、科学、文化诸方面的技术层面上的合作，达到缓和气氛，降低敌意的目的。

中国一直在联合国总部占有一个副秘书长的职位。以前沙祖康和吴红波两位大使担任此职时我与他们都有过合作，我去纽约出差时，有机会也会去看看他们特别是沙大使，我们聊得很投契。这次在纽约结束了所有拜票活动之后，我们来到联合国总部大楼的 22 层对刚到任接替吴红波的副秘书长，原任中国外交部副部长的刘振民做礼节性拜访。我和刘振民一年前曾经在贵阳一起出席东盟教育部长会议，所以这次在纽约见面聊得很热络。后来又相互说起经历，他是山西岚县人，与我当年插队所在的兴县紧邻。我们还都是当年的“工农兵学员”，我高他两届，越说越近了。

阿拉伯国家

阿拉伯国家在教科文组织执行局中有七票（阿尔及利亚、埃及、黎巴嫩、摩洛哥、阿曼、卡塔尔、苏丹），其中三个国家（埃及、黎巴嫩和卡塔尔）推出了候选人，摩洛哥又是法国候选人的大力支持者，所以我们在这个地区没有太大的回旋余地，自然也就不是我们的工作重点。由于时间所限，我只在 9 月 10 日去阿尔及利亚做了一次访问。

在阿尔及利亚首都阿尔及尔，我在中国驻阿大使杨广玉陪同下分别拜会了教育部长、文化部长和外交部秘书长。杨大使常驻过法国，做过驻乍得大使，经验丰富，非常健谈。根据他的建议，我在会见阿方官员时强调阿尔及利亚在教科文组织中的重要性和中阿友好关系，请他们支持。会见中，杨大使则向主人强调，中国当选，有利于发展中国家，有利于中阿在教科文组织平台的合作，也会照顾到阿方的利益。部长们都表现得热情友好，文化部长说，世界面临挑战，教科文组织也面临挑战，应多讲文化，少讲政治。

在竞选活动进行期间，阿拉伯世界七个国家在 2017 年 6 月突然宣布与卡塔尔断交，理由是卡塔尔干涉他国内政，支持恐怖主义活动。卡塔尔是个海湾小国，常住人口 200 多万，其中绝大部分是外国劳工，本国公民只有 15%。卡塔尔天然气、石油储量丰富，国家十分富足，近年来致力于扩张其在地区甚至全球的影响力。从争夺 2022 年世界杯主办权，到这次竞选教科文组织总干事都是这些努力的一部分。这次断交风波表明，阿拉伯世

会见阿尔及利亚教育部长班加波莱特

界在政治上严重分裂。这也是多年来阿拉伯国家竞争教科文组织总干事一职“屡战屡败”的一个重要原因。

这一风波对卡塔尔候选人是个沉重的打击，许多人认为他已经毫无希望了。但是与我很熟的一位西方国家驻教科文组织的大使却对我说，绝不可低估卡塔尔各种手段的作用，看看他们是如何得到世界杯主办权的吧。后来发生的事验证了这位大使的远见。卡塔尔最早开始准备，候选人面试表现令人失望，又被阿拉伯国家孤立，人们一度认为它没有任何希望了。但卡塔尔一直在做不懈的努力，投票前元首出面，外长亲自到巴黎督阵，结果咸鱼翻身。它的候选人第一轮投票得到19票处于领先位置，最后一轮得到28票，仅以微弱劣势输给法国！这就是国际政治，没有什么事是不可能的。

从 2017 年 5 月到 9 月，我访问了教科文组织执行局 58 个会员国中的 36 个，还在纽约拜访了 6 个无邦交国家的大使。这些访问使我有机会广泛地接触了会员国的官方代表，有机会向他们介绍自己的竞选愿景与实行改革的计划和路线图，表达了团结所有会员国协力让教科文组织再造辉煌的愿望。我回答了会员国提出的诸多问题与疑惑，也更深入地理解了它们的不同诉求和对教科文组织及其总干事寄予的期望。这段经历特殊而难忘。在我们离开这些国家时，有约半数国家给了我们相当明确的支持，还有其他一些国家表示会积极考虑。这说明拜票是必要的，我们的方法与策略也是正确的。

对我和我的辅选团队来说，拜票之旅既是难忘的，也是十分疲惫的。我曾统计过，在 2017 年 8 月，我们在 26 天之内连续访问了亚洲、欧洲、非洲、北美洲和南美洲的 13 个国家，过境 5 国，空中飞行 74 000 公里。每个国家至少三次会见，两场宴请，均由我主谈。国内派出的辅选团队分两组，每组 2 人，轮流陪同。而我则只能一直坚持到底。其中在欧洲 5 天去了 5 国，最后嗓子都哑了。

我的国内与国外两个团队为拜票活动做了大量准备工作。这里特别要提到的是我国驻这些国家的大使馆给予了我极大支持与具体协助。

这些驻外大使都有战略眼光，有全球观，非常明白中国竞争联合国教科文组织总干事的意义。在我的竞选中，他们都尽全力来支持。

媒体和舆论场

在竞选和后来的投票过程中，世界上主要媒体和候选人国家的媒体都做了报道。在当今这个信息爆炸、多种新媒体手段和技术广泛应用的时代，如何面对媒体、利用媒体，达到宣传自己、争取舆论支持的目的是我们的一个新课题。

在执行局面试之后，我的内部团队就建议我考虑利用媒体，特别是新媒体包括社交媒体为选举造势。他们提出的想法是建立一个竞选网站，设立一个推特账号，可以用来不断向外界阐明我的竞选理念，同时也可以在受到别人的无端攻击时发声，澄清事实，予以反击。当时其他候选人多已经建立了自己的网站和推特。不过由于我尚担任教科文组织的公职，不能在教科文组织内建立这样的网站，要建只能是由中国常驻教科文组织代表团来建。但是几经商量，因常驻团没有这方面的技术力量而作罢。我们的发声就只能依靠传统媒体来进行了。

中国的《中国日报》与法国的《费加罗报》和英国的《每日电讯报》有合作协议，每月在这两家报纸的周末版加一份《中国日报》的副刊。在我的建议下，中国教育部得到了《中国日报》的支持，同意在选举投票前一周在副刊上用法文和英文分别刊登一篇我的文章。在国内团队的协助下，我准备了一篇题为“为了和平与可持续发展打造一个更好的联合国教科文组织”的文章，阐述我的竞选理念和我在教科文组织实施改革的设想以及将来我会侧重的那些关键领域。最后我强调了中国对教科文组织的支持和习近平主席 2014 年在教科文组织演讲时提到的不同文明之间平等与包容的对话。英国的《每日电讯报》于 9 月 26 日的《中国观察》副刊中刊出，法国的《费加罗报》三天后也登出。中国常驻代表团将文章发送给了各国常驻教科文组织代表团。

“教育国际”是一百多个国家的教师工会的联合组织，代表全球 3 500 万教师，在国际教育界非常有影响。他们对多年来与教科文组织和我个人的合作非常满意。知道我竞选总干事，它的秘书长荷兰人里文发表了一封公开信，代表“教育国际”支持我竞选教科文组织总干事。他于 9 月中旬把这封信发表在该组织的官方网站上，并在他们的社交媒体上推出。这个支持的分量相当重，中国常驻代表团也将公开信和网页链接发给了所有国家的常驻团。

在投票前，法国媒体和其他一些国际媒体对教科文组织总干事竞选的报道增多了，法国候选人得地利之便，连续接受法国媒体采访，为自己造势。其间我也接受了美国合众社记者托马斯·亚当森和美国《外交政策》双月刊记者林奇·哥伦的电话采访。这两位资深的美国记者一直在跟进教科文组织总干事竞选过程，对他们的采访我不敢掉以轻心。

合众社记者亚当森的问题集中在我将如何捍卫新闻自由和为什么中国要“争夺教科文组织的领导权”。我的内部团队协助我对此做了细致的准备，尤其是对于新闻自由这个话题。在通过电话采访时，我的回答是，作为国际公职人员我非常认同自由表达的理念。但是推进这项事业，要根据国情用平等对话的方式而不是对抗的方式，这样效果更好。随后我转为“进攻”，说美国不应放弃它的全球责任，中美两国应携手在教科文组织中合作，造福于会员国，也为中美关系增加正能量。我说我家三代人都曾在西方受教育，是融合中西文化的典范，教科文组织的宗旨就是促进不同文明与文化之间的对话与理解，促进和平。采访进行了 20 分钟。亚当森的文章在投票前发表出来，文中把我与埃及和卡塔尔的候选人列为“领跑者”。他在文章中说，“有人怀疑中国正在利用美国退出产生的真空试图掌控教科文组织和其他联合国机构”。“不过中国候选人坚称，中国并没有想取代美国的角色。”记者最后引用了我的话来结束他的文章：“我最近访问了美国，与国务院官员进行了长时间的讨论。我对他们说，我不认为你们美国人应该放弃你们的全球领导责任，特别是在教科文组织。我们需要美国。”

《外交政策》记者林奇·哥伦的问题要广泛得多，当然也包括新闻自由和中国的作用这些问题。他的电话采访近一小时，我回答了九个问题。但当他的文章在 10 月 6 日发表出来后，文章的标题却是“美国退出世界组织，中国出手填补真空”。国内的《参考消息》摘译了这篇文章。

美媒：中国积极争取国际组织领导权

（参考消息网 10 月 9 日报道）美国《外交政策》双月刊网站 10 月 6 日刊发题为“美国退出世界组织，中国出手填补真空”的文章称，如果唐虔在联合国教科文组织领导人的竞选中获胜，他将与其他两位中国籍的国际组织负责人一起在互联网管理方面发挥作用。中国努力争取国际组织领导权很可能实现，这在很大程度上是因为美国的退却。

文章称，中国在世界舞台上施展外交影响力的最新举措出自唐虔之手。这位鲜为人知的 66 岁中国籍联合国官员正在为出任联合国教科文组织下任总干事而展开竞选活动。

唐虔目前是设在巴黎的联合国教科文组织的教育助理总干事，是北京推动担任高级国际职务的越来越多的中国人之一。此举表明北京热切希望在世界各地打造更清晰的“软实力”形象，填补对多边主义持怀疑态度的美国政府留下的政治真空。

唐虔在接受《外交政策》采访时说：“中国想履行全球责任，在全球层面上促进和平与发展。中方认为联合国教科文组织是个很好的平台。”

文章称，近年来，中国候选人获得了多个国际组织的高级职位。中国比联合国安理会的其他四个大国提供了更多部队执行联合国维和任务，还有中国维和军人在南苏丹和马里执行任务时牺牲。

文章称，中国一直对联合国教科文组织很感兴趣。该组织的控制权之争不仅关乎世界遗产和教育项目的管理。中国官员还把该组织视作管理全球互联网的载体。

文章称，中国、巴西、俄罗斯、古巴、委内瑞拉和其他国家早在 2013 年就要求教科文组织“在今后有关网络空间的国际争论中进行战略定位”。唐虔希望教科文组织能为全世界提供一个舞台，以决定如何在言论自由、隐私与防止极端分子滥用互联网之间达成适当的平衡。

上月初，中国拿出了让联合国在管理网络空间方面发挥更大作用的具体蓝图。《外交政策》获得的立场文件说：“当务之急是确立各国都能接受的国际规范。中国将继续支持把联合国作为维护国际网络空间安全、确立秩序和制定网络空间国际规则的主要渠道。”

文章称，如果唐虔在教科文组织领导人的竞选中获胜（在 2 日开始的角逐中，他在 8 位候选人当中领先），他将与其他两位中国籍的国际组织负责人一起在互联网管理方面发挥作用。赵厚麟是推动互联网监管的国际电信联盟的秘书长。刘振民目前是联合国经济与社会事务部负责人。该部负责有关互联网事宜的会议。

文章称，中国努力争取国际组织领导权很可能实现，这在很大程度上是因为美国的退却。2011 年开始，美国停止向教科文组织支付每年达 8 000 万美元（约合 5.3 亿元人民币）的会费，以报复该组织接纳巴勒斯坦成为其会员。这笔资金相当于教科文组织总预算的 22%。

文章称，中国迅速填补空白，承诺提供额外的数百万美元以支持教育项目。中国还为教科文组织的文化项目注入资金，提供 500 万美元（约合 3 327 万元人民币）重启了该组织已经停刊的季刊《信使》。同时，中国企业在美国退却后已经向教科文组织捐助了超过 1 500 万美元（约合 9 980 万元人民币）。

目前，美国在教科文组织没有派驻大使，在该组织执委会也没有代表。

从《外交政策》的这篇采访文章中可以看出，美国人确实很担心中国会在国际组织中“填补”他们留下的空白，不过文章还是点出了我的“领先地位”。10 月 6 日的法国《青年非洲》杂志刊登了一篇关于教科文组织总干事选举的文章，对我的文字采访刊登了一部分，还附上我的照片，也说我是一位被“最被看好的候选人”。

转折与结局

2017年9月上旬，我和我的辅选团队已经去了30多个国家拜票，当时的形势与舆论对我们是有利的。从访问过的国家做出的承诺来看，第一轮投票我们大概可以得到近20票。教科文组织的内部舆论和法国舆论都认为中国候选人处于领先位置。

但就在此时，国内传来消息，埃及通过其驻华使馆告诉中国外交部，埃及候选人领先而中国候选人无望，因此要求中方退选以支持埃及候选人。外交部随即要求教育部评估进展情况。教育部与前方常驻代表团根据搜集到的各路情况写了分析报告，说明目前我们的候选人处于领先地位，埃及说法不实，教育部非常坚定，认为我们应该坚持继续竞选。不过在报告起草与报批的过程中，我们的拜票活动不得不暂停以等待国内的最终决定。而此时正是别的候选人紧锣密鼓地加紧活动的时候，这是我们的领先形势逐渐逆转的开始。

直到9月20日接到国内消息，同意我们继续去计划中的最后几个国家日本、马来西亚、荷兰和立陶宛拜票，但是指示我们不要在非洲和阿拉伯国家那里与埃及争夺。有位西方国家的大使私下对我说，9月下旬纽约的联合国大会是拉票的好机会，中方不应错过。但是在当时形势下这已经不具可行性。

有意思的是就在我们接到国内指示的同一天，9月20日出版的法国《快报》周刊在其时政栏刊登了一则消息，题目是“中国人执掌教科文组织？”。文中说，目前看来中国人是九个总干事候选人中“最被看好的”，还配发了一张我的照片。这是一个很严肃的政治刊物，而且如前所述美国和法国的媒体也都说我是领跑者。

教科文组织第202届执行局会议于2017年10月4日开始举行。

总干事选举的投票是第二周的周一（10 月 9 日）开始。投票前几天，我和国内来参加执行局会议的团队做了最后一轮努力，分别会见了许多国家的大使，中国教育部副部长田学军在投票前一天来到巴黎坐镇指挥。不过与我们很友好的几位大使对我们说，一些国家感觉中国官方支持自己候选人的力度没有想象中那么强。这已经不是我们第一次听到这种声音了。

10 月 9 日下午 5 点开始第一轮投票，执行局代表在会议厅闭门秘密投票。候选人是不能进入会议厅的。会场中间设立了秘密写票箱，各代表轮流上前写票、投票。据说在几轮投票中都有大使用手机将填好的选票拍照，人们说这是让他们做过承诺的候选人相信他们的证据。我在自己办公室等待结果。一个多小时后结果传出：卡塔尔 19 票，法国 13 票，埃及 11 票，黎巴嫩 6 票，中国 5 票，阿塞拜疆 2 票，越南 2 票。结果与国内团队预测的相差甚远。博科娃总干事给我发来短信，说几个国家的最高层都在亲自为自己的候选人拉票，中国还有翻盘机会，但须国家领导人出面。当然，这不具可行性。当晚我接到一个电话，是法国总统副外交顾问打来的。他问我是否可以考虑中法之间交换支持，因为这类事情都是由国内团队负责，所以我回答将告知中国代表团考虑。

第二天（10 月 10 日）国内团队通知我，决定不退选，再做双边工作。我也将法国的要求转告他们。随后我在办公室又接到一个电话，是卡塔尔候选人打来的。他说中国与卡塔尔关系非常好，希望双方合作，交换支持。我祝贺他在第一轮投票中领先，并表示我会向中国代表团转达他的愿望。当天晚上进行第二轮投票，结果卡塔尔 20 票，法国 13 票，埃及 12 票，中国 5 票，越南 5 票，黎巴嫩 3 票。阿塞拜疆已经于前一天退出，但看来俄罗斯并未投票给中国。我分析，卡塔尔也就是这 20 票了。下两轮看埃及和法国两位女士的表现了，看谁能成为第二名，到第五轮与卡塔尔对决，谁应该就能最后胜出。

第三天（10 月 11 日）下午有消息传来，越南退选。晚上第三轮投票结果：卡塔尔 18 票，法国 18 票，埃及 13 票，中国 5 票，黎巴嫩 4 票。越南的 5 票大概都给了法国，卡塔尔少了 2 票，分别去了埃及和黎巴嫩。

第四天（10 月 12 日）又出了美国宣布退出教科文组织的插曲。当天下午博科娃总干事临时召集高级管理团队开会，说两小时前收到美国国务卿蒂勒森的信，通知她美国决定退出教科文组织。提到的理由一是财务问题，无法缴付所欠的五亿美元会费，二是教科文组织过度政治化。总干事将发表一个声明表示遗憾。美国人选在教科文组织投票选举新总干事过程中宣布“退群”，其目的何在引起国际舆论的诸多猜测。

下午接到中国常驻代表沈阳的电话，通知我中国决定退选，即将书面通知执行局主席。随后埃及外交部发言人在其官方推特账号上说，“中国宣布退出联合国教科文组织总干事竞选，并表示支持埃及，感谢中国”。下午第四轮投票，结果是卡塔尔 22 票，法国 18 票，埃及 18 票。看来是中国的 5 票给了埃及，黎巴嫩的 4 票给了卡塔尔。执行局决定第二天下午临时加一场“附加赛”，在法国和埃及之间票决出第二名，胜者明晚参加第五轮投票，与卡塔尔一决胜负。

与新任总干事阿祖莱合影

投票的最后一天（10 月 13 日）下午两点举行附加投票，法国以 32 票对 25 票战胜埃及，得到决赛权。晚上最终结果，法国以 30 票对 28 票战胜卡塔尔，赢得总干事之位。

在选举结束之后我曾经与博科娃总干事有过一番长谈。她对这样一个结果感到非常遗憾，她认为教科文组织和中国都“失去”了一次重要的机会。她告诉我，好几个国家的大使对她说，他们都认为，就教科文组织的前途来说唐先生是最适合也是最需要的人选。

这倒不假，多年的工作使我在各国大使中有不少朋友，甚至包括多个西方国家的大使。他们私下为我通消息，提建议，从个人角度确实很希望我成为下一任总干事。不过到投票时则是国家的政治考量。博科娃说，几个西方国家的大使来问她，为什么唐先生没有选上，我们都希望他选上，到底是怎么回事？总干事对他们说，那要问你们自己为什么不投票给他！这大概就是外交游戏吧。

我的一位来自西方国家代表团的朋友给我发来一封电子邮件，其中有这样一段话："我感到遗憾的是会员国看不到你和中国的领导会是教科文组织的一个巨大机会。特别是如今当美国从国际舞台上后撤，中国逐渐成为世界领导者的时候，这尤其让人难以理解。不过这也许正是人们不情愿支持中国候选人的原因——他们不希望看到教科文组织出现一个强势领导人。这使我感到非常悲哀，既为教科文组织，也为我们自己。不幸的是，这已经不是头一次联合国组织的会员国宁愿选出弱势领导人了。"

一场顶级的国际政治博弈

我在教科文组织工作的 25 年中经历了三次总干事选举。第一次是在 1999 年，松浦晃一郎当选总干事。在松浦竞选时我阴差阳错地被"搅和"了进去，被动地参与了部分过程。十年后的 2009 年，博科娃当选总干事，那次我纯粹是旁观者，从侧面观察了各位候选人的竞选过程。第三次是在 2017 年，我有幸被中国政府提名参选，作为九位候选人之一，亲身参与了竞选的全过程。尽管在这一场博弈中我们努力了而未获成功，但在博弈之后再回过头去看看别人是如何作为的，应该对我们参与全球治理，在国际舞台上与他人共舞而有所启迪。

此次选举最终名列前茅的三个国家是法国、卡塔尔和埃及。仔细看来，它们有几个共性。第一个是这些国家从其全球外交战略出发对教科文组织总干事这个职位的"必得之心"。在法国，雄心勃勃的马克龙刚取得了总统大选的胜利，在国际事务和全球治理中跃跃欲试，一心要在国际舞台上“领舞”，总部在巴黎的教科文组织自然是他施展大国外交的一个极好工具。卡塔尔国家虽小，却一直有着大国的雄心，且擅长“以小博大”，近年来明显要以其雄厚的财力争夺阿拉伯世界龙头老大的地位。用尽手段争得2022年世界杯举办权便是其战略的一部分，谋求执掌教科文组织这个联合国机构也是其中重要一环。埃及就更不用说了，其外交一贯活跃，谋求在阿拉伯世界、非洲地区和全球事务中有更大的影响力。它为谋取教科文组织总干事这个职位努力了不下30年，一直不屈不挠、屡败屡战。

这些国家不遗余力地去冲击这个职位，说明了教科文组织这样一个平台对它们的国家战略和全球战略的不可替代性。我们还可以看看美国人的态度。美国人到2017年已经多年不缴会费了，甚至在选举过程中宣布它将退出教科文组织。但是它对总干事选举却不是漠不关心，正相反，美国对它退出后中国会不会替代它表现出极大的关注。美国的一份极右翼刊物《新美国人》早在2017年初我还没有宣布参与竞选时就刊登文章，说“共产党人博科娃总干事”希望她的教育助理总干事、“中国共产党的代理人”唐某人继续执掌教科文组织。美国《外交政策》的记者对我采访，最后发表的文章的标题就是“美国退出世界组织，中国出手填补真空”，充分表达了美国的忧虑甚至恐惧。后来知道，美国人暗中用了不少手段阻击我这个中国提名的候选人，这就完全符合逻辑了。我原来一直以为，25年的工作经历让我对教科文组织的重要性是了解的，但是在看到这些国家如此竭尽全力的行为后却不得不重新思考，我当初对这个不同于其他联合国机构、意识形态特别强、能够展现国家软实力的平台的重要性是否有足够的认知。

法国、卡塔尔、埃及三国的第二个共性是为达目的，使出“浑身解数”，采用一切可用的手段，这几个国家驻教科文组织的大使在竞选期间“上蹿下跳”，不遗余力地为本国候选人拉票。法国充分利用地主之便向各国游说，利用法国媒体为其候选人造势。阿拉伯国家候选人鼓动了教科文组织中的阿拉伯国家群组，向总干事和教科文组织执行局施压，要中国候选人辞职或请假，以期打击他们认为最有力的竞争对手。卡塔尔早早计划，从其能够争得世界杯主办权就可以看出其拉票的力量。埃及在非洲联盟做工作，尽管它并不是一个标准意义上的非洲国家，却拉来非盟的一纸支持。到投票前埃及还把非盟主席请到巴黎坐镇，向非盟国家施压，要求它们履行支持埃及的承诺。埃及还知道如何采用迂回战术，从后方瓦解竞争对手的阵营。即使不大光明，却也行之有效，这是高手。

在投票之前的最后几天，除了法国有地主之便外，卡塔尔和埃及两国的外交部长都亲自来到巴黎坐镇指挥、频繁活动，为他们的候选人拉票。可不要小看这个举动。记得 2015 年的时候，教科文组织全体大会将选举新的执行局委员。当时不少会员国对美国不缴会费还要占着执行局委员的位子不满，有舆论说美国可能得不到足够票数。美国尽管不缴会费，但是执行局的位子绝不丢掉。时任美国国务卿克里专门飞到巴黎，在教科文组织总部举行午餐会，向教科文组织会员国的大使们发表讲话。克里表示美国要继续与教科文组织合作，还声称会继续做国会的工作争取恢复对教科文组织的财政支持。他到每一桌与在座的各国大使们一个一个地直接交谈。几天后美国高票当选执行局委员。

这也让我回想起当年松浦和博科娃两位总干事的竞选过程。1999 年的日本以举国之力，从首相小渊惠三以下，统一指挥，精心组织松浦的竞选活动。我当时在教科文组织中不过是一个“中层干部”，为了做中国方面的工作，松浦专门请我在官邸吃饭。其情报网之高效，其工作之细，其工作团队之高度配合，令人惊叹。保加利亚不是一个富裕的国家，但是在 2009 年博科娃竞选时，它居然提供了一架公务机，载她跑遍了执行局中的非洲国家拉票。

这几个国家的第三个共性是国家元首亲自出马为自己的候选人拉票。在投票前三周，2017 年 9 月下旬一年一度的联合国大会开幕，世界上多数国家的领导人汇集纽约。当时法国和埃及的候选人都被他们的总统带到纽约会见有关国家的领导人，直接为他们拉票。在投票前的关键时刻，马克龙亲自打电话给包括欧洲、非洲在内的不少有投票权的国家的总统或总理，要求他们投法国候选人的票。埃及总统和卡塔尔埃米尔（国家元首）做了同样的事。

某位非洲国家大使告诉我，投票之前他国家的总统直接打电话到巴黎指示投票，原因是接到某候选人国家总统的电话，要求支持。大使说，他国家的总统当然并不关心谁能领导教科文组织改革，只是考虑国与国的双边关系。大使说这在非洲组里不是个别现象。一位意大利政府的前任部长告诉我，在我访问罗马后，意大利本已经决定支持我，但是最后法国总统的电话让他们改变了立场。

名列前茅的三个国家在竞选中的这几个共性恐怕应该说是国际社会在进行政治博弈时通行的"游戏规则"。目标不同，企盼程度不同，采取的手段不同，工作力度不同，自然结果就不同。

2017 年这场教科文组织总干事的选举可以说是一场顶级的国际政治博弈，参与其中的不仅仅是九位候选人，多个国家的元首、外交部长等高官都是积极的参与者。能够被祖国信任，被中国政府提名而有机会参与这样一场顶级的国际政治博弈，无论胜负如何，对我来说都是一生中难忘的经历。

第四篇

千般沉浮：我的人生经历（1950—1993）

本篇讲的是我在进入联合国教科文组织之前的人生经历，叙述了我的家世、少年和青年时代，包括“上山下乡”、出国留学、当外交官和回国从政的心路历程。这些深深影响了我的成长的经历与历练也可以说是我后来在联合国教科文组织的事业能够取得成功不可或缺的基础。另外，我个人和家庭的这一段特殊经历其实也能够反映出中国从1949年到20世纪90年代初各个时期的历史变迁。

第16章

书香门第：从清华园到“上山下乡”

唐氏家族，五代海归

我有幸出生在美丽的清华园。清华园之所以美丽，除去地理环境之外，更因为其人文环境：试想一下，近代中国文化史上的名人，有几个是和这个地方没有关系的呢？

我家与清华颇有渊源。我们唐家祖籍广东中山县唐家湾（今属珠海市），中华民国第一任内阁总理唐绍仪、清华大学第一任校长唐国安都属这一族。我的祖父唐悦良，1888年生于唐家湾，那时中山县还叫香山县，后来因为是孙中山的故乡而改称。据史料载，1909年9月清廷学部衙门举办第一届庚款留美预备生选拔考试，各省选送了550多名考生参加，正在上海圣约翰大学读书的唐悦良是其中之一。此届按照考试成绩共录取了47人，后来任清华大学校长的梅贻琦列第六，唐悦良为第五名。1909年10月，他们从上海乘“中国号”轮船赴美，这47人后来被认为是清华（那时还叫留美预备学校）的第一期学生。抵美后，祖父先入耶鲁大学，获教育学学士学

清华第一批庚款留美学生，前排左起第一人是唐悦良（1909年）

位，后入普林斯顿大学，获政治历史学硕士学位。在如今清华大学的校史馆里，一进门的第一张历史照片就是当年第一批庚款留美学生出国前的合影，前排左起第一人就是我的祖父。

祖父在美国的大学本科学的是教育学，他当时恐怕不会想到 100 年后他的长孙成了联合国教科文组织主管教育的官员。不久前我在香港主持“一丹奖”的国际顾问委员会会议，与奖项的理事会主席、曾经长期担任耶鲁大学校长的理查德·莱文说起祖父这段耶鲁缘，他相当惊讶。莱文回到美国后居然帮我从学校的档案馆中找到了一个世纪前祖父在耶鲁填写的学生登记表和照片等文件。

在美国学习六年后，祖父成为第一批回国任教的庚款留学生，在清华学校（1911 年清华学堂建立，1912 年更名为清华学校）任讲师，教授政治学。1919 年由堂叔唐绍仪介绍，开清华学子入职外交界之先河，先后出任驻古巴公使馆三秘，外交部远东问题研究员等职。1925 年祖父离开外交部加入冯玉祥部，担任国民革命军第二集团军司令部外交处处长、国民政府外交部特派河南交涉员。1928 年祖父随冯玉祥到南京，冯当时是行政院副院长，祖父担任国民政府外交部常务次长，并在“济南惨案”发生后代理外交部长，处理善后事宜。那时祖父还代表外交部担任清华董事会的常务董事，“主持日常事务”。

我的祖母李淑成是通县人（即今天的北京市通州区），全家是基督徒。庚子年义和团运动时年幼的她失去了双亲，后来被叔父养大并被送到北京念书。祖母毕业于协和女子大学，后来在美国基督教公理会办的贝满女中教书，1916 年与我的祖父结婚。祖母与她叔父的女儿，也就是她的堂妹李德全自小生长在一起，感情甚笃，堂妹被她带到贝满女中读书。后来李德全从协和女子大学毕业，在女青年会做干事，有才有识，热心服务社会。1924 年我的祖父祖母介绍她认识了丧偶的冯玉祥，冯也是一位基督徒，双方情投意合，不久在北京举行婚礼。婚礼时李德全还是从我祖父祖母在大烟囱胡同的家里出阁的。据我父亲回忆，那一天“胡同里和外面的大街上都停满了小汽车”。

祖母和她的堂妹一辈子都很亲近，1949 年后，李德全当了新中国首任卫生部长。据她的儿媳余华心回忆，她很少出去串门，但每一两个星期就会来看望我的祖母。她来时很少坐她的那辆“吉姆”牌轿车，常常就带着一个警卫员从她家小羊宜宾胡同步行到黄图岗胡同我的祖母家。我那时周末常去祖母家，在那里多次见过这位我们小辈们称为“冯太姨”的老太太。每次她进门必是与我祖母亲热地来个外国式的拥抱，然后进客厅说话。记得那时她们姐妹两个听力都不大好，但是两个人总是聊得很热闹，我们小孩子在院子里都能够听到她们的阵阵笑声。

政坛的纷扰使祖父开始怀念学界的安静，他在 1932 年再次开始教授生涯，先后在燕京、辅仁、清华等大学任教。抗战后一度担任北平市政府的外事处长。1949 年以后祖父在北京师范大学教授英文，并且受聘为以硕学耆老、年高德劭著称于世的中央文史馆馆员。我小时候还在祖父家里见到过周恩来总理签字的聘书。祖父在我六岁的时候就去世了，所以我对他的印象不深。前些年有一次在国内，时任北京师范大学党委书记的老朋友刘川生请我夫妻两人吃饭，席间聊起我祖父曾经在北师大教书，川生后来让学校的档案馆找到了祖父当年在校时填写的教师登记表等旧资料，弥足珍贵。祖父一生从事的工作是外交与教育，这也正是多年之后我的职业人生，难不成这是家族的宿命？

祖母对我这个“承重孙”极为钟爱。我是虎年出生的，母亲名字里有个“文”字，故祖母为我取名“虔”。这个“虔”字想来可以体现她的信仰。小时候我几乎每周都会随父母从清华园到城里去看望祖母，每次见面祖母第一个要问的就是书念得怎么样。我那时因为学习成绩好，祖母对我更是喜爱到偏心的程度。我记得她多次引用《三国志》中刘备说的“勿以恶小而为之，勿以善小而

我的祖父唐悦良

不为”来教我如何做人。祖母晚年不良于行，走路需要拄拐杖。我印象极深的一件事是，她家里很早就有一台电视机，那时每年国庆节全家一起看天安门广场的游行庆典转播。当升国旗的时候，祖母一定会努力站起来，一直到国歌演奏完毕。现在想来真是一种无言的爱国主义教育。

我的父亲唐统一是祖父祖母的长子，1917 年 7 月出生时恰逢孙中山发起“护法运动”，祖父给长子取名“统一”，表达自己对国家统一的愿望。我父亲和他的三个弟弟都在育英中学读书，其中父亲成绩最好。1934 年北平第一次举行全市中学会考，父亲是初中部的状元。这一年北平的初中和高中的状元都出自育英中学，他们为学校赢得了一块“双元”的大匾，此匾今天仍然悬挂在北京市第二十五中学（原育英中学）的大门内。祖父祖母的六个孩子都是大学毕业，三个念清华，三个念北大。四个儿子学的是理工科，两个女儿都学医，不仅无人从政，连个念文科的都没有。想来祖父祖母的价值取向对子女一定是有影响的。

父亲 1936 年考入清华大学电机系，不久抗战爆发，他先在燕京大学借读一年，然后南去昆明继续在西南联大读书至 1941 年毕业。记得父亲讲过，联大时生活艰苦，还要在日本人的飞机来轰炸时“跑警报”，但是他们那些年轻人想的都是“工业救国”，希望靠自己的知识建设一个强大的国家，不再受外国人的欺负。1943 年父亲获得了由英国工业协会资助去英国企业实习的机会，出国前他去重庆看望姨父冯玉祥，冯很高兴，与父亲照了一张相。我小的时候还在祖母家里见过这张照片，冯玉祥穿

“文革”中的父母（1970 年）

中山装正襟危坐，父亲着长衫站立旁边。可惜照片毁于“文革”。冯玉祥当时还为父亲手书岳飞《满江红》一阙，落款为“冯玉祥书宋岳武穆满江红以赠统一世兄贤甥籍作留学英伦之纪念”。

由于正值第二次世界大战，父亲在英国的生活很艰苦，还经历了德军对伦敦的轰炸。他在英国电机制造厂做实习工程师，兼顾读书，经考试获得了伦敦大学电机工程学士学位。父亲 1947 年回国后就回到母校清华大学教书，继祖父之后，父亲成了我们唐家执教清华的第二代，此生再没有离开过清华。我以前问他，当时为什么没有考虑留在国外，他说从来没有想过到时不归。他说当时他们这些知识分子对共产党并不了解，但是对国民党的腐败政权是真正失望了，寄希望于共产党可以富民强国。这应该是那个时代中国知识分子的主流想法。

我的母亲王文佳是福建闽侯县人，外祖父当年是平汉铁路局的高级职员，家境不错。他很关照那些在北京念书的来自福建老家的族中子弟，其中常来家里的一位是当时在清华读书的他的族弟，名叫王铁崖。母亲的这位族叔后来成为中国著名的国际法学家，曾经被联合国选为设在荷兰海牙的国际法院的前南斯拉夫国际刑事法庭的大法官。20 世纪 90 年代末我在巴黎工作，在荷兰定居的我的内弟黄钺通过中国大使馆的高占生参赞联系安排，我们夫妻专门驱车到海牙看望了王铁崖夫妇。母亲在辅仁大学念英文系，是我祖父的学生。她 1947 年与我父亲结婚，新中国成立后调来清华教英文，直至退休。父亲在 20 世纪 50 年代的历次政治运动中没有受到太大的冲击，但“文革”这一关终究没能躲过去。但是父亲很豁达，于艰难困苦中仍能够泰然处之。“文革”之后，父亲又走

去荷兰看望母亲的堂叔、前南国际刑事法庭大法官王铁崖（右二）和夫人（右一）（1999 年）

上讲台，重回教学岗位。父亲在清华教了一辈子书，从专任讲师到副教授、教授和博导，还兼任过清华大学图书馆的副馆长。

20 世纪 80 年代父亲被他的老朋友、清华大学副校长张维先生拉着一起到深圳创建了深圳大学，还担任了深圳大学图书馆的首任馆长。父亲长期从事电工测量的教学与研究，但是他一直对大学本科生的教学非常重视。据他的同事和学生讲，他讲课很受学生的欢迎。但是当我问他教得好不好时，他总是说，马马虎虎吧。他认为教师教好书是天经地义的事，所以我从来没有听过他拿自己教过的学生炫耀。其实中国电力工程界很多领导干部和专家，包括后来成为国家领导人的朱镕基、黄菊等人他都教过，但他一概表示不记得了。他就是这样一个不谙人情世故、不趋炎附势的人。人们说，这样的人能长寿。当然，父亲一辈子的做人原则对我们这些后辈是一种无言的教诲。

父亲年轻时喜爱体育运动，身体底子好，80 岁时还能在清华校内骑自行车。后来因为清华园里车水马龙，人多车也多，才被家人“勒令”不得再骑。父亲一直活到 97 岁，得以善终。从 1936 年考入清华算起，除了在英国的 4 年，他在清华共度过 73 年的时光，为教育事业贡献了一生。父亲去世后，清华电机系在清华园内为他举行了一个简朴的告别仪式。父亲一生低调，自发来告别的同事、学生逾 200 人，两位前总理李鹏和朱镕基送来花圈，应该说是极尽哀荣了，这也是对他献身教育一生的肯定吧。

我的祖父和父亲是两代清华人，本来我应该是家里第三代清华人，但是“文革”粉碎了我的“清华梦”。虽然后来在去农村插队之后勉强以“工农兵学员”的身份上了大学，毕竟无缘清华。我父亲提起此事总有些许遗憾。好在“文革”之后恢复高考，我的妹妹唐纹于 1979 年考入父亲执教的清华电机系，成就了一家三代上清华的佳话。在我妹妹进清华那一年，我也公费留学去了加拿大，学成后我也像我的祖父和父亲那样回国服务，成为家里的第三代“海归”。不过就我们唐氏家族来说，在海外学成后回来报效祖国却不止这三代人。唐家留学，始自祖父的堂叔唐绍仪。

说到唐绍仪（1860—1938）就不能不说到 19 世纪清廷的“幼童留美”。从 1872 年开始，由容闳倡议，在重臣曾国藩和李鸿章的支持下，清政府先后派出四批共 120 名学生赴美留学，这批学生出洋时的平均年龄只有 12 岁，是中国历史上最早的官派留学生，史称“幼童留美”。唐绍仪就是其中之一，里面还有一位幼童唐国安，也来自唐家湾，后来是创办清华大学的首任校长。唐绍仪留美七年，念完中学后进入哥伦比亚大学，直到 1881 年清廷将当年的这 120 个幼童悉数召回。回国后唐绍仪的才干颇得袁世凯赏识，孙中山对这位同乡也非常尊重。袁世凯成为中华民国临时大总统后，唐绍仪成为中华民国第一任内阁总理。卸任中华民国内阁总理之后，唐绍仪曾经任中山县县长。毛泽东主席曾经几次公开拿“唐绍仪当了总理再当县长”的例子，教育干部要能上能下。

我们唐家的“海归”故事还未止于此。我的女儿唐宛枫小的时候，我和她的母亲在加拿大做外交官。那时外交官不能带子女随任，只好把她留在清华园，由爷爷奶奶抚养，也算是个“清华幼童”了。在清华附小念到三年级后她随我们到巴黎读完小学和中学，又到加拿大的蒙特利尔就读于麦吉尔大学，学的是和她的曾祖父一样的专业——政治学。在她母亲的教育下，女儿喜爱中文和中国文化，大学毕业后女儿回到国内在北京外国语大学拿到语言学硕士学位。可以流利地讲中、英、法、西四国语言的她在北京的孔子学院总部做过总干事许琳的外事秘书，后来又到中国化工集团做董事长任建新的外事助理，参与了该集团 430 亿美元并购瑞士先正达公司的工作，为国效力。

自唐绍仪留美算起，近一个半世纪过去了，唐氏家族有五代人曾经到海外留学，又都从海外归来报效祖国。在中国，有五代“海归”的家族怕不多见，这应当就是一部中国近现代留学史。我们这个家族与一百多年来中国近代史上很多事件或人物有着千丝万缕的关系，无论是中华民国时期还是中华人民共和国时代，无论是国民党还是共产党。这又是一个非常低调的家族，出身于这个家族是一种幸运，它让你继承的是对读书的尊崇、对正直的坚守和家国情怀。当然，家世再好也只能给你一些素养与阅历，绝非人生成功的保证书。一事无成的所谓“世家子弟”我们见过的太多了。

清华园里的幸福童年与动荡的年代

我是在清华园里长大的。我家在新林院，那是个包括梁思成、林徽因等名人曾经住过的地方。在清华园里，我度过了美好的童年和少年时代。那时的清华园与今天人们看到的清华大学校园可不是一个概念。我上的幼儿园就在古月堂，出了古月堂的后门就是朱自清在《荷塘月色》中描写过的荷花池。再往上是吴宓和钱钟书曾在此论学的听荷馆。翻过一座小山，就是梁思成设计的王国维纪念碑。大礼堂、气象台、体育馆、大操场，还要加上清华西门外的圆明园废墟，这些都是我们可以尽情玩耍的地方。在清华园里，夏天我们粘知了、捉蜻蜓、捅马蜂窝、游泳，冬天到荷花池去滑冰，无忧无虑，充分享受了童年的一切乐趣。

如果你生长在清华园，那么对“最高学府”和“学术大师”就不会有任何神秘感。那时我们还小，清华园里那些教授在我们眼里不过是些父辈的朋友、同事，或是班上某个小伙伴的家长，路上碰到了要叫某伯伯、某叔叔。这些人衣着普通，骑着旧自行车或“安步当车”上下班，实在看不出有任何特殊的地方。等长大之后才知道，原来这些人大都是中国工程科学界有大名的泰斗和大师级的人物。

我们这一代清华子弟就是在这样一种自然环境与人文氛围中长大的，它深深地影响了我们这些人以后一生的道路，让我们直到数十年后的今天仍然怀有很深的“清华情结”。就像某位作家所说的，在这样一个环境里，你会如饥似渴地读书，你会知道什么是文明，什么叫高雅，教养是一种渗到骨头里的东西。可惜的是，我们这一代人恰恰赶上了“文革”的十年，绝大多数人都去了农村插队。不过“文革”之后许多人经过自己的努力考上了大学或研究生，也有不少人出国留学并留在了国外。即便如此，我们“那一拨”清华子弟数百人还是出了几个出类拔萃的人物。例如同我一起长大的钟道新，去山西插队后成了著名作家，可惜后来英年早逝。比我小一届的杨卫做过浙江大学校长和国家自然科学基金委员会主任，同一年的还有与我一起去加拿大留学，后来任中共中央对外联络部副部长的艾平。发小常振工的弟弟常振明小我们几岁，那时候就聪慧异常，下围棋谁都赢不了他，后来成了金融界呼风唤雨的人物，执掌中信集团。

我 1958 年进入清华附小上学。在学校里一直是个好学生，加入少先队以后不是担任“两道杠”的中队长就是担任“三道杠”的大队长，而且是学校的跳高冠军和足球队长。现在人们天天喊减轻学生负担，但我们小时候却觉得念完书没事干。我三年级时迷上了天文学，自制了一架小型天文望远镜，夏天的晚上架在院子里看星星、看月亮。

1964 年我考入清华附中。这所学校当时是北京十所重点中学之一，生源质量高，每年能有 50 多人考上清华大学。学校要求学生德、智、体全面发展，故其文艺、体育活动也开展得蓬勃向上。学校组织有学生文工团，我是文工团舞蹈队的队员，体育上曾连拿两年全年级的跳高冠军。我还参加了学校的排球队，是二传手，老师对我重点培养。当时清华大学要在附中培养一批学习好、体育也好的学生将来上清华，也有“从娃娃抓起”的意思。不过这幸福的时光在 1966 年随着“文革”的爆发戛然而止。

成为少先队员（1962 年）

后来，我也走上了串联之路，我没有什么“革命”动机，不过想乘此机会离开北京去外面见见世面。目的地是四川和湖北，为的是能去游长江，看三峡。我从重庆沿长江顺流而下，乘的是一条专门运送串联红卫兵的由货船临时改成的客轮，睡在大统舱地铺上，但这并未影响我体会古人诗中“两岸猿声啼不住，轻舟已过万重山”的意境。随后我从武汉又专程到韶山去看毛泽东故居。直到天气冷了才登上北上的火车返回北京。

儿时伙伴钟道新的父亲钟士模教授是中国自动控制专业的奠基人，此时当然不能做学问了，倒是有充裕的时间教会了我们打桥牌。有一段时间，每天下午陪这位麻省理工学院的博士打上 16 把桥牌成了我固定的生活内容之一。这期间，我在清华目睹了两派红卫兵从文斗到 1968 年夏天升级为武斗。直到 1968 年 7 月 27 日，毛泽东主席亲自命令北京市的工人组成数万人的“工人宣传队”开进清华，才制止了武斗。与此同时，清华大学开始了一轮新的对知识分子进行改造的运动，在这场运动中，我的教授父母都被下放到干校和工厂接受教育与改造。

“上山下乡”，黄土高原去喂牛

“文革”期间，中国有上千万知识青年（那时有个简称，叫“知青”）从城市到农村插队落户。他们中大多数是以 1966 届高中毕业生领衔的“老三届”中学生。那些年共有 7 万多北京知青到山西插队，我也“躬逢其盛”，在晋西北黄土高原度过了五年的农村生活。

日期记得很清楚，那是 1968 年 12 月 20 日下午，我在北京火车站登上了发往山西的知青专列。列车经大同第二天中午到了北同蒲铁路上宁武县的阳方口，这里是古代杨家将镇守的三关之一。这天夜里在塞外的寒风中我们从镇上的高音喇叭中听到了毛泽东主席的“最新指示”：“知识青年到农村去，接受贫下中农再教育，很有必要……”翌日我们乘坐长途公共汽车出发向西，走了七个小时才到了地处晋西北黄土高原、与陕北隔河相望的兴县。这个县当时是山西最穷的地方之一，抗日战争时是八路军晋绥根据地的大本营。从 1968 年开始，有 400 多名北京知青来这里插队落户。那年我 18 岁，本该是读大学的年纪。

我们这批一共十名北京知青被分配到离县城 15 里一个名叫澳家湾的山村落了户。这个村子一共四百多口人，算是一个生产队。老乡们很欢迎我们的到来，队里腾出几孔石窑把我们安顿下来。村里的干部老乡都来嘘寒问暖，闲话家常，让我们这些初次离开大城市来到这黄土高原小村庄的北京学生感到分外温暖。

那时农村的生活是今天的年轻人不易想象的。我们从北京到农村生活，先要过的就是吃饭关。我们十个人一起吃饭，女生轮流做。下乡后第一年的口粮是由国家供给，每人每月定量 30 斤，将就够吃。冬天完全没有蔬菜，只有土豆。我们顿顿玉米面窝头、小米粥加干炒土豆丝，吃得我后来多少年见了土豆丝就反胃。

接着要过劳动关。到了农村后，我几乎样样农活都干过。春天种地，农民用牛拉犁翻地，这是个技术活，都是身强力壮的中青年干的。知青干的是跟在扶犁人后面用锄头将翻起的土块打碎，称为“打土疙瘩”。背粪是春秋天的另一项主要工作。那时少用化肥，农田中多施用牲畜圈里起出的掺土粪肥，用个大筐背在肩上，爬上山梁送到坡地里。负重爬山对我们来说是个不小的考验，一天爬山来回几次下来，腿都迈不动。夏天的农活主要是顶着太阳锄地，劳动强度不大，就是耗时长，从日出到日落。秋天是收获的季节，最累的活是将庄稼打成捆，从山梁的坡地上背回到村里的打谷

挑水（1969 年）

场。农民真行，背着从后面看不见人的一大捆谷穗在山梁的羊肠小路上行走如飞。我们这些知青总是在后面“望山兴叹”。到了冬天本来没有什么农活了，但是我们那时正赶上“农业学大寨”，冬天也不让人闲着，要大家修梯田。好在冬天天短，干上大半天就可以收工了。这里的劳动力都是挣工分，壮劳力每天能挣到十二分，妇女、姑娘们能挣七八分。到年底队里卖了粮食的收入再加上副业的收入按工分进行分红。先扣掉所分口粮的价值，多余的就分现金。我插队那几年，村里的壮劳力一天可以挣一元。

在山村，农民仍然保持了一种淳朴的民风。村里人热情好客，乐于助人。他们把我们这些北京来的知青看作是“落难”的孩子，百般同情。逢年过节总要请我们到家里吃顿饭，虽然没有什么丰盛的饭菜，一番情意让人感动万分。晚上闲来无事，知青住的地方总坐满来串门的农村青年男女，说说笑笑，让我们减少了些思乡之情。和村里的年轻人熟了之后，我发现他们有些人很爱看中国的古典小说，而且在这个小村子里居然有许多当时外面看不到的古典文学小说。那时的农村没有什么文化生活，冬天漫漫的长夜，伴着熊熊的灶火，我细细读了《红楼梦》《三国演义》《水浒传》《西游记》《聊斋》《七侠五义》等书。

从清华园中幸福的童年，经过“文革”初期的劫难，失去上学的机会，来到晋西北黄土高原上的小山村从事体力劳动，精神上的落差之大可想而知。其实体力劳动对我们这些年轻人并非不能忍受，真正痛苦的是对人生前途的渺茫，许多知青因此而沉沦。但我不愿随波逐流。

1970 年春，队里的饲养员病倒了一个。我很想尝试一下这个工作，于是提出当饲养员喂耕牛。队干部和老乡们都觉得不可思议，但是队里找不到其他人，只好同意我一试。其实这个活并不难，牛讲究吃夜草，饲养员必须夜里工作。老乡告诉我，要想喂好牛就不能偷懒，要能熬夜。按照老乡的指点，我每天晚上每半小时添一次草料，直到凌晨四点。这样牲口吃得多，而且不浪费草料。只是这种办法得熬夜，每天从晚饭后工作到凌晨，才去睡个黎明觉。白天打扫牛圈，准备草料。中午休息一下，下午迎回耕地归来的牛群，再开始新的一轮工作。

知青们在农村空闲时间很多，许多人抽烟喝酒打牌混日子。我不喜欢这些，从小在家养成的习惯是看书，不看书闲在那里会浑身难受。当饲养员后时间更多了，想到自己只念了两年中学，不如利用现在的机会补习文化知识。当时也没有奢望以后会有什么用，但觉得学些知识在身总不会吃亏，而且这也是最好的打发时间的方式。我给自己制订了一个学习计划，我对英语有些偏好，于是先把初中四本英语课本重新学习一遍。然后是数学、物理和化学。再就是练毛笔字，一个人立世当有一笔好字，这也是修身养性的重要内容之一。我找来欧阳询的《九成宫醴泉铭》帖，每天在废报纸上写100个字。从这以后，每天夜深人静之时，在一盏25瓦的电灯下，我独自一人一边喂牛一边读书、写字，乐在其中。

俗话说，一分耕耘，一分收获。牛吃夜草明显长了膘，我的学习也很见成效。我从家里母亲的书架上找来许国璋编的四册《英语》（那时母亲正在北京郊区的工厂劳动，反正用不上这些书），从头学起。单词记满了四个小日记本，带在身上随时背诵。学完初中数理化，我又开始自学高中课程。在农村没有人能指点我，但是这也逼得自己养成了钻研习惯，摸索出一套抓重点的自学方法。这对于我后来考研究生和在国外学习都很有帮助。三年工作之余，我学完了初、高中的全部数理化课本，英语念完了四册许国璋教材，有了不错的基础。

当饲养员（1970年）

在兴县，北京知青喂牛只有我这一个，绝对算是件新鲜事。当时农村的各级领导对知青的事情还是很重视的。公社书记和主任都曾到牲口棚来看我，给予鼓励。这年八月，县里召开表彰先进的大会，当时叫作“活学活用毛泽东思想积极分子代表大会”。县里认为北京知青喂牛很特别，就让我作为知青代表去出席大会。大会有全县各地近千名代表参加，把县城的礼堂挤得满满的。我被安排做大会发言，介绍自己的“事迹”。我把这一年来如何向老乡学习喂牲口，如何从不习惯到习惯干脏活、累活，十分生动地讲了 30 分钟。当然，我把这种改变的原因归结于毛主席的教导，是知识分子与工农相结合的结果（这也并非套话，那时候也是真心希望与工农相结合）。我用普通话讲，大家都能听懂，中间偶尔学说一两句兴县话，立刻会引起代表们会心的笑声。待我讲完，全场响起可以说是“暴风雨般”的掌声。台上的领导也都来和我握手。

在余下的开会时间里，我也成了“名人”，代表见了面都要拉拉手说几句话。这次大会在全县评选出 22 个先进个人，我是其中唯一的知青代表。从那时起，人们都知道澳家湾有个从北京来的学生喂牛。这倒是我当初争当饲养员时始料未及的。看来人在逆境之中，只要坚持努力，还是能够做些事情，有机会被社会承认的。

“群众推荐”上大学

20 世纪 70 年代初，毛主席说“大学还是要办的”。于是国家从 1972 年开始招收来自工厂、农村和部队的所谓“工农兵学员”上大学。这也给众多的插队知青带来了一线继续升学受教育的希望。第一批招收的工农兵学员是群众按政治标准推荐录取的，他们绝大多数人只有初中甚至小学文化程度，入学后不得不给他们补习基本的文化知识。后来周总理提出，大学招生还是要保证一定文化程度。为此，1973 年夏天的大学招生改为群众推荐与文化考核相结合的方式。这一年兴县分到 35 个大学生名额，全县以 3 倍的人数共推荐了 105 人。我所在的生产大队和人民公社非常高兴地推荐了我。县里组织了文化考核，考试科目只有语文和数学，由县里命题。考试结果没有以分数的方式公布，而是综合两科成绩，按“初中以上文化程度”、“初中文化程度”和“初中以下文化程度”三个级别来公布。这 105 人中只有包括我在内的 5 个人得到了“初中以上文化程度”的评语。因为我自学英语，来招生的山西大学外语系的老师准备录取我。

就在此时，招生工作发生了突然变故。辽宁一个被推荐上学的叫张铁生的人因文化基础太差，在进行文化考核时拿出红卫兵的造反精神，在考卷上写了一封信，表达了对文化考核这种方式的不满。正在台上的“四人帮”如获至宝，马上借此机会将周恩来总理批准的保证文化素质的提法攻击为“教育战线上的资产阶级回潮”。张铁生后来被称为“白卷英雄”。于是，所有文化考试成绩作废。结果是外语系的名额被别人利用关系“走后门”把我给顶了，我因为会打排球，侥幸被山西大学体育系录取。虽然这不是我想学的专业，但是也实在不愿意再等待以后的机会了。我算是幸运的，其他四个“初中以上文化程度”的考生都没有被录取！那时的事情就是这么荒唐。

1973 年 9 月，我结束近五年的插队生活离开了澳家湾村。这一年我 23 岁。离开那天，乡亲们依依不舍，但是也都为我高兴。在这里我生活、劳动了五年，是最后一个离开这里的插队知青。应该说在那一代人中我还是幸运的，没有因命运的曲折和艰苦的生活而消沉绝望，最后还上了大学，为以后的职业道路打下了基础。

在窑洞中学习（1972 年）

半个世纪前的知识青年“上山下乡”运动耽误了整整一代人的青春，也造就了“老三届”这一代人。一方面，他们中的绝大多数失去了本应得到的受教育的机会。但是另一方面也应该看到，上千万的城市知识青年在农村也得到了不同程度的锻炼，了解了中国的国情，涌现出了一批优秀人才。经过农村锻炼的“老三届”后来也确实成了许多地方、部门的中坚力量，其中甚至包括共和国的领袖。

以我个人的体会来说，那时毕竟年轻，不怕吃苦。插队生活固然艰苦，但黄土高原上朴实的农民对我们颇为同情，自己也没有因逆境而沉沦。如果说包括我在内的许多知青出身的人后来在事业上有一定成就，我们插队时锻炼出来的吃苦耐劳、不烦小事、坚韧不拔的精神，对中国国情的了解，以及对人际关系的认识都起了极大的作用。知青们常说的一句话是，我们插队的苦都能吃，还有什么苦不能吃呢？说“苦难历程”也好，说“青春无悔”也好，那毕竟是我们这一代人的人生经历中永远不能忘怀的一段。

第 17 章

命运转折：从黄土高原到枫叶之国

“塞翁失马，焉知非福”

1973 年 9 月，我来到山西大学报到，成为体育系的一名“工农兵学员”。学外语的希望落空了，但总算是凭借打排球的一技之长上了大学。这一技之长也算是一根“救命稻草”，凭借它我结束了五年的农村插队生活。对于我未能学外语的遗憾，父亲却有独到见解。他认为我学体育也未必就是坏事，以当时强调阶级出身的政治环境，我即使学了英语，将来也未必能有机会从事外交工作。相反在体育界，凭借英语的优势或许会有一些机会。父亲说，塞翁失马，焉知非福，要我不必泄气，努力将自己的路走下去。

成为山西大学学生
（1973 年）

山西大学是山西省的最高学府，历史比清华大学还要久。那时校园的样子让人很失望，校内建筑都很老旧。体育系这一年入学者近百人，称“七三级”，是“文革”期间招收的第二批工农兵学员。这一年山西大学各系都招了不少北京插队知青，其中又以体育系比例最高，占到新生的四分之一。这些人大都是家里有点所谓“问题”的，和我一样，凭借体育方面的一技之长侥幸挤进了大学校门。这些人业务能力强，但是不积极参加政治运动，系里领导对此十分头痛。

离开农村进了大学，本想是终于有了学习的机会。但是在那个年代，山西大学的首要任务是搞各种政治运动。三年大学生活，每年必有一场政治运动，这挤占了大量课程学习时间。我虽然没能到外语系学习，但是投师到外语系教授杨德友先生门下，在他的指导下利用业余时间继续学英语，还到外语系去旁听英语课。中国体育要发展就要借鉴国外经验，而当时体育界懂外语的人很有限，在北京大学邓华耀和北京钢铁学院张云涛两位先生的指导下，我翻译了多篇体育技术文章在国家体委科研所主办的刊物上发表。在当时，在校体育大学生里发表翻译文章的似乎仅有我一例。我的外语特长还真的像父亲当初预言的那样派上了用场。后来我考研究生时这些翻译资料出版物为我加分甚多。

三年后的 1976 年乃“多事之秋”。周恩来总理逝世，四人帮以“反击右倾翻案风”为名再次将邓小平赶下台。7 月，唐山大地震，太原亦有很强的震感，家在北京的同学纷纷请假回家。北京人心惶惶，到处是塑料布搭起的地震棚。不久学校召回所有毕业班学生，宣布这届毕业生的分配原则是“哪来哪去”。我被通知回兴县分配工作。因为我翻译了一些体育资料发表，山西体委来人到学校要求把我分配到省体委从事资料翻译工作。但是系里某领导说我政治表现不积极，不宜到政府机关工作，此事就此作罢。在当时那个年代，大学三年学到的知识有限，但终究得到了一个大学文凭。

1976 年 10 月，我回到阔别三年的兴县。此时“四人帮”倒台,“文革”终于结束了。我回到兴县在兴县中学当老师，在那里工作了两年。起初教体育，后来又改行教英语。无论教什么，我的课都很受学生欢迎。

党的十一届三中全会的召开和邓小平的再次出山让学校的老师人人喜形于色。社会上对知识和知识分子重新评价，肯定了知识的价值，人民心中都充满了希望。“文革”之后，国家事业百废待兴，急需人才。历史的转折给国家带来生机，也给我这样的普通百姓的命运带来了改变。1977 年国家恢复了高考制度，1978 年又恢复了招收研究生，这无疑给我们这一代被“文革”耽误的青年带来了机会。当时体育专业招收研究生的大户是执全国体育院校牛耳的北京体育学院（后来改名为北京体育大学），我报考了该校的运动生理专业。

“文革”后招收研究生和几年前招收“工农兵学员”大不一样，要考试看真功夫了。考试由各校命题，考试时间与方式全国统一，分四个科目：政治、外语、基础理论和专业理论。我在大学时所学的运动生理的专业知识极为有限，于是赶忙找来北京体育学院以前的教科书“恶补”。当然这些学习都是在工作之余进行的，我一直在认认真真履行着一名教师的责任，只是每天晚上我那宿舍小屋中的电灯总会亮到深夜。这时的自学已经有了明确的方向和针对性。

研究生考试在 1978 年 5 月举行，在全国各地的考场上的考生同时在两天的时间里考四门。最基层的考场设在县一级，招生单位事先把考卷密封送到各县教育局。兴县 20 多名考生集中在兴县中学的一间大教室内，由县教育局的人监考。因为准备充分，考题对我来说不是很难，每一门都作答完毕按时交卷。一个月后我接到北京体育学院的通知，说我已经初试合格，要我去北京参加复试。通知书上列出了我各科的考试成绩：政治 81，外语 97，基础理论 73，专业理论 79，总成绩 330 分。多年努力学英语见到了成果，为总分贡献甚多。这一年全国各地共有 700 余人报考北京体育学院的研究生，我的总分列第一，也当了一回“状元”。当时的《体育报》还做了报道。

1978 年 7 月初，来自全国各地的百余名考生在北京体育学院参加复试。运动生理专业有 98 人报考，取 6 名考生参加复试，竞争 2 个名额。复试是先笔试，后口试。运动生理专业主持口试的考官是三位女教授，主考官是运动生理教研组主任王义润教授，另两位教授是周懿芬和张问礼，也都是运动生理学界有名的人物。口试很轻松，几位老师知道我是北京体育学院隔壁的清华子弟，又是插队知青，很有一种亲近感。大概问了几个问题之后，几位老师就亲切地与我谈起家常，问起我这些年插队、上学、教书的经历。我当时就知道我已经是她们的学生了。

在北京等待发榜时，我接到北京体育学院通知，说教育部将举办“文革”后的首次出国留学人员资格外语考试，学校推荐了一批青年教师和新录取的研究生参加考试，我也在名单之中。后来知道，是邓小平亲自决定大规模向国外派遣留学生，以利中国的改革开放和人才的培养。教育部根据邓小平的指示决定在全国各地同时举行一次出国留学资格考试，考生业务水平由各单位把关，考试只考外语，分笔试和口试。笔试只要考到 60 分就算达标。北京的考场设在北京外国语学院（后经合并组建，更名为北京外国语大学），笔试是全国统一命题，考三个小时，内容均为基本语法，并无任何专业内容。由于搞专业的大部分人在十年动乱中已经搁下了外语，外语学习讲的是积累没有速成，所以最后的及格率极低。我多年来念的是许国璋编的英语课本，正对考试内容，又让我占了先，所以考了 79.5 分，是相当高的分数。几天后进行口试，我得了个 4+，这也是高分。这样我就成功地通过了这次资格选拔考试。不久，我收到了北京体育学院的研究生录取通知书。

与妻子黄湘在北京（1979 年）

随着事业的转折，我的生活也迎来了转折。当我在北京考研究生时，认识了后来成为我妻子的黄湘。她出身书香门第，也是工农兵学员，毕业于长沙铁道学院，当时在天津的铁道部第三设计院做助理工程师。我是经她在山西兴县插队的姐姐黄云认识她的。说来有趣，我第一次到她家里去时与她的父母聊天，发现她的母亲早年毕业于辅仁大学，与我母亲是同级但不同系的校友，互相都知道对方，还有共同的朋友，这让她的母亲和我的母亲都喜出望外。黄湘的父亲黄肃秋先生是著名的古典文学专家，在人民文学出版社工作多年，当年出版社在建社之初出版的“四大名著”之一《西游记》就是由他注释整理的。这桩“门当户对”的亲事让双方家长都非常满意，数十年不曾见面的辅仁大学校友又坐在了一起。

岳父家在“文革”中被驱赶到崇文门外的豆谷胡同的一个大杂院居住，院中有一座破旧的两层楼房，楼上是岳父家，楼下则是境遇更差的文学家舒芜先生的蜗居。我那时每个周末去那里与未婚妻见面，经常有机会看到楼上楼下两位中国文学界的名人在那里摆弄烧煤饼的炉子，炒菜做饭。某年书法家启功先生来此看望我岳父，后来对人说，那是个危楼，真担心黄先生的体重会压塌了楼板，砸到楼下的舒先生。我自幼喜欢侯宝林的相声，岳父与他很熟，因为侯先生在编相声时常向我的岳父和他的老朋友、著名语言学家吴晓铃先生请教一些方言俚语的问题。岳父几次说可以带我去侯先生家“吃炸酱面”，可惜那时我专注于谈恋爱，无暇顾及，错过了机会，一直感到遗憾。

在奔波闯荡了多年后我找到了这一生的爱情和幸福。从 1979 年我们结婚至今的 40 年中，我们相知相爱、患难与共。每在人生与事业的关键时刻，妻子都帮我出谋划策。其坚定的支持、鼓励与督促是我奋力向上的力量源泉。她毫不犹豫地牺牲了自己的事业陪我去法国，后来我们有了女儿，我的工作忙，女儿的教育都是她一力承担。可以说没有妻子也就没有我事业有成的今天，我由衷地感到幸运。

1978 年 9 月，我进入北京体育学院读运动生理学研究生。这一届研究生是“文革”后的第一届，共招了 47 人。我怀疑“47”是我们这个家族的幸运数字，当年我祖父参加的清华留美第一期考试也取了 47 人！我的导师王义润教授（1917—2011）是中国运动生理学的奠基人，

20世纪40年代曾留学美国，是位和蔼可亲的老太太。不过遗憾的是，我在北京体育学院只上了一学期的课就去参加出国留学的外语培训了，未能更多地受教于我的恩师。

1979年初学校通知我，教育部已经决定派我以公费研究生的身份去瑞典留学，还是读运动生理专业。当时国内与国外教育界联系渠道有限，等了几个月教育部也没有联系到接收我的学校。恰好此时我在加拿大定居的叔叔回国探亲，他建议我去加拿大学习，并帮助我申请到温莎大学的体育学院。教育部很快批准了我转往加拿大学习的请求。

出国前，我进入北京语言学院的出国人员培训班接受四个月的英语强化培训。随后我与另外九名去加拿大学习英语或法语的“语言生”被编为一个小组接受了出国前的集训，小组长是外交部干部培训学校的教师梅平。19年后我去加拿大访问，在渥太华的中国大使馆又见到了这位小组长，那时他已经是中国驻加拿大的大使。小组中还有我在清华园的发小艾平，他后来当了中联部的副部长。

1979年9月17日晚上，我们这些人一起搭乘中国民航的包机飞往巴黎。飞机呼啸着冲上夜空，望着机翼下逐渐远去的北京的灯火，心中颇不平静。经历了十年“文革”后，我终于有机会再回到学校学习，现在又被国家公费派到加拿大去读研究生。短短一年间，我的人生道路发生了重大的改变，与“文革”中的逆境有天壤之别。多年来没有放弃学习的努力得到了回报，证明“机会青睐有准备的人”这句话所言不虚。不过更重要的是我有幸赶上了这样一个时代，国家的改革开放给每个中国人都带来了可以充分发挥自己聪明才智的机会，我感到，中国的崛起与腾飞指日可待。

70年前我的祖父放洋留美，30多年前我的父亲留英，如今我沿着祖父和父亲的足迹也赴海外留学，家族的历史在重演。出国留学将遇到什么，一切都是未知数。但是既然国家给了我这样宝贵的机会，我总不会让祖国失望。怀着将来学成回国报效国家的信念，我在飞机上进入了梦乡……

“枫叶之国”的留学生活

这是我第一次离开祖国，前往遥远的枫叶之国加拿大。路上经停伊朗的德黑兰，第二天拂晓抵达巴黎戴高乐机场。从巴黎我们改乘加拿大航空公司飞机，七小时之后到达加拿大蒙特利尔的拉瓦尔机场。从那里乘长途公共汽车又走了两个小时才到首都渥太华。中国大使馆文化处的三等秘书杨庆华将我们接到坐落在渥太华河河畔的大使馆。原来这里是一座修道院，后来被中国政府买下作为大使馆。当时在加拿大一共只有几十名来自中国的公费生，大都是学英语或法语的语言进修生，自我那一批开始才有科技专业的研究生到来。

温莎离渥太华 900 公里，属安大略省，临五大湖，地处美加边境，与美国的汽车工业中心底特律隔河相望。温莎是个小城市，当时只有19 万人口，却还是加拿大第七大城市，其主要工业是汽车制造业，美国三大汽车公司在这都有分厂。温莎大学有两万多名学生和上千位教职工，是当地主要单位之一。城市不大，但是很幽静，是个读书的好地方。

成为温莎大学研究生（1980 年）

到达温莎的第二天我去学校报到，体育学院院长赫莫斯顿教授马上接见了我。他告诉我，我是这所大学有史以来第一个来自中国大陆的学生。由于不了解中国学生水平如何，他说我还不能注册研究生，要我先修五门大学本科四年级的课程，包括运动生理、运动生物力学、基础化学和统计学等。他说要看一看我的水平能否达到读研究生的标准。讲老实话，我这个三年没怎么念过正经专业课的“工农兵学员”

的底子让我还真有点心虚。不过这“第一脚”总要迈出去。为了便于学习和更好地掌握语言，我入住学校的学生宿舍，与一位加拿大本科生同住一个房间，使自己完全融入加拿大学生的生活。白天上课，晚上去图书馆看书，深夜与同学们一起到附近的酒吧喝一杯啤酒。这栋楼里住的学生只有我一个外国人，每天从早到晚都是讲英语。一年下来，英语地道多了，也适应了加拿大学生的生活方式。

这五门大四的课程对我来说困难不小。一是英文授课，有个语言适应的问题；二是生理学我在大学里学的很少，统计学根本就没学过；三是外国人教学不强调死记硬背，要你自己去找参考书，写综合分析报告，与中国传统教育方式大相径庭。为了能在课堂上听懂，我努力做笔记，课外大量看书。好在那些加拿大同学对我这个初来乍到的中国学生都十分友善，主动将笔记借给我。每天下课后我就借来同学的笔记复印一份，对照自己的笔记去消化。晚上我都在图书馆待到深夜，周末也加班加点，抓住重点内容下功夫。三个月下来，也就能熟悉术语，知道外国人的教学方法与思路了。

期末前，教生理课的教授要每个学生准备一个题目在班上做口头报告。我做了认真准备，第一次用英语在全班同学面前介绍了自己的作业。讲完之后，全班同学和老师热烈鼓掌，祝贺我的第一次演讲成功，让我受到莫大鼓励。期末考试，我修的几门课程都得到了 B 或 B+。院长非常高兴，马上批准我第二学期注册研究生。现在回想起来，这三个月大概是我一生中下功夫最多也最为紧张的一段时间，生怕被淘汰掉。不过总算闯过了第一道难关，打开了通向研究生学习的大门。

1980 年初，我开始攻读运动生理学硕士学位的课程。学校规定硕士研究生要修六门课，每门课至少要取得 B 的成绩，还要写出一篇论文，通过答辩才能被授予学位。学生通常在第一年修课，第二年开始写论文，理工科学生一般两年半到三年可以完成学业。为了尽早接触科研，在导师的建议下我决定每学期只修两门课，同时立即开始做研究课题，两者齐头并进。

我在以后的一年半时间里修了六门课，包括运动生理学两门，运动生物力学两门，科学研究方法一门，还有一门是做一项“专题研究”，实际上是对学生进行写论文的预培训。这些研究生课程有一个共同特点，就是教授没有固定的教科书，讲到什么专题，就让学生到图书馆去查相关文献，然后在课堂上与教授共同讨论。一般每门课有五六个研究生一起修，大家课下在一起探讨。这种方式让我逐渐熟悉了如何从文献中了解某一专题的最新研究成果和动向，如何将问题归纳整理以确定进一步的研究方向以及如何用理论来解释实验结果。这种教学方式对学生收集资讯、分析思维能力的培养大为有益。当然这对我来说是全新的，我当“工农兵学员”时学校可从来没有教过我这一套。

在加拿大读研究生课程，学习成绩是按照 ABCD 来评分。90~100 分评 A，80~90 分为 B，70~80 分是 C，70 分以下不及格。经过三个学期的努力，我修完了必修的六门课程。两门运动生理课一门得了 A，一门是 A-；两门运动生物力学课一门是 A，一门是 A+；科学研究方法 A；专题研究 A；总平均成绩是 A。研究生能够门门课念到 A 的并不多见，导师对我的成绩极为满意。我的成绩也为以后来温莎大学的中国学生创出了“牌子”。以前国内总有人说外国学生学习不如中国学生刻苦，我的那些加拿大同学可绝非如此。念研究生的人都是想要拿学位才来上学的，他们一定不会混日子，学习都非常努力，大家在研究生的办公室每天都要待到半夜才离去。

我的导师是诺博尔教授，他的专长是肌肉生理学，用分子生物学和生物化学方法研究肌肉的运动反应，属基础性研究。我的论文主题是用大白鼠研究骨骼肌代偿性肥大的机理，研究的目的是认识体育运动中运动员肌肉力量增加的机制。

我的硕士论文不包括文献索引一共只有 43 页，却是我整整做了两年半的实验才得到的结果，仅大白鼠就用了 300 只。导师对实验结果甚为满意，论文完成后以我和导师的名义发表在《加拿大生理学与药理学杂志》上，标志着这项研究成果得到了业内的肯定。1982 年 5 月，体育学院为我的论文举行了答辩会，三位导师和其他一些教授、研究生出席。我用半小时时间介绍了论文成果，然后用 40 分钟回答了所有提问。三位导师闭门讨论 10 分钟后宣布论文通过，评语是“满意”(评语分三级：满意、通过、不通过)。在我的硕士论文《大白鼠腓肠肌代偿性肥大时收缩蛋白质的代谢变化》的前言中，我对几位导师的指导表示了感谢，并写了这样一段话：“我愿在此向我的祖国、中华人民共和国的政府与人民表示诚挚的谢意，没有祖国的全力支持，我在加拿大的学习是不可能实现的。”这是我的真心话。

1982 年夏，我获得了温莎大学授予的运动生理学硕士学位。我的导师早先就动员我读博士了，我也觉得越学越感到自己的不足，要接受进一步的训练，唯有继续攻读博士学位。当时国家的政策是鼓励公费研究生继续攻读博士学位，但是国家将不再负担费用，需要自己从校方获得资助。此时蒙特利尔大学体育学院和美国亚利桑那大学体育学院都表示接收我去读运动生理学博士，并且提供资助。但是我最后选择了留在温莎大学生物系，跟随导师泰勒教授，攻读生物学博士学位，做分子生物学水平上的心脏生理学基础研究。

我上大学是学体育的，还是“工农兵学员”，诸如基础化学、生物化学、分子生物学、酶化学、遗传学等生物学的基础课我都没有学过，要攻读生物学博士难度相当大。但是我当初学体育本就出于无奈，考研究生选择了运动生理，就因为这大概是在体育这一行中最有学问的专业。攻读体育学院的博士学位固然相对容易一些，但转学生物学可以让我真正转到科学领域，以后的职业道路会更符合自己的兴趣与能力。所以尽管走这条路会面临很多困难，

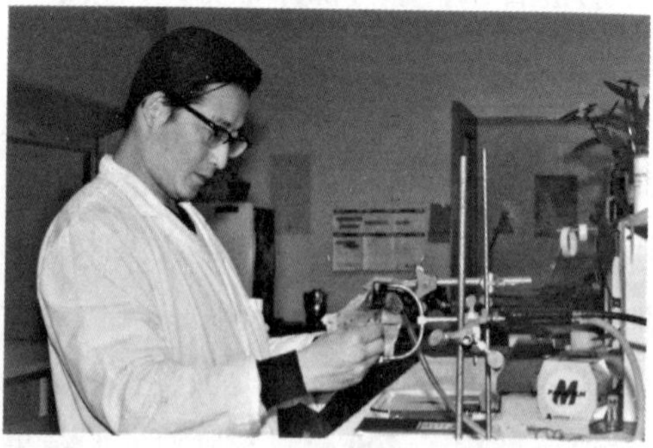

做生化实验（1984 年）

但我还是准备拿出当年插队的精神再拼一次。

1982 年秋，我开始了在温莎大学生物系的三年学习。由于我不是学生物出身，欠缺许多生物学领域的基础知识和专业知识，生物系接收我读博士是有条件的。第一学期我只能以硕士生资格注册，先修六门生物系大学本科的课程，包括普通化学、生物学、生物化学、解剖学等，必须至少得到 B 的成绩才能转为正式的博士研究生。与三年前初到温莎时一样，我又一次被要求补修基础课以证明自己的能力。

这六门课我念得非常辛苦，不像后来那些系统地读过高中和大学再来留学的中国学生，我中学只上了一年半就赶上了“文革”，大学里又是“工农兵学员”，有些课程基本上是从头学起。同时我还得在系里每周工作 10 小时做助教，这是我的经济来源。只好还是老办法，找出重点，突击学习。每天上午上课、做助教，下午做实验，通常做到晚上 12 点才回家，周末则全泡在图书馆念书。功夫不负有心人，到期末这六门课不是 B 就是 B+。系主任见到成绩单放心地笑了，马上批准我第二学期正式注册为博士生。导师泰勒教授说他很为我捏把汗，没想到我居然六门课成绩都不错。我想，还好没丢他的脸，其实我自己也真有点后怕呢！

温莎大学对获得博士学位的要求是修六门专业课，通过一次“综合考试”，通过一门外语考试，做一项有创新的科学研究，写出论文并通过答辩。由于这些严格规定，生物系的研究生平均 4~5 年才能拿到博士学位。我依然按照读硕士时的习惯，修课与做科研并进。每学期两门课，包括生物化学两门，生物学、生物学实验方法、酶化学和生物遗传学各一门。这些课难度很大，都没有固定教科书，内容来自各任课教授指定的一大堆参考书和学术刊物上发表的最新研究成果。上课是讨论式，教授每周让学生写一份专题报告，要去找最新的资料，写出自己的分析和认识，打印出来交稿。在下周课上教授一一予以讲评。期中和期末还都有考试。一年半下来，我的六门课都念得不错，两个 B+，两个 A−，两个 A。平均成绩 A−，这在生物系的研究生里是上等水平。说实话连我自己都没有想到我能够得到这样的成绩，可能我还是很会念书的。事后回想起来，当时真的很辛苦，不过也确实让我学到了扎实的基础知识，更重要的是掌握了有效的学习方法。

“综合考试”是一大关口，是对博士生的各种基础知识与专业知识的一次包罗万象的大规模测验。我在第二学年结束时做了整整一个月的集中准备。考试包括生理学、生物化学、酶化学、心脏生理学等各个方面的题目，时间是两天整，非常紧张。由于准备充分，考试顺利通过。读博士还要掌握一门除英语外的外语，我去问研究生院，中文可不可以算一门外语，人家说不行，因为中文“不是一门科学研究用的语言”。于是我到外语系修了两门基础法语课。通过综合考试不久，我参加了研究生院组织的博士生外语考试。考试内容是在三小时之内将两页法文的生理学专业文章译成英文，我通过了。

我的博士论文题目是“心肌肥大的发展与消退过程中的生理与生化变化机制”，这是导师由加拿大心脏研究基金会资助的研究项目。心脏肥大是常见的生理或病理现象，我的研究是要揭示它的变化过程。

为了合理安排时间，我和导师商量，将整个论文研究的内容分为三部分。先做生理学方面的实验，再做组织化学实验，最后做生物化学实验。每一个部分实际上都是一个独立的研究课题。每做完一个题目，我和导师就把结果写成文章，向学术刊物投稿。国外在权威学术刊物上发表文章并非易事，要经过业内同行的严格审评。发表文章非但没有稿费，还要缴版面费。1984 年我与导师合作，一年内在《加拿大生理学和药理学杂志》发表了三篇文章。1985 年我的博士论文研究的一部分又在世界一流的刊物《美国生理学杂志》上发表了。博士论文的最后一部分于 1986 年发表在《加拿大心脏病学杂志》上。1982 年 9 月—1985 年 8 月，三年的时间内我修完了六门专业课，通过了综合考试和外语考试，完成了全部实验工作，取得了必要的数据。实验成果此时都已经或即将在学术刊物上发表，最后的工作只是将已经发表的文章重组写成论文。

我在加拿大读书数年真的体会到拿个博士学位很不容易。这也是为什么在西方国家，“博士”这个词含金量很高，很有影响力。学校里的教授都是博士，人们不会称他们为某教授或某院长，都是称他们为某博士，因为这代表了荣誉与身份。在西方国家只有三种头衔人们可以终身使用：一个是外交界的大使，一个是军界的将军，还有一个就是学术界的博士。

讲完学习，还要讲一讲 20 世纪 80 年代的留学生生活，那时与今天中国留学生在国外的情形有很大不同。中国在改革开放早期公派到国外学习的研究生和访问学者大都是经过严格选拔、业务水平很高的精英。这些人大多很珍惜这来之不易的机会，在国外学习非常刻苦。但是那时国家还不富裕，能够提供给公费留学人员的经费标准很低。在加拿大，公费生每月只有不到 400 加元的生活费，房租就要花去近一半。不过我们这些公费生都能够体谅国家在不富裕的情况下拿出宝贵的外汇培养人才的苦心，所以鲜有人抱怨。读硕士时我是靠国家公费，除了生活费，国家还为我付学费，到读博士时就一切自理了。

读博士时生物系每年给我 8 个月的助教工作，导师给我 4 个月的助研工作。后来我又获得了安大略省政府为研究生提供的一项奖学金，经济条件改善了许多。这项奖学金主要给予加拿大学生，外国学生只有 50 个名额，而当时全省在各大学读研究生的外国人有上万名，所以竞争极为激烈。我因在学术刊物上发表了论文而被选中（在校生发表论文并不多见），也是温莎大学获此奖学金的唯一外国留学生。在我留学的六年中，我和妻子都没有出去打过工，这或许是我留学经验的一个欠缺。但凭优异的学习

与妻子黄湘在加拿大（1983 年）

成绩获得这些资助和奖学金，或者也可以算是“智力打工”吧。

我出国留学时国内政策尚不允许公派留学人员的配偶出国随行或探亲，我的妻子黄湘以自费留学生的身份于 1983 年来到加拿大与我团聚。妻子到来后先进修英语，后在温莎大学进修计算机课程。第二年，我们的女儿宛枫出生了。加拿大是个福利国家，生孩子住院全由政府社会保险金支付，很有几分社会主义的味道。可爱的女儿给我们的生活带来了新的乐趣。

从 1981 年开始陆续有来自国内的自费本科生和公派的访问学者与研究生来到温莎大学。凡有公派来的，中国大使馆教育处都会事先通知我，让我对他们予以关照，我也责无旁贷地利用自己在学校人熟地熟的条件帮了他们不少忙。后来人多了，又成立了“温莎大学中国学者 / 学生联谊会”，作为这里留学生中的“元老”，我被推选为首任会长。我家的生活条件在当时的中国留学生中是最好的，所以留学生们逢年过节就会到我家来聚会，大家一起包饺子，热闹一番，聊解思乡之愁。

在那个年代，中国政府对在国外的留学生十分关心，大使馆成立了教育处，教育部派出教育参赞。教育处经常给我们寄来电影录像带和国内的报纸杂志，并且向各大学的中国学生联谊会提供少量经费，供我们组织联谊活动用。1985 年初，我们联谊会在当地一家中国餐馆举办了一次庆祝中国春节的活动，请到了温莎大学的校长、研究生院院长、各中国学者和学生的导师及他们的配偶。这次活动在学校里提高了我们联谊会的知名度，引起了校方对中国学者与学生的重视，对校方以后接收更多中国人来进修和读书也有促进作用。

获得博士学位，何去何从

到 1985 年夏，我已经完成了所有课程并通过了所有考试，实验工作接近尾声，即将开始写毕业论文，计划次年初答辩。当时我的计划是去美国做两年博士后，然后回国服务。

这年春天，中国大使馆新来的教育参赞倪孟雄来温莎大学巡视。他告诉我，由于国内派出的留学生越来越多，需要加强留学生管理工作，教育部有意从留学生中选拔合适人才调入大使馆，从事留学生管理和教育交流工作。当时我是在加拿大留学时间最长的，担任温莎大学中国留学生联谊会的会长，并且已经入了党。倪参赞认为我是一个合适的人选，问我是否愿意去大使馆教育处工作。他们也对我的妻子做了考察，认为她也适合大使馆的工作，可同时调入。参赞要我在一个月内做出答复。想想有趣，十多年前上大学未能如愿进外语系，断了走外交之路的念想。如今做外交官的机会却送到眼前，绕了这么一个大圈子，真是世事难料！

我又一次站到了人生道路的十字路口，不过这次我有了选择的自由。此生将要从事学术工作还是行政管理工作，甚至“从政”，要在一个月内做出决定。此时我已过而立之年，无论走哪条路，都将是一条不易回头的路。对我而言，走学术之路可以去做博士后，然后回国到大学教书、做研究。这条路很平稳，也不会有什么预料不到的挑战。当外交官的机会可遇不可求，一旦走上这条路，以后就有了“从政”的机会，有可能为国家做些“大事”，但这条路也充满了未知与挑战。国家送我留学，我应为国家做事，这是我们家族的传统。我们这一代人这一初心虽然经历了“文革”和“上山下乡”这样的动荡年代也终究不改。

我和妻子分析了自己的长处与短处：从学业上讲，我毕竟只念了一年多中学就因“文革”而失学，作为“工农兵学员”上大学没学到什么知识。虽然经过自己的刻苦努力，读了硕士和博士，以后再做博士后，将来在学术上达到一定水平，当个教授不会有什么问题，但是我的学业基础终究不够系统，不够扎实，学术研究方面的潜力恐怕敌不过那些受过系统教育的后来者。而从事行政管理乃至从政的话，我的人生经历丰富，为人稳重，不贪享受，比较“正统”，我还具有当时为数不多的外国博士学位。在一个需要现代化管理人才的时代，或许在这条路上我会有一个更大的人生舞台，能为国家做出更大的贡献也未可知。人生若要成功，就得去做最有助于自己发挥能力的工作。这就需要清醒地认识自己的长处和短处，知道能做什么，不能做什么。不过通常人们认识自己的长处易，看到自己的短处难。分析利弊之后，我们决定接受这一挑战。这个选择决定了我后来的人生道路，我至今不悔。

教育部很快批准我们到驻加拿大大使馆工作，人事关系也转入教育部（此时已经改称国家教育委员会）。1985 年 9 月我们来到渥太华开始在大使馆工作。那时的外交官是不能携子女赴任的，我们把一岁的女儿送回国内，先是由她的姥爷姥姥照顾，后来又由她的爷爷奶奶照顾，四年中我们只回国休假一次与女儿团聚，这也是走这条路的一个代价。我与导师商量，我去大使馆赴任，利用业余时间写论文，然后回校答辩。我原来预计利用工作之余在半年内写完论文，但过于乐观了。到大使馆以后工作甚忙，需要全身心投入，业余时间根本没有可能思考写论文的事。为了避免前功尽弃，一年后我请假三个月回到温莎大学，在导师身边写完了我的论文。

1987 年 3 月，我专程回到温莎大学做论文答辩。答辩委员会共有五名成员，除了我的导师泰勒教授外，还有生物系教授兼研究生院副院长卡特教授、生物系的系主任法克尔教授、化学系教授泰勒和渥太华大学医学院的生理学教授克里基。答辩进行了四个小时，教授们问了许多问题，我都给出了令他们满意的回答。与硕士论文答辩时的情

通过博士论文答辩后与答辩委员会全体成员合影（1987 年）

形一样，委员会在答辩之后开了 10 分钟会就宣布论文通过，评语是“满意”。五位教授在我的论文首页上签了字，并与我热烈握手表示祝贺。此时我心中激动之情难以平静，获得博士学位，多年美梦成真，这中间又有多少寒窗之下的辛劳与甘苦可为人知？我与每一位教授紧紧拥抱，感谢他们几年来给我的支持与鼓励。后来常有人问我，你在论文通过答辩那一刻在想什么。我的回答是，这辈子终于不用再考试了！三个月后，我和妻子从渥太华回到温莎大学参加毕业典礼。我穿上黑袍，披上生物学博士标志的绶带，与其他毕业生依次上台接受校长伊阿尼颁发的博士学位证书。第二天中午，伊阿尼校长单独请我吃饭，毕业生中获此殊荣者只有我一个。校长对我说，你是温莎大学的骄傲，好好干吧，我敢肯定你以后一定会有出色的成就。如今这位校长已经作古，但是他对我的热情鼓励至今仍然回响在我的耳边。多年来我也总以没有辜负他的期望而感到欣慰。

获得生物学博士学位（1987 年）

“文革”结束之后，我得改革开放风气之先，有幸作为最早一批留学生被国家公费派到加拿大学习。尽管由于时代的影响，我的学业基础并不大好，但经过六年的努力，我最终获得了运动生理学硕士和生物学博士两个学位，说明“有志者事竟成”。在加拿大留学使我受到了严格的科学思维与研究方法的训练，虽然我后来并没有从事生理学研究工作，但这些训练却使我受益终生。我至今仍然坚持认为我出国留学的机会是国家给的，这是由于我有幸赶上了国家改革开放这样一个大环境。个人能力再强，没有这样一个环境，这一切都是不可能的。

第 18 章

人生转轨：从生物学博士到外交官

学者变身外交官

1985 年 9 月，我与妻子黄湘开始在渥太华的中国大使馆教育处工作。此时加拿大有来自中国的公派留学人员约 2 000 人，分布在十个省的 50 多所高校和一些科研机构。另外还有数百名自费留学生。大使馆教育处主要管理公派的留学人员，包括公费的研究生与访问学者及所谓“自费公派”的人员（指获得加方资助，国内单位批准以“公派”身份出国学习的人）。

成为外交官（1985 年）

我们初到使馆工作时，国家教委给我们定的级别都是三等秘书。当时加拿大政府限制中国外交官人数，作为变通，我们以“中国教育交流协会驻加拿大联络官”的名义在教育处工作，使用绿色的中国公务护照。教育处有官员五人，还有倪参赞夫妇和一位一等秘书。一开始的分工是我偏重于与加方的教育交流工作，黄湘参与内部与留学生的财务管理。

我们这个联络官的对外身份使用了一年多之后，加方解除了对中国外交官的人数限制。那时我已经升为二等秘书，我们的身份也就变成了中国大使馆二等秘书和夫人（当时在编的外交官配偶对外都使用夫人的身份），换领了红色的中华人民共和国外交护照。

学者转做外交官也还有一个适应过程，尤其是要练就外交官的各项"基本功"，例如熟悉国家的总体外交政策以及对驻在国外交的各项方针、基本的外交礼仪和保密规定等。我对加拿大的教育和中国留学生的情况都不陌生，所以很快适应了新的工作岗位和新的生活。

在渥太华的中国大使馆当时有外交官 40 多人，算上工勤人员和家属近 90 人，算是中等规模。加拿大是最早与中国建交的重要的西方国家之一，历届中国大使级别都很高，早期黄华、章文晋出使加拿大之前都是外交部副部长。我们到使馆时的大使是余湛，也曾任外交部副部长。那时的中国外交官不能带家属随任，也有夫妻双方都在大使馆工作的，但是不能带子女。我们在馆工作后期政策已经有所变化，配偶可以作为编外人员随任，如不随任也可以公费来探亲一次。后来国家的政策更宽了，子女可以来国外上学，连父母都可以来探亲了，不过我们没有赶上这个好时候。

以前我们的外交官是供给制，国外管吃管住，只发少量零用钱。我们到馆前已经改为薪金制。不过那时薪金标准不高，记得我做一等秘书时月薪不过 200 美元，与今天我们驻外的外交官的薪金标准差得实在太远了。吃饭仍然是食堂制，但要交伙食费。这里不妨回顾一下 20 世纪 80 年代中国外交官的衣、食、住、行。

先说"衣"。刚到大使馆我就发现，我们的外交官出去活动和在馆内接待来访者时都西装笔挺，不过面料和款式都相近，因为大都出自北京百货大楼的外交人员服务部或"红都"服装店。而只要是在馆内办公，大家则穿得越随便越舒服越好。我们的办公室都不对外，会客有会客室。大门口的值班员通知谁有客人，此人就在办公室换上西装下去会客。办公室里没有人穿西装打领带，都是便服加布鞋，还有穿拖鞋的，图个舒服。我由于几年的留学生生活，不太习惯这种洒脱的着装方式。我觉得在办公室穿着整齐反映一种积极的精神面貌与工作态度，而且是对同事们的尊重。所以我到馆工作后坚持每天上班都穿西装打领带。一开始我打领带去食堂吃饭，其他处室的同事总问我是不是有外事活动，因为大家都是有外事活动才着正装的。教育参赞对此很赞同，后来先是教育处的其他同事开始上班穿西装打领带，再以后使馆大部分同事也都开始上班着正装，这也是我们逐渐开放的标志。

那时我们的薪水不高，不可能买名牌衣服。国内做的衣服又不大够水准，如何买到物美价廉的服装就成了一大学问。渥太华的大百货公司每年会有一两次大减价活动，服装集中在一个体育馆里减价出售，这是我们这些不富裕的中国外交官添置衣服的好机会。几次采购回来，外交官都穿上了外国生产的西服。虽然在对外活动时常会“撞衫”，但毕竟阵容明显改观了。后来外交官的收入逐渐提高了，衣服的质量与款式自然也就大不一样了。使馆的女同志们早先是不化妆的，也不太注意着装搭配。黄湘从留学生中来，很注意仪容整齐，她和馆内几位年轻女同志每天化妆，换不同的衣服。其他女同志看了也慢慢注意起衣着打扮。爱美之心，人皆有之，有时只是需要有人带个头。当时的余湛大使和夫人左伊对她们此举也很支持。

再说“食”。中国驻外的使馆从开始供给制就是吃食堂，我们在时仍如此。使馆那时共有四位厨师，都是南方来的，年轻且手艺好，使馆的宴请和招待会都是他们做。渥太华的外交使团都知道中国大使馆的饭最好吃，绝非外面中餐馆可比。那时我们使馆的饭厅在地下室，各处室都有自己固定的餐桌，每个人有固定的座位。早饭通常是稀饭、咸菜、馒头、牛奶。一周一次豆浆油条。我留学时就养成晚睡晚起的习惯，从不去吃早饭，唯有吃豆浆油条那天才会例外。中饭和晚饭都是两菜一汤，一荤一素，随便吃没有限制。大使夫妇单有一个小桌，但是饭菜与所有人都一样，无任何特殊。使馆每个月要吃一顿饺子，每逢此时，所有女同志都去厨房包饺子。女同志在一起七嘴八舌，热闹非凡。秋天总有当地华人送来一些大闸蟹，食堂会在周末摆出啤酒，让大家痛饮一番。外交官常有在外面吃饭应酬的机会。我们请加方多是在当地的中餐馆，加方请客大都在高级的西餐馆或大酒店的餐厅。几年内我们光顾过渥太华的许多餐馆，但是觉得吃得最舒服的还是在我们中国大使馆自己的饭厅。

接着说“住”。中国大使馆所在的建筑原来是一座修道院，使馆各单位除教育处外均在这里办公，宿舍也在这里。那时的条件不好，每对夫妇只能有一个单间。后来国内几次派工程队来改造，有了带洗手间的宿舍。我们教育处 20 世纪 80 年代初就在使馆附近买了一栋三层小楼，除二楼做办公室和会客室外还有三套单元房可供居住，这在当时算是比较好的条件。我们离开以后使馆又曾几次改建，办公与居住条件有了很大改善。再以后外交官就可以到外面去租房住了。那时我们的使馆有一个面积很大的后花园，有花有树有草坪，饭后大家都喜欢在那里散步，呼吸新鲜空气。多年后的 2017 年春我去渥太华主持一个国际会议，应新任驻加拿大大使卢沙野和教育参赞杨新育之邀再访中国使馆，看到馆内的条件与 30 年前相比实在是不可同日而语了。

最后说“行”。在加拿大汽车就像一个人的腿，没有车寸步难行。我们那时使馆的车辆是不缺的。大使的车是一辆凯迪拉克，很气派也很舒适。我们的车都挂红色的外交牌照，警察对外交车很客气，即使违章，只要不太过分，一般也不找你的麻烦。那时中国外交官自己开车的还不多，使馆有三名专职司机，主要负责给大使开车并开公务车。教育处官员则自己开车。我和黄湘在留学时就有驾照，在教育处各开一辆别克牌轿车。

与余湛大使（右一）和大使夫人左伊（右三）在一起（1986 年）

黄湘恐怕要算是中国驻外使领馆中最早开车的女同志，也给馆内其他女同志学开车带了个头。

为了丰富业余生活，使馆经常组织大家在周末去郊游野餐。此时十几辆红牌外交车一起出动，排成长龙奔向风景点。食堂为大家准备丰盛的食物，有各种烧烤、主食和饮料。在绿色的田野上和清澈的河流旁，大使、参赞与工勤人员一起野餐。我们坐在草地上，伴着青青流水，仰望着蓝天白云，陶醉在大自然中。每年春节，使馆会在除夕夜聚餐。饭后是联欢会，每个人都上场表演节目，大使夫妇亦不例外。在回荡着歌声与笑声的大厅里，我们忘却了身在异国他乡，只感到集体的温暖。这样充满同志之间真情的欢乐时刻实在令人难忘。

我们初到使馆工作时的大使是余湛，他是一位老革命，有丰富的外交经验，当过外交部主管苏联东欧事务的副部长。我曾经亲眼见过他在使馆遇到突发事件时，不慌不忙，沉着指挥的大将风度。他和夫人左伊都没有架子，平易近人。在饭厅，我的位子就在大使夫妇就餐的小桌旁，我有时会端着饭碗向余大使请示事情，他毫不在意。接任的大使是担任过外交部美大司司长的张文朴。说来我家和他家还是世交，我的祖父在 20 世纪 20 年代留美回国后在清华大学政治系任教，当时的系主任就是张大使的父亲张奚若，两家都认识，私下里我还应称他一声叔叔。张大使业务能力极强，中英文俱佳，对部属要求严格。在他手下工作一点松懈不得，同时也能够学到许多东西。余大使多年前就已经谢世，后来我们还去看望过他的夫人左伊。2018 年我退休后与黄湘一起去看望了张文朴大使和夫人张沛。九旬高龄的张大使

1989 年国庆招待会上与张文朴大使（左二）和大使夫人张沛（右二）合影

思路敏捷，一如既往。

说实话，30 年前我们在中国大使馆工作时各方面条件都不算好，半供给制的集体生活有种种不便，但是同事之间与各单位之间非常团结。使馆在前后两任大使余湛和张文朴的领导下，充满了团结活泼的气氛，至今回想起来仍然令人神往。

教育交流显身手

20 世纪 80 年代中期，中加两国之间的教育交流有了很大发展，大量中国学者、学生通过各种方式和渠道到加拿大来学习，我们的工作也更加忙碌了。在那个年代，有博士学位的中国外交官很罕见，我的博士头衔与学术背景使我在与加拿大教育界人士交往时方便许多。人家认为我也是学者，有共同语言，总会表现出尊重。我在与加方的学者和政府官员打交道时也确实感到非常自如，不知道是不是有些当过外交官的祖父的“隔代遗传基因”？在使馆几年间我曾参与许多促进中加教育交流的工作，这里举两个例子。

那时许多加拿大的大学希望扩大中国留学生的生源，国内大学也迫切需要开展与加拿大高校的交流。为向中国教育界介绍加拿大的高等教育情况，我们与加拿大大学联合会合作，收集了 100 套加拿大各大学的校历（大学每年都会出版一本介绍本校课程设置、申请手续等情况的详细说明书，叫作校历），由大学联合会出资空运到北京，赠给国家教委下属的几个出国留学服务中心和 80 余所大学。我与大学联合会一位官员于 1986 年夏天去中国，在北京、成都、上海和广州四地举办了介绍加拿大高等教育体系的讲座。这些资料和我们的讲座如及时雨，向国内提供了急需的信息。

截至 1988 年，中国留学生在加拿大的总人数已经近 6 000 人。各大学的研究生院的院长是接收研究生入学的关键人物，自然是我们的重点工作对象。这年春天的一天，我接到我的母校温莎大学研究生院院长的电话，说加拿大各大学的研究生院院长每年在一起开一次年会，这年将在渥太华开会。院长想到我在中国大使馆工作，她问我能否让参加本届年会的院长们参观一下中国大使馆。我马上意识到这是一个送上门来的做交流工作的绝好机会，即刻向张文朴大使建议，由他出面在大使馆为院长们举行一次招待会，张大使欣然同意。

招待会那天晚上，使馆灯火通明，来自加拿大 50 多所大学的研究生院院长和配偶盛装到来，他们出席外国大使的招待会可不是常有的机会。张文朴大使和夫人在宴会厅门口欢迎客人。大使发表了热情的讲话，表示希望看到更多中国留学生来加学习，中加两国的教育交流进一步发展。随后是丰盛的中式自助餐。院长们对中国大使的盛情款待都十分感动，纷纷表示以后要加强与中国的交流，接收更多中国留学生。从那以后我到各大学去访问时，见到的研究生院院长都对在中国大使馆受到的款待和美味的中餐津津乐道。这次工作效果极为明显，大使非常满意，在馆务会上表扬我，说这种高层次、有针对性、效果显著的外交活动应该是我们工作的重点。

做留学生与国家之间的桥梁

当时大使馆教育处最重要的工作还是管理留学生。那时公费、公派的留学生数量多，不能不管。这种管理在今天看来是范围过宽了一些，还是受计划经济模式的影响，政府什么都要管，效果反倒不一定最好。但这是当时的历史条件所限，不应该苛责。其实当时国内的方针倒

看望留学生（1986 年）

也不是突出“管”字，而是突出“服务”，要求我们为留学生排忧解难，为他们创造一个好的留学环境。那时我们教育处就认为，管留学生不能像在国内管中学生一样，应该通过建立联谊会的形式让留学生自己管理自己。大使馆应成为向留学生传达国家政策，同时向国内反映留学生意见的一座双向服务的桥梁。

我是留学生出身，更能体会留学生在国外的处境与心境。那个年代没有手机，打长途电话要花钱，留学生与大使馆的联系主要靠写信。来到使馆后我给自己立下的第一个规矩就是对留学生的来信必须做到有信必复，避免出现留学生抱怨给使馆写信如石沉大海的情况。我的原则是在政策允许的范围内尽量为留学生排忧解难，不能办的事情也一定要解释清楚，要树立一个为人民服务的公仆形象。凭这种精神我为留学生们解决了不少问题，赢得了他们的普遍尊敬，使他们感到大使馆是他们可以依靠的祖国的亲人。在使馆工作的几年间，我收到了很多留学生写来的感谢信，他们将我给予他们的帮助看作国家对他们的关怀，表示要努力学习来报效国家。这才是对我们这些代表国家的外交官的最高奖赏。

20 世纪 80 年代中期以后留学人员越来越多，在加拿大的留学生通过联谊会自我管理、自我服务被证明是一种行之有效的方式。大使馆用国内提供的留学生经费资助每个城市的联谊会，租一处房子，配备电视机、录像机以举办娱乐活动。我们还给联谊会订了国内的报纸杂志供留学生阅读。国内经常寄来录像带，每年的春节联欢晚会录像带最受青睐。留学生通过联谊会开展联谊活动，互相帮助，创造了良好的留学环境。我的妻子黄湘后来也升为二等秘书，独立负责教育处的财务管理和国家公费留学生的经费管理，她管的经费比整个大使馆的经费还要多很多。她要定期给公费生发放生活费和报销经费，所以我们经常一起出差到各地看望留学生，拜访留学生所在大学的校长、院长和教授。联谊会的学生干部们总会邀请我们到他们家里去聚餐，无拘无束地热闹一个晚上。

到了 1988 年，教育处的力量得到了加强。新任教育参赞是原任天津市社科院副院长的杨庆华，他就是九年前我初到加拿大在使馆迎接我们的那位三等秘书，如今我在他的直接领导下工作，真是有缘分。国内批准我们建立留学生党委，杨参赞和我被分别任命为正、副书记。杨参赞为人正派，知识渊博，我们的配合非常默契。为了加强与留学生的沟通，必须要寻求新的工作方式。1988 年春节期间，我和黄湘到几个城市去看望留学生，我们带了当时最受欢迎的中国影片《红高粱》，尝试以与留学生直接对话的方式开展工作。

出行的第一站是蒙特利尔。联谊会租借了康考迪亚大学的一间可容纳 700 人的大阶梯教室，当地 90% 的中国留学生都来了，座无虚席。我向留学生讲话，首先介绍了当时国内在政治、经济、高等教育等几个留学生最关注的领域的改革进程。接着我详细向留学生讲解了当时国家对留学生工作的各项政策规定。我特别强调，国家考虑到留学人员的实际情况，只要有需要，延长留学期限经过一定手续都会得到批准，一定可以让大家完成学业。同时我也不回避敏感问题，强调公费生有义务学成后回国服务。我说我理解留学生想在国外多待一些时间，多学些知识，多出些成果，甚至多赚些钱的想法。但作为个人意见，我认为大家的事业最终是在国内，太晚回去会失去很多机会，所以早些回去比晚回去更有利。我这样讲，既表明了国家的要求，又使留学生感到我们也很为他们着想，所以深得大家的欢迎。我还介绍了大使馆教育处的工作内容，让留学生对我们的工作有所了解。更重要的是让他们知道国家为留学生付出了多少，使他们理解国家的苦心，树立他们对祖国的责任感。

与留学生聚会（1988 年）

我的一番讲话之后，留学生们对国内形势，例如对当时的物价和不正之风提出了许多问题，有些还很尖锐。我不讳言国内存在的各种问题，也实事求是地把国家为解决这些问题的努力告诉他们。同时引导他们从祖国国情出发考虑问题，理解国家的难处，相信政府解决这些问题的决心。我也引导留学生，指出正是因为存在这些问题，才有必要进行改革，才需要留学生学成之后回去帮助国家解决这些问题。会场上一开始还较为冷清，随着我实事求是地介绍和坦诚地回答问题，气氛变得越来越活跃。台上台下的交流越来越热烈，听众席不时发出阵阵笑声和掌声。对话结束时我代表张文朴大使祝大家春节快乐，全场报以长时间的热烈掌声。

对话之后放电影，我和黄湘则在教室外接待有个人具体问题的留学生。后来有留学生告诉我，他们都很满意这样的公开对话与沟通。会场上还有一些来看电影的华人教授，是一些留学生的导师，他们回去对学生说，你们大使馆的官员有风度、讲得好。留学生们觉得他们在导师面前很有面子，所以好多人又来感谢我。这样一种直面群众的公开对话形式在那个年代算是一种新的尝试，事实证明，其效果要大大好过我们传统的通过联谊会少数干部做工作的方式。

在春节前后的两个月中，我们跑了七八个城市。每地都安排了这样的对话，越讲气氛越热烈越活跃，最后都是会场中充满笑声和掌声。这样的对话达到了与留学生沟通、宣传国家政策的目的，也改善了大使馆官员的形象。留学生觉得我们关心他们，愿意为他们办事，实际上也增加了他们对国家和政府的信任感，也就是增加了如今人们常说的“公信力”。

1988 年初—1989 年初，我们每隔几个月都会到留学生集中的城市去与他们对话、沟通，与留学生的关系也愈加融洽。大使馆官员在第一线，与留学生对话，你的讲话不够水准，学生根本就不听，说空话套话在这里没有市场。我们经常要与留学生的导师和校方负责人接触，留学生认为你代表中国的形象，所以对大使馆官员在风度、谈吐、服装、语言等方面挑剔得很。如果学生认为你在外国人面前给他们丢了面子，那你就不要想获得他们的尊重。一次在一个城市放电影，许多留学生请了他们的加方导师来看。放映前我特意用英语致辞，代表张文朴大使感谢导师们对中国留学生的关怀。后来不少留学生来告诉我，他们的导师都说看到了中国外交官的新形象，学生们自己也觉得脸上有光。

我的体会是，做留学生的工作最重要的是要帮助他们与政府沟通，在政策允许范围内为他们排忧解难。该帮的要帮，该管的要管，这样才能建立起威信，才能有效地做好留学生工作。这是适应当时那个时代需要的管理方式。

做和人打交道的工作最复杂，最无固定模式。早期的留学生大都属于“精英”阶层，有知识、有见识，所以做留学生的工作难之又难。留学生在国外没有单位约束，能不能让留学生听你的全看你的水平如何。好在我多年来已经养成不断学习的习惯，平时注意积累。作为我的直接领导的两任教育参赞都有甚多让我学习的过人之处，尤其是杨庆华参赞（离任后担任了北京语言文化大学校长，2002 年该校更名为北京语言大学）。我们经常在一起分析中国的改革开放和经济形势。我们在国外能看到国内的报纸杂志，也可以通过使馆看到各种内部文件，还能看到国外媒体的评论，有条件全面掌握信息。经过我们的分析，许多内容也就成了我和留学生交流的材料。我学的是生物学，但我对中国历史、古典文学等都有兴趣并广泛涉猎。这些都对我的工作方法与分析能力的培养大有裨益。杨参赞后来对我最为赞许的就是这种“综合知

加拿大的田园风光（1989 年）

识”和“综合素质”。

1985 年我进入使馆时是三等秘书，参赞说定的级别是低了些，但是我并未计较。人还是一个一个台阶地走比较稳妥，能熟悉各个层次的工作。一年后我即被提升为二等秘书，后来还被评为使馆的先进工作者。由于工作上独当一面，成绩不错，1988 年 5 月我又被提升为一等秘书，算是进入了高级外交官的行列（那时外交官人数少，职级的“含金量”较高，一等秘书就是高级外交官了）。那时的规矩是在国外提级要使馆党委讨论同意，报国内主管部门批准。这年我 37 岁，是驻加使馆内最年轻的一等秘书，而在四年任期中能两次获得提升也非常罕见。这四年的外交官经历是我职业生涯中的一个重要阶段，它让我积累了外交经验，学会了如何做与人打交道的工作，实现了人生道路的成功转轨。

当我结束任期于 1989 年底回国时，大使馆给我的正式评语是：“唐虔同志专业基础好，知识面宽，熟悉国内教育、留学人员管理工作和教育外事业务。同时对加拿大的社会状况，尤其是加拿大的高等教育有相当深刻的了解。该同志的英语水平和汉语文字能力较强，思路敏捷，并善于分析、归纳、综合，有一定的马列主义理论水平和较强的行政管理能力。工作效率高、成绩显著，几年来作为参赞的主要助手，负责留学人员日常管理工作和办理教育交流与合作，工作量甚大，但都很好地完成了任务。”

1990 年我回到国内在国家教委工作时，人事司司长找我谈话，提到在我离开大使馆后他曾经率领一个小组到渥太华的中国大使馆考察国家教委派出的干部。在谈到我时，张文朴大使对他说：“唐虔这个同志的政策水平、工作能力和中英文程度就是在外交部系统中也是不多见的。”这些年来我一直感到欣慰的是，自己的工作终究没有辜负大家对我的期望。而我在使馆工作时，余湛、张文朴两任大使和两任教育参赞倪孟雄和杨庆华对我的言传身教更使我受益终生。

第 19 章

回国从政：从京官到地方官

回国进入国家部委

去国十年之后，我们于 1989 年底回到北京。刚回到国内时，常有人问我为什么没有留在国外。说实话，我从十年前出国那天起就把学成后为国家服务看作自己的责任，这或许是我们这个家族的遗传吧。记得从英国留学回国、后来获得“两弹一星”功勋奖章的彭桓武说过，回国不需要理由，不回国才需要理由。我欣赏一位近年来回国创业的留学生说的，“别老待在美国说中国这也不好那也不行，有本事你回来”。

回到国内，我们到国家教育委员会报到。黄湘被分配到留学生管理司，后来当了美大处的副处长。人事司要我继续从事外事工作，但是我认为我的外事经验已经足够，却缺乏主流教育业务经验。也是我的运气好，此时职业技术教育司综合处处长出缺，我被任命为这个处的处长，主管政策、综合协调和外事。我之前没有接触过职业技术教育，为了尽快熟悉业务，我做了大量的阅读与研究，了解中国职教的发展历史和近年来的政策方向，同时虚心向司里的老同志请教。我还利用外语的优势，阅读了许多国外资料，包括世界银行和联合国教科文组织这些国际机构关于职教的文件，了解国际职教的发展趋势和不同模式。我也曾多次到地方考察，参观不同类型的职业中学、中专和职业技术学院，获得感性的认识。

国家教委职业技术教育司负责全国职教工作的方针、政策的制定。随着经济的发展，中国自 20 世纪 80 年代中期开始注重职业技术教育，我有机会参与了一些宏观政策的制定与实施，例如职教立法的调研，关于允许职业学校收费的政策等。另外还参与了世界银行贷款职教项目的管理工作。这些经历让我有机会了解国家发展职教的思路，熟悉宏观政策的制定过程，了解全国范围内的职教发展状况。工作中我特别体会到，在中国这样一个人口众多、发展不平衡的大国，任何一项国家宏观政策都必须考虑到各地的不同具体情况，正所谓“治大国如烹小鲜”。处长虽然位置不高，但是在国家机关里却是一个关键层级，这些治国的难处与复杂性都能体会到。我这个综合处参与综合协调，与职教的各个方面都有接触，还常常要与教委内其他司局甚至国务院的其他部委打交道，这都开阔了我的眼界与格局，使我增长了见识。

在湖北考察职业技术教育（1990 年）

微观上，国家机关有内部的管理和人事工作。由于我的工作得到了司领导及司内同事的肯定与信任，1992 年我又以综合处处长的身份兼任司办公室主任，同时管两个处室（这是个开始，在我后来的职业生涯中，我曾经多次承担同时掌管两个部门的责任）。同时我还被选为职教司的党支部副书记。办公室的工作主要是内部协调与人事，这也给了我一个行政与人事管理的锻炼机会。在司里工作，我尤其注意两点：一是放权给部下，发挥每个人的积极性。二是大胆使用年轻人，帮助他们尽快成长。

参与国际交流

世界各国在职教领域的交流活动一直很活跃，而中国以前参与并不多，原因之一是当时从事职教工作的人懂外语的不多。那时每年都有一些双边或多边的职教领域的国际活动邀请中国派代表参加，这类活动通常由主办国或国际组织负担费用，但是不能带翻译。此时的职教司官员中只有我具有独立参加国际会议所需的英语能力，这些机会也就非我莫属了。我在职教司三年曾经九次出国参与国际活动，全部都是对方资助，出国频率比外事部门的官员还要高，因为我既懂职教业务又擅长英语。如今国家机关中会外语的官员已经比比皆是了，我只是在那个时期的一个特例。不过这也是当年一步走在前，之后就有可能步步占先机的实例。

我对每次的出国机会都十分珍惜，总是在会前利用业余时间准备一份英文的报告到会上发言，介绍中国职业技术教育的现状与改革。回到国内我都会写一篇介绍这次会议的文章在《中国教育报》或职教刊物上发表，向国内同行通报国际职教的动向。

1991 年我应联合国教科文组织的邀请，参加了在印度举行的一次亚太地区职教发展趋势国际研讨会，并被推选为主席主持会议。这大概是在职教领域的国际活动中第一次由中国人担任主席。在讨论中，各国与会者都对中国的职教情况极其感兴趣，提出了大量问题，我都做了详尽解答。有位印度代表说，真高兴今天终于有一位中国代表能用英语与我们沟通，使我们得以了解中国的职业技术教育。

1992 年 7 月，亚太经合组织在华盛顿举行了一次教育部长会议暨专家研讨会，东道主美国政府教育部邀请我作为专家与会。在专家研讨会上，我做了主题发言。《美国之音》中文部的记者对我进行了现场采访，请我谈中国的职业技术教育。时任美国教育部长的拉马尔 · 亚历山大在美国国务院的外交宴会厅举行

在国际会议上发言（1992 年）

招待会，他在宴会厅门口迎接来宾。我告诉他我是来自中国的职业教育专家，他与我热情握手，同时谈起职业教育的重要性，并且说希望美中之间能加强在教育方面的合作与交流。部长与我交谈的时间超过了其他来宾，在当时中美关系因 1989 年风波尚未恢复正常的政治背景下，他的这一举动很不寻常。会后美国教育部专门邀请我到教育部大楼会见有关官员。当时我国驻美使馆与美国官方的教育交流工作基本停滞，他们利用这个机会派了一位外交官陪我到教育部，就此恢复了与美方的一些业务接触。

外派陕西当了省科委副主任

在国家教委工作近三年之后，一位老朋友介绍我认识了陕西省科学技术委员会的范肖梅主任，她与我做了几次长谈之后，问我愿不愿到陕西去她手下当副主任。1992 年秋她在北京出席党的十四大，又约我去见了陕西省主管文教科技工作的姜信真副省长。这位副省长谈话后也对我很满意。当时开始流行中央国家机关的干部到地方去"挂职锻炼"，通常是到地方上挂一个助理之类的虚职，一年后再回到中央部委。但他们都希望我能正式调到陕西去长期工作，而不是短期挂职，问我有无离开北京的决心。

这是自七年前我在加拿大被问及是否愿意去使馆做外交官之后的又一个不期而遇的机会，也又一次让我站在了人生道路的十字路口。是留在北京继续当京官还是去陕西做地方官，我必须做出选择。国家部委是人们向往的地方，但是在这里工作，就像我的一些朋友常戏言的，不过是个"风尘俗吏"。能有机会到地方工作则完全不同。陕西地处中西部，生活条件差些，但这是个科技大省，有许多高校、研究所和国防军工企业，有很强的科研力量，科委的工作大有可为。况且在省里还有机会到地市去工作，接触面就更广了。以我当时的条件，年龄四十出头，有国外大学的博士学位，有外交官经历，有国家部委工作经验，在陕西这个当时相对落后的内陆省份前途可能更有希望。但是必须下决心踏踏实实地在陕西干下去，而不是“挂职”。当然，从北京去地方工作是个很大跨度的变化，风险也很大，可能去了却一直得不到升职。但人生不就是这样吗，机会总是与风险共存，无风险的事就无机会。既然有此难得的机会，为什么不再搏一次呢？所幸我的妻子黄湘对我走这条路从始至终都大力支持。我们决定我先去，她随后也带女儿调陕西工作，把家搬到西安。如此可见我们的决心之大。

促使我们下这个决心的还有一个关键因素，我未来的顶头上司范肖梅主任是个有魄力、敢于用人的领导，在她手下做事绝对痛快。她本人无任何背景，完全从基层干起，当过国防大企业的总工程师和党委书记。她既有思想，又有能力，同时还善于协调各方面关系，跟着这样的领导能得到锻炼成长。我在使馆工作时的老领导、当时已在北京语言文化大学当校长的杨庆华坚决支持我去陕西。他说我具备在中国从政的综合素质，我已经有了国外工作经验、中央国家机关工作经验，唯独欠缺地方工作经验。如能下决心补上这一课，到地方踏踏实实地工作，以我的素质，做到一定层级的领导干部不是不可能。

陕西方面派了省委组织部的干部到北京与国家教委人事司交涉我调往陕西之事，但人事司只同意我去挂职。我去找了国家教委几位对我比较了解的领导，朱开轩主任和滕藤副主任都支持我调去陕西，主管职业技术教育的王明达副主任则不愿放人，要安排我做国家教委下属的一个研究所的副所长，升为副司级干部。我感谢他的好意，但还是恳请他同意我转走工作关系，最后他勉强同意了，但是说一年后要回来。我只能

在陕西任省科委副主任（1993 年）

先口头答应了，对于他的“放人”，我至今非常感谢。

陕西省政府 1992 年底在省长办公会上做出决定，任命我为陕西省科学技术委员会副主任，并以省政府文件的形式正式公布。文件中并注明，“排名列范肖梅主任之后”，也就是第一副主任，排在两位资格老、年纪较大的副主任之前。此时省里已经决定范主任升任副省长，省政府做此安排当是有意培养我。中共陕西省委同时发文，任命我为省科委党组成员。

1993 年元旦之后，我离开北京去古城西安赴任。上任之初，范主任带我拜访了省委书记张勃兴和省长白清才。两位省领导都对我勉励有加，要我大胆工作。我自然表示要努力学习，做好工作，不负领导期望。省科委召开了一次全体干部会，省委组织部一位副部长到会宣布了对我的任命。范主任将我的情况做了介绍，我也做了简短发言，表示很高兴有机会与大家一起工作，今后向大家多学习。

为了让我尽快熟悉工作，进入角色，范主任带我到西安的一些科研单位参观考察。我有机会参观了杨凌国家农业高新技术产业示范区、西安卫星测控中心、西安飞机制造公司、西安交通大学等重要机构。参观让我大开眼界，更看到陕西在科技工作方面的巨大潜力。与此同时，范主任还带我拜访了与我们的工作联系较多的部门和有关负责人。我可以感觉到他们对我都很欢迎，对我的期望也很高，毕竟我是当时省政府中最年轻的厅局级干部，且有中央国家机关、外交工作的经验和博士学位。只要我自己努力，前景应该是很光明的。

匆匆离去留下几多遗憾

正当我踌躇满志，准备放手大干一番的时候，国家教委突然给我传来一份联合国教科文组织人事局局长签署的信件，信中说我已经被教科文组织任命为职业技术教育项目专家，要我尽早赴巴黎上任。

在我被任命为陕西省科委副主任之前，我已经告诉陕西方面，国家教委曾经推荐我去联合国教科文组织任职，也面试过，但是后来就无音讯了。陕西方面并不介意，国家教委副主任滕藤也曾估计此事可能性不大，要我不要放过去陕西的机会，我自己也早就死了这条心。但是这份通知早不来，晚不来，正好在我到了陕西准备大干一番的时候来了，实在让我尴尬！去联合国任职，对不住陕西方面和范肖梅主任。不去，这是中国好不容易得来的一个职位，我若放弃是不能由其他中国人替补的。国家教委要求我一定要去，说从国家利益考虑绝不能放弃，因为这是中国自 1971 年恢复在联合国教科文组织的席位以来第一次在该机构的教育部门有了一个专业职位。为此，滕藤副主任专门写了一封信给白清才省长，力陈这个职位对国家的重要性，恳请陕西方面同意我离开，并对带来的不便表示歉意。

陕西省领导人的态度却出乎我的意料。范主任虽然费了大力将我调到西安，此时却为国家大局和我的发展前途着想，全力支持我去联合国教科文组织。我知道这对她是多么为难的事，但她却二话没说。白清才省长召见我，说这是大好事，坚决支持。他还说："可惜我们留不住你了，但是国家需要第一，你去联合国也是我们陕西的骄傲。"省委书记张勃兴正在住院，把我叫到病房，说全力支持我去巴黎。他特别关照："不要觉得过意不去，也不用老想着报答陕西，给省里搞项目。陕西还闭塞，只要能常通些信息，帮助我们开放就好。"他特别叮嘱省科委，给我的一切待遇都要保留，将来想回来，陕西仍然热烈欢迎。我在这几位领导手下工作虽然仅有短短几个月，但他们的魄力和气度却让我折服。几个月之后，范肖梅被任

回国看望陕西省的老领导白清才省长（左二）和范肖梅副书记（左三）

命为陕西省副省长。她在五年的任期中做出了显著成绩，于 1998 年升任陕西省委副书记。那时我就想，去了联合国教科文组织，将来若不“混出个名堂”来，也对不住陕西这些领导对我的关爱啊！

当我 1989 年回国时，国家在改革开放之后送到国外的留学生中获得博士学位回国服务的人并不多。如今“博士官员”比比皆是，但是 30 年前可谓凤毛麟角，这就给了我许多机会，毕竟“物以稀为贵”。我的亲身经历验证了当初我在加拿大对留学生讲的，早回国的人机会更多。在中央部委工作了几年，得到许多锻炼之后，我也确实下了最大的决心离开北京到陕西工作，真心希望能到地方为国为民做些事情，实现自己的人生价值，也盼着将来回首往事的时候更添几分成就感。离开陕西这些年，我也曾几次见到当年识我用我、对我有知遇之恩的白清才省长和范肖梅副书记。他们都说，如果我当年不离开陕西，应该会在国内有个很好的“仕途”。

不过也有朋友对我说，你这是“失之东隅，收之桑榆”，虽然没有在国内走仕途，但却去了联合国“从政”，还做出了一番事业，或者可以说是在“为世界人民服务”。人生本来就是有得有失，如今回首人生往事，我应该没有什么感到遗憾的了。

后　记

当年我初到联合国教科文组织工作，我的一位后来成为作家的发小钟道新就对我说，你不要手懒，随时记下那些有意思的事情，将来可以写本书。他说，毕竟你所看到的与经历的是绝大多数国人没有机会看到和经历的，因此你的书会很有意义。

在联合国教科文组织这些年来我确实随手记下了许多值得记忆的人和事，不过在开始写书之后才发现这不是一件很容易的事。一是取舍不易，我在这 25 年中经历了许许多多的事情，然而篇幅所限，只能将最有意义、最有意思的事情挑拣出来，这个取舍的过程就很不容易。有些事很有趣，但不方便写，只能忍痛割爱。二是写得“好看”不易，我多年从事教育领域的工作，教育本身就不是一个生动有趣的题目，很容易让圈外人觉得枯燥。我只能尽量将那些涉及教育专业的内容写得通俗一些。况且我是理工科出身，思维重理性、重实干，文风亦如此。我当年有一位下属是中文专业的硕士，曾经评论我写的东西是“只有骨头没有肉”。这种文风写公文最佳，可以做到“言简意赅”，但是书要好看还是需要“肉”的。

许多人说，写书是一个痛苦的过程，但是我在写这本书的时候却很享受这个过程，因为这让我有机会回顾自己在联合国教科文组织二十多年的“峥嵘岁月”。那是有成功的喜悦也有不尽人意的遗憾的经历，那是一个许多同事一起团结奋斗的年代。毕竟它给了我一个为推动全球教育事业，促进世界和平与可持续发展做出自己贡献的机会，它给了我成就感，也让我在今天回首往事的时候为人生中有这种难得的机会而感到幸运。

在这个世界上每个人都有自己的人生舞台，只不过大小不同罢了。不管属于你的舞台是大是小，只要你用好用足，你的人生也就没有什么遗憾了。

2019 年 11 月 11 日于北京